AVÈNEMENT DE L'ARISTOTÉLISME EN TERRE CHRÉTIENNE

ÉTUDES DE PHILOSOPHIE MÉDIÉVALE

Collection fondée par Étienne Gilson

Dirigée par

Marta Cristiani
Ruedi Imbach
Jean Jolivet
Alain de Libera

ÉTUDES DE PHILOSOPHIE MÉDIÉVALE

LXXXVII

AVÈNEMENT DE L'ARISTOTÉLISME EN TERRE CHRÉTIENNE

L'ESSENCE ET LA MATIÈRE : ENTRE THOMAS D'AQUIN ET GUILLAUME D'OCKHAM

par

Catherine KÖNIG-PRALONG

PARIS

LIBRAIRIE PHILOSOPHIQUE J. VRIN

6, Place de la Sorbonne, V^e^

—

2015

Imprimé en France
ISSN 0249-7921
ISBN 978-2-7116-1752-4

www.vrin.fr

OBJET ET MÉTHODE

Dans l'histoire de la philosophie occidentale, le XIIIe siècle est considéré comme le temps du retour de la science métaphysique et physique d'Aristote à la latinité. Traduit de l'arabe et du grec, le *corpus* complet des textes aristotéliciens envahit l'université médiévale. Il véhicule des œuvres inauthentiques, le *Livre Des causes* ou la *Théologie d'Aristote*, et entraîne avec soi nombre d'exégèses et d'élaborations conçues dans le sein des péripatétismes grec et arabe. Dès la première moitié du XIIIe siècle, les célèbres patronymes latins « Averroès » et « Avicenne » signalent les deux grandes interprétations aristotéliciennes nées en terre d'Islam. Pour l'histoire de notre civilisation, l'épisode des traductions et de l'acculturation accidentées des œuvres d'Aristote en Europe de l'ouest revêt de fait une importance majeure [1]. Après avoir été occultée par l'esprit renaissant et classique, lorsque la pensée semblait engendrée par l'insémination lointaine de l'antiquité grecque, l'étude de ce transfert médiéval, arabo-latin et gréco-latin, s'imposa à qui voulait sonder l'épaisseur historique et constitutive de la vision du monde occidentale. A partir du XIXe siècle finissant, paléographes, historiens, philologues et philosophes s'efforcèrent d'élucider les conditions socioculturelles de la réception de la philosophie aristotélicienne, son influence sur l'évolution des institutions chrétiennes et universitaires, et son impact sur la vie intellectuelle. L'érudition historique érigea les condamnations et les censures dirigées contre l'aristotélisme en objet privilégié, tandis que divers médiévistes décrivaient, sans toujours les identifier, des mouvances philosophiques autonomistes, nées, au XIIIe siècle, de l'assimilation de l'aristotélisme.

Sur la base de ces reconstitutions historiques, la présente étude se propose de mesurer les bouleversements philosophiques et épistémologiques induits par la réception des doctrines métaphysique et physique transmises à l'Occident latin par les traditions péripatéticiennes grecque et arabe, à partir du XIIe siècle. La figure d'un nouvel Aristote – un *Aristoteles latinus* – se dessine peu à peu, dans le cours des débats qui animent les principaux centres latins du savoir philosophique, les Universités de Paris et d'Oxford. Exemplairement représentés par deux œuvres majeures, la *Métaphysique* et la *Physique*, ces deux champs de la

1. Pour une brève histoire de l'entrée du péripatétisme arabe dans l'université médiévale, voir *infra*, p. 132-137.

philosophie dite «naturelle» seront incarnés ici par deux objets ou couples d'objets problématiques : d'une part l'être et l'essence, d'autre part la forme et la matière. A l'étude de cette double problématique, il ne s'agira pas de prendre une photographie de groupe, où grandes figures intellectuelles et disciples seraient disposés par écoles et rangés par ordre d'importance, mais plutôt d'éclairer des textes, symptomatiques tant par les bouleversements philosophiques dont ils témoignent que par les figures intellectuelles qu'ils dévoilent et les formes concrètes de pensée qu'ils représentent.

Le volet métaphysique de cette investigation fera la micro-histoire intellectuelle d'un débat : aux alentours de 1286, trois maîtres de théologie parisiens, Henri de Gand, Gilles de Rome et Godefroid de Fontaines, discutèrent en effet de l'opportunité à distinguer la détermination essentielle d'une chose de sa réalisation concrète dans l'existence. Après avoir découvert la préhistoire de cette querelle chez Thomas d'Aquin et Siger de Brabant, son étude permettra d'élucider les philosophies et les conceptions du savoir que partageaient ou s'opposaient les trois maîtres. Leurs positions représenteront trois attitudes intellectuelles typiques de la pensée du XIIIe siècle finissant : une tentative de mise en système des divers genres de savoir (Gilles de Rome), la promotion d'une méthode qui privilégie le cas particulier et sa valeur exemplaire pour délimiter la hiérarchie et les champs de pertinence des divers discours (Henri de Gand), et un perspectivisme épistémologique qui délimite les champs des diverses sciences et leurs pertinences en fonction des degrés d'éminence de leurs objets propres (Godefroid de Fontaines).

Consacré à la matière aristotélicienne, le second volet de cette étude aura une plus vaste extension spatio-temporelle, de Thomas d'Aquin à Guillaume d'Ockham et de Paris à Oxford. Au lieu du débat, qui caractérise la forme même de la pensée médiévale, il portera l'accent sur des problèmes sporadiques, sur des questions précises, représentatives quant à elles des conditions d'engendrement de la pensée au XIIIe siècle et de son mode d'exposition privilégié. Les tentatives d'assimilation de la physique aristotélicienne aux standards de la pensée chrétienne seront appréhendées par le biais d'une question transfrontalière ; celle-ci demande si la matière peut être créée sans forme et impose d'articuler la possibilité des choses, d'ordre philosophique, à la toute-puissance divine, d'ordre théologique. Après 1277, ce questionnement déboucha sur une virulente polémique entre défenseurs et pourfendeurs de la pensée de Thomas d'Aquin, dont les tendances aristotéliciennes paraissaient s'achopper à l'anthropologie chrétienne et à sa partie théologique éminente, la christologie.

Entre ces deux objets, emblématiques de la métaphysique et de la physique, le lien sera tissé par les auteurs et les textes eux-mêmes : les couples essence/être et matière/forme apparaîtront imbriqués l'un dans l'autre, au cœur de la philosophie naturelle qui les organise en réseau de principes paradigmatiques. Quelques prolégomènes se révèlent cependant nécessaires à l'approche de ces problématiques. Rien n'y fera figure de nouveauté ; au service de l'intelligence des controverses sur l'essence et la matière, cette première partie rappellera quelques moments cruciaux de l'histoire de la philosophie médiévale, elle donnera des précisions relatives aux genres littéraires des textes étudiés, et elle justifiera notre périodisation et le choix des auteurs, presque tous théologiens.

La lecture conduite ici ne sera pas motivée par une unique curiosité historique. A l'heure des soucis d'interdisciplinarité, l'appropriation médiévale d'un corps de doctrines nouvelles et étrangères peut éclairer *a posteriori* les motivations des penseurs de notre siècle et les difficultés qu'ils rencontrent. Pour transcender les frontières dessinées dès le XVIIIe siècle par l'effort toujours croissant de particularisation des disciplines, le philosophe d'aujourd'hui tente de tisser des liens entre sciences. A l'instar des maîtres de la fin du moyen âge qui s'ingéniaient à conformer la philosophie aux standards de leur culture chrétienne, il veut tantôt insinuer de l'éthique dans la science, tantôt offrir une vision organisée des divers domaines scientifiques. Bien que les tentatives de mise en système soient vouées à une continuelle révision, toujours ruinées par la diversité mouvante des œuvres intellectuelles, elles débouchent cependant sur des remises en question salutaires. L'illusion d'une démarcation tranchée entre croyance et science fut ébranlée au XIIIe siècle comme aujourd'hui [1]. L'idée même d'une opposition radicale entre foi et raison, longtemps directrice de l'histoire de la philosophie médiévale, relève d'une forme de positivisme désuet, qui postule une pure raison, une scientificité détachée de ses modes historiquement déterminés et des conditions culturelles de la production des théories. De manière exemplaire, les débats médiévaux révéleront au contraire l'imbrication nécessaire de la rationalité dans un ensemble de croyances partagées par une communauté scientifique inscrite dans une civilisation donnée.

1. L'époque est à une relativisation de la rationalité pure des sciences que la tradition occidentale avait qualifiées de « naturelles » ou « dures ». A la fin du XIXe siècle déjà, les « pragmatistes » américains, C. S. Peirce en tête, pointaient la fonction des croyances dans toute activité intellectuelle. Ensuite, le mythe d'une rationalité immune de croyances ne cessa d'être dénoncé par les philosophes et les historiens des sciences. A titre d'exemple : « Un savoir sans illusion est une illusion toute pure. Où l'on perd tout, et le savoir. Il s'agit, à peu près, d'un théorème : *il n'y a de mythe pur que le savoir pur de tout mythe*. Je n'en connais point d'autres, tant les mythes sont pleins de savoir et le savoir de rêves et d'illusions » (M. Serres, *Hermès III. La traduction*, Paris, Minuit, 1974, p. 259).

CHAPITRE PREMIER

PROLÉGOMÈNES

LE XIIIe SIÈCLE, PALESTRE DE L'HISTOIRE DE LA PHILOSOPHIE MÉDIÉVALE LATINE

Les textes des controverses sur l'essence et la matière à la fin du XIIIe siècle et au début du XIVe siècle ont été exhumés dans le sillage du vaste mouvement historiographique qui, dès la seconde moitié du XIXe siècle, élit le XIIIe siècle au rang d'objet privilégié de la philosophie médiévale. Pour la plupart, les auteurs qui seront étudiés ici ne furent cependant que les personnages secondaires d'une histoire dominée par la figure intellectuelle de Thomas d'Aquin et jalonnée de censures, de prohibitions et de condamnations. Elle-même conditionnée par son inscription dans l'histoire, notre reconstitution des débats sur l'essence et la matière suivra forcément les lignes directrices de cette trame de fond tissée par les récits dominants de l'historiographie médiévale; ses matériaux, les textes répertoriés et souvent édités, furent restaurés, donc marqués par l'orientation intellectuelle des savants et des institutions qui en firent l'archéologie. Une présentation sélective, forcément subjective, des grandes tendances de la recherche s'impose donc à qui veut prendre mieux conscience des préjugés culturels qu'il adopte de fait. Ici, il ne s'agira pas de critiquer telle lecture du XIIIe siècle ou telle option méthodologie, mais de présenter quelques grandes tendances historiographiques. Ces données fondamentales seront en effet nécessaires à l'intelligence de conflits d'interprétations plus circonscrits, relatifs à l'un ou l'autre de nos auteurs, et qui seront discutés à l'occasion de l'étude de leurs cas respectifs.

La fascination pour le XIIIe siècle

A la fin du XIXe siècle, le renouveau des études médiévales fut favorisé par la promotion de la pensée thomasienne au rang de «philosophie chrétienne», sur l'initiative de Léon XIII [1]. Historiens et philosophes formés dans le giron de l'Église ou attachés à elle jetèrent leur dévolu sur le XIIIe siècle latin et la figure idéale de Thomas d'Aquin, dont l'immense œuvre et le talent philosophique semblaient réaliser la synthèse de la rationalité philosophique et de la sagesse chrétienne. Le « siècle de saint Thomas », selon l'expression récurrente d'E. Gilson, était en effet caractérisé par l'assimilation d'une rationalité nouvelle, la philosophie naturelle introduite en Occident par la vague de traductions des textes aristotéliciens [2]. F. Van Steenberghen considérait ainsi le « siècle de saint Thomas » comme le « siècle de la philosophie » [3]. La convergence de ces deux figures hétérogènes, un théologien et la philosophie naturelle aristotélicienne, ouvrit toutefois un débat sur la possibilité même de la « philosophie » dans un moyen âge dominé par la culture chrétienne. E. Gilson défendit l'existence d'une telle rationalité, mais à la condition qu'elle fût essentiellement chrétienne. Au moyen âge, la foi constituait un donné premier, à l'instar de la science aujourd'hui; nulle pensée ne pouvait s'extraire de ce mouvement spirituel. E. Gilson s'autorisait donc à conclure que le moyen âge nous apprend à « philosopher en chrétien » [4]. A l'opposé, F. Van Steenberghen considéra que l'appropriation d'un nouveau corps de doctrines supposait la reconnaissance de sa spécificité et de son autonomie [5]. Pour garantir un statut invariable à la rationalité philosophique, il distingua la philosophie « au sens strict », pure de toutes influences culturelles et religieuses, de la philosophie « au sens large », terreau commun de valeurs partagées par une culture [6]. Avec ce distinguo, F. Van Steenberghen s'arrogeait le droit de découvrir une stricte rationalité philosophique chez un Thomas d'Aquin, dont le métier était pourtant d'enseigner la théologie et dont l'activité intellectuelle entière était finalisée par l'accès à la sagesse chrétienne. Cependant, les travaux philologiques et philosophiques de M. Grabmann en Allemagne, le goût du détail et l'exigence de contextualisation des doctrines affichés par P. Vignaux ou M.-D. Chenu en France, inauguraient

1. L'intitulé de l'Encyclique *Aeterni Patris* du 4 août 1879 est symptomatique de cette assimilation de la philosophie chrétienne à l'« esprit de saint Thomas » : *De philosophia Christiana ad mentem sancti Thomae Aquinatis doctoris Angelici in scholis catholicis instauranda*.

2. Au Moyen Âge, la « philosophie naturelle » englobe aussi bien la métaphysique que les divers traités de physique et de biologie élaborés dans le sillage des traditions aristotélicienne et néoplatonicienne. Héritée du système stoïcien, la tripartition en logique (philosophie spéculative), physique (philosophie naturelle) et éthique (philosophie morale) dicte sa grille de classification des textes à l'institution universitaire médiévale. L'objet de la *Métaphysique* d'Aristote ne constitue donc pas un champ à part, « après » ou « au-dessus » de la physique, mais il entretient une forte communauté avec les objets du *De caelo et mundo*, de la *Physique* et des autres traités de physique. Au sujet de l'organisation des disciplines dans la Faculté des arts, voir Weijers, Holtz (éd.) (1997).

3. Van Steenberghen (1991 [2]), p. 474 et 460.

4. Gilson (1986 [2]), p. 760. Voir aussi Gilson (1989 [6]), p. 9-45, mais surtout l'ouvrage consacré particulièrement à la défense de cette thèse : Gilson (1978 [2]), dont la première publication date de 1932.

5. Dans « le souci de faire place à l'organisme intégral des sciences philosophiques dans la structure du savoir en chrétienté », « il s'agissait de déterminer le statut méthodologique de la philosophie et de fixer les limites de son autonomie ». Van Steenberghen (1991 [2]), p. 459 (la première édition de l'ouvrage date de 1966).

6. Van Steenberghen (1991 [2]), p. 471.

une nouvelle tendance historiographique, plus attachée à la connaissance concrète des textes et de leurs conditions de production qu'à la possibilité de caractériser et de juger une époque. Cette tendance plus pratique de l'histoire de la philosophie rendit peu à peu obsolètes les débats sur le statut de la « philosophie » en terre chrétienne et permit de reconnaître une diversité de « pensées » [1], qui ne devaient plus se mesurer uniquement à l'aune de celle de Thomas d'Aquin [2].

Nonobstant les nouvelles voies parcourues par la recherche, la figure de Thomas d'Aquin est toujours le référent commun, parfois occulté, des études sur le XIIIe siècle. La tournure de l'histoire de la philosophie incite aujourd'hui encore à considérer tout auteur de cette lointaine époque dans son rapport à Thomas, ne serait-ce que pour l'en dégager. Très savant, documenté et méthodique, le tableau de la philosophie au XIIIe siècle proposé par F. Van Steenberghen en 1966 est un magnifique cas d'interprétation efficace et réductrice à la fois; elle a fortement marqué les esprits et le moindre de ses mérites fut d'être assez audacieuse pour susciter des discussions et des rectifications sans nombre. Thomas d'Aquin y sert de point focal. Ainsi Bonaventure est-il considéré par le professeur belge comme un « *précurseur* de Thomas, au même titre que Guillaume d'Auvergne ou Albert le Grand » [3]. Quant aux contemporains, ils se répartissent en trois groupes, les thomistes, les néo-augustiniens, et les aristotéliciens hétérodoxes. Dans la classification de F. Van Steenberghen, cette dernière faction rassemble les aristotéliciens dissidents issus de la Faculté des arts, Siger de Brabant, Boèce de Dacie et autres promoteurs du « paganisme renaissant » [4]. Le néo-augustinisme assume toute figure « orthodoxe » qui s'oppose à la vision thomasienne de la science et de la théologie, maîtres franciscains confondus aux séculiers, « dont le plus célèbre est Henri de Gand » [5]. Il va sans dire que cette mouvance, timorée par l'afflux des textes aristotéliciens, est fondamentalement réactionnaire. Son effort de guerre contre le thomisme est si persistant qu'il débouche sur le « scotisme », au XIVe siècle. Le « thomisme » est illustré par la constellation d'auteurs mis en orbite par le maître dominicain, parmi lesquels il faut compter des maîtres séculiers, tel Godefroid de Fontaines [6].

1. Le mot est préconisé par P. Vignaux en lieu de la controversée « philosophie »; Vignaux (1948), p. 5.

2. Pour une présentation synthétique de l'histoire de la philosophie médiévale au XXe siècle, voir Imbach (1988). Dans son étude sur Dante, en 1996, le même érudit prend position et propose d'abandonner les stériles débats sur le sens général et l'objet adéquat de l'histoire de la philosophie médiévale, au bénéfice d'une méthode plus soucieuse des contingences historiques attachées à chaque texte; voir Imbach (1996c), p. 1-8. En 1994, C. Steel proposait lui-aussi un bilan sur l'histoire de la philosophie médiévale et affichait une préférence différente. Selon lui, les œuvres philosophiques produites au XIIIe siècle sont moins dépendantes des contingences historiques, sociales, culturelles et économiques, que ne le croyait l'historien allemand K. Flasch; en effet, les penseurs médiévaux s'intéressaient aux problèmes éternels transmis par les grands textes de la philosophie antique, sans considération pour les enjeux qui excédaient le cadre de la pensée philosophique : Steel (1994).

3. Van Steenberghen (1991 [2]), p. 476, (la première parution de l'ouvrage date de 1966; l'édition de 1991 est le fruit d'une révision).

4. Van Steenberghen (1991 [2]), p. 458, p. 321-370.

5. Van Steenberghen (1991 [2]), p. 456.

6. Van Steenberghen (1991 [2]), p. 455.

Or le panorama de F. Van Steenberghen représente de manière caricaturale la vision du XIIIe siècle véhiculée par une grande partie des études médiévales au XXe siècle, par la mouvance acquise à la supériorité inconditionnée de Thomas d'Aquin. Le tableau de F. Van Steenberghen incarne en effet un stade avancé et tranché de la lecture thomaso-centriste de l'histoire de la philosophie médiévale. *A contrario*, il permet de supputer la somme d'efforts requise pour tirer une pensée ou une figure intellectuelle de l'ornière néo-augustinienne ou pour la percevoir sans être aveuglé par le rayonnement de la pensée thomasienne. L'exhumation de la figure intellectuelle d'Henri de Gand est exemplaire de cet état de faits : à la recherche des « tendances de sa métaphysique », l'étude fondatrice livrée en 1938 par J. Paulus concluait à l'incohérence de la doctrine du maître. Dans le portrait disgracieux dessiné par J. Paulus, Henri de Gand associait un empirisme de facture aristotélicienne, préfiguration de la noétique ockhamienne, à un innéisme des idées d'inspiration platonicienne et augustinienne [1]. Transposé dans les termes de l'analyse de F. Van Steenberghen, ce monstre philosophique cumule les tares d'une lecture non-thomasienne d'Aristote et du néo-augustinisme réactionnaire. La rectification progressive de l'image dessinée par J. Paulus dut donc procéder à l'extraction de la figure d'Henri de ce genre de schéma, pour reprendre l'étude de ses discours dans le contexte mieux précisé de leur énonciation; elle fit ainsi paraître les linéaments et la particularité d'une pensée nouvelle, en la débarrassant des étiquettes réductrices qui la recouvraient [2].

Si le XIIIe siècle fut magnifié par l'histoire des idées parce qu'il avait porté Thomas d'Aquin et reçu la philosophie aristotélicienne, sa production intellectuelle est aussi caractérisée par une institution nouvelle, l'université, et un genre littéraire né de la pratique dialectique, la question. J. Jolivet souligne ces spécificités culturelles propres au XIIIe siècle, alors même qu'il conteste les ruptures artificielles introduites dans l'histoire de la pensée de l'antiquité à la renaissance [3]. Dans la même veine, P. Vignaux qualifiait l'université médiévale

1. Paulus (1938) jauge Henri de Gand à l'aune du « thomisme », dont l'« augustinisme » paraît souvent l'alternative : « A l'abstraction thomiste – tant amenuisée, et comme exclue de son véritable rôle – Henri superpose la réflexion augustinienne » (p. 4). Henri paraît de fait incapable d'assumer la synthèse aristotélicienne réalisée par Thomas d'Aquin ; il est déchiré entre le platonisme véhiculé par l'« augustinisme avicennisant » d'une part, et un empirisme aristotélicien d'autre part : « La vérité nous paraît être qu'Henri ne *concilie* d'aucune manière, mais *juxtapose* simplement l'une à l'autre une métaphysique de l'universel inspirée du platonisme et une physique de l'individu dont a pu se souvenir Ockham. On voit s'y imposer, d'une part l'innéisme noétique, une méthode idéaliste, une théorie de l'essence intelligible indifférente à toute individuation; d'autre part, un empirisme sensible, des présupposés réalistes, une conception telle de l'individu enfin, que celui-ci apparaît individuel par tout ce qu'il est, et sans qu'il soit possible de discerner dans sa nature des zones de généralité plus ou moins vaste » (p. 376).

2. Les deux études suivantes furent décisives : Gómez Caffarena (1958) et Hoeres (1965). Concernant l'image d'Henri de Gand dans la critique, voir *infra*, p. 67 et p. 78-80.

3. Jolivet (1995), p. 30. Du point de vue doctrinal, le moyen âge tout entier doit être regardé comme une continuation de l'antiquité, qui s'achèvera avec la nouvelle astronomie et la fondation de l'ordre des jésuites (*Ibid.*, p. 13). La figure de Boèce assure cette unité du moyen âge et le lie à l'antiquité.

d'« aboutissement de la *translatio studii* » et remarquait dans ses productions un goût toujours plus prononcé pour l'art de la dialectique et du débat [1]. Constituée en science au XIIe siècle [2], la dialectique médiévale s'épanouit en effet dans l'université du XIIIe siècle, où les étudiants de la Faculté des arts étudiaient les disciplines du *trivium*, rhétorique, grammaire et logique, durant six ans au moins [3]. Dans cette Faculté préparatoire, mais aussi dans les Facultés supérieures de droit, de médecine et de théologie, les divers examens, les cours et les conférences adoptèrent peu à peu la forme de la question [4]; la persuasion par le débat primait sur l'exposition linéaire propre au traité, ou sur la découverte progressive d'une vérité par le biais d'un dialogue. A vocation didactique, les grandes sommes du XIIIe siècle s'approprièrent aussi le rythme de la question; autour d'un problème aux allures de dilemme, elles organisaient des énumérations d'arguments *pro* et *contra* et répondaient de manière circonstanciée. De plus, avec Henri de Gand, Gilles de Rome, Godefroid de Fontaines, puis Jean Duns Scot au début du XIVe siècle, la question disputée prit une ampleur encore inconnue vers 1250 et l'art du débat atteignit sa pleine mesure.

L'attrait des condamnations

Durant tout le XIIIe siècle, l'entrée de l'aristotélisme en Occident, puis l'anthropologie thomasienne, furent freinées par des prohibitions successives, émanées des autorités ecclésiastiques et universitaires. Collationnés et organisés, ces événements devinrent peu à peu les objets privilégiés de l'historiographie. Ils continuent d'ailleurs à occuper le devant de la scène en philosophie médiévale : les philosophes soucieux de l'histoire de la pensée s'efforcent toujours de sonder les répercussions doctrinales des condamnations et de comprendre les motivations de leurs auteurs [5]. Aujourd'hui, la manière dont il interprète les condamnations compte sans doute parmi les critères déterminants pour situer un médiéviste sur l'échiquier des tendances idéologiques.

Dans le cadre de cette étude, procédures anti-aristotéliciennes et anti-thomasiennes seront abordées par le truchement des controverses concrètes, lorsque l'intelligence des textes le requerra. Qu'il nous soit cependant permis d'anticiper, de mentionner sous forme d'annales les principaux faits sans lesquels la discussion sur l'importance et le sens des condamnations au XIIIe siècle est impossible. Selon la nomenclature établie par L. Bianchi, les prohibitions touchèrent soit des livres, soit des idées, soit des personnes [6]. Les premières interdictions relatives à l'aristotélisme émanèrent de l'Église et visèrent des livres : à Paris, les *libri*

1. Vignaux (1948), p. 62-64.
2. Le *Sic et non* d'Abélard préfigure sans conteste le genre de la question, forme privilégiée de l'enseignement et de la pensée philosophique au XIIIe siècle. Sur ce genre littéraire, voir *infra*, p. 24 *sq*.
3. Voir Weijers, Holtz (éd.) (1997), p. 97-184, et *infra*, p. 32-34.
4. Voir *infra*, p. 24 *sq*.
5. En 2001 paraissait encore un volumineux ouvrage consacré aux répercussions des condamnations parisiennes de 1277; il recueille des travaux élaborés entre 1997 et 1999, à l'occasion de quatre colloques internationaux : Aertsen, Emery, Speer (éd.) (2001).
6. Bianchi (1999), p. 21-52.

naturales aristotéliciens furent interdits d'enseignement en 1210, en 1215 et en 1231 encore [1]. Malgré ces restrictions de la liberté d'enseigner, les difficiles théories contenues dans la *Métaphysique* et les traités physiques et biologiques furent élucidées peu à peu, si bien que les censeurs purent bientôt pointer les spécificités irréductibles de la philosophie païenne avec plus de précision et condamner ainsi des idées. Ils isolèrent des thèses considérées comme hérétiques ou simplement dangereuses. Le champion de la censure doctrinale est l'évêque de Paris Etienne Tempier. Le 10 décembre 1270, il proscrit treize thèses aristotéliciennes, qui étaient surtout relatives à l'éternité du monde, à l'unicité de l'intellect et au déterminisme philosophique. Le 7 mars 1277, il signe la condamnation favorite des historiens, la plus ample par la taille, par le champ d'action et la répercussion : deux cent dix-neuf ou deux cent vingt thèses (selon les manuscrits) furent qualifiées d'erronées et d'exécrables; elles devinrent vite les marques distinctives de l'attitude «philosophique», négatrice de la fidélité au dogme catholique [2]. Enfin, la censure s'attaqua à des personnes. Gilles de Rome sera condamné et Henri de Gand intimidé sur l'injonction du même Etienne Tempier [3]. En Angleterre, le dominicain Richard Knapwell s'attira les foudres de Jean Pecham [4]. Dans une catégorie de censure transfrontalière, faite pour atteindre une figure intellectuelle et une doctrine à la fois, l'anthropologie thomasienne subit plusieurs assauts posthumes, à Paris, à Oxford et à Londres, entre 1277 et 1286 [5].

La condamnation du 7 mars 1277 constitue l'un des sujets les plus discutés de l'histoire du moyen âge finissant. Elle est devenue un emblème [6] : elle symbolise la réaction au péripatétisme insinué dans l'Université et départage les manières de concevoir le XIIIe siècle et les rôles respectifs de l'aristotélisme et de l'Église dans l'histoire intellectuelle. La mise en exergue de cet événement est due à P. Duhem, qui le considéra comme la date de naissance de la science moderne. Sous la plume du physicien français, le geste de l'évêque Etienne Tempier avait scellé la

1. Voir *infra*, p. 135 *sq.* L'un des ouvrages fondateurs pour l'histoire de ces épisodes fut Grabmann (1941). Bianchi (1999) tranche nombre de questions en suspens.

2. La condamnation de la thèse qui revendique la possibilité philosophique d'une création éternelle sera abordée dans le chapitre suivant. L'intérêt pour la prohibition du 7 mars 1277 fut renouvelé par une étude critique qui faisait l'analyse de la censure : Hissette (1977). La littérature secondaire des années suivantes est pléthorique. En 1999, paraissaient deux ouvrages qui firent un nouveau point sur la question : Piché (1999) et Bianchi (1999).

3. Voir *infra*, p. 147 *sq.* et p. 194 *sq.* Pour la condamnation de Gilles, il faut situer aux deux extrémités de la recherche récente Hocedez (1932) et Wielockx (1985). Les discussions subséquentes à cette dernière étude concernent des points de détail. Concernant l'intimidation d'Henri de Gand, il faut attendre les années soixante et la préparation de l'édition critique de ses œuvres pour découvrir un témoignage textuel de l'événement, de la main même d'Henri ; voir Hödl (1964), Hödl (1966).

4. Voir *infra*, p. 196 *sq.*

5. Voir *infra*, p. 147 *sq* et p. 193 *sq.* L'étude des dites «polémiques thomistes» fut la grande œuvre de P. Glorieux; voir Glorieux (1927), Glorieux (1956), Glorieux (1974). Travaillé par les historiens durant tout le siècle, le sujet est récapitulé et enrichi par Boureau (1999), qui s'intéresse particulièrement à la condamnation londonienne de 1286.

6. Pour une nouvelle édition du texte latin, accompagnée d'une traduction française des *Articles Condamnés*, voir Piché (1999), p. 71-147.

libération de la science, jusqu'alors enserrée dans le carcan de l'aristotélisme [1]. A la suite de P. Duhem, E. Gilson envisagea le 7 mars 1277 comme une forte césure, qu'il transposa en histoire de la philosophie. Les prohibitions du 7 mars 1277 devenaient une « expérience cruciale » ; elles avaient signifié l'assimilation de « la philosophie » à l'aristotélisme et son rejet par les penseurs chrétiens, la fin d'une « courte lune de miel » entre théologie et philosophie qu'E. Gilson imagine volontiers réalisée dans l'œuvre de Thomas d'Aquin [2]. Aujourd'hui, nul ne nie l'importance de la condamnation; elle fut largement répercutée par la prose philosophique de la fin du XIIIe siècle et du XIVe siècle. Henri de Gand l'utilisera contre Gilles de Rome [3], puis le cycle d'offensives contre l'anthropologie thomasienne la mobilisera comme légitimation et point de départ [4]. Les litiges entre historiens de la philosophie regardent la manière dont il faut interpréter l'acte de Tempier et sa manifestation textuelle, la liste des deux cent dix-neuf erreurs dont la profession et l'audition valent l'excommunication [5]. La censure procède-t-elle d'un pur conservatisme religieux? Eut-elle un impact aussi décisif sur la pensée que le crurent P. Duhem et E. Gilson? Dans un souci d'organisation, les diverses interprétations données en réponse à ces interrogations seront reformulées ici sous les chefs de quatre questions: contre qui la censure était-elle dirigée? La liste d'erreurs manifeste-t-elle une cohérence interne? Quelle était l'attitude intellectuelle des censeurs? Quel rôle faut-il reconnaître à la censure dans l'histoire des idées?

Suite au bilan établi par R. Hissette en 1977 [6], il est d'usage de prendre Etienne Tempier au mot et de considérer les « artiens » comme la cible directe de la censure. La lettre de l'évêque affirme en effet viser certains membres de la Faculté des arts parisienne (*nonnuli parisius studentes in artibus*) [7]. Les autorités ecclésiastiques semblaient craindre l'influence toujours croissante de la philosophie naturelle et le goût de certains étudiants en arts pour une science qui, prescrite comme propédeutique dès 1255 [8], suscitait des vocations dangereuses. A l'instar

1. Par exemple: « Etienne Tempier et son conseil, en frappant ces propositions d'anathème, déclaraient que pour être soumis à l'enseignement de l'Église, pour ne pas imposer d'entraves à la toute puissance de Dieu, il fallait rejeter la Physique péripatéticienne. Par là, ils réclamaient implicitement la création d'une Physique nouvelle que la raison des chrétiens pût accepter. Cette Physique nouvelle, nous verrons que l'Université de Paris, au XIVe siècle, s'est efforcée de la construire et qu'en cette tentative, elle a posé les fondements de la Science moderne; celle-ci naquit, peut-on dire, le 7 mars 1277, du décret porté par Monseigneur Etienne, Evêque de Paris [...] », Duhem (1913-1959), t. 6, 1954², chap. I, p. 66. A. Koyré s'empressa de rectifier la thèse de P. Duhem: la science classique doit plus au système de Ptolémée qu'à tous les prétendus efforts médiévaux pour le dépasser. Voir, par exemple, Koyré (1973). Au sujet de la thèse de P. Duhem et de son invalidation par A. Koyré, voir Murdoch (1991).

2. Gilson (1986²), p. 605.

3. Voir *infra*, p. 98-99.

4. Voir *infra*, p. 195 *sq*.

5. « [...] excommuniant tous ceux qui auront professé, ou auront osé défendre ou soutenir, de quelque façon que ce soit, les dites erreurs ou l'une d'entre elles, ainsi que leurs auditeurs, à moins qu'ils ne se présentent devant nous [...] pour révéler <ces erreurs> [...]. », trad. D. Piché, p. 77.

6. Hissette (1977).

7. *La condamnation parisienne de 1277*, éd. D. Piché, p. 72.

8. En 1255, le statut de la Faculté des arts de Paris impose l'étude du *corpus* aristotélicien complet. Les interdictions de 1210 et ses réitérations en 1215 et 1231 furent définitivement dépassées.

de Siger de Brabant durant la décennie précédente, certains faisaient profession de la philosophie, ignorant son dépassement nécessaire par la théologie [1]. R. Hissette et R. Wielockx ont ainsi combattu l'idée, défendue par J. F. Wippel et J. M. Thijssen, que la censure pût être une attaque déguisée contre la mémoire de Thomas d'Aquin, directement visée par elle. La connaissance de procédures particulières engagées contre Gilles de Rome et contre la mémoire de Thomas d'Aquin révèle l'inutilité d'un tel subterfuge, bien qu'il soit incontestable que certaines doctrines thomasiennes furent déjà touchées le 7 mars [2]. Pour intégrer ce dernier constat à la caractérisation de la censure, D. Piché réunit les deux interprétations en conflit : la cible directe de l'évêque était la mouvance artiste indépendantiste, bien que les théologiens trop philosophes fussent aussi touchés, par ricochet [3].

Concernant la teneur doctrinale et la facture de la liste d'erreurs, le débat est plus intéressant, car il se répercute sur la troisième interrogation, relative à l'attitude intellectuelle des censeurs. A première vue, l'énumération des articles erronés paraît dépourvue de cohérence [4]. Le lecteur rencontre un amas de thèses aux accents doctrinaux arabes ; elles concernent tantôt l'intellect et son lien avec le corps, tantôt le monde physique et son hypothétique éternité ; elles nient parfois le hasard, en vertu d'une certaine nécessité ; elles touchent aussi à l'éthique, au bonheur qui accompagne la contemplation philosophique. De nombreux énoncés sont amorcés par la formule *Quod Deus…* ; ils signalent des conceptions théologiques erronées, qui limitent la toute-puissance divine et minimisent ainsi la dimension contingente du monde et la précarité de son ordre actuel. Ainsi R. Hissette notait le caractère désordonné d'une liste rédigée à la hâte, en l'absence de fondements doctrinaux assurés, et qui témoigne de l'esprit partisan de la commission de théologiens dont elle avait émané [5]. R. C. Dales était plus catégorique encore : à l'aveugle, la liste de Tempier ramasse des thèses rencontrées chez des philosophes et des théologiens chrétiens dont le seul tort est de ne pas appartenir à la faction politique soutenue par les autorités en place. Le désordre du texte manifeste sa totale vacuité doctrinale [6]. Nuançant ce jugement, J. M. Thijssen a pourtant soutenu que la condamnation était motivée rationnellement [7], après que F.-X. Putallaz l'eut en partie rapprochée d'une

1. Putallaz, Imbach (1997).

2. Wielockx (1988), Hissette (1997), Hissette (1998), et Wielockx (1999) versus Wippel (1995) et Thijssen (1997). La coïncidence entre la date de la mort de Thomas (7 mars 1274) et celle du décret de Tempier s'ajoutait aux arguments de J.F. Wippel et J.M.M.H. Thijssen pour voir dans la censure une tentative de mettre Thomas d'Aquin au rang des « *philosophantes* ».

3. Piché (1999), p. 169.

4. Le cas échéant, les articles seront cités avec la mention d'une double numérotation (par exemple 1/185), d'abord celle qui est attestée dans la plupart des manuscrits, ensuite celle qui reprend la tentative d'organisation de P. Mandonnet (Mandonnet, (1976)).

5. Hissette (1977), p. 318.

6. « […] able and devout Christian philosophers and theologians being attacked for largely non-doctrinal reasons, and condemned by a dishonest and vengeful committee of theologians […]. » Dales (1990), p. 176.

7. Thijssen (1998), p. 115.

mouvance intellectuelle novatrice, aboutie au XIVe siècle avec la mise en exergue philosophique de l'individualité [1]. Envisagée ainsi, la condamnation cesse d'être l'affreux balbutiement du mouvement réactionnaire, mais témoigne de velléités nouvelles, sans les formuler toutefois de manière explicite. Découvrant des réseaux conceptuels dans le décret de Tempier, A. de Libera en proposait une troisième lecture: il voyait en les deux cent dix-neuf articles «un système complet, cohérent, polémique, d'un mot: *rationnel* [...] livrant un portait-robot du "philosophe" en même temps que la liste de ses méfaits supposés» [2]. Dans cette interprétation, la censure est dotée d'une fonction créatrice, car elle tisse un ensemble de thèses et organise de fait une nouvelle vulgate philosophique [3]. La cohérence du décret n'empêche pourtant pas que ses auteurs fussent motivés par une vision profondément conservatrice. La lecture de D. Piché s'apparente à celle d'A. de Libera: la censure est un «événement de pensée» porteur d'une signification philosophique; elle est l'image négative et réfléchie d'une réalité effective, la naissance d'un mouvement autonomiste à la Faculté des arts [4].

Regardant l'attitude intellectuelle des censeurs, deux tendances interprétatives peuvent donc être opposées: l'une considère l'intervention de la censure comme l'expression d'un pur conservatisme, dont l'unique but est de freiner l'implantation de la philosophie; l'autre envisage l'entreprise de Tempier comme le symptôme d'une naissance, celle d'une alternative raisonnée à l'aristotélisme, et l'inscrit dans une véritable mouvance intellectuelle. Dès les années soixante-dix, l'historien des sciences E. Grant décrivit l'esprit des condamnations comme une valorisation des arguments fondés sur la toute-puissance absolue de Dieu. Dans son récit aux accents duhemiens, les censeurs préconisaient une sortie des frontières de la philosophie naturelle tracées par Aristote; sans disqualifier la raison, ils ouvraient ainsi la voie de spéculations nouvelles, fondées sur des hypothèses audacieuses [5]. Dans le même sens mais de manière plus nuancée et circonstanciée, F.-X. Putallaz proposa de ne pas considérer l'ensemble de l'entreprise de Tempier comme le symptôme d'une obstination ignare. Son étude centrée sur la question de la liberté au XIIIe siècle inscrivit le 7 mars 1277 dans une histoire qui débute avec Bonaventure, chemine avec Pierre de Jean Olivi, et s'achève avec Dante. Ce faisant, elle revalorisa la pensée franciscaine, considérée pour elle-même et dans ses principes. En philosophie morale et en «psychologie», F.-X. Putallaz put donc envisager les anticipations positives de la censure, quelles positions nouvelles l'avaient habitée et motivée. Sa conclusion propose d'inter-

1. «Si, en un sens évident, Tempier s'opposait au progrès inéluctable d'une certaine raison philosophique, si son acte est répressif et conservateur, il épousait pourtant en un autre sens un mouvement culturel plus large, plus novateur et peut-être tout aussi rationnel [...]. En défendant en effet l'absolue priorité de la volonté sur l'intellect, Etienne Tempier était de son temps, et il participait à la découverte progressive de l'individualité.» Putallaz (1995), p. 83. Concernant la «découverte de l'individualité» au XIVe siècle, voir Bérubé (1964) et, au sujet de Guillaume d'Ockham, Mensching (1992), p. 318 et *sq*.

2. Libera (1991), p. 178.

3. Libera (1991), p. 193-194 et Libera (1998), p. 76-78.

4. Piché (1999), p. 8-9, p. 170-180.

5. Grant (1979); Grant (1996), p. 81-83; Grant (2001), p. 7-9, p. 283.

préter l'intervention de Tempier aussi comme le signe d'une naissance, non comme le simple avatar sclérosé du néo-augustinisme forgé par F. Van Steenberghen: «En se défiant de l'intellectualisme [...], Etienne Tempier semblait participer à un mouvement culturel conduisant provisoirement aux grandes philosophies de l'expérience et de l'intuition du XIVe siècle; le sens de l'individualité y est fortement souligné. Peut-on dire avec assurance qui sont les "conservateurs"?» [1]. L'exégèse de F.-X. Putallaz invite à envisager la condamnation dans un contexte intellectuel élargi, sans défendre pour autant l'intervention de Tempier. Aux antipodes de la vision promue par E. Grant dès 1979, K. Flasch, E. Randi, L. Bianchi ou encore J. E. Murdoch considérèrent par contre l'aristotélisme comme la force principale de progrès en 1277 et après la condamnation [2]. Les philosophes de la Faculté des arts s'opposaient en effet à l'ancienne vision augustinienne, qui subsumait le naturel au surnaturel, le monde d'ici-bas au salut dans l'éternité, et qui refusait aux études scientifiques toute autonomie ou finalité propre. L'idée d'une censure aux accents novateurs n'est qu'une plaisante image, un oxymore séduisant. J. E. Murdoch pointe l'importance croissante d'Aristote après 1277 et l'insignifiance de l'argumentation *de potentia absoluta Dei* pour l'évolution de la science occidentale [3]. A. de Libera se range à cette vision, en insistant sur la dimension éthique de la condamnation. Hérauts d'un nouvel humanisme, les maîtres de la Facultés des arts revendiquaient un idéal de vie philosophique qui risquait de substituer la contemplation de la vérité aux prières pour le salut dans l'au-delà [4].

Avec ces précisions, il est possible d'aborder enfin la quatrième question, qui regarde l'importance de la condamnation dans l'histoire de la philosophie occidentale [5]. Récemment, L. Bianchi et J. E. Murdoch ont relativisé l'importance du décret de Tempier. Les historiens furent sans doute victimes de l'histoire: séduits par l'opportunité de transformer un événement concret en marqueur idéologique, ils en firent un «tournant» (*a turning-point*) de leurs récits. L. Bianchi propose au contraire d'élargir l'angle de vue et de regarder la condamnation du 7 mars 1277 comme l'une «des nombreuses démarches accomplies pendant des siècles par les hommes d'Église pour freiner l'irrésistible poussée vers l'autonomie – et corrélativement vers le désengagement et la neutralité religieuse – du savoir scientifique» [6]. L'entreprise de Tempier eut des effets bien réels: elle

1. Putallaz (1995), p. 86.

2. Flasch (1989), p. 13-86; Bianchi, Randi (1993), p. 39-55; Bianchi (1998), p. 103-109; Bianchi (1999), p. 205-210; Murdoch (1998).

3. «[...] this scrutiny and resultant progress in philosophy ([...]) have little to do with 1277 or even with the invocation of God's absolute power [...].» Murdoch (1998), p. 121.

4. «Pour parler net, l'intellectuel du tournant des XIIIe et XIVe siècles se définit par rapport à un nouveau modèle de vie, le *philosophe contemplatif* de Fârâbi, d'Avicenne et de Ghazâlî, non par rapport à l'agnosticisme ou au relativisme malicieusement attribués à Ibn Rushd. C'est ce modèle de la contemplation philosophique qui était un danger pour la vie chrétienne [...].» Libera (1991), p. 137; voir aussi p. 14 et p. 77.

5. Ici, les polémiques propres à l'histoire des sciences physique et mathématique sont passées sous silence. Voir *supra*, p. 17, note 1.

6. Bianchi (1999), p. 206-207. Voir aussi Bianchi (1998), p. 104-109.

induisit une sévère limitation de la liberté intellectuelle. Toutefois, elle ne signifiait pas de réel changement de cap : l'aristotélisme demeurait le courant dominant en philosophie. Dans la lignée de P. Duhem et d'E. Gilson, l'histoire de la philosophie a fantasmé une rupture à l'endroit où tonne avec le plus d'éclat une tendance conservatrice séculaire. Portant l'accent sur les effets négatifs de la censure, L. Bianchi adopte pourtant un élément de la thèse défendue par A. de Libera dans *Penser au Moyen Age* : la censure a une « fonction heuristique » ; par accident, elle obligea parfois à soulever de nouvelles questions et promut quelques hypothèses novatrices [1]. Ce principe herméneutique joue cependant un rôle beaucoup plus important chez A. de Libera, dont l'interprétation de la censure demeure tout à fait originale. Pour mémoire, le médiéviste français soutient que le décret de Tempier constitue un réseau de thèses rationnellement collationnées et que la censure est portée par les autorités ecclésiastiques contre un nouvel idéal éthique, en germe à la Faculté des arts. Or, au temps de Tempier, cette dissidence éthique n'était précisément qu'à l'état germinatif. Comment justifier dès lors l'ampleur de la condamnation ? Selon A. de Libera, les censeurs ont su anticiper les risques inhérents à la nouvelle philosophie introduite dans l'Université par la littérature arabe [2]. Ils n'avaient pourtant pas prévu que la condamnation donnerait une impulsion à l'attitude, encore toute théorique, qu'elle entendait prévenir : le réseau d'articles organisé par la commission de théologiens transforma de simples énoncés en thèses [3] et la censure fit naître la maladie qu'elle voulait prévenir [4]. Telle fut « l'inventivité malencontreuse de la censure » [5]. Nonobstant cette insistance sur la créativité de la censure, la lecture d'A. de Libera adopte le même point de vue que celle de L. Bianchi : aux XIIIe et XIVe siècles, le péripatétisme rassemblait les forces novatrices, du moins en philosophie et en éthique. Dans le contexte d'une histoire intéressée aux sciences, E. Grant soulignait au contraire la fonction positivement innovante de la censure : il n'a cessé d'assimiler le dépassement de la physique aristotélicienne à la naissance de l'« âge de raison » [6]. Dans son interprétation, les condamnations ont eu des répercussions heureuses sur la science ; elles ont fait éclater les schémas descriptifs hérités de l'antiquité. A défaut d'être un tournant majeur de la pensée occidentale, le 7 mars 1277 a imprimé une impulsion indéniable à la philosophie de la nature [7].

1. Bianchi (1999), p. 8-11.
2. « [...] une condamnation dans l'histoire ecclésiastique peut anticiper une erreur professée. » Libera (1998), p. 80. Voir aussi Libera (1991), p. 136.
3. « Pour nous, la censure est un opérateur historique, c'est elle qui transforme un énoncé en thèse [...]. En somme, c'est la condamnation qui donne vie à l'écriture. » Libera (1991), p. 193.
4. « [...] le symptôme une fois décrit, la maladie exista vraiment [...]. » Libera (1991), p. 179.
5. Libera (1991), p. 15. Libera (1998), p. 85, considère les condamnations de 1277 comme « un obstacle et un amplificateur » à la fois.
6. Grant (2001), p. 283, p. 9-11.
7. « We can be certain that the condemnation expanded the horizons of Aristotelian natural philosophers and made medieval natural philosophy more interesting than it would otherwise have been, and even produce a few significant surprises. » Grant (1996), p. 83.

La question du « progrès », de la démarcation des forces innovantes par rapport à la réaction conservatrice, paraît au cœur de tous ces conflits d'interprétations. Comme il ne convient pas de sonder le débat jusqu'à sa strate idéologique et politique, quelques remarques à valeur méthodologique suffiront dans le cas présent. D'abord, une innovation n'est pas forcément un progrès, surtout lorsqu'elle est induite par une contrainte extérieure au domaine dans lequel elle intervient. Lorsque Thomas d'Aquin infléchit les principes généraux de sa philosophie pour rendre compte rationnellement du mystère de l'eucharistie, il est impossible d'y voir un progrès de sa pensée [1]. L'exigence du dogme, de prime abord inconciliable avec la philosophie, permit de questionner les devoirs de la raison naturelle eu égard à l'explication des mystères divins; elle n'engagea cependant pas Thomas dans une révision de sa philosophie. Dans d'autres contextes théoriques, elle peut pourtant être la cause occasionnelle d'un réel progrès. R. Imbach a montré que ce même thème théologique a joué dans l'élaboration de la pensée ockhamienne [2]. L'entreprise de Guillaume d'Ockham est en effet critique par essence, dans son programme et sa méthode. A l'opposé du système, elle se réalise dans un processus de révision toujours en marche et procède au cas par cas, usant tantôt des raisons philosophiques, tantôt des vérités promues par les dogmes. Elle est ainsi faite pour accueillir l'exigence dogmatique, car, n'étant pas close en un système, elle peut intégrer les vérités apparemment hétérogènes sans souffrir de lésions; elle peut encore transformer cette exigence en instrument heuristique, l'appliquer dans les domaines transfrontaliers de la physique et de la logique et en tester la valeur opératoire. Par ailleurs, Ockham se servit bien de la méthode hypothétique *de potentia absoluta Dei*, notamment en noétique. Mesurée à sa philosophie, la condamnation du 7 mars 1277 paraît de fait porteuse de germes progressistes, bien qu'elle fût conservatrice par sa nature même de censure : autoritaire et menaçante, elle entendait empêcher une nouveauté, non en promouvoir une autre. Quant à l'attribution de la palme du progrès aux penseurs aristotéliciens, artiens et théologiens, ou bien aux bonaventuriens et autres franciscains, une décision d'envergure aussi large ne peut que découler d'une prise de position idéologique. Dans le contexte de la compréhension historique des doctrines, la question ne se pose pas en général, mais sa réponse varie selon les disciplines étudiées et les contextes problématiques précis, en fonction des auteurs aussi, qui demeurent irréductibles à des mouvances religieuses ou à des catégories historiographiques précises.

1. Voir *infra*, p. 220 *sq.* et p. 224 *sq.* Le dogme eucharistique, fixé en 1215 lors du quatrième concile du Latran, exigeait de concevoir la subsistance des accidents (ceux du pain et du vin) sans leur substance. Cette exigence théologique imposa de sérieux compromis aux penseurs de tendance aristotélicienne; elle généra des nouveautés chez ceux qui ne tenaient pas autant au système proposé par le Stagirite. Au moins cinq articles de la condamnation du 7 mars concernent cette problématique (63/69, 138/199, 139/198, 140/196, 141/197). Le plus significatif d'entre eux énonce l'erreur suivante : « Faire qu'un accident existe sans sujet constitue une impossibilité de raison impliquant contradiction » (140/196; trad. D. Piché, p. 123).

2. Imbach (1987). Voir aussi *infra*, p. 186 *sq.*

En dernier lieu, il paraît cohérent d'abandonner toute opposition stricte et définitive entre foi et raison – du moins provisoirement. Si le rêve positiviste se réalisait, si la raison pouvait être pure, invariable et immune, protégée des contaminations de la croyance et abstraite des vicissitudes de l'histoire, toutes ces investigations historiques seraient en effet purement décoratives, voire pédantes et ridicules. Elles ne se proposeraient pas une authentique compréhension archéologique de la pensée, puisque la dimension historique n'en serait qu'un vêtement, mais faciliteraient et agrémenteraient d'érudition l'invariable perpétuation de la philosophie *perennis*, indépendante des textes, des langues et des contextes. L'expérience humaine de la pensée révèle cependant une autre image. Au moyen âge comme dans l'antiquité, les écrits philosophiques, grecs, arabes et latins, étaient issus de cultures particulières et intégraient eux aussi un monde entier de croyances, différent selon les époques, les lieux et l'appartenance religieuse. A la fin du moyen âge, l'Europe occidentale assiste à une rencontre inouïe de cultures, païenne, juive, islamique et chrétienne, plus ou moins riches de théories scientifiques et porteuses de croyances variées. Or la sphère de la croyance ne se confine pas au religieux, mais elle englobe aussi les présupposés de la science et ses déterminations inconscientes. L'élaboration de modèles scientifiques et de descriptions du monde procèdent bien d'une culture et des objectifs formulés par une société à l'intention de ses savants, donc d'un ensemble de valeurs auxquelles croit une communauté. La science algébrique ne fut jamais envisagée à l'horizon de la culture latine; elle fut héritée du monde arabe à la fin du moyen âge. Par ailleurs, qui nie l'interpénétration nécessaire et la constitution commune de la rationalité scientifique et de la croyance doit, au profit d'une rationalité pure, refuser le nom et la légitimité de science à la multitude des investigations concrètes et divergentes issues des cultures différentes. A moins d'être assez insensé pour supputer la réalisation effective de cette science unique, le défenseur de la rationalité pure convoquera un paradigme ultime et vrai, encore idéal, duquel approchent et procèdent à la fois les diverses tentatives de la raison. Cette vision est peut-être pertinente et vraie, mais, en l'état actuel, elle est elle-même une croyance. Le récit de l'historien gagnerait donc en pertinence, s'il abandonnait le modèle du conflit entre foi et raison [1]. Au XIIIe siècle, les maîtres de la Faculté de théologie n'ignoraient et ne méprisaient d'ailleurs pas la philosophie; ils la pratiquaient au contraire et tentaient d'en cerner les principes et les objets. Henri de Gand, le seul membre connu de la commission élue par Tempier, est un représentant majeur de la philosophie au XIIIe siècle. Les théologiens – du moins ceux qui valent une étude en histoire de la philosophie – ne luttaient pas contre les moulins à vent de la pure rationalité. Comme le dit D. Piché, il s'agissait d'un conflit entre « deux rationalités spécifiques » [2], donc, faudrait-il ajouter, entre

1. *Mutatis mutandis*, L.M. de Rijk a défendu cette même exigence méthodologique en 1985 : « Si quelqu'un croit discerner, à partir d'une approche "incroyante", une opposition entre la foi et la connaissance, il ne doit pas s'arroger le monopole de la pure scientificité. Il ne suit pas seulement une conception scientiste entre temps démodée, mais en outre, il n'est pas conscient de sa présupposition qui, inévitablement, est déterminée par un certain paradigme ». De Rijk (1985), p. 73.

2. Piché (1999), p. 170.

deux systèmes de valeurs, où croyances communes et croyances importées, rationalité commune et rationalité importée avaient formé des configurations différentes. De manière ultime, la querelle s'enracine donc dans l'éthique ; comme le soutenait A. de Libera, les options des différents acteurs du conflit découlaient de leurs conceptions de l'existence humaine.

TEXTES ET PRATIQUES LITTÉRAIRES

Deux pratiques discursives ont particulièrement caractérisé la production philosophique entre 1250 et la première partie du XIVe siècle. Le genre littéraire de la question (*quaestio*) et la pratique scolaire de la dispute (*disputatio*) ont donné forme à la pensée de ce temps. Congénitale à cette pratique scolaire et littéraire, l'invocation de thèses condamnées, d'opinions communément admises ou de sentences réputées vraies jouaient en outre un rôle important dans la dialectique médiévale. Objections et arguments étaient extraits de leurs contextes d'énonciation, puis transposés dans un discours hétérogène. Ces énoncés délocalisés, à valeur proverbiale, contribuèrent souvent à perdre les opposants dans le jeu dialectique ; elles infléchirent parfois la tournure des débats.

La question disputée

L'art de la question disputée caractérise la pensée universitaire du XIII e siècle. Il réglait l'enseignement et l'apprentissage, et imposait sa forme aux écrits des maîtres [1]. De manière générale, la question disputée se définit comme une confrontation argumentée : opposant (*opponens*) et répondant (*respondens*) discutent en vue de la détermination d'une question. L'interrogation initiatrice du débat se pose comme thèse, qu'il faut invalider ou confirmer. Ainsi revêt-elle presque toujours la forme de l'alternative : par exemple, « l'être est-il un ajout à l'essence des étants causés ? » [2], ou encore, « Dieu pourrait-il faire que la matière soit sans forme ? » [3].

La pratique de la question naquit cependant de la « lecture », à savoir de l'enseignement des livres au programme des études. Au XII e siècle, l'exégèse des textes s'est en effet transformée en discussion sur les conflits d'interprétation. Lorsqu'il commente un écrit, le maître énumère un certain nombre de problèmes (*quaestiones*) ; il mentionne les opinions opposées et les arguments d'autorité divergents, avant de trancher la situation conflictuelle. Toujours attachée au texte durant la première partie du siècle, la question n'a pas encore évolué en dispute. Le *Sic et Non* d'Abélard est un modèle du genre ; à la lettre des écrits saints, il

1. En 1985, B.C. Bazán consacrait une étude à cette pratique qui forma la pensée médiévale : Bazán, Wippel, Fransen, Jacquart, (1985), p. 15-152. Voir aussi Glorieux (1968), p. 123 *sq.*

2. Voir *infra*, p. 45 *sq.* La question est énoncée par Siger de Brabant.

3. Voir *infra*, p. 130 *sq.* La question est un lieu commun à la Faculté de théologie, de Thomas d'Aquin à Jean Duns Scot.

confronte les divers témoignages des « auteurs » [1], en l'occurrence les Pères de l'Église. Cependant, dans la seconde moitié du siècle, la question s'affranchit peu à peu du texte de base et engendre une nouvelle forme d'enseignement, qui fleurit dans l'université du XIIIe siècle.

Dans la nouvelle université médiévale, trois devoirs incombent en effet à l'enseignant : lire, disputer, et prêcher – s'il est théologien. La dispute est devenue une forme d'enseignement et un exercice différent du commentaire textuel. Elle s'en démarque par l'origine des objections et des arguments, qui ne sont plus tirés des textes mais émanés de l'assemblée. L'auditoire peut être constitué de la classe du maître – le cours est alors une *disputatio privata* –, ou d'étudiants et de maîtres divers, venus d'autres classes; dans ce cas, le maître tient une *disputatio ordinaria* ou *publica*. Ce dernier exercice se produit à fréquence régulière, chaque semaine (le samedi) ou chaque quinze jours. Comme l'enseigne B. C. Bazán, l'institution scolaire réglemente et impose la double pratique de la dispute, publique comme privée; son organisation ne dépend pas de la bonne volonté de l'enseignant [2]. Trois moments scandent la phase orale de cette pratique. D'abord, le maître et son assistant (le *respondens*) examinent et discutent les difficultés rassemblées par un opposant (*opponens*) et organisées en réponse à la question initiale sous les chefs de l'affirmation (*quod sic*) et de la négation (*quod non*). Ensuite, le répondant propose une solution préliminaire. Ces deux premiers exercices constituent la dispute proprement dite. Enfin, sans doute un ou plusieurs jours plus tard, le maître revient livrer sa détermination. Il a réorganisé le débat en fonction de sa solution; la liberté et le rythme de la dispute en sont gommés.

La section de cette étude consacrée à l'anthropologie fera intervenir plusieurs questions disputées *Au sujet de l'âme* [3]. Cependant, la majeure partie des textes étudiés appartiendra à une autre espèce de dispute, la question disputée *de quolibet* [4]. Cette forme particulière de dispute naît à Paris vers 1230, en Faculté de théologie, et s'inscrit en marge du programme régulier des cours. Laissée à la libre initiative des maîtres, elle s'organise deux fois l'an, avant Noël et avant Pâques, et s'ouvre à tous publics, même extra-universitaires. Dans un cadre solennel, le maître doit répondre à des questions posées librement par n'importe qui – *a quolibet* – au sujet de n'importe quel sujet – *de quolibet*. Par la procédure, le quodlibet est une espèce de la *disputatio :* le maître commence par discuter les thèses en présence, avant de donner sa solution (sa *determinatio*) lors d'une seconde séance publique. A la fin du XIIIe siècle, les questions quodlibétiques

1. « *Auctor* » signifie littéralement « celui qui augmente » (dérivé de *augeo*); par son œuvre, l'auteur contribue à l'accroissement d'un savoir ou d'un art. Artisan d'une œuvre nouvelle, l'auteur est aussi un garant, celui en qui la confiance peut être placée. Quant à la notion d'« *auctoritas* », son sens fut fixé par le droit romain : « Le terme "auctoritas" était chez les Romains dès l'origine un terme juridique et renvoyait e.a. à la preuve écrite garantissant une relation d'affaires (de droit privé), parce qu'elle la *constituait* ». De Rijk (1985), p. 88.

2. Bazán, Wippel, Fransen, Jacquart, (1985), p. 41-42.

3. Par exemple celles de Thomas d'Aquin (*infra*, p. 191 *sq.*), que la critique considère presque comme « l'archétype de la *disputatio* » (Bazán, Wippel, Fransen, Jacquart, (1985), p. 43).

4. Au sujet de cette forme, voir Glorieux (1925) et la synthèse de J.F. Wippel, dans Bazán, Wippel, Fransen, Jacquart, (1985), p. 153-222.

s'allongent jusqu'à atteindre la taille de petit traité. Dans l'édition critique de R. Macken, la cinquième question du *Quodlibet X* d'Henri de Gand s'étale sur quatre-vingts pages, alors que la rédaction de l'ensemble des questions soutenues par le maître en ce seul Avent de 1286 en compte plus de trois cents [1]. En comparaison, les questions quodlibétiques de Thomas d'Aquin paraissent concises.

Les textes rédigés ne sont toutefois pas les fidèles reflets de la dispute, même de sa dernière phase ou détermination magistrale. Sauf dans le cas de notes prises par quelque assistant ou étudiant (les *reportationes*), la question a subi une transformation supplémentaire, qui la fait passer de l'état oral à l'état de littérature. Le maître en travaille la rédaction durant les semaines ou les mois qui suivent les deux séances orales. Les manuscrits transmis à la modernité ne sont donc pas tous de même nature. Le texte des quatre premiers *Quodlibets* de Godefroid de Fontaines semblent n'exister qu'à l'état de *reportationes*, de notes prises par un auditeur lors de la détermination orale du maître [2]. Pour l'ensemble des *Quodlibets* d'Henri de Gand, les manuscrits livrent par contre des textes d'auteur. Sur certains manuscrits, des corrections furent portées, de la main même d'Henri ou sous sa dictée; elles témoignent de révisions successives du texte, et manifestent ainsi les ajustements voulus par un auteur engagé dans des polémiques de longue haleine et soucieux de la répercussion de sa pensée [3]. Partiellement recopiées, fragmentées, diffusées, les mêmes œuvres apparaissent sous plusieurs formes [4]. Un même propos peut aussi se multiplier dans les versions de ses différentes phases d'élaboration. C. Luna a récemment étudié le manuscrit *Bologne, Collegio di Spagna, 133 :* celui-ci rassemble les questions d'Henri de Gand, de Gilles de Rome et de Godefroid de Fontaines sur l'être et l'essence, mais dans des versions inconnues que l'érudite italienne considère comme des rédactions préparatoires [5]. Sans commune mesure avec le procès-verbal, la question quodlibétique inaugure donc bien un nouveau genre *littéraire*. Henri de Gand et Gilles de Rome pratiquèrent en experts le jeu de l'intertextualité : ils se

1. Durant sa carrière, de 1276 à 1291, Henri de Gand a soutenu quinze disputes quodlibétiques. De fait, la fréquence des séances s'approche d'une par année; la répartition n'est toutefois pas homogène : en 1286, Henri dirigea deux disputes, durant le Carême et durant l'Avent; en 1283 et 1285, il n'en disputa aucune.

2. Il existe deux versions de ces quatre premières questions quodlibétiques, une longue et un abrégé. Toutes deux semblent être des *reportationes*, malgré l'opinion d'O. Lottin qui considérait la version brève comme un autographe de Godefroid (Lottin (1934)). P. Stella argumenta en faveur de la double rédaction par Hervé de Nedellec (Stella (1957), p. 17-18). En 1981, J.F. Wippel laisse la question ouverte (Wippel (1981), p. XXIX). Pourtant, dans Bazán, Wippel, Fransen, Jacquart, (1985), p. 162, le même savant opte pour la solution de la double *reportatio*. Il était cependant courant qu'un maître revoie et corrige les *reportationes* de ses déterminations publiques. Sur la tradition manuscrite des *Quodlibets* de Godefroid : Pelzer (1913). Durant sa carrière, Godefroid de Fontaines a tenu quinze séances quodlibétiques, comme son ancien maître Henri de Gand.

3. Il s'agit des deux manuscrits *Paris, Nat. lat. 15848* et *15350*. Voir Macken (1973), et Wielockx (1987), au sujet du deuxième *Quodlibet*.

4. A partir d'une version officielle, examinée par des maîtres (l'*exemplar*), maître, étudiant ou copiste recopiait le texte, morceau par morceau : le manuscrit était en effet divisé et loué par pièce (*pecia*). Voir Destrez (1935) ; Glorieux (1968), p. 178-179 ; Macken (1970).

5. Luna (1998).

citèrent longuement et se critiquèrent avec soin, convoquant à l'occasion des questions vieilles de dix ans, et réprouvant chez l'autre des défauts d'organisation [1]. Nul doute que la joute verbale ne fut qu'une première manifestation du débat, à jamais enfouie dans le passé.

Aujourd'hui, la question apparaît en effet comme genre littéraire; toutefois, dans sa pratique concrète, elle fut aussi et d'abord un outil de découverte. A la suite d'Aristote, Thomas d'Aquin définissait la recherche de la vérité comme la résolution de problèmes [2]. Ainsi, la dispute médiévale ne se résume pas à un mode d'exposition, scolastique et sclérosé. Certes, dans sa version rédigée, elle paraît égrener les arguments, puis livrer une solution dans une parfaite indifférence pour les objections, qui sont balayées en dernier lieu par des réponses rapides. Le texte n'est pourtant que le dernier surgeon d'un véritable exercice de pensée collectif. La caricature précédente se révélera d'ailleurs très incorrecte à la lecture des *Quodlibets* d'Henri de Gand, de Godefroid de Fontaines, et des *Questions* rédigées par Gilles de Rome pour répondre à Henri sur la question philosophique de l'être. Prise très au sérieux, la discussion détaillée des arguments adverses mange quasiment la totalité du propos. Toute question quodlibétique ne traite toutefois pas un thème philosophique; certaines interrogations concernent des problèmes pratiques, liés souvent à la régulation de la vie religieuse. La question permet encore de circonscrire les frontières et l'objet adéquat d'une théorie, souvent théologique, au moyen de situations-limites. En apparence saugrenues, les questions exhibent alors un cas discriminant. La thématique du cannibalisme devint presque un topique de la littérature théologique; elle permettait d'explorer les confins de la théorie de la résurrection de la chair et de la transsubstantiation eucharistique [3]. Bien qu'elle fût régulée et inscrite dans une tradition scolaire, la question donna de fait naissance à un genre littéraire très peu convenu, où les disciplines se côtoyaient sans ségrégation et les discussions se succédaient sans uniformité. La question quodlibétique manque aux exigences d'élégance et de maîtrise que seul un système de conventions formelles peut garantir. Sans les qualités requises pour devenir un genre classique, elle a toutefois le mérite de manifester une logique de la découverte, exercée collectivement et dans l'art du débat.

1. Par exemple, Gilles de Rome : « Or, puisque [nos contradicteurs] posent leur thèse de façon confuse et l'exposent en l'embrouillant, pour exposer leur intention avec plus de clarté, je ne conserverai pas l'ordre qu'ils ont imprimé à leur question, mais procéderai ainsi [...]. » *Verum, quia ipsi positionem suam diffuse ponunt et intricate narrant, ut lucidius eorum intentionem narremus, non tenebimus ordinem quem ipsi tenent in quaestione sua, sed hoc ordine procedemus [...]. Quaest. de esse et essentia, q. 12,* 27ra.

2. *Et hoc ideo quia posterior investigatio veritatis, nihil aliud est quam solutio prius dubitatorum. In duodecim libros Metaphysicorum Aristotelis expositio, III, lect. 1,* 2, Ed. Marietti, p. 97a. A ce propos, voir Schönberger (1991), p. 54.

3. Pour exemple, un extrait de Thomas d'Aquin, *Contra Gentiles IV, cap. 81,* éd. Léonine, t. 15, p. 252-254 : « La chair mangée ressuscitera donc dans celui en qui elle avait d'abord été parfaite par l'âme raisonnable. Quant à celui qui l'a mangée, s'il ne s'est pas seulement nourri de chair humaine, mais aussi d'autres aliments [...]. S'il s'est nourri seulement de chair humaine [...]. », trad. D. Moreau, p. 375. Ce type de considération est courant. Par exemple : Jean Pecham, *Quodl. I, q. 8,* éd. G.J. Etzkorn, F. Delorme, p. 23-24. Ou encore : Guillaume d'Ockham, *Sent. IV, q. 13,* éd. R. Wood, G. Gál, OTh VII, p. 276-277.

Sentences autoritaires

La pugnacité aveugle dans la dispute et l'usage pléthorique de l'argument dit « d'autorité » constituent les deux principaux lieux communs véhiculés par la caricature de la tradition scolastique, d'Erasme aux Lumières du XVIIIe siècle. Voici, de la plume de Molière, le ridicule éloge de Thomas Diafoirus par son père :

> [...] il n'y a point de candidat qui ait fait plus de bruit que lui dans toutes les disputes de notre école. Il s'y est rendu redoutable, et il ne s'y passe point d'acte où il n'aille argumenter à outrance pour la proposition contraire. Il est ferme dans la dispute, fort comme un Turc sur ses principes, ne démord jamais de son opinion, et poursuit un raisonnement jusque dans les derniers recoins de la logique. Mais, sur toute chose, ce qui me plaît en lui, et en quoi il suit mon exemple, c'est qu'il s'attache aveuglément aux opinions de nos anciens, et que jamais il n'a voulu comprendre ni écouter les raisons et les expériences des prétendues découvertes de notre siècle [...] [1].

Dans ce portrait comique de l'intellectuel universitaire, la dispute apparaît dépouillée de sa fonction heuristique et l'autorité des anciens si grande, qu'elle ôte tout crédit à l'argumentation et à l'expérience. Il faut bien sûr accorder au scientifique du XVIIe siècle une formidable avance sur son ancêtre médiéval – alchimiste ou opticien; la méthode expérimentale et l'esprit de géométrie sont l'apanage de l'âge classique [2]. Quelques remarques s'imposent par contre sur la notion médiévale d'autorité et sur sa fonction argumentative, vidées de toute pertinence par les critiques de la renaissance et de l'âge classique.

A l'instar de son usage dans la tirade de Diafoirus père, la notion d'autorité renvoie d'abord à une figure intellectuelle, un auteur de la tradition ou un penseur intégré à elle : l'ensemble des rédacteurs de la Bible, les Pères de l'Église, mais aussi des philosophes, parfois étrangers à la culture chrétienne. Dans leurs disputes, Henri de Gand, Thomas d'Aquin ou Gilles de Rome invoquèrent les autorités d'Augustin, de Boèce, mais aussi d'Aristote et d'Averroès. Cependant, la particularité de l'argument d'autorité semble relever de sa propension à faire abstraction de la parenté des propos invoqués. Lorsque les maîtres s'intéressaient à un *auteur*, ils discutaient en effet les manières de l'interpréter plutôt que d'invoquer son nom comme preuve ou légitimation [3]. Par contre, dans le cas fort différent de l'*argument d'autorité*, quelque sentence ou opinion était extraite de

1. Molière, *Le malade imaginaire*, Acte II, Scène 5, Paris, Nouveaux classiques Larousse, 1965, p. 77.

2. Comme l'enseigne J. Verger, dans l'université médiévale, « la prépondérance quasi absolue d'Aristote à la faculté des arts, de Pierre Lombard en théologie ont découragé tout effort sérieux pour élargir les bases du savoir, instaurer des liens entre théorie et pratique, raison et expérience. Les déclarations souvent citées de quelques maîtres, surtout oxfordiens, comme Roger Bacon, vantant les mérites de l'expérimentation ou réclamant un renouveau biblique et exégétique de la théologie, ne doivent pas faire illusion et traduisaient d'ailleurs surtout, à cette date, des nostalgies archaïsantes. » J. Verger, « Condition de l'intellectuel aux XIIIe et XIVe siècles », in *Philosophes médiévaux des XIIIe et XIVe siècles*, éd. R. Imbach et M. H. Méléard, Paris, 10/18, 1986, p. 37.

3. Par exemple, Henri de Gand et Gilles de Rome discuteront de la manière dont il faut comprendre le *De hebdomadibus* de Boèce, voir *infra*, p. 88 *sq*.

son contexte d'énonciation, sans plus d'égard pour la pensée de son auteur. Indépendante sur le plan grammatical et textuel, cette sentence devenait impersonnelle dans un délai qui décroissait avec la fréquence de ses occurrences. Aussi n'est-il pas rare de voir, dans un même texte, Augustin faire autorité contre Augustin. Plutôt que d'inféoder la science, la vénération des médiévaux pour les anciens signe donc une attitude intellectuelle; en revanche, dans le cadre plus précis de l'exercice dialectique, l'autorité n'apparaît pas comme la figuration d'une personne sainte ou admirable, mais elle se présente comme une sentence hors contexte, une phrase générique ou un lieu commun. A l'état de sentence, cette autorité est donc dotée d'une fonction gnomique : à valeur de loi, elle échappe aux contingences induites par le contexte discursif dont elle fut tirée et par celui où elle est invoquée; un contre-exemple ne suffit pas à la falsifier. De plus, elle revêt une valeur opératoire dans l'argumentation: elle autorise des inférences; « loi de passage », elle peut en effet justifier la transition d'un argument à une conclusion [1]. Ainsi conçues, les autorités eurent effectivement une importance majeure au moyen âge. J. Le Goff définissait le savoir de cet âge comme « une mosaïque de citations ou "fleurs" qu'on nomme au XIIe siècle "sentences". Les sommes de sentences sont des recueils d'autorités » [2]. Elles ne s'ouvrent pas en galeries de portraits, mais livrent un ensemble de thèses à l'usage de la l'argumentation.

Un fait supplémentaire permet de confirmer que l'autorité n'est pas seulement validée par l'attribution personnelle (le « comme le dit un tel »). Apparentées à l'argument d'autorité proprement dit, plusieurs catégories de sentences hors contexte sont en effet dépourvues d'auteur et n'en font pas moins autorité : il peut s'agir d'un article condamné comme d'une vérité fixée par le dogme. L'étude des disputes de la fin du XIIIe siècle permet d'isoler cinq types de sentences à valeur d'autorité : l'adage attribué à un auteur de la tradition, l'opinion supputée appartenir à un auteur sur l'autorité d'un autre, l'exemple tiré du dogme catholique, le principe philosophique appliqué dans d'autres domaines, l'article condamné.

Dans le premier cas, il s'agit du véritable « argument d'autorité ». Un propos est tiré d'un texte d'auteur et nominalement attribué à ce dernier. Cependant, dans la plupart des cas, il sera transformé en adage par le fait même de son extraction du contexte initial, pour servir de légitimation à une thèse étrangère à l'horizon intellectuel de sa première formulation. En *Métaphysique* Γ, 2 (1003 b28), Aristote traite de la convertibilité des notions « un » et « étant »; pour signifier l'identité de référence des deux termes, il donne un exemple : les expressions « un homme » et « homme étant » réfèrent à une même réalité du monde. Or Henri de Gand mobilisera ce même adage pour nier que la détermination essentielle de la chose diffère en réalité de son existence concrète [3]. Alors qu'Aristote traitait d'une propriété sémantique, la convertibilité de certains termes, Henri combat

1. Ces mécanismes ont été étudiés dans le domaine linguistique; voir C. Plantin, « Lieux communs dans l'interaction argumentative », dans C. Plantin (éd.), *Lieux communs. Topoï, stéréotypes, clichés*, Paris, Kimé, 1993, p. 480-496; G. Kleiber, *Nominales*, Paris, A. Colin, 1994, p. 207-224.

2. J. Le Goff, *La civilisation de l'Occident médiéval*, Paris, Arthaud, 1984, p. 366.

3. Voir *infra*, p. 63 *sq*.

une distinction ontique, défendue par Gilles de Rome probablement dès 1274. Le théologien n'est pourtant pas de mauvaise foi ; le transfert de domaines opéré sur l'exemple d'Aristote lui est suggéré par la tradition exégétique aristotélicienne, en l'occurrence Averroès.

Dans cet exemple, la délocalisation de l'énoncé changé en sentence est en effet tributaire du deuxième procédé autoritaire, qui assume l'imputation fallacieuse d'une thèse à quelque auteur, par quelque autre figure de la tradition. A la suite de Thomas d'Aquin et de Siger de Brabant, Henri de Gand lit Aristote avec Averroès. Or, à cet endroit de son commentaire sur la *Métaphysique*, Averroès place une diatribe contre Avicenne : cet interprète se serait fourvoyé de manière presque incroyable en imaginant que l'un et l'étant (l'être) étaient des accidents réels de la chose (de l'essence), différant réellement d'elle, plutôt que de simples notions [1]. Il va sans dire qu'Avicenne n'a jamais défendu une thèse aussi grossière; plus cocasse, sa propre position en prend plutôt le contre-pied [2]. Les opposants latins à la distinction réelle de l'essence et de l'être, Siger de Brabant en tête, puis Henri de Gand, eurent cependant vite fait de transformer l'erreur imputée à Avicenne par Averroès en légende, pour l'invoquer contre tout contradicteur disposé à fonder en réalité la distinction entre essence et être. Non seulement l'exemple aristotélicien de *Métaphysique* Γ était remodelé par son inscription dans une querelle chrétienne sur l'être contingent des créatures; il entraînait avec soi la tradition exégétique arabe, féconde de la légendaire et fictive erreur d'Avicenne.

Le troisième type de sentence hors contexte diffère des deux précédents par son caractère anonyme : la vérité dogmatique appartient à tous. Le cas de l'eucharistie est exemplaire. Aux XIIIe et XIVe siècles, « le sacrement de l'autel », mentionné sans autre forme de précision, suffisait à engager un penseur dans une révision de la philosophie naturelle aristotélicienne [3]. Fixé en 1215 lors du quatrième concile du Latran, le dogme eucharistique obligeait à concevoir la permanence des accidents (ceux du pain et du vin), une fois leur substance détruite. Insinué dans la philosophie naturelle aristotélicienne et conçu dans ses propres termes (substance/accident), le cas théologique de la transsubstantiation eucharistique vint donc en miner les principes. Chez Aristote, l'accident était en effet défini par son appartenance à la substance. La mention bientôt automatique et obligatoire de l'exemple dogmatique fut cependant l'instrument de prises de position épistémologiques et philosophiques fort divergentes : alors qu'elle pointait l'insignifiance ou la fausseté de la philosophie chez les plus traditionalistes des théologiens (tel Jean Pecham), elle put alimenter des réflexions sur l'indépendance de cette discipline et de ses principes dans la mouvance opposée (par exemple chez Godefroid de Fontaines [4]). Chez Thomas d'Aquin

1. Averroès, *In Metaph. IV, com. 3*, dans *Aristotelis opera cum Averrois commentariis,* Venetiis apud iunctas 1562-1574 [réimpr. Frankfurt/Main, Minerva, 1962], t. VIII, 67rB-C. Voir *infra*, p. 38-39, pour la lecture de Siger de Brabant, et p. 63-64 pour la lecture d'Henri de Gand.

2. Voir *infra*, p. 53 *sq.*

3. Voir *infra*, p. 223 *sq.*

4. Voir *infra*, p. 223 *sq.*

ou Guillaume d'Ockham, elle induisit des modifications de la philosophie elle-même [1].

La domination de la théologie ne fut pourtant pas toujours une tyrannie dans l'université médiévale. Il arriva même qu'un adage philosophique, érigé en loi ou sentence, infléchisse une prise de position dans le contexte théologique. Ce mouvement de la philosophie à la théologie dessine une figure symétrique à celui de l'inscription d'une sentence dogmatique dans le champ de la raison naturelle. La lecture philosophique de la problématique anthropologique conduite par Thomas d'Aquin fournira un bel exemple de cette transposition philosophico-théologique [2]. Tirée de la philosophie aristotélicienne, une loi affirme l'unicité de la forme substantielle : seule la première forme qui advient à la matière est substantielle, toutes les autres s'ajoutent à cette substance déjà *formée*, à titre accidentel. Or Thomas d'Aquin s'efforça de demeurer fidèle à ce principe dans les domaines de l'anthropologie et dans son espèce éminente, la christologie. Mieux, il ne tenta pas de dissimuler l'autorité aristotélicienne ; au contraire, il ne cessa de formuler la règle de l'unicité de la forme substantielle dans des domaines où elle impliquait des révisions de l'opinion commune. Jusque dans les spéculations sur le statut du corps du Christ durant les trois jours au tombeau, Thomas mentionnait l'adage aristotélicien. L'anthropologie et la christologie thomasiennes furent d'ailleurs perçues comme des nouveautés dangereuses, que la censure s'acharna à détruire et promut par ce même geste [3].

Demeure le cas bien connu de l'invocation d'un article censuré. D. Piché a souligné la fonction d'abstraction et de dépersonnalisation opérée par la censure, et A. de Libera a montré que la censure transformait un énoncé en thèse [4]. Les penseurs médiévaux pouvaient ainsi puiser à cette nouvelle source de sentences hors contexte. Or, aucun auteur sensé ne soutenait *expressis verbis* un article récemment condamné. Dans le débat universitaire, le jeu de la citation des erreurs prohibées fut de fait plus subtil : il s'agissait de déduire les conséquences d'une position adverse, d'en déployer les potentialités doctrinales, jusqu'à tomber sur l'erreur prohibée. Le procédé eut un effet rétroactif : certaines théories devinrent *a priori* suspectes; on les savait conduire à une erreur, sans toujours saisir les modalités de ce cheminement lui-même. Dans ce cas, la censure eut pour fâcheux effet l'économie de la réflexion. Certains maîtres avouaient par exemple rejeter la doctrine thomasienne de la forme substantielle unique, car ils la savaient induire des difficultés théologiques. Par ce truchement, la question était réglée sans autre forme de procès. Néanmoins, les mentions d'erreurs condamnées jouèrent parfois le rôle d'aiguillon : les nombreux articles sur la toute-puissance divine forcèrent les grands penseurs de la fin du XIIIe siècle et du début du XIVe siècle à élaborer des théories de la possibilité. La nébuleuse de sentences issue des condamnations

1. Voir Imbach (1987) et Imbach (1993).
2. Voir *infra*, p. 189 *sq.*
3. Voir *infra*, p. 193 *sq.*
4. Piché (1999), p. 177 et Libera (1991), p. 193.

stimula les réflexions d'Henri de Gand, de Jean de Duns Scot et de Guillaume d'Ockham sur le possible et la puissance [1].

La notion de sentence délocalisée, voire hors contexte, est plus vaste et plus pertinente que celle d'autorité nominalement mentionnée; elle permet de pointer quelques usages discursifs typiques du moyen âge. De plus, à l'examen des problématiques concrètes et de leurs détails, l'élucidation de ces divers emplois permettra de dessiner la carte des positions épistémologiques affrontées sur le théâtre de l'université.

PÉRIODISATION ET CONTEXTE

Le choix de textes qui constitue la matière de cette étude s'inscrit dans un espace temporel arrêté en amont au premier enseignement parisien de Thomas d'Aquin (1252-1256) et, en aval, à l'exil avignonnais de Guillaume d'Ockham (1324-1328). Durant ce premier laps de temps, Thomas d'Aquin était encore bachelier sententiaire; il préparait sa maîtrise de théologie; avant de l'obtenir au printemps 1256, il avait composé un traité *Sur l'étant et l'essence* (*De ente et essentia*). Comme terminus *ante quem*, notre propos élit par contre la fin de la carrière de logicien et de physicien du franciscain anglais Guillaume d'Ockham : convoqué à la cours du pape, à Avignon, le théologien devait alors justifier certaines de ses doctrines. Il en profita pour mettre la dernière main à ses *Quodlibets*. En 1328, il fuit et rejoignit l'empereur Louis de Bavière; sa production intellectuelle prit alors une couleur politique.

Nonobstant sa part obligatoire d'arbitraire, cette périodisation est déterminée par le choix de deux polémiques, le débat parisien sur l'être et l'essence et la querelle anglaise autour des conséquences de la physique aristotélicienne. L'an 1286 permet d'articuler les deux problématiques. A Paris, Henri de Gand, Gilles de Rome et Godefroid de Fontaines lisaient les commentaires de Thomas d'Aquin et de Siger de Brabant sur la *Métaphysique*, tandis que, dès 1276, un débat sur l'être était né entre Gilles et Henri; éteinte jusque vers 1285 pour cause d'exil de l'un de ses protagonistes, cette polémique reprit et atteignit sa pleine mesure en 1286, alors que Godefroid de Fontaines s'y engagea. Cette même année 1286, l'anthropologie thomasienne fut prohibée à Londres après avoir subi des assauts répétés en Angleterre. A son fondement, les principes de la physique aristotélicienne furent remis en question. Accaparée par les velléités répressives pour un temps, la mouvance franciscaine anglaise portera cependant deux théologiens, Jean Duns Scot et Guillaume d'Ockham, dont les entreprises intellectuelles novatrices offriront des voies de sortie raisonnées hors de l'aristotélisme.

L'univers universitaire constitue le contexte institutionnel de ces débats; l'obtention des divers grades et l'organisation de la vie scolaire en scandent les étapes [2]. Textes et événements sont datés au moyen des cérémonies organisées par

1. Voir *infra*, p. 151 *sq.* et p. 173 *sq.*
2. Sur les méthodes et les techniques d'enseignement à l'Université, Glorieux (1968).

l'école. Les documents officiels émanés du pouvoir ecclésiastique, censures et recommandations, offrent en outre quelques points de repère très précis. Par contre, la vie d'un Godefroid de Fontaines ou d'un Henri de Gand hors de l'institution demeure obscure. Une connaissance minimale et un souvenir schématique des étapes de la vie universitaire s'avèrent donc nécessaires à l'incarnation des témoignages textuels dans une histoire événementielle. La première étape d'un *cursus* universitaire complet se déroulait à la Faculté des arts [1]. Le programme d'enseignement organisait trois domaines, la philosophie naturelle, la philosophie morale et la philosophie rationnelle. Dans le premier champ, maîtres et étudiants lisaient l'œuvre physique et métaphysique d'Aristote, qui était augmentée de textes inauthentiques et de traités d'astronomie (Ptolémée, Martianus Capella), de géométrie (Euclide), d'arithmétique (Boèce) et de musique (Boèce). Dans le domaine moral, l'étudiant rencontrait l'œuvre éthique d'Aristote, Cicéron (*De officiis*), le *Timée* et Boèce (la *Consolation de philosophie*). Dans le troisième champ, qui regroupe la rhétorique, la grammaire et la logique, le programme mentionnait l'œuvre rhétorique et logique d'Aristote, quelques grammairiens latins, et Porphyre [2]. Pour autant qu'il ait eu vingt et un ans, le bachelier en arts pouvait accéder aux examens de licence après un minimum de six années d'étude. L'obtention de ce diplôme lui conférait le titre de maître en arts et l'engageait à enseigner dans cette Faculté durant quelques années. Cependant, cette formation avait valeur de propédeutique ; selon les statuts universitaires, elle devait préparer aux études supérieures de droit, de médecine ou de théologie. A un âge d'environ vingt-trois ans, le licencié en arts engageait donc un second cycle universitaire [3]. Les études de théologie duraient au moins douze années et le candidat à la maîtrise devait avoir atteint les trente-cinq ans [4]. Durant cinq à sept ans, l'étudiant assistait aux cours, avant de devenir bachelier biblique. Chargé de cours, il « lisait » alors les deux *Testaments* durant deux ans, c'est-à-dire qu'il les enseignait en cours. Ensuite, le futur maître accédait au grade de bachelier sententiaire : durant deux ans, il « lisait » les *Sentences* de Pierre Lombard, ce florilège d'autorités du XIIe siècle qui régna sur la production littéraire théologique de la fin du moyen âge. Le commentaire sur les *Sentences* était une épreuve imposée, et, à force de remaniements et d'élaborations, il devenait parfois l'œuvre principal d'un auteur, comme dans le cas de Jean Duns Scot [5]. La dernière phase avant la licence se prolongeait sur trois ou quatre ans : bachelier formé, le théologien participait à la vie académique et continuait à enseigner aux plus

1. Les membres des communautés religieuses accomplissaient cette formation dans les écoles (*studia generalia*) créées au sein de leurs ordres.

2. Au sujet de l'enseignement à la Faculté des arts, voir Weijers, Holtz, (éd.) (1997), p. 97-250.

3. Cette indication d'âge n'est pas consensuelle. B.C. Bazán signale que la licence ès arts ne peut être obtenue avant vingt et un ans (Bazán, Wippel, Fransen, Jacquart (1985), p. 93). Cependant, P. Glorieux fixe l'âge minimal pour entrer en Faculté de théologie à dix-sept ans (Glorieux (1968), p. 95).

4. Bazán, Wippel, Fransen, Jacquart (1985), p. 99-122, et Glorieux (1968), p. 93-95. J.F. Wippel paraît réduire ce temps d'étude minimal à huit ans (Wippel (1981), p. XVI).

5. Voir *infra*, p. 156-157.

novices que lui. Enfin, il obtenait sa licence et pouvait devenir maître en théologie. Un *cursus* universitaire complet se déroulait donc sur un peu plus d'une vingtaine d'années. La carrière d'un maître sera ensuite rythmée par l'enseignement et les exercices solennels, dont les disputes quodlibétiques bisannuelles. Alors que la carrière des maîtres régents issus des ordres mendiants n'excédait souvent pas trois ou quatre années – franciscains et dominicains étaient ensuite appelés à assumer d'autres fonctions au sein de leurs communautés –, les maîtres séculiers pouvaient voir leurs engagements se prolonger fort avant dans leur existence. Henri de Gand fut maître de théologie à Paris de 1276 à 1292 [1].

Enfin, le lecteur s'étonnera peut-être de la facture théologique de tous les textes présentés dans cette étude, à l'exception notable du cours du maître en arts Siger de Brabant sur la *Métaphysique* [2]. A la recherche d'une discussion critique des thèses aristotéliciennes, le médiéviste est en effet amené à rencontrer les maîtres de cette Faculté supérieure. Les enseignants qui lisaient Aristote étaient certes des «artistes»; les penseurs qui le discutèrent et le mirent en question furent des théologiens, considérés alors comme les détenteurs et les garants du plus haut savoir. Une forme de devoir d'expertise engagea ces maîtres à importer la philosophie en théologie, où elle subit un remodelage et des adaptations, au prix d'une critique parfois drastique. La philosophie n'en fut pas pour autant digérée par la théologie: non seulement les théologiens reconnaissaient une attitude «philosophique», souvent à des fins polémiques, mais ils se mirent aussi à considérer la philosophie comme une discipline cohérente et incontournable. L.-J. Bataillon a souligné la valeur nouvelle accordée progressivement à la philosophie par les théologiens de la seconde moitié du XIIIe siècle [3]. De plus, l'usage croissant de la dialectique et la pratique toujours affinée de la dispute caractérisent les productions théologiques de ce temps, à tel point qu'A. de Libera put les considérer comme les véritables anticipations de la philosophie analytique [4].

1. Pour faciliter la lecture, deux tableaux chronologiques sont donnés à la fin de ce volume. Le premier récapitule les principaux événements mentionnés dans cette étude à titre de repères. Le second donne la liste des textes-sources étudiés ou mentionnés, dans l'ordre chronologique de leurs rédactions ou publications médiévales.

2. Voir *infra*, p. 44 *sq.*

3. « Jean de la Rochelle ne semble donc pas reconnaître une autonomie à la philosophie et se contente d'en recommander l'étude. Il faut attendre la génération suivante pour que des maîtres en théologie admettent la valeur propre de la philosophie et construisent leurs systèmes théologiques en en tenant compte. Si différentes soient-elles, les synthèses d'Albert le Grand, de Thomas d'Aquin, de Gilles de Rome ou de Godefroid de Fontaines ne pouvaient qu'inquiéter les maîtres traditionalistes et leur paraître une sorte de trahison [...]. » L.-J. Bataillon, « Problèmes philosophiques dans les œuvres théologiques », dans O. Weijers, L. Holtz (éd.), *L'enseignement des disciplines à la Faculté des arts (Paris et Oxford, XIIIe-XIVe siècles)*, Turnhout, Brepols, « Studia Artistarum, 4 », 1997, p. 452.

4. « C'est à présent une vérité d'évidence : *la philosophie analytique est née au Moyen Age et chez les théologiens*. De fait, ce traitement logico-linguistique des questions, cette manière formelle et critique de penser n'est pas directement issue de textes "spécialisés" : on ne la trouve pas, du moins originairement, dans la lecture universitaire d'Aristote, mais bien dans la quintessence de la procédure théologique médiévale [...]. » Libera (1991), p. 152.

CHAPITRE II

PARIS 1270-1287. L'ÊTRE ET L'ESSENCE

La distinction entre l'essence – le ce qu'est la chose –, et l'existence – le fait d'être pour la chose –, caractérise l'enseignement métaphysique en Occident jusqu'à la fin du XVIIIe siècle et sa célèbre critique par Kant [1]. Qu'elle soit interprétée comme lieu originel de l'oubli de l'être [2] ou comme clé pour la compréhension des structures de pensée affrontées sur le champ de la philosophie [3], la distinction devient ensuite principe d'élucidation de la philosophie et de son histoire. Or, dans ses formes scolastique, classique et moderne, le problème de l'être et de l'essence est conditionné par la réception en Occident des grandes interprétations arabes d'Aristote. Du XIIe au XIIIe siècle, il entre en métaphysique

1. E. Kant, *L'unique fondement possible d'une démonstration de l'existence de Dieu. Ire partie, Ire considération*, *in* AK II, p. 72-77; *Critique de la raison pure. Dialectique transcendantale, Quatrième section*, *in* AK III, p. 397-403. En ces lieux, Kant exclut la notion d'être ou d'existence de la classe des prédicats. L'existence n'ajoute en effet rien au concept d'une chose; elle n'entre donc pas dans la classe de ses déterminations prédicatives. Kant conteste ainsi la validité de la distinction traditionnelle, qui usurpe ses droits en étendant les prérogatives des prédicats essentiels à l'existence. Lorsqu'elle est attribuée à une chose, l'existence revient à poser le sujet, sans rien affirmer de ce sujet. Pouvant manifester l'origine empirique d'une connaissance (« tel triangle existe »), l'existence n'entre pas pour autant dans la sphère des déterminations essentielles de la chose (« le triangle est une figure géométrique dont la somme des angles équivaut à 180 degrés »). La métaphysique scolaire a distingué sur un même plan deux éléments de natures diverses et fissuré ainsi la consistance de son système.

2. « Le commencement de la métaphysique se révèle en tant qu'événement, qui consiste en une décision énoncée sur l'Être, au sens où vient à se produire la distinction entre la "quiddité" et la "quoddité", entre le *ce que* et le *fait que* [...]. » M. Heidegger, « La Métaphysique en tant qu'histoire de l'être », dans *Nietzsche*, II, trad. P. Klossowski, Paris, Gallimard, 1971, p. 322.

3. L'entreprise d'A. de Muralt est remarquable à cet égard. Selon le professeur suisse, la métaphysique post-thomasienne a réduit l'être au statut d'accident de l'essence, dans la ligne même de l'essence, parce qu'elle a cessé de penser la distinction de l'exercice et de la quiddité comme première. Univoque, la notion d'être scotiste se substitue historiquement à la notion analogique et confuse de la tradition aristotélico-thomasienne; elle ramène ainsi l'être dans le champ de l'essence ou de la quiddité. La distinction aristotélicienne de la quiddité et de l'exercice comprend cependant le concept univoque de type scotiste, si l'on se place sur le plan anhistorique et corrélatif de l'élucidation des structures de la pensée humaine. Voir Muralt (1995), p. 35-56; ou encore Muralt (1991), p. 16-19.

latine avec la traduction de la « Métaphysique » d'Avicenne, puis de la *Métaphysique* d'Aristote accompagnée du commentaire d'Averroès. Du moment où le regard se porte sur le lieu de naissance de la question dans notre tradition scolaire et exégétique, l'Université de Paris vers 1270, peu importe d'ailleurs que la distinction soit le fait d'Aristote lui-même ou de son interprétation par Avicenne puis Thomas d'Aquin [1] : jusqu'aux grandes entreprises philologiques du XIXe siècle, Aristote n'était pas tout à fait distinct de l'aristotélisme ; pendant une bonne partie du XIIIe siècle, il ne fleurit d'ailleurs que dans sa version arabe.

La présente étude se donne ainsi un objet très généralement répandu dans la métaphysique occidentale, mais se propose d'en faire la micro-histoire au moment de sa naissance, alors que la métaphysique scolaire n'existait pas encore. Entre 1270 et 1286, la distinction de l'être et de l'essence est érigée en problème philosophique ; en 1286 et 1287, le débat fait rage à l'Université de Paris, où s'affrontent trois positions défendues par trois maîtres de la Faculté de théologie, Henri de Gand, Gilles de Rome et Godefroid de Fontaines. Le détail de la formulation de ce débat en terre chrétienne et de ses enjeux sera significatif de la manière dont la philosophie autrefois, l'épistémologie aujourd'hui, constituent leurs objets, de façon plus ou moins critique et consciente [2].

HÉRITAGE D'UNE QUESTION ARABE : L'ÊTRE EST-IL UN ACCIDENT ?

La préhistoire du grand débat de 1286 sur la distinction entre l'être et l'essence se situe en terre d'Islam. La question naît sous la plume de lecteurs musulmans de la *Métaphysique* d'Aristote, encore inconnue aux Latins. Au XIe siècle, le théologien persan Ibn Sînâ, Avicenne pour les Latins, pose pour la première fois une distinction entre l'existence de la chose créée dans le monde et son essence intemporelle [3]. Un siècle plus tard, en Espagne, Ibn Rushd (Averroès pour les Latins) commente la *Métaphysique* ; il connaît la doctrine d'Ibn Sînâ et la juge contraire à l'esprit d'Aristote. Averroès est si expert en exégèse aristotélicienne, que les penseurs chrétiens du XIIIe siècle en feront le « Commentateur » autorisé d'Aristote. Ibn Rushd est pourtant un penseur musulman, affronté à sa tradition. En résulte une situation paradoxale que Gilson esquissait ainsi : « [...] on ne peut

1. Cette seconde solution est retenue par Étienne Gilson dans sa grande étude sur le problème de l'être et de l'essence dans la tradition philosophique occidentale, Gilson (1981), alors que Muralt (1985) défend la première solution.

2. Il ne sied pas de discuter la légitimité de la distinction entre être et essence avant de la comprendre à la fois en son articulation conceptuelle et en sa constitution historique. L'un des enseignements transmis par les discussions théologiques du XIIIe siècle pourrait justement être l'inscription nécessaire et déterminante de la rationalité humaine dans sa propre histoire. Ainsi R. Imbach débute-t-il son panorama du problème au XIIIe siècle par une humble remarque : « Selbst wenn er an seiner sachlichen Bedeutung zweifelt, so kann der Historiker der mittelalterlichen Philosophie nicht übersehen, dass der Disput um das Verhältnis von Sein und Wesen im letzten Viertel des XIII. und im ersten Viertel des XIV. Jahrhunderts eine sehr wichtige Rolle gespielt hat », Imbach (1981) dans Imbach (1996), p. 209.

3. Voir Libera, Michon (1996), p. 34-36.

douter que l'esprit de l'aristotélisme le plus authentique n'ait animé sa doctrine, et, dans la mesure où cela est vrai, il l'est aussi qu'en Averroès, Aristote se soit enfin trouvé aux prises avec le problème de l'existence sous la forme du problème de la création » [1].

Il est ainsi tout indiqué de faire débuter cette histoire, latine et chrétienne, au moment où Thomas d'Aquin puis Siger de Brabant commentent la *Métaphysique* d'Aristote, Averroès en main. Les prémisses du débat de 1286 se jouent en effet peu après 1270, à l'Université de Paris [2].

Siger de Brabant

Siger et Thomas

Vers 1273 le maître en arts Siger de Brabant donne un cours sur la *Métaphysique* d'Aristote. L'œuvre appartient à la deuxième période d'un enseignement dont la matière est le corpus aristotélicien [3], et le milieu vital les attaques et les élaborations doctrinales du théologien Thomas d'Aquin. R. Imbach et F.-X. Putallaz ont montré combien Siger devait à Thomas, et combien violentes aussi pouvaient être ses ripostes contre le théologien dominicain [4]. En cours d'écriture [5], l'histoire des rapports entre le théologien et le maître en arts pourrait bien dérouler la trame d'une épopée intellectuelle aux allures psychanalytiques. La pensée sigerienne fut en effet constituée dans la filiation et dans l'affrontement à celle de Thomas d'Aquin. La technique littéraire et pédagogique de Siger est caractérisée par les emprunts littéraux à Thomas, l'insertion muette de citations, bref le plagiat – par ailleurs forme traditionnelle et constitutive de la culture

1. Gilson (1981), p. 66.

2. Le *De ente et essentia* de Thomas d'Aquin (entre 1252 et 1256) a déjà fourni une première pièce au dossier de l'être et de l'essence; il n'est pourtant pas concerné au premier chef par les polémiques que suscite la fidélité des philosophes de la Faculté des arts à Aristote. Il prend plutôt la tournure d'un manuel de philosophie, rédigé pour les frères dominicains de Thomas (Libera, Michon (1996), p. 38). L'histoire du débat sur l'être et l'essence lié au problème de la contingence du monde créé peut ainsi faire l'économie de ce préambule.

3. Dans la première phase de son enseignement, Siger lit Aristote dans les anciennes traductions, entre autres l'arabo-latine de Michel Scot. En 1269, date probable de la composition de ses *Quaestiones in tertium de anima,* Siger travaille encore avec la *Vetus.* Il ignore les récentes traductions de Guillaume de Moerbeke; il ne lit pas même la *Métaphysique* dans la *Media*. L'Aristote de la première période de la carrière de Siger « est bien l'Aristote des années 1260-1265 : après cette date limite, il aurait été périmé. Nous sommes donc bien fondés à regarder Siger comme le dernier de la longue lignée des commentateurs de la *Vetus* », Gauthier (1983), p. 212. A maintenir la segmentation de R.A. Gauthier, la deuxième période de l'enseignement de Siger regarde les années 1272-1275; Siger possède alors le nouvel Aristote et affronte Thomas d'Aquin. Les *Quaestiones in Metaphysicam* appartiennent à cet âge. La dernière période de cet enseignement se cristallise autour d'une œuvre, les *Quaestiones super librum De causis*, vers 1275-1276. Notre regard se portera sur les deux derniers Sigers; il ignorera de fait l'âge « archaïque », stigmatisé par l'usage de l'ancienne traduction d'Aristote.

4. Putallaz, Imbach (1997), p. 135-142, 162-168. Imbach (1996b).

5. Voir aussi Weber (1970), Lefevre (1974), Bazan (1974), Bukovski (1987).

occidentale jusqu'à l'avènement romantique [1]. Souvent, Siger reprend le texte de Thomas à la lettre et le fait résonner différemment par son insertion dans un contexte différent. Il n'est cependant pas rare de voir assumées en leur sens original les conclusions de Thomas. Parallèle à cette culture de l'emprunt, l'art de la controverse donne aux discours de Siger leur couleur. Le visage de Siger est apparu dans la tourmente institutionnelle des condamnations [2]; sa plume polémique porte cependant le défi sur le champ intellectuel : bien qu'inscrite dans le sillage de la pensée thomasienne, la philosophie de Siger se construit au fil de la polémique. Dans le proche passé de la lecture de la *Métaphysique* par Siger, Thomas a lancé une violente attaque contre le maître brabançon, le *De unitate intellectus contra Averroistas* de 1270, dont la bravade finale pourrait bien viser la personne de Siger [3]. Le maître artien est accusé de propager les erreurs d'Averroès relatives à l'intelligence humaine, qui, même dans le cas de l'intellect possible, serait unique pour tous et séparée; l'homme penserait par l'intellect, mais ce ne serait plus l'homme qui pense (*non homo intellexit*). La réplique de Siger n'attend pas; entre 1272 et 1274, il répond précisément aux attaques de Thomas dans ses *Quaestiones De anima intellectiva*. Lorsque Siger donne sa lecture de la *Métaphysique* à la Faculté des arts, il est donc mis en question sur son propre terrain, défié par un traité de noétique fort érudit et philosophiquement puissant.

Siger lit la *Métaphysique* d'Aristote avec les sources traditionnelles – principalement Boèce –, les commentateurs musulmans latinisés – Avicenne et Averroès –, et quelques nouveautés, dont le *De causis et processu universitatis a prima causa* d'Albert le Grand (après 1263); son modèle est pourtant l'*Expositio in duodecim libros Metaphysicorum* que Thomas d'Aquin a rédigée aux alentours de 1271. Le lieu intéressant ici concerne une remarque d'Aristote, au deuxième chapitre du quatrième livre de la *Métaphysique* [4] : l'un et l'être sont des notions

1. E.R. Curtius a montré combien la culture occidentale était fondée sur le schème de la reprise continue des mêmes figures. Jusqu'en poésie l'auteur ne fut longtemps pas considéré comme un créateur : « [...] Walter Pater considère le poète comme un créateur. Cette idée est devenue pour nous banale, mais elle n'a fait son apparition, et sporadiquement, qu'au XVIIIe siècle. Elle se fait jour chez Goethe » (Curtius (1956), p. 618). Le moyen âge est par excellence le temps de l'anonymat auctorial et de la reproduction des figures et des thèmes. Le médiéviste devra donc envisager l'imitation comme un procédé dynamique de création, non comme un signe de sclérose : « [...] il nous faut aussi nous débarrasser de la connotation péjorative que nous attachons au terme "imitation" et voir qu'il y a autant de génie dans l'imitation que dans l'original; l'insertion d'une citation peut être plus fructueuse que sa première conception » (Flasch (1992), p. 3).

2. Voir *supra*, p. 15 *sq.*

3. « Si quelqu'un faisant glorieusement étalage du faux nom de la science veut dire quelque chose contre ce que nous avons écrit, qu'il ne s'exprime pas dans les coins sombres ou devant des gamins qui ne savent pas juger de matières si ardues, mais qu'il réplique à cet écrit par un écrit, s'il l'ose. », trad. A. de Libera, 1994, p. 197. Dans l'introduction à cette traduction (p. 35-45), A. de Libera identifie le principal adversaire de Thomas : l'erreur d'Averroès est propagée dans le monde latin par les « philosophes » de la Faculté des arts, à leur centre Siger. Voir aussi Putallaz, Imbach (1997), p. 43-55.

4. Aristote, *Métaphysique* Γ, 2, 1003b22 *sq.* « Maintenant, l'être et l'un sont identiques et d'une même nature, en ce qu'ils sont corrélatifs l'un de l'autre, comme le principe et la cause sont corrélatifs, sans qu'ils soient cependant exprimés dans une unique notion [...] et, en effet, il y a identité entre *un homme, homme existant*, et *homme* [...]. De plus, la substance de chaque être est une, et cela non par

différentes, mais sont identiques dans la nature dont ils sont prédiqués; ils n'ajoutent rien à cette dernière, car la substance de chaque chose est et est une par soi (non par accident). Lorsqu'il rencontre ce texte, Siger hérite aussi d'une problématique proprement médiévale, que la tradition exégétique musulmane a greffée sur le discours aristotélicien. Une critique portée par Averroès contre Avicenne sera dès lors l'emblème d'un débat sur l'être contingent de la créature et sur la manière dont il faut le penser différent de l'essence. Siger vient pourtant en second; Thomas s'est déjà penché sur le texte du Stagirite dans la lumière d'Averroès; paradoxalement peut-être pour une historiographie qui voudrait tracer les limites des orthodoxies théologique et philosophique, Thomas lègue à Siger un premier rapport sur le débat ontologique musulman et le rejet par Averroès de la métaphysique avicennienne de la contingence.

Thomas : l'erreur d'Avicenne combattue par Averroès

Il sied donc de s'arrêter au commentaire de Thomas, et à la manière dont une remarque d'Aristote en *Métaphysique* Γ, 2 était lue au XIIIe siècle. Aristote avait en effet signalé la spécificité de certaines notions (1003 b22-33): « un » et « étant » sont des termes qui peuvent être prédiqués de tout sujet et des notions qui accompagnent la conception de toute réalité. Tout ce qui est jouit en effet des propriétés d'être et d'unité : à sa manière, tout ce qui est, est un étant. L'un et l'étant sont donc convertibles, également dits de toute chose. Ainsi les notions d'un ou d'étant ne renvoient pas à des réalités distinctes dans le monde – elles n'expriment pas de distinction réelle –, mais elles signifient diversement les mêmes choses et peuvent les signifier toutes. Selon l'adage aristotélicien, les énoncés « un homme », « homme étant » et « homme » partagent une identité de référence. En outre, l'universalité de prédication de ces notions révèle qu'elles ne sont pas de type générique ou spécifique : elles ne découpent pas un champ du réel en classes ou domaines distincts, mais elles sont pré-contenues dans la compréhension de toute réalité. Leurs significations ne seront donc pas délimitées, de l'extérieur, par une différence, comme le genre (« animal ») est délimité en espèce (« homme ») par la différence spécifique (« raisonnable »). Au contraire, elles sont par soi et immédiatement différenciées en autant de réalités qui existent actuellement, car il n'y a rien d'extérieur à l'étant et à l'un [1]. Dans son commentaire [2], Thomas d'Aquin commence aussi par constater la convertibilité de l'étant et de l'un. En fait, il lit la *Métaphysique* avec le Commentateur [3]. Thomas se demande d'abord en quel sens l'un et l'étant sont identiques; il distingue l'identité de nature de l'identité numérique, qui exprime l'indivisibilité de l'individu. Pour rendre

accident, et de même elle est aussi, essentiellement, quelque chose qui existe. », trad. J. Tricot, 1986, I, p. 179-181.

1. Cet argument se trouve chez Aristote, en *Métaphysique* B, 3, 998b21 *sq*. Sur la particularité de ces notions, que l'exégèse savante dit « transcendantales », voir Muralt (1995), p. 20-23, 100 *sq*.

2. *Expositio in duodecim libros Metaphysicorum Aristotelis*, *In Metaph. IV, lectio II*, éd. Cathala, Taurini-Romae, Marietti, 1964, p. 154-156.

3. Averroès, *In Metaph. IV, com. 3*, dans *Aristotelis opera cum Averrois commentariis,* Venetiis apud iunctas 1562-1574 [réimpr. Frankfurt/Main, Minerva, 1962], t. VIII, 66r-67v.

raison d'une identité de nature entre l'un et l'étant, il rejoint alors Averroès : « étant » et « un » réfèrent à une même réalité substantiellement une et existante, pourtant la diversité de ces deux notions ne peut être réduite au phénomène linguistique de la synonymie, car, par-delà les noms, elles diffèrent conceptuellement. A l'instar de la cause et du principe, l'un et l'étant sont convertibles, procèdent l'un de l'autre, mais signifient *secundum diversas rationes* (Thomas) ; ils impliquent la considération de dispositions différentes dans la nature, les *dispositiones diversae* de la traduction latine du Commentateur arabe, qui conclut que l'étant et l'un se diversifient seulement selon la manière ou mode (*secundum modum*). Aristote a fourni l'adage : il revient au même d'affirmer « un homme » et « homme étant » [1] ; les traductions médiévales ont transformé ce dernier syntagme en jugement d'existence : il revient donc au même d'affirmer « un homme » (*homo unus*) et « [l']homme est » (*homo est*). Or, continue Thomas, si deux entités sont ajoutées à une autre sans produire de diversité, elles sont identiques. Mieux, si deux entités sont prédiquées par soi – non par accident – de la substance d'une chose, elles visent la même et unique réalité, dans sa totalité. Jusqu'ici, le texte de Thomas d'Aquin est remarquable par sa manière de confiner le problème au domaine de la logique et de la prédication. Il ne fait pas montre de plus d'ontologie que l'analyse sémantique d'Averroès, et il serait légitime de se demander que vient faire cette analyse dans la présente réflexion sur l'être et l'essence et sur la contingence du créé.

L'analyse de Thomas prend pourtant la tangente lorsqu'elle rencontre la critique par Averroès d'une erreur d'Avicenne, promise à devenir légendaire [2]. La voie linéaire de la lecture commentée est abandonnée pour la considération d'un débat né en terre d'Islam, typiquement médiéval, la question de l'accidentalité de l'être. Averroès a en effet fustigé la longue errance d'Avicenne :

> Avicenne s'est beaucoup trompé : il a pensé que « un » et « étant » signifiaient des dispositions ajoutées à l'essence de la chose. Il est à peine croyable combien cet homme s'est fourvoyé en une telle erreur. Il a entendu des hommes de notre loi, et a mêlé leurs discours à sa divine science. Il a affirmé en effet que certaines dispositions sont « intentionnelles », d'autres « *animales* », à savoir essentielles. Et il a affirmé que l'un et l'étant se rapportaient à l'essence considérée avec ces premières dispositions [3].

En-deçà des difficultés de terminologie, apparaît d'emblée l'intrusion du discours théologique à l'intérieur de la problématique sémantique. Les *loquentes in nostra lege* réfèrent aux théologiens musulmans, car l'enjeu de la discussion

1. 1003b28.

2. Voir la présentation de cette problématique arabe par A. de Libera : Libera (1994).

3. *Avicenna autem peccavit multum in hoc quod existimavit quod unum et ens significant dispositiones additas essentiae rei. Et mirum est de isto homine, quomodo erravit tali errore. Et iste audivit loquentes in nostra lege, cum quorum sermonibus admiscuit suam scientiam Divinam. Dixit enim quod dispositionum quaedam sunt intentionales, et quaedam animales sive essentiales. Et dixit quod unum et ens reduncuntur ad essentiam dispositam per illa.* 67rB-C.

n'est rien moins que la possibilité de penser la créature comme contingente, comme susceptible de ne pas être [1].

Le texte d'Averroès impose une lecture ontologique de l'interprétation avicennienne : les *dispositiones* ne sont pas des considérations ou notions différentes, mais des réalités *ajoutées* à la nature, à moins qu'elles ne soient constitutives de l'essence. Dans la présentation du Commentateur, Avicenne distingue en effet deux types de disposition : les accidents, nommés « dispositions intentionnelles », qui sont ajoutés à la substance et peuvent donc ne pas lui revenir, et les constituants de l'essence, nommés « dispositions *animales* ou essentielles », qui entrent dans la définition de la substance et lui appartiennent par soi. Or, selon Averroès, l'être avicennien appartient à la première classe, celle des accidents. Et, si la raison de l'erreur d'Avicenne est le souci théologique de la contingence – il faut que l'étant soit un accident ajouté, sinon toute chose serait par soi et ne pourrait pas ne pas être –, sa cause technique relève d'une confusion au sujet de l'« un », entre l'un principe du nombre et l'un convertible avec l'étant. En effet, ce premier « un » ajoute bien une disposition à la chose en la dénombrant ; de plus, il appartient au genre de la quantité, dont il est principe ; il ne saurait donc être prédiqué de toute réalité [2], être transversal à tous les genres, et être sans inclusion en l'un d'eux ; l'« un » au second sens est par contre tel qu'Aristote l'avait caractérisé en *Métaphysique*, Γ, 2. De fait, la critique d'Averroès insinue qu'Avicenne a usé de cette confusion des deux uns pour, dans un même mouvement, considérer l'étant comme l'un qui est principe du nombre et le réduire ainsi au statut d'accident [3]. Or, avec la dénonciation de l'erreur, le Commentateur fournit à la tradition les deux arguments pour la combattre : la non-régression à l'infini et la convertibilité. Les choses sont une et étant par soi, car, si elles l'étaient par quelque autre ajouté, cet autre serait aussi un et étant par un autre, ainsi de suite à l'infini. De plus, l'étant et l'un ne sauraient être ajoutés, car les formes de l'un sont au nombre des formes de l'étant, au nombre des dix catégories qu'elles accompagnent toujours, accidents autant que substance [4]. Dans la réfutation d'Averroès aussi, l'ontologie a percé sous la sémantique.

Thomas d'Aquin se fait l'écho de cette offensive contre Avicenne, qu'il assume à son tour en des termes similaires [5]. Comme l'a remarqué R. Imbach [1], il

1. A propos de ce même texte d'Averroès, E. Gilson notait : « C'est par cette intrusion de la théologie révélée dans la théologie naturelle que s'explique la célèbre thèse avicennienne : ainsi que l'un, l'être s'ajoute à l'essence comme une sorte d'accident ». Gilson (1981), p. 67.

2. Le signe en est qu'il a un contraire, « deux ».

3. Ailleurs, Averroès propose une distinction parallèle de deux sens de l'étant. En *Metaph. V, com. 14* (117rF-117vH) ; éd. R. Ponzalli, p. 128-134, il distingue en effet l'*ens* commun, dit de tout ce dont est dit quelque prédicament ou catégorie, de l'*ens* conçu comme copule exprimant la vérité de la proposition. A signification « générique » (non-accidentelle), le premier de ces étants vise l'essence extra-mentale ; le second est un accident de la proposition mentale, il équivaut le vrai dans la prédication d'un attribut à un sujet. Tirée d'Aristote, cette distinction a donné lieu à deux paradoxales élaborations ; voir *infra*, p. 68-71. Sur l'origine arabe de la doctrine scolastique de la notion d'un convertible avec celle d'étant, voir Libera (1994).

4. Imbach (1981) dans Imbach (1996), p. 222-226.

5. *In Metaph. IV, lectio II*, éd. Cathala, Taurini-Romae, Marietti, 1964, p. 155-156.

n'est dès lors pas étonnant que Siger traite de la distinction entre l'étant et l'essence à l'endroit que l'exégèse moderne réserve à la théorie des termes convertibles « un » et « étant ». Dans un livre de 1977, F. Van Steenberghen livrait une première synthèse sur un Siger découvert dans ses œuvres, et non fantasmé par les historiens des condamnations [2]; à l'abord de la question de l'être, il insistait pourtant par trois fois sur une regrettable confusion de Siger, qui n'a pas su distinguer « les attributs transcendantaux *ens* et *res* » des « composants réellement distincts *esse* et *essentia* » [3]. Le bien-fondé de la distinction réelle admis comme prémisse, Van Steenberghen parle aussi de « lacune », et l'on devine déjà que la principale tare de Siger est de n'avoir pas « compris la pensée profonde de S. Thomas » [4]. La réalité discursive dont témoignent les textes est cependant fort différente et plus complexe : dans le sillage d'Averroès, Thomas n'hésite pas à juxtaposer la doctrine des termes convertibles et la critique de l'accidentalité réelle de l'être [5]. De plus, il semblerait qu'au regard des thomistes les plus autorisés, Thomas d'Aquin ait fait l'économie de la distinction réelle de l'essence et de l'existence à cet endroit du commentaire [6]; or, selon Van Steenberghen, la lacune de Siger découle de sa méconnaissance de la distinction réelle thomasienne [7].

Pour débrouiller cet enchevêtrement d'interprétations, il faut revenir au commentaire de Thomas. Après avoir repris la critique d'Averroès contre Avicenne, Thomas donne sa solution :

> Bien que l'être de la chose soit *autre* que son essence, il ne faut pas le concevoir comme un ajout, à la manière d'un accident, il est au contraire comme constitué à travers les principes de l'essence. Ainsi, le nom « étant » tiré par convention de l'être signifie la même réalité que le nom tiré de l'essence [8].

Sur ce bref énoncé, Thomas clôt la question de l'être, pour reparler de l'un. En passant, sous la forme d'une concession (« Bien que... »), son discours a cependant posé une différence entre l'être et l'essence de la chose. Le problème d'interprétation réside dans la valeur qu'il faut accorder à l'altérité professée. L'être et l'essence sont-ils distincts en réalité ou par la notion ? Admettons qu'ils soient distincts en réalité, sont-ils premiers chacun dans son ordre propre, ou l'un des deux est-il réductible à l'autre ? Si l'être et l'essence constituent deux ordres premiers et irréductibles, le passage est conforme à la doctrine thomasienne de la

1. Imbach (1981) dans Imbach (1996), p. 224.

2. Pour un bilan sur l'historiographie sigérienne, Putallaz, Imbach (1997), p. 7-20.

3. Van Steenberghen (1977), p. 288-289, et encore 290, 291. Voir aussi Hissette (1979), p. 222.

4. *Ibid.*, p. 291-292.

5. Et, à supposer que l'on remonte jusqu'à Aristote, l'imbrication des deux questions est au moins virtuelle en 1003b32 : « De plus, la substance de chaque être est une, et cela non par accident, et de même elle est aussi, essentiellement, quelque chose qui existe. », trad. J. Tricot, 1986, I, p. 180-181.

6. Gilson (1981), p. 91-94.

7. Van Steenberghen (1977), p. 291-292.

8. *Esse enim rei quamvis sit aliud ab eius essentia, non tamen est intelligendum quod sit aliquod superadditum ad modum accidentis, sed quasi constituitur per principia essentiae. Et ideo hoc nomen ens quod imponitur ab ipso esse, significat idem cum nomine quod imponitur ab ipsa essentia. In Metaph. IV, lectio II*, éd. Cathala, Taurini-Romae, Marietti, 1964, p. 155 (558).

distinction réelle entre essence et être [1]. En effet, tout ce qui est a une essence, et toute essence connue en sa quiddité l'est à partir du réel existant; ainsi, l'essence n'a pas de réalité antérieure à l'être, et l'être ne s'ajoute pas à elle pour lui conférer un type postérieur de réalité. Les deux ordres sont donc irréductibles. Si, par contre, l'être est réductible à l'essence, réapparaît l'erreur attribuée à Avicenne : l'être échoit accidentellement à l'essence; celle-ci jouit donc d'une autre forme de réalité, antérieure à l'être. La légendaire erreur d'Avicenne cristallise de fait une contradiction: l'essence serait quelque chose sans être. La distinction thomasienne entre l'être et l'essence n'est donc pas une distinction de choses, mais elle est conçue sur le mode dont la puissance et l'acte sont distingués: l'être est la cause et l'acte de la substance [2]. Quant à la fondation réelle ou notionnelle de cette distinction, la doctrine thomasienne considère les deux principes comme différents dans la réalité, car la créature n'est ni parfaite en son être – elle est *essentiellement* en puissance *d'être autrement* –, ni nécessaire – elle aurait pu ne pas être.

Cependant, la laconique remarque de Thomas en *Métaphysique* Γ, 2 ne suffit pas à trancher la question de la réalité ou de l'idéalité de cette distinction entre être et essence. Brillant promoteur de la distinction réelle thomasienne, E. Gilson regrette la tiédeur de Thomas dans ce commentaire aristotélicien. Il allègue la fidélité du commentateur à son texte de référence pour excuser le dominicain de n'avoir pas posé ici de distinction réelle, et conclut: « Acceptons ce texte tel qu'il est. Si l'on ne disposait d'aucun autre, rien n'autoriserait à supposer que saint Thomas ait jamais distingué l'existence de l'essence » [3]. A l'opposé de Gilson, Siger prenait pourtant très au sérieux l'affirmation de Thomas: l'être n'est pas l'essence, mais il est comme constitué à travers les principes de l'essence. F. Van Steenberghen le souligne [4], nul doute que Siger ait vu dans le geste de Thomas un travestissement d'Averroès et d'Aristote par l'usage intempestif de la distinction réelle. La critique d'Averroès à l'encontre d'une erreur attribuée à Avicenne et la prise de position de Siger de Brabant contre Thomas d'Aquin contribueront au succès du deuxième chapitre de la *Métaphysique* Γ. A partir de ces lectures croisées d'Aristote, la question de l'être et de l'essence sera liée à la problématique des termes convertibles.

1. L'histoire de cette distinction pensée par la métaphysique médiévale et parfaite par Thomas d'Aquin fait l'objet du célèbre livre d'E. Gilson sur *L'être et l'essence.* A propos de Thomas, Gilson (1981), 81-123. Bonino (1994), p. 301-302, présente quelques perspectives critiques relatives à l'interprétation de Gilson. Ce dernier exégète « ne reconnaît qu'un seul et unique critère de fidélité à S. Thomas : la compréhension existentielle de l'être », dont le cadre intellectuel adéquat est la pensée chrétienne. L'histoire gilsonienne de la philosophie aboutit ainsi à une philosophie générale, où le modèle thomasien comprend et éclaire toute autre pensée : « [...] S. Thomas, aux yeux de Gilson, a atteint avec l'*esse existentiae* le principe ultime et, partant, le plus compréhensif, si bien que sa métaphysique est de droit capable d'intégrer et de fonder la part de vérité que recèlent les systèmes bâtis sur des principes objectivement seconds ».

2. Parmi de nombreux autres lieux, voir Thomas d'Aquin, *Contra Gentiles II, cap. 54.*

3. Gilson (1981), p. 94.

4. Van Steenberghen (1977), p. 289.

Siger de Brabant : l'Aristote arabe dans le monde latin

Quatre rédactions du cours de Siger sur la *Métaphysique* sont connues aujourd'hui [1]. Elles sont toutes des *reportationes*, des notes de cours revues et mises en forme. La version de Vienne, la plus concise, n'est constituée que de questions, elle s'approche le mieux du ton de l'enseignement oral. Les reportations de Munich et de Cambridge alternent questions et commentaires suivis du texte d'Aristote. Enfin, la version parisienne est un condensé, rédigé par Godefroid de Fontaines et conservé dans sa bibliothèque. Compte tenu notamment de l'évolution des méthodes pédagogiques entre 1260 et 1280 et de l'abandon progressif de l'exposition littérale au profit de la question, W. Dunphy, éditeur des versions munichoise et viennoise, propose de considérer le texte de Munich (M) comme le plus ancien; viendraient ensuite les copies de Cambridge (C) et de Paris (P), puis la reportation de Vienne (V) [2]. La discussion de la distinction entre être et essence est l'objet de la septième question de l'introduction dans les versions M et C; elle est reflétée dans la version condensée par la main de Godefroid (P) (éd. A. Maurer, p. 397-399), mais absente du codex viennois, qui fait débuter les *Questions sur la Métaphysique* au cinquième livre.

A lire la critique des années soixante-dix, Siger choisit le camp d'Aristote, contre Thomas. Pour E. Gilson, Siger est fidèle au substantialisme d'un Aristote qui n'envisageait pas de distinction entre essence et existence, car son univers n'était pas créé contingent [3]. Par delà les siècles et dans le cadre de l'université chrétienne, Siger a pu relayer une forme authentique d'aristotélisme. F. Van Steenberghen tempère quelque peu la thèse de la fidélité à Aristote, mais souligne surtout l'incapacité de Siger à comprendre la doctrine thomasienne [4]. Il constate cependant une évolution de la doctrine de Siger en 1275, dans les *Quaestiones super librum De causis* qui témoignent d'une meilleure compréhension de la philosophie de Thomas [5]. Siger aurait alors changé son aristotélisme radical ou hétérodoxe en aristotélisme orthodoxe, (l'orthodoxie étant souvent pour le professeur belge synonyme de conformité avec la doctrine thomasienne). En 1981, R. Imbach propose une autre approche de l'enseignement sigérien : à l'occasion de la lecture du texte d'Aristote mais à partir du commentaire de Thomas, Siger opère une réduction sémantique du débat ontologique sur l'être et l'essence,

1. Siger de Brabant, *Quaestiones in Metaphysicam,* édition revue de la reportation de Munich, texte inédit de la reportation de Vienne, éd. W. Dunphy, Louvain-La-Neuve, Institut supérieur de philosophie, « Philosophes médiévaux 24 », 1981 ; Siger de Brabant, *Quaestiones in Metaphysicam,* texte inédit de la reportation de Cambridge, édition revue de la reportation de Paris, éd. A. Maurer, Louvain-La-Neuve, Institut supérieur de philosophie, « Philosophes médiévaux, 25 », 1983.

2. Siger de Brabant (1981), p. 25.

3. Gilson (1981), p. 79 : « L'ontologie de Siger reste donc celle même d'Aristote. L'être s'y confond avec la substance dont le noyau résistant est la forme ».

4. Van Steenberghen (1977), p. 290-292. Cette lecture du texte de Siger en l'orbe du thomisme est manifeste aussi dans Maurer (1946), p. 77.

5. En 1931 et 1942, F. Van Steenberghen avait déjà conjecturé une évolution de la pensée sigérienne. Nardi (1936) et Gilson (1940-1942) s'étaient alors opposés à cette vision aujourd'hui largement répandue. L'hypothèse de Van Steenberghen fut en effet confirmée grâce à la découverte par A. Dondaine et L.-J. Bataillon des *Questions sur le livre Des causes* en 1966.

pour développer une puissante critique du réalisme naïf cristallisé par l'erreur d'Avicenne dans la diatribe d'Averroès [1]. Enfin, la critique récente est unanime sur l'évolution globale de la philosophie de Siger dans les *Questions sur le livre Des causes*, en particulier en psychologie [2]; reste à élucider une véritable évolution de la doctrine de la non-distinction réelle entre être et essence. Dans un deuxième temps, il sera donc indiqué de considérer cet écrit tardif, où même son éditeur moderne lit le témoignage d'un mouvement vers la distinction réelle [3].

Au début de son cours sur la *Métaphysique*, aux alentours de 1273, Siger demande « si l'être est un ajout à l'essence des étants causés » (*Introductio, q. 7*). Pour répondre, il mobilise les réflexions de Thomas et d'Averroès sur le quatrième livre de la *Métaphysique*, vers lequel il regarde aussi par anticipation. La question est cependant centrée sur l'être et l'essence, et la problématique de la convertibilité entre un et étant ignorée [4]. Pour donner un premier bilan de la nouvelle polémique sur l'être créé, Siger écrit un scénario en deux parties : gréco-arabe, où Averroès joue le rôle de transmetteur de l'aristotélisme par-delà les erreurs d'Avicenne, et arabo-latine, où Siger s'oppose au camp des théologiens, à Boèce [5] et, dans le sillage du Pseudo-Denys, à Albert le Grand. Entre ces deux fronts se campe Thomas d'Aquin, dont Siger refuse la solution en forme de compromis.

Après avoir résumé le traitement de la question par Averroès [6], Siger assimile la thèse d'Albert le Grand à celle d'Avicenne. Dans le *De causis et processu universitatis* [7], Albert distinguait quiddité et être : la chose est « ce qu'elle est » par soi, alors qu'elle est sous l'effet d'une cause; l'être, reçu, est donc distinct de la quiddité, possédée par soi [8]. L'argument procède du point de vue noétique: formuler mentalement la définition du cheval n'implique pas nécessairement la considération de son existence réelle. Selon l'adage d'Avicenne, l'équinité n'est

1. Imbach (1981) dans Imbach (1996), p. 224, et 219-226.

2. Dans un proche passé, Putallaz, Imbach (1997), p. 149-173.

3. Marlasca, dans Siger de Brabant, *Quaestiones super librum De causis*, éd. A. Marlasca, Louvain-Paris, « Philosophes médiévaux, 12 », 1972, p. 21.

4. Elle réapparaît dans la version M, *Liber III, q. 17* (éd. W. Dunphy, p. 141-142), et fait l'objet d'un traitement étendu en C, *Liber IV, q. 2* et *com. 2* (éd. A. Maurer, p. 136-139).

5. Il est significatif que Siger se démarque de Boèce consciemment quoique avec une extrême prudence (C, éd. A. Maurer, p. 34-35). En *De hebdomadibus, II*, Boèce formule en effet une règle sibylline dont les divers acteurs du débat sur l'être feront une autorité en leur faveur: *Diversum est esse et id quod est. Ipsum enim esse nondum est, at vero quod est accepta essendi forma est atque consistit* (éd. C. Moreschini, p. 187). Henri de Gand devra mobiliser Gilbert de Poitiers pour tourner Boèce à l'avantage de la non-distinction réelle.

6. C, éd. A. Maurer, p. 31-32; M, éd. W. Dunphy, p. 43.

7. *Liber I, tract. 1, cap. 8,* dans *S. Doctoris Ecclesiae Alberti Magni opera omnia ad fidem codicum manuscriptorum*, éd. W. Kübel, t. 16.2, éd. W. Fauser, Aschendorf, 1993, p. 16-17.

8. L'argument est déjà avancé par Thomas d'Aquin au quatrième chapitre du *De ente et essentia*, composé entre 1252 et 1256 : « Or, toute essence ou quiddité peut être pensée sans que rien ne soit pensé de son être : je peux, en effet, penser ce qu'est l'homme ou le phénix, et pourtant ignorer s'il a un être de nature; il est donc clair que l'être est autre que l'essence ou la quiddité. A moins qu'il n'y ait une chose dont la quiddité soit son propre être. »,t rad. A. de Libera, C. Michon, p. 103.

que l'équinité, et son existence peut être réelle ou seulement mentale [1]. La réfutation de Siger prescrit au contraire de partir du point de vue métaphysique de la création : tout en la créature dépend de la cause première ; la distinction réelle est de fait inutile. L'erreur d'Albert revient à poser des distinctions réelles en procédant de constats noétiques. Or, si la définition n'implique pas la considération de l'existence, les éléments distingués ne sont précisément que des considérations ou points de vue intellectuels, à l'instar des causalités qui gouvernent ces distinctions :

> Comme Avicenne, Albert a été trompé par l'usage équivoque de « par un autre » ou « d'un autre ». « Par un autre » ou « d'un autre » peuvent en effet signifier le point de vue de la cause formelle ou celui de la cause efficiente. De la première manière – à savoir formellement, l'homme est homme par soi ; de la seconde – à savoir effectivement, l'homme est homme par un autre [2].

Il n'est plus question de distinguer quiddité et existence de la chose, mais de différencier les pertinences : sa quiddité revient par soi à l'homme considéré comme forme, elle est conférée par un autre à l'homme regardé comme effet créé. Une critique du discours permet de démêler les arguments fallacieux élevés par le front théologien contre Aristote. Le réalisme « naïf » de type avicennien veut à tort distinguer en réalité tout ce que la pensée peut isoler. (Dans la perspective du discours thomasien, cette critique pourrait être renversée, pour porter contre Siger : afin de conserver quelque adéquation entre la pensée et le réel pensé, il faut bien supposer le fondement des distinctions notionnelles dans la réalité.)

A plusieurs reprises et en marge de l'usage, le texte de la leçon sigérienne mentionne d'ailleurs le nom d'un contemporain, Thomas d'Aquin, qui s'est efforcé de trouver une solution médiane à l'antagonisme des interprétations. Contrairement à la lecture moderne d'E. Gilson, Siger fait du *aliud* thomasien la marque d'une distinction réelle. Or, si l'être n'est pas différent de l'essence comme un accident ajouté, il sera soit la chose même, soit une des ses parties (matière ou forme). Comme la solution thomasienne se doit de refuser l'une et l'autre voie, il faudrait faire l'hypothèse d'une quatrième nature de l'étant (C, éd. A. Maurer, p. 32-33). La version parisienne résume ainsi l'argument :

> Affirmer que l'être n'est pas l'essence de la chose, mais une réalité constituée à travers les principes de l'essence, revient à affirmer et nier la même chose, puisque ce qui est constitué à travers les principes de l'essence n'est rien d'autre que la chose même constituée d'eux [3].

1. Sur la doctrine avicennienne de l'indifférence de l'essence eu égard à l'existence et à la non-existence, Libera (1999), p. 505-527.

2. *Item, deceptus fuit Avicenna, et etiam Albertus, per aequivocationem huius quod dico « ex se » vel « per se ». « Ex » enim et « per » possunt dicere circumstantiam causae formalis vel efficientis. Si primo modo, sic homo ex se est homo, scilicet formaliter. Si secundo modo, sic homo ex alio est homo, scilicet effective*. C, éd. A. Maurer, p. 32.

3. *Dicere quod esse non est essentia rei, sed aliquid constitutum per essentiae principia, est idem affirmare et negare, cum constitutum per essentiae principia nihil aliud sit quam ipsa res ex illis constituta.* P, éd. A. Maurer, p. 398.

Selon Siger, il ne sied pas de poser de distinction dans la réalité-objet. Si la prédication de l'être n'est pas accidentelle à l'essence, elle est essentielle. L'être et l'essence visent de fait la même réalité, mais sur des modes intellectuels divers; « la course », « la chose » (« l'essence ») signifient la substance *per modum potentiae*, alors que les termes respectivement convertibles, « courir », « étant », signifient la substance *per modum actus* (C, éd. A. Maurer, p. 33). Pour faire sa preuve, Siger distingue le plan sémantique de la prédication de l'être et de l'essence, du domaine ontique, où règnent les substances accompagnées de leurs accidents. La distinction entre l'être et l'essence ne saurait habiter la substance ; au contraire, elle relève d'une opération de l'esprit, postérieure à l'être-là de la substance et riche des relatifs points de vue desquels le bloc ontique substantiel est regardé. De même, l'acte et la puissance sont des manières de considérer la même substance existante, du point de vue de sa perfection et de son imperfection :

> Or la chose et l'étant ne sont pas réellement distincts selon l'acte et la puissance, ils sont distincts [en tant que considérés] sur le mode actuel et sur le mode potentiel [1].

A la lecture de ce texte, il serait par ailleurs osé de reprocher à Siger son incompréhension de la doctrine thomasienne [2], puisqu'il rejette en termes explicites une position dont il a cerné toute l'originalité, et qu'il a démarquée à la fois d'Avicenne et d'Averroès.

Cette critique « sémantique » [3] engage une réflexion sur la participation et une description analogique de la notion « être ». Le problème de la participation de l'être créé à l'être du créateur est abordé dans la réponse à la neuvième objection (*Introductio, q. 7*), mais développé à la question 2 du troisième livre, dans la version munichoise (M, éd. W. Dunphy, p. 90-92). L'objection s'énonce ainsi : tout être créé participe au premier être; or, le participant est réellement différent du participé; l'essence participante sera donc différente de l'être participé. Siger distingue deux types de participation. La première, « univoque », suppose une composition dans le participant. Telle réalité blanche participe à la blancheur en y « prenant part »; dans la chose blanche, le blanc sera donc réellement distinct de son substrat, à la manière d'un accident ajouté à la substance. La seconde participation se manifeste comme imitation et n'implique pas dans le participant la distinction d'un sujet et d'une forme reçue : tout le participant ressemble au participé. Tel est le cas de la participation de l'être créé à l'être premier. Siger ne s'étend pas plus dans l'explication, qui implique l'exclusion d'une production partielle, ou par parties : en sa totalité indistincte, l'entièreté de la créature est produite du néant; rien ne saurait donc jouer le rôle de substrat de l'être créé, existant à part lui pour le recevoir comme forme. L'essence n'est pas le réceptacle de l'être.

1. *Nunc autem res et ens realiter non distinguuntur secundum actum et potentiam, sed solum secundum modum actus et potentiae.* C, éd. A. Maurer, p. 35.
2. Van Steenberghen (1977), p. 291-292 ; voir *supra*, p. 42 *sq*.
3. Voir Imbach (1981) dans Imbach (1996), p. 220, 222.

La discussion sur la participation s'achève avec l'affirmation du primat unique de l'ordre substantiel. Tout être adjoint à la substance est un accident et une réalité particulière. Or l'être regarde le tout substantiel, il est donc un prédicat essentiel : il est attaché par soi à la totalité de la substance. Dans le sillage de l'aristotélisme arabe, Siger met au cœur de son système la substantialité sans fissure de l'être existant : bien qu'il puisse être considéré du point de vue de l'essence, abstraction faite de l'existence, et du point de vue de l'être, du côté de la réalisation de sa perfection propre, l'existant est soit substance, soit accident.

> Ainsi, il faudra affirmer nécessairement ceci : en disant « l'homme est », l'être substantiel est prédiqué de l'homme, comme dans « l'homme est homme » ; il faudra donc concéder soit que l'être appartient à l'essence de la chose, soit que l'homme échoit par accident à l'homme [1].

Cet argument le révèle, la prédication de l'être est sous-jacente au débat. Comment l'être est-il dit de son sujet ? « L'étant est-il un genre, est-il pris en une seule acception de tous les étants ? » [2] Compte tenu de son universalité de prédication, le terme « étant » peut être attribué aux accidents comme à la substance. Il faudra donc admettre qu'il n'a pas exactement la même signification lorsqu'il est prédiqué de l'accident et de la substance, car ces deux éléments sont distincts en réalité, et qu'il ne cesse pas pour autant de référer à cette unique réalité composée sans introduire de découpe en elle. En conséquence, l'être sera prédiqué selon le plus et le moins, pour signifier l'ordre de l'accident à la substance : dans la substance, l'être de la substance est à la substance ce que l'être de l'accident est à l'accident. Ainsi l'étant n'est pas un genre, car le genre est univoque, notion identique en tout ce dont elle est pensée (le chien est animal exactement en la même acception – *intentio* ou *ratio* – que l'homme est animal). De plus et comme le soulignait Aristote, rien ne saurait différencier l'être de l'extérieur, à la manière dont la différence (« rationnel ») contracte le genre (« animal ») sans lui appartenir, car, hors de l'être, il n'y a rien [3]. La notion d'être est de fait « analogique » : commune par excellence et différenciée par soi.

> Or, puisque l'étant est commun aux diverses substances, et non commun univoque, – sinon il en serait le genre –, il faut qu'il soit analogue aux diverses substances, comme il est analogue à la substance et aux accidents [4].

N'étant jamais différencié de l'extérieur, contracté à la sphère d'une détermination propre, l'être ne réfère jamais à une chose distincte et isolée dans la réalité. Le traitement parallèle réservé à la notion d'essence permet en outre

1. *Necessario ergo erit dicere quod dicendo « homo est », praedicetur esse substantiale ut « homo est homo » ; erit ergo concedere quod esse sit de essentia rei, vel quod homo accidat homini.* M, éd. W. Dunphy, p. 91.

2. *Utrum ens sit genus et unius rationis ad omnia entia.* C, *Liber III, q. 12*, intitulé (éd. A. Maurer, p. 101).

3. *Ibid.* et C, *Introductio, q. 7* (éd. A. Maurer, p. 37).

4. *Sed cum sit commune ad substantias diversas, et non commune univocum, quia tunc genus esset ad eas, relinquitur quod sit analogum ad substantias diversas sicut est analogum ad substantiam et accidentia.* C, *Liber III, q. 12*, éd. A. Maurer, p. 101-102.

d'inférer les mêmes conclusions à son endroit. L'analogie permet de varier les points de vue sur l'étant, être de la substance et être de l'accident, essence de la substance et essence de l'accident, mais interdit de situer l'être à part l'essence et l'essence à part l'être. Siger a ainsi opéré une réduction sémantique du débat, dont la contre-partie paradoxale est une inclination vers le réel existant : il n'est plus question de distinction entre possible et nécessaire, comme à l'inauguration de la réflexion d'Avicenne [1] ; au cœur des critiques linguistiques, le regard est porté vers la substance existant de sa nécessité de fait.

Qu'en est-il de la tardive évolution de Siger sous l'influence de Thomas d'Aquin ? Les *Questions sur le Livre des causes* corrigent de toute évidence l'ancienne théorie sur l'intellect humain [2]. Le monopsychisme d'Averroès est abandonné ; en chaque homme, l'intellect est la forme substantielle et la perfection du corps [3]. Siger ne cesse cependant pas toute attaque contre le théologien dominicain, « lorsque l'autonomie et la spécificité de la philosophie est menacée » [4]. De plus, les *Questions sur le Livre des causes* ne sont pas à l'abri de la condamnation pour déviance par rapport au dogme, malgré les dires de F. Van Steenberghen [5]. En conséquence de son assimilation de l'orthodoxie au thomisme, le professeur belge a en effet opéré une double réduction. Insistant sur l'accord global entre Siger et Thomas, il prétend aussi que Siger serait devenu « toujours orthodoxe » [6].

Du côté de l'être et de l'essence, l'éditeur des *Questions*, A. Marlasca, évoque la possibilité d'une distinction réelle, sans pourtant sortir d'une prudente réserve [7]. En résumé, Siger serait conduit à poser une distinction réelle entre l'essence et l'être des Intelligences, qui sont l'analogue philosophique des substances angéliques ou formes pures des religions monothéistes. De fait, Siger commence par distinguer en réalité l'être de l'Intelligence et son intelliger. Il démarque ainsi deux êtres : l'activité intellectuelle ne constitue pas l'actualité

1. *Liber de philosophia prima sive scientia divina, Tract. I, cap. 6 et 5,* éd. S. Van Riet, Louvain-Leiden, Peeters-Brill, 1997, p. 43-48, 31-42. Concernant la problématique essentielle, voir *infra*, p. 52 *sq.*

2. « [...] mais ce qui est incontestable, c'est d'une part que l'intervention thomasienne a contraint Siger à repenser le rapport entre l'intellect et le corps, et d'autre part que ce dernier a fini par insister lui aussi sur les conditions corporelles de la pensée, tout autant que l'avait fait Thomas. » Putallaz, Imbach (1997), p. 155.

3. *Q. 26* dans Siger de Brabant, *Quaestiones super librum De causis,* éd. A. Marlasca, Louvain-Paris, « Philosophes médiévaux, 12 », 1972, p. 103-107.

4. Putallaz, Imbach (1997), p. 168.

5. R. Imbach dénombre au moins quatorze articles de la condamnation de 1277 dirigés contre les *Questions sur le Livre des causes*, et attire l'attention sur les dangers d'une conception anachronique de l'orthodoxie. Imbach (1996b), p. 318-323.

6. Van Steenberghen (1977), p. 133, et cette conclusion p. 134 : « [...] la doctrine proposée dans les *Quaestiones* est toujours orthodoxe (du moins aux yeux du théologien du XXe siècle) ».

7. « De même, l'auteur de notre commentaire semble admettre une certaine distinction entre la nature ou l'essence des Intelligences et leur existence, alors que Siger rejette la distinction réelle dans les *Quaestiones in Metaphysicam* [...]. Mais la doctrine du commentaire n'est pas très claire sur ce point. » Marlasca dans Siger de Brabant (1972), p. 21. Au même endroit, A. Marlasca donne un catalogue de lieux relatifs à cette question : *q. 22, Solutio ; q. 32, ad 3^m; q. 37, Contra ; q. 38, Contra ; q. 53, Solutio ; q. 55, Solutio.*

totale de l'Intelligence; dans le cas contraire, l'être de l'Intelligence serait accidentel, puisque l'Intelligence pure pense autre chose que soi et reçoit en elle les formes des choses conçues [1]. De même et à l'intérieur du même rapport, il faut distinguer essence de l'Intelligence et puissance d'intelliger; deux dispositions essentielles sont ainsi distinguées. Seul Dieu, acte pur, est substantiellement pensée de la pensée; aucune distinction ne lui convient. Dans cette proportion qui installe un même rapport entre l'être de l'Intelligence et son intelliger, et l'essence de l'intelligence et sa puissance d'intelliger, les relations horizontales ne sont pourtant pas élucidées : aucune distinction réelle ne semble posée entre l'être de l'Intelligence et son essence, respectivement entre l'intelliger et la puissance intellective.

La question 22 est plus précise à cet égard: elle affirme une nécessaire composition d'acte et de puissance, pour démarquer l'Intelligence imparfaite et finie de la première cause dont elle dépend.

> Pourtant, bien que l'Intelligence ne soit pas composée de matière et de forme, que l'on ne trouve pas en elle de sujet correspondant à la matière dans les composés matériels, il faut cependant noter qu'il y a dans les Intelligences une composition et un principe (*ratio*) de potentialité. Puisqu'elle n'est pas premièrement étant, l'Intelligence est un étant dans la mesure où elle a l'être, et où la nature de l'Intelligence est rapportée à son être comme la puissance à l'acte [2].

Ce texte nie que l'essence soit le réceptacle de l'être comme la matière reçoit la forme dans les étants matériels; il n'exclut de fait pas une simple distinction *per modum potentiae et actus*, selon les points de vue ou raisons (*rationes*). Bien plus, malgré la démarcation de l'Intelligence par rapport au Premier, il faut noter que celle-ci n'en demeure pas moins éternelle et nécessaire. Siger refuse la contingence des Intelligences; leur imperfection découle de leur seule dépendance vis-à-vis de la première cause. L'Intelligence a l'être de la première cause; de soi, elle n'a ni l'être, ni la puissance d'être et de mouvoir. Cependant elle n'a pas la puissance de ne pas être : exempte de matière, elle n'est pas en puissance du non-être et ne saurait de fait être annihilée d'aucune manière [3]. Or la distinction réelle sera justement l'instrument de la contingence dans le débat qui opposera Gilles de Rome à Henri de Gand : selon Gilles, un étant est contingent du moment où il peut être annihilé par Dieu, et cette éventualité impose de distinguer l'essence de l'être reçu en elle par la grâce de Dieu. *A contrario* et de façon anachronique [4], la tentation est donc grande d'exclure ici la distinction réelle entre essence et être de

1. *Q. 38* (éd. A. Marlasca, p. 146-147).

2. *Est tamen advertendum quod licet intelligentia non sit composita ex materia et forma, nec inveniatur in intelligentia subiectum quod sit unius rationis cum subiecto materiae omnium materialium, nihilominus tamen in intelligentiis est aliqua compositio et aliqua potentiae ratio. Intelligentia enim cum non sit primo ens, sic est ens quod esse habet et quod natura intelligentiae comparatur ad esse eius sicut potentia ad actum. Q. 22, Solutio*, éd. A. Marlasca, p. 93.

3. *Q. 55* (éd. A. Marlasca, p. 187-188).

4. Lorsqu'il différencie simplicité divine et composition réelle de la créature spirituelle, Thomas d'Aquin n'use de l'argument de la contingence ni en *Sent. I, dist. 8, q. 5, art. 1*, ni en *ST Ia, q. 50, art. 2, ad 3*, pas plus en *CG II, c. 52*.

l'Intelligence. Comment la nature de l'Intelligence, qui ne peut pas ne pas être, pourrait-elle être réellement distincte de son être ?

Au secours des auteurs qui défendent l'évolution vers la distinction réelle [1], il est cependant possible de pointer deux endroits, une contre-objection et un changement de terminologie révélateur. Dans la question 37, Siger refuse encore une fois de faire de l'intellection l'actualité propre et totale de l'Intelligence :

> L'intelligence semble plus être son propre être que son intelliger. Or elle *n'est pas son propre être*, sinon elle serait l'étant premièrement. Elle n'est donc pas son intelliger [2].

Le propos est clair, mais il est quelque peu relativisé par son inscription dans un contre-argument qui vise la défense d'une thèse autre : il n'est qu'instrumental. Dans la question 53, Siger pourrait par contre infléchir sa doctrine vers la distinction réelle. Il qualifie l'essence de « récipient » de l'être; son rôle est alors analogue à celui de la matière des créatures terrestres :

> Dans les autres singuliers [que la Cause première], l'être advient contracté à une matière et défini par une nature réceptrice; ainsi, bien que dans les Intelligences l'être ne soit pas fini et déterminé par le truchement d'une matière, il est pourtant contracté par le truchement de la nature réceptrice de l'être, qui est en elles dans le même rapport à leur être que la puissance à l'acte [3].

Or, si la nature réceptrice doit être réellement différente de l'être *pour* le contracter, l'analogie de la notion « être » rencontrée dans les *Quaestiones in Metaphysicam* tombe. L'être devient le genre des étants : il n'est plus différencié par soi et n'est plus premièrement en tout, mais il est « contracté » par l'essence déterminée en laquelle il est reçu; celle-ci joue dès lors le rôle d'une différence qui spécifie le genre de l'extérieur, sans lui appartenir. L'être et l'essence ne signifient plus la même réalité diversement, mais des réalités différant en le même étant.

En un assemblage inédit, les *Quaestiones super Librum de causis* forceraient ainsi à concilier nécessité des Intelligences et distinction réelle de la nature et de l'être en elles. D'habitude dernier recours de la contingence, ultime distinction pour éviter la nécessité, la distinction réelle semble servir ici une cause réduite : elle se serait avérée indispensable pour poser une véritable composition des Intelligences, dès lors démarquées de la simplicité du Premier. Les Intelligences n'en demeurent pas moins nécessaires. L'immédiate tradition médiévale symbolisée par la main de Godefroid de Fontaines rédigeant une reportation des *Questions sur la Métaphysique* ne cessera pourtant pas de voir en Siger le promoteur de la non-

1. Notamment Van Steenberghen (1977), p. 291-292, qui voit Siger émerger de son ancienne confusion, et Putallaz, Imbach (1997), p. 153, 163.

2. *Sed contra. Intelligentia magis videtur <esse> suum esse quam suum intelligere. Sed non est suum esse : tunc <enim> esset primo ens. Ergo neque suum intelligere* (éd. A. Marlasca, p. 145).

3. *Tamen esse in singulis aliis fit contractum ad materiam et fit finitatum per naturam recipientem, ita quod secundum hoc, licet in intelligentiis esse non sit finitum et terminatum ad materiam, est tamen contractum ad naturam esse recipientem, quae in eis se habet ad esse earum sicut potentia ad actum* (éd. A. Marlasca, p. 184).

distinction réelle entre l'essence et l'être, qui ne diffèrent que comme des modes de signifier.

Henri de Gand

Henri, Avicenne, et Siger

Prolongée d'Averroès à Siger, la polémique contre l'accidentalité avicennienne de l'être était conduite au mépris de la doctrine propre d'Avicenne, dont la consistance échappe à un Siger de Brabant. La thèse d'Avicenne était réduite à l'énoncé d'une grossière erreur : l'être est un ajout réel et accidentel à l'essence. Au temps de Pâques 1278 ou 1279, le *Quodlibet III, q. 9* d'Henri de Gand vient combler cette lacune [1] : le maître gantois lit Avicenne dans le souci de l'intelligence de sa doctrine. Par-delà un hiatus de cinq années, Henri engage ainsi le deuxième acte de la transposition du débat arabe sur l'être dans l'université chrétienne. Depuis l'enseignement de Siger, le temps a passé. L'année où Henri accédait au grade de maître en théologie, Siger fuyait l'Inquisiteur [2] : en 1276, Siger disparaît en effet de la scène intellectuelle et de la Faculté des arts, alors qu'Henri accède à la maîtrise, dans la Faculté supérieure de théologie. La neuvième question du *Quodlibet III* d'Henri n'est d'ailleurs pas dirigée contre Siger, ancien maître, qui plus est d'une faculté inférieure et à caractère propédeutique. Henri a d'autres interlocuteurs : en 1279, il a déjà engagé sa longue lutte contre Gilles de Rome depuis trois ans ; ce dernier a déjà enduré les blâmes de l'évêque Etienne Tempier, qui l'a contraint à l'exil en 1277 [3]. Cependant, bien qu'une partie du troisième *Quodlibet* d'Henri réponde au *Contra gradus* de Gilles [4], la neuvième question expose sans polémique la thèse d'Avicenne ; elle peut ainsi jouer le rôle de contrepartie « posthume » au plaidoyer averroïsant de Siger contre Avicenne.

Le point de départ d'Henri est diamétralement opposé à celui de Siger. Henri s'inspire en effet d'Avicenne pour se saisir du problème de la contingence du créé à partir de sa cause divine. Chez Siger, cette contingence était manifestée par la muabilité de l'individu existant, qui se révélait ainsi susceptible de ne plus être, et, sur son versant positif, en puissance de se parfaire. Chez Henri, les idées exemplaires divines, ou essences des choses dans l'intellect divin, sont éternelles. Il faudra de fait distinguer l'essence en tant qu'essence, en sa nudité neutre, de ses divers modes d'être, éternel et nécessaire en Dieu, temporel et contingent dans l'intellect humain et dans la réalité extra-mentale. La temporalité entre ainsi en philosophie pour rendre compte de la contingence de la créature ; elle vient

1. Pour la datation des pièces du débat sur l'être et l'essence après 1276, voir Luna (1998), p. 154. Pour le *Quodlibet III* d'Henri de Gand, C. Luna donne Pâques 1279 ; R. Macken hésite entre Pâques 1278 et Pâques 1279, mais privilégie la première solution dans Henri de Gand, *Quodlibet I*, 1979, p. XVII ; J. Paulus adoptait la même attitude dans Paulus (1938), p. XV.

2. Gauthier (1984), p. 25-28 ; Putallaz, Imbach (1997), p. 169-173.

3. Voir Wielockx (1985), p. 120.

4. Le troisième *Quodlibet* d'Henri répond aux attaques que Gilles de Rome formule dans son *Contra gradus* ; voir Wilson (1978) et Wielockx (1987).

circonscrire le mouvement, qui, en bonne doctrine aristotélicienne, peut être éternel. Non seulement le créé subit le changement, sous ses formes accidentelles et substantielles [1], mais il est aussi marqué radicalement par sa dimension temporelle : créé dans sa dimension temporelle, le monde est non seulement susceptible de ne plus être, mais il aurait pu ne pas être; plus fort, il pourrait être annihilé, rendu au néant, n'avoir donc jamais existé. Tel est le propos philosophiquement extraordinaire que devront défendre les théologiens acteurs du débat sur la contingence, jusqu'au début du XIVe siècle [2].

Au départ de ces considérations, la lecture henricienne du texte d'Avicenne procède en deux phases : Henri accomplit d'abord un sérieux travail d'exégèse et adapte la doctrine d'Avicenne à la pensée chrétienne, il attaque ensuite l'épineuse question de la contingence et élabore une solution propre.

L'indifférence de l'essence

La neuvième question du *Quodlibet III* d'Henri demande s'il faut poser quelque essence qui se comporte de façon indifférente vis-à-vis de l'être et du non-être [3]. Dans un premier temps, entendons cette indifférence comme l'éventuel état indéterminé et neutre de l'essence vis-à-vis de son existence concrète. Or, selon le constat d'Avicenne dans le *Premier traité* de sa philosophie première [4], est ainsi indifférente toute quiddité en tant qu'elle est un contenu objectif stable, consistant, et ontologiquement auto-référentiel [5], bref en tant qu'elle est *certitudo*. Que la chose dont il est question existe ou n'existe pas, dans l'intellect qui la pense ou dans la réalité extra-mentale, ne change rien à sa quiddité. L'unité et la multiplicité, la singularité et l'universalité, la propriété et la communauté, sont des notes qui caractérisent l'essence de l'extérieur, car, si par exemple l'essence « homme » était de soi et intrinsèquement déterminée à être singulière et propre à Socrate et Platon, elle ne pourrait être universelle et commune dans l'esprit qui la pense [6]. En raison, l'*intentio qua dicitur res*, le point de vue de l'essence, précède donc l'*intentio de esse*, le point de vue de l'existence. L'essence en tant que quiddité est première, l'être l'accompagne. Toute noétique dont l'horizon idéal est l'univocité claire des concepts et qui prétend à la fois à un degré pratique de certitude, même faible, doit admettre cette préséance logique de la quiddité. En effet, si l'existence concrète modelait et constituait tout « ce qu'est la chose »,

1. Selon la théorie aristotélicienne du mouvement (*Physique*, 200b12 *sq.*), il faut distinguer les changements substantiels (génération et corruption), des changements selon le lieu, la quantité et la qualité.

2. Voir surtout *infra*, p. 99 *sq.*

3. *Utrum sit ponere aliquam essentiam per indifferentiam se habentem ad esse et ad non esse.* Henri de Gand, *Quodl. III, q. 9* dans *Quodlibeta* vaenumdantur ab Iodoco Badio Ascensio, Parisiis, 1518 [2 vol., réimpression : Bibliothèque S.J., Leuven, 1961], 60v.

4. *Tract. I, cap. 5,* dans *Avicenna latinus. Liber de philosophia prima sive scientia divina,* édition critique de la traduction latine médiévale par S. Van Riet, introduction doctrinale par M.G. Verbeke, Louvain-Leiden, E. Peeters-E. J. Brill, 1977 (t. 1)-1980 (t. 2), t. I, p. 34-35.

5. Cette définition de la *certitudo* est empruntée à Porro (1996), p. 212.

6. Henri de Gand, *Quodl. III, q. 9,* éd. I. Badius, 60vO *in fine*.

toute sa quiddité, seul l'empirisme, strictement confiné à l'appréhension de la singularité sensible, demeurerait valide.

Comme l'équinité considérée en soi dont parle Avicenne dans son *Cinquième traité* [1], cette essence indifférente ne constitue pourtant pas un troisième ordre de réalité, qui serait en sus de la réalité extra-mentale et de l'état des choses dans l'esprit qui les conçoit. Loin de Meinong et des théories du « troisième royaume » [2], étrangère aussi aux doctrines médiévales de l'être-objet du signifié propositionnel [3], la thèse d'Henri veut que les essences des choses, aussi indifférentes soient-elles, ne puissent pas ne pas exister. En forme de paradoxe, l'essence est donc toujours et nécessairement accompagnée de l'existence, dans la réalité extra-mentale ou dans l'esprit :

> Il est possible que l'animal soit considéré en soi, bien qu'il soit nécessairement avec un autre que soi. En effet, son essence est elle-même par soi, et elle est nécessairement avec un autre que soi, qui lui advient par accident, ou qui accompagne sa nature [4].

Cet « autre que soi » est l'être, mental ou extra-mental, qui accompagne obligatoirement l'essence. En parfaite intelligence de la doctrine d'Avicenne [5], Henri défend donc bien la thèse de l'accidentalité de l'être. Averroès et Siger n'ont cependant pas saisi le fin mot de la remarque d'Avicenne, car ils ont conçu l'accident dans les termes de la physique aristotélicienne : est alors accidentelle une réalité singulière (tel blanc) qui advient à une substance et dont celle-ci peut

1. L'« *equinitas tantum* ». *Liber de philosophia prima, Tract. V, cap. 1-2,* éd. S. Van Riet, t. II, p. 227-245, en particulier 228-229.

2. Voir Libera (1999), p. 590-607.

3. Voir Muralt (1993³), p. 90-167 ; Libera (2002), dans son ensemble.

4. *Poterit autem animal per se considerari, quamvis necessario sit cum alio a se. Essentia enim eius est ipsa per se, et est necessario cum alio a se quod accidit ei, vel concomitatur naturam eius. Quodl. III, q. 9,* éd. I. Badius, 61r.

5. Dans une récente et magistrale présentation, A. de Libera montre qu'aucun latin n'a compris Avicenne (Ibn Sînâ) dans son propre horizon de pensée (Libera (1999), p. 576 et *sq.*). Il explique ainsi l'origine d'un malentendu concernant Ibn Sînâ, vivace jusque dans la critique moderne qui a tenté de faire du penseur musulman l'ancêtre des théories du « troisième royaume », ou, du moins, de l'être objectif de l'idée. Or Ibn Sînâ n'était pas « un partisan de la nature commune et de l'universel *in re* » ; « il se contentait de soutenir que la nature existant dans les singuliers [...] "sans la condition qu'existe avec elle autre chose", ne pouvait être qualifiée, n'étant, de ce point de vue, considérée ni comme "particulière" ni comme "universelle" ». Replacé dans le contexte d'un débat théologique propre au *kalam*, Ibn Sînâ se révèle combattre précisément la thèse dont on l'a affublé. Contre les théologiens mu'tazilites, il réfute les deux thèses suivantes : [il y a des choses non-existantes], [il y a des non-choses non-existantes]. Dans l'optique des mu'tazilites, si les objets sont connus éternellement de Dieu, il faut en effet poser un être connu des choses, en-deçà de leur être temporel. Henri de Gand nous paraît comprendre justement Avicenne dans un premier temps, puis le travestir pour le faire servir une doctrine des idées divines sans doute parallèle à celle que combattait Ibn Sînâ. Il rétablit le sens de la doctrine d'Avicenne, puis l'imbrique dans une description théologique où elle vient précisément étayer une conception proche de celle qu'elle devait réfuter dans l'univers arabe. « La problématique des mu'tazilites est, paradoxalement, exactement celle qu'Henri de Gand a tenté de maîtriser à l'aide de la théorie avicennienne de l'"indifférence de l'essence". C'est, sans doute, ce qui explique que les historiens de la scolastique latine aient presque tous attribué à Avicenne la doctrine même qu'il voulait réfuter », Libera (1999), p. 580, n. 72.

être privée sans cesser d'être et d'être intégralement substance (Socrate) [1]. En doctrine aristotélicienne, l'accident est réellement différent de la substance, comme le manifeste le fait qu'il puisse en être séparé. Chez Aristote l'accident est en effet comme ajouté à une chose existante; or, remarque Henri ailleurs, l'être fait exister la chose [2]. Il faut donc créditer Avicenne d'une nouvelle conception de l'accident, comme note ou intention extérieure à l'intention ou note essentielle [3]. A l'opposé d'une philosophie naïve qui accorderait un être propre à tout concept distinct, Henri voit en Avicenne le promoteur d'une noétique riche d'instruments conceptuels qui permettent de dépasser le simple constat empirique pour rendre raison de notre être au monde. Il serait de fait absurde de concevoir les intentions d'essence et d'existence comme réellement distinctes : elles sont des points de vue distincts.

> Ainsi, Avicenne pose que toutes les autres [intentions] adviennent par accident à l'essence et à la quiddité par laquelle la chose est ce qu'elle est en soi, et ceci non parce que [ces intentions] sont différentes de l'essence en réalité, par essence et par nature, comme si elles faisaient une composition réelle avec elle, mais parce qu'elles sont des intentions concevables abstraction faite de l'intention de l'essence de la chose [4].

Reflétée par ce propos, la position d'Henri peut paraître fort proche de celle de Siger. La doctrine d'Henri corrige cependant la sémantique de Siger : elle fonde la pensée dans le réel, elle assoit dans la chose la distinction des points de vue. Pour le dire en forme d'anticipation [5], les intentions sont virtuellement distinctes dans la chose et actualisées par et dans l'intellect. La distinction entre « être » et « essence » n'est donc pas de simple raison, comme entre « homme » et « animal rationnel »; elle n'est pas l'œuvre de la seule pensée, mais elle est au contraire en puissance dans la chose, à savoir intentionnelle, comme la distinction entre « animal » et « rationnel »; le critère en est que l'un des deux termes peut être conçu sous l'opposé de l'autre. Selon Henri, il est indispensable de pouvoir concevoir l'essence ne pas être; selon Siger, il était inconcevable que l'essence ne soit pas. Le problème de la contingence est de fait crucial : il démarque le

1. Une nuance s'impose concernant la doctrine aristotélicienne des causes : une cause peut être accidentelle et néanmoins nécessaire. Polyclète, en tant qu'individu, est cause accidentelle de la statue; il n'en est pas moins la cause nécessaire, si la statue est regardée en son individualité. *Métaphysique*, Δ, 2, 1013b35, trad. J. Tricot, 1986, I, p. 250 : « Il y a aussi des causes par accident, et leurs genres : par exemple, Polyclète est, d'une façon, la cause de la statue, et, d'une autre façon, c'est le statutaire, car ce n'est que par accident que le statutaire est Polyclète ».

2. Henri de Gand, *Quodlibet I, q. 9*, éd. R. Macken, p. 54.

3. *Sed intelligendum quod « accidens » accipitur hic largissime, secundum quod iuxta modum loquendi Avicennae « accidens » rei appellatur omne quod convenit ei et est extra intentionem suae essentiae. Quodl. II, q. 8*, dans *Opera omnia*, éd. coor. R. Macken, Leuven-Leiden, Leuven University Press-E.J. Brill, éd. R. Wielockx, 1983, p. 48.

4. *Et per hunc modum ponit Avicenna quod essentiae et quidditati rei qua est id quod est secundum se accidunt omnia alia. Non quia sunt secundum ipsum re, essentia, et natura, aliae ab ipsa, facientia realem compositionem cum ipsa, sed quia sunt intentiones secundum se extra intentionem essentiae rei conceptibiles. Quodl. III, q. 9*, éd. I. Badius, 61r, *circa medium*.

5. Cf. *infra*, p. 84-88. Voir les lieux indiqués à cet endroit.

théologien du philosophe de métier; il est fondamental : il gouvernera les débats sur l'être et l'essence.

Conformément à cette *in-tention* adéquate de la pensée au réel qu'elle actualise en elle, les modes de signifier sont aussi des modes d'être. Henri distingue donc l'être dans la réalité extra-mentale, qui est propre à la *res naturalis*, l'être de raison propre à la *res rationis*, et l'être d'essence propre à la *res essentiae* et antérieur aux deux autres :

> « Animal » considéré avec ses accidents dans les singuliers est une chose naturelle; considéré avec ses accidents dans l'âme, il est une chose de raison; considéré selon soi, il est une chose essentielle dont on dit que l'être est antérieur à l'être de nature ou de raison, comme le simple est antérieur au composé. Selon soi, il est dans l'intellect seulement, dans la mesure où il est conçu sans autre condition. Comme le dit Avicenne au chapitre 8, cet être est proprement dit un être définitionnel; il est par une *intention divine*. Selon moi, la raison en est qu'un tel être ne revient qu'à ce dont la notion exemplaire est dans l'intellect divin, par laquelle [la chose] est destinée par nature à advenir dans la réalité extra-mentale [1].

Ces trois êtres décrivent les trois statuts existentiels de l'essence. Pur contenu objectif, l'essence peut être dans la réalité extra-mentale ou dans l'intellect humain, et, à moins d'être un simple *fictum*, une opinion sans consistance ou possibilité d'être, une chimère [2], elle *doit* être un possible en l'intellect divin; tel est en effet son véritable être ou être « certain », dès lors nommé par Henri *esse essentiae*. Par le truchement des idées exemplaires divines, Henri réintroduit ainsi un lieu éternel (*sempiternum*) de la vérité, considérée comme le mode intellectuel de la création divine [3]. En une forme de détournement, la doctrine avicennienne

1. *Animal enim acceptum cum accidentibus suis in singularibus, est res naturalis; acceptum vero cum accidentibus suis in anima, est res rationis; acceptum vero secundum se, est res essentiae de qua dicitur quod esse eius est prius quam esse eius naturae, vel rationis, sicut simplex est prius composito. Et est secundum se in intellectu tantum, inquantum scilicet concipitur sine omni conditione rei alterius. Et ut dicit Avicenna cap. octavo, hoc esse proprie dicitur definitivum esse, et est dei intentione. Quod intelligo quia tale esse non convenit alicui nisi cuius ratio exemplaris est in intellectu divino, per quam natum est fieri in rebus extra. Quodl. III, q. 9*, éd. I. Badius, 61r, *circa finem*. Le thème est déjà développé dans le *Quodl. I, q. 9* de Noël 1276 (éd. R. Macken, p. 49).

2. Sur la distinction entre simple *fictum* (*res a reor, reris...*) et essence (*res a ratitudine*), voir la *Summa, art. 21, q. 4* et le *Quodlibet VII, q. 1-2*. Pour une présentation synthétique de la question, Aertsen (1996), p. 2-5; Porro (1996), p. 226-229; Boulnois (1999), p. 432-434.

3. La connaissance divine est traitée par Henri dans son *Quodl. IX, q. 2* de Pâques 1286 (éd. R. Macken, p. 26 ss). Dans une première et très intelligente présentation globale de la métaphysique d'Henri de Gand, J. Paulus voyait en l'*esse essentiae* et en sa « certification » par l'idée divine une pièce nécessaire au bricolage noétique d'Henri. Selon Paulus (1938), par exemple p. 7-10, 75-76, Henri juxtapose une doctrine aristotélicienne de la connaissance sensible et une théorie innéiste des idées; s'instaure ainsi « une rupture entre la connaissance sensible, toute phénoménale, et la connaissance intellectuelle, autonome dans son exercice » (p. 8). La quiddité ou essence vraie est ainsi une pièce nécessaire, le lien manquant entre induction des phantasmes à partir du sensible et ancrage ultime de la véritable connaissance intelligible en Dieu. Paulus s'autorisait d'ailleurs à tracer une ligne Platon-Avicenne-Henri-Descartes. J. Decorte a invalidé cette interprétation de manière pertinente : les intentions, toutes idéelles soient-elles, constituent bien la réalité extra-mentale telle qu'actualisée et modelée pour être reçue dans l'âme. Decorte (1996) propose ainsi ce rapprochement :

est ainsi intégrée à l'univers intellectuel chrétien. Dans un même mouvement, la problématique des termes convertibles réapparaît au cœur de la question et se voit enrichie de la notion de vérité (le « vrai »). L'essence possible contient en effet la promesse d'autant d'être qu'elle est imprégnée de vérité, car l'être et la vérité sont exactement convertibles : les réalités qui dépendent d'un autre dans l'être, sont vraies de la vérité de cet autre. Comme le disait Avicenne, *possibile vero est veritas per aliud a se, et est falsum in seipso* [1] ; et Henri de confondre « être » et « vérité » en leur source divine commune :

> Les quiddités de toutes les autres choses [que l'être nécessaire] ne méritent pas l'être [de soi] ; en tant qu'elles sont en soi, sans considération de leur relation à l'être nécessaire, elles méritent la privation ; en ceci, toutes, pour autant qu'elles sont en soi, sont fausses. Leur *certitudo* provient de l'être nécessaire [2].

La relation de participation de la créature au créateur a ainsi deux faces : du côté de l'existence, la créature dépend de Dieu comme de sa cause efficiente ; du côté de l'essence « certifiée », elle dépend de lui comme de sa cause formelle. Henri ne distingue cependant pas être et essence en réalité : à l'état de pur possible pensé par Dieu, l'essence, en son *esse essentiae*, existe réellement de l'être de Dieu ; l'essence et l'être d'essence ne sont donc distincts qu'en raison, car l'une ne peut être conçue sous l'opposé de l'autre, à savoir l'essence sous le non-être absolu [3]. Quant à l'existence temporelle dans la réalité mondaine, elle est une

« In other words, if we are to resort to any modern thinker at all for help in understanding Henry's thinking, we would compare Henry to Hegel rater than to Descartes » (p. 83).

1. *Liber de philosophia prima, Tract. I, cap. 8*, éd. S. Van Riet, t. I, p. 55.

2. *Ceterarum vero rerum quiditates non merentur esse, sed prout sunt in seipsis non considerata relatione earum ad necesse esse merentur privatione, et ob hoc sunt omnes, prout sunt in seipsis, falsae. Sed propter ipsum est certitudo earum. Quodl. III, q. 9*, éd. I. Badius, 61r-61v.

3. Dans son premier *Quodlibet* de 1276, Henri souligne le caractère de pure raison de cette distinction ; l'être d'essence ne diffère de l'essence que par la notion (*ratione*), (*q. 9*, éd. Macken, p. 55). Selon P. Porro, la position d'Henri aurait ensuite évolué vers la distinction intentionnelle, bien que le docteur solennel ait cherché à dissimuler cette remise en question. Témoin de la maturité d'Henri, le *Quodl. X, q. 7* n'en demeure pas moins vague sur la question : *Ut sic nec esse essentiae, nec esse existentiae super essentiam in ipsa essentia creaturae, addat super essentiam creaturae aliquid formale absolutum, sed solummodo respectum ad aliud. Quod tamen esse essentiae non proprie dicitur addi essentiae, quia non est essentia proprie nisi illo esse,* sed potius dicitur addi aliquo quod est de propria ratione generis sui, *quod cum ratione esse constituit essentiam compositam ex quod est, et esse, quod est ipsum quo est, ut iam infra plus patebit* (éd. Macken, p. 151-152). En 1287, Henri réitère d'ailleurs l'affirmation de 1276 : *Nec hoc esse oportet intelligere ut rem aliam absolutam ab ipsa essentia, immo est econverso esse essentiae quod* sola ratione *ab ipsa differt. Quodl. XI, q. 3,* éd. I. Badius, 447rL. Porro (1990), p. 54-60, et Porro (1996), p. 231-232, donnent les raisons pour lesquelles Henri aurait dû évoluer vers une distinction intentionnelle entre essence et être d'essence. Dans son ouvrage de 1990, p. 54, ce spécialiste de la pensée henricienne procède de manière significative : il pointe d'abord une analogie grâce à laquelle Henri établit le même rapport entre « la course », « l'essence » ou « la lumière », et « courir », « être pour l'essence » ou « luire ». Le rapport du premier terme au second est celui de la puissance à l'acte ; or, puisque la créature n'est pas parfaitement en acte, il faudra poser une différence intentionnelle entre l'essence et l'être d'essence. Nous nous souvenons cependant avoir rencontré la même distinction chez Siger de Brabant, sans pour autant devoir poser de différence (voir *supra*, p. 47 *sq.*). La puissance et l'acte n'étaient que des manières (*modi*) de concevoir la chose comme acte imparfait. L'interprétation de Porro est peut-être

intention distincte de l'essence, car l'essence de la créature, éternelle dans la pensée divine, peut être conçue ne pas être dans le temps. L'essence n'est cependant jamais distincte réellement de l'existence, sans quoi l'existence pourrait en être séparée, comme peut être séparé de la substance l'accident au sens de la physique aristotélicienne.

Le possible à venir

A ce stade, l'exposé d'Henri pourrait laisser son lecteur dans la perplexité : l'essence est en effet caractérisée par son indifférence et sa possibilité à la fois. Or l'indifférence implique une neutralité qui répugne à la possibilité, orientée par nature vers sa réalisation et sa fin. Il faut donc continuer à affiner les distinctions de points de vue : en regard de l'efficience et de la création, l'essence est un possible être ; en tant que présence d'un contenu objectif vrai dans notre intellect, c'est-à-dire en sa dépendance de la causalité formelle divine, elle est indifférente à l'être [1].

Pour développer ces précisions, Henri s'interroge sur le non-être qui contrebalance l'être dans l'alternative ouverte par la possibilité [2]. L'essence de la créature n'a rien à voir avec le non-être nécessaire, le « ce qui ne peut pas être », car celui-ci ne laisse précisément place à aucune alternative ; elle est au contraire marquée au sceau du non-être exprimant la possibilité, le « ce qui peut être et ne pas être ». Face à l'être et au non-être, l'essence peut alors se manifester dans l'indifférence et dans la possibilité : du point de vue formel et considérée en soi, elle est neutre, elle n'est *jamais* tournée vers l'être plutôt que vers le non-être, car l'intention de l'être lui est extérieure ; du point de vue de l'efficience, elle est orientée vers l'être. Dieu la pense pour la vouloir *un jour* créer. Or cette première indifférence ou neutralité découle de la possibilité même du second rapport de l'essence à l'être, qui exclut une création nécessaire. Au contraire de Dieu, dont on ne peut penser qu'il n'est pas, l'essence créée peut être conçue n'être pas, car elle n'est pas toujours ; il faut donc distinguer en elle les intentions d'essence et d'être, et faire de l'être une intention extérieure à l'essence [3]. Henri explique ainsi l'adage

déterminée par sa lecture systématique de la pensée henricienne ; elle ignore l'influence de Siger de Brabant mise en lumière par Imbach (1981) dans Imbach (1996).

1. *Quodl. III, q. 9*, éd. I. Badius, 62r *summe*-R. P. Porro l'a justement relevé : « L'indifferenza riguarda solo il modo in cui la cosa può essere considerata. Nella realtà, nessuna essenza è invece indifferente in modo tale da trovarsi ugualmente disposta verso l'essere e il non essere [...]. L'indifferenza come assoluta neutralità è dunque solo un punto di vista mentale ». Porro (1996), p. 214.

2. *Quodl. III, q. 9*, éd. I. Badius, 61vP-Q.

3. Pour comparaison et en une sorte de projection anachronique, il est remarquable que la question ne saurait concerner un Aristote. Chez lui, la certitude apodictique est propre à l'espèce intelligible ; la garantie physique en est d'ailleurs l'éternité du monde et des espèces. Les individus échappent par contre à la définition universelle et nécessaire ; ils expriment toute la contingence du système aristotélicien, ou plutôt sa part d'aléatoire. Or, dans la conception chrétienne et contrairement à ce que prônent certaines formes arabes d'émanatisme, le monde n'est pas seulement créé temporel ou muable, mais il est créé dans le temps. A l'opposé de la vision grecque d'un monde éternel et spécifiquement immuable, le récit biblique veut en effet que les espèces naturelles soient créées dans le temps. Chez Aristote, il aurait été aussi absurde de parler de l'histoire de l'humanité que de celle de

de Boèce : « En toute créature, l'"être" et le "ce qui est" diffèrent » [1]. La primauté ontologique du rapport d'efficience contrebalance et fonde la primauté noétique du rapport de ressemblance formelle à l'exemplaire divin, abstraction faite de l'existence.

L'introduction d'un mode d'être indifférent de l'essence et la finesse de son articulation avec son mode possible ne manquent cependant pas de faire rôder le soupçon autour de la doctrine d'Henri, aujourd'hui plus qu'au XIIIe siècle d'ailleurs. Dans son grand essai sur Henri de Gand [2], en 1938, J. Paulus distinguait en effet la doctrine des idées divines de Thomas d'Aquin, où les vérités éternelles sont substantiellement identiques à Dieu qui les pense, et la théorie d'Henri, qui dote l'*esse essentiae* d'une consistance propre; Paulus allait jusqu'à dire que l'*esse essentiae* réclame pour lui « une réalité distincte » (p. 115). Il n'y a qu'un pas à franchir pour se voir poser un ordre nécessaire et autonome des essences ou vérités éternelles, dont émanerait le monde contingent et temporel. Or, Paulus le rappelle, cette thèse à couleur néoplatonicienne a été condamnée en 1241 (p. 108). Sans préjuger *a posteriori* de l'orthodoxie d'Henri de Gand, il semble au moins exclu de voir en l'*esse essentiae* une réalité distincte « réellement » de l'existence en Dieu ou de l'existence créée; Henri luttera contre cette erreur durant plus de dix ans [3].

Il n'est cependant pas impossible que le système d'Henri recèle une part de nécessité, dans la mesure où la nécessité est une propriété de la vérité. En 1996, P. Porro verse des arrhes à cette lecture [4]; il perçoit une nécessité de type aristotélicien se réinstaller au cœur même de la possibilité henricienne. A la lecture des *Quodlibeta VIII, q. 1-2* et *XI, q. 2*, il voit en effet Henri distinguer possibilité pratique des individus que Dieu crée dans le temps en les voulant librement, et possibilité formelle et ontologique des essences, que Dieu pense et constitue ainsi en ordre implacablement nécessaire. Deux ordres sont de fait instaurés : celui du Dieu personnel de la Bible, volontaire et libre, et celui du Dieu des philosophes, qui impose son ordre nécessaire au monde, donc à la création. P. Porro remarque alors qu'Henri, membre de la commission de censure préalable aux condamnations de 1277, introduit au niveau des essences « una singolare adesione a quella forma di necessitarismo che paradossalmente costituiva uno dei bersagli principali dell'intervento del vescovo parigino [...]. Per Enrico, [...] ogni ente è contingente in quanto reale e necessario in quanto possibile » (p. 253) [5].

la canéité, alors qu'il est indispensable au chrétien de croire à l'histoire du monde et de l'humanité, et à la promesse du salut de la fin des temps, autant individuel que collectif.

1. *Quodl. III, q. 9*, éd. I. Badius, 61vQ, et Boèce, *De hebdomadibus, II*.

2. Paulus (1938), p. 105-116; en particulier p. 115.

3. Voir *infra*, p. 62 *sq*.

4. Porro (1996), p. 250-253; aussi Porro (1998), p. 503.

5. La nécessité d'ordre rationnel que pointe P. Porro ne saurait pourtant caractériser l'activité divine en son ultime perfection. Pour le dire en peu de mots, l'activité créatrice de Dieu n'est pas contrainte par l'ordre essentiel instauré par sa pensée, car, en Dieu comme en l'homme, la volonté est éminente, elle gouverne l'intellect : le Dieu d'Henri n'est pas le premier moteur des philosophes; par son libre vouloir, il crée librement tel être dans le temps. De plus, Henri combat sciemment la doctrine

Que la critique actuelle sonde l'orthodoxie supposée du maître gantois n'est peut-être pas sans rapport avec la tournure que prendra le débat sur l'être et l'essence moins de dix ans après la rédaction du *Quodl. III, q. 9* d'Henri de Gand; l'exégèse d'aujourd'hui est toutefois si légitimement obnubilée par l'histoire des condamnations, qu'elle manque parfois les enjeux propres des polémiques particulières. Certes, plus le débat sur la distinction ou la non-distinction de l'être et de l'essence prendra de la vigueur, plus le critère de la contingence résultant de la liberté divine jouera comme argument polémique et thétique. La mobilisation du thème de la libre volonté divine comme argument décisif indique cependant un consensus sur ce point de la part des théologiens impliqués; le différend est à l'autre extrémité de la question, il regarde la manière adéquate de penser philosophiquement la contingence du monde créé.

Le rédacteur de la version parisienne des *Questions sur la Métaphysique* de Siger de Brabant, Godefroid de Fontaines, fraie un chemin au lecteur d'aujourd'hui vers le texte d'Henri et son impact médiéval. De la solution henricienne à la question de l'accidentalité de l'être et du détournement chrétien de la thèse d'Avicenne, il peut en effet jouer encore le rôle de témoin privilégié. Si Godefroid est étudiant à la Faculté des arts lorsque Siger enseigne la *Métaphysique*, il étudie ensuite la théologie sous Henri de Gand, jusqu'en 1285, lorsqu'il accède à la maîtrise. Au temps de Pâques 1286, alors que le débat sur l'être et l'essence entre Gilles de Rome et Henri est à son acmé, Godefroid reprend telle quelle la vieille question de l'indifférence de l'essence : dans son *Quodl. II, q. 2,* il discute en effet point par point le *Quodl. III, q. 9* de son ancien maître [1]. Sa lecture du problème permet de cerner les enjeux dessinés par cette première phase du débat. Jamais Godefroid ne met en cause la justesse de l'argumentation d'Henri en invoquant une contrainte infligée à la liberté divine. Pour combattre la distinction intentionnelle, il invoque l'exact parallélisme entre essence et existence : lorsqu'une chose est produite dans l'existence, elle est aussi produite dans l'essence; le signe en est qu'il est impossible de concevoir la quiddité d'une chose qui n'existe pas. Si le phénix n'existe pas, « le phénix est un animal » est une proposition fausse, à moins que la proposition soit au futur ou au passé (puisque l'individu phénix a déjà existé et qu'il est appelé à renaître). De fait, il n'y a de genre ou d'espèce que des individus existants dans le temps. Quant aux pures fictions, elles n'ont pas d'essences ou d'êtres véritables, mais relèvent de

de l'émanation du monde à partir d'un ordre idéel nécessaire, qui plus est dans sa formulation avicennienne. Voir Macken (1992), p. 261-262, et, sur les problèmes liés à la création et la critique par Henri de l'émanation nécessaire prônée par Avicenne, Macken (1971). La lecture de P. Porro rejoint celle de Godefroid de Fontaines, l'élève critique d'Henri. P. Porro insiste sur la nécessité de postuler une distinction intentionnelle entre l'être d'essence et l'essence (voir *supra*, p. 57, note 3); de même, dans son *Quodlibet VIII, q. 3* Godefroid postule une distinction intentionnelle entre l'essence indifférente d'Henri et son être connu en Dieu. Il pointe ainsi le caractère « en soi » que revêtent les essences henriciennes. A propos de la lecture de Godefroid, voir Wippel (1981), p. 130-136 et *infra*, p.115 *sq*.

1. Godefroid de Fontaines, *Quodl. II, q. 2* dans *Les quatre premiers quodlibets,* éd. M. de Wulf, A. Pelzer, Louvain, « Les Philosophes Belges, 2 », 1904, p. 53-68.

l'imaginaire [1]. Selon Godefroid, l'être et l'essence ne sont ainsi distincts que par la notion : la chose a autant d'être que d'essence, et inversement ; elle peut par contre être plus ou moins parfaitement, d'où la seule distinction pertinente entre acte et puissance. La leçon de Siger de Brabant est reprise par Godefroid et transposée en théologie.

Au cours de sa détermination, Godefroid règle aussi la question de l'essence de la créature relativement aux idées divines. Il nie que les essences des créatures soient dotées d'une consistance formelle et propre, en étant de toute éternité dans l'intellect divin :

> Ainsi, toutes les [choses] susceptibles d'être créées [...] ont virtuellement l'être en Dieu [...] et [Dieu] connaît tout parfaitement par les raisons idéelles ; celles-ci, nous les disons formes quasi exemplaires en vertu desquelles les essences des choses ont un être connu de toute éternité, et ceci compte tenu du fait qu'elles ne sont pas des essences qui soient déjà réellement ou formellement *en elles-mêmes* de quelque manière que ce soit, mais qu'elles sont seulement virtuellement et en puissance [2].

De fait, il est erroné d'affirmer que l'essence de la créature, considérée sans l'existence, équivaut à l'idée de la créature en Dieu, car la créature n'entretient pas de relation réelle à Dieu comme cause formelle, si elle n'entretient pas de relation à lui comme cause efficiente. Du côté de Dieu, la causalité des idées divines est synonyme de création de la chose dans le temps et non, comme chez Avicenne, d'ordre nécessaire d'où peut émaner le contingent. Pour le montrer, Godefroid convoque l'analogie de l'artisan [3]. Dans le projet de l'artisan, le coffre (*arca*) n'est pas dit avoir un être réel, ni d'essence ni d'existence ; il n'est qu'en puissance dans l'esprit du menuisier. Ainsi, il n'entretient pas de relation réelle à son futur producteur, car pour être réellement en relation à un autre, il faut réellement exister.

En forme d'anticipation sur la suite de cette étude, la lecture critique de Godefroid manifeste que le débat sur la distinction entre l'être et l'essence regardera plus la réalité du monde, temporelle et contingente, que la liberté et la toute-puissance divine. Pour le dire de façon caricaturale, la difficulté est de penser le monde contingent, malgré les enseignements « nécessitaristes » de l'aristotélisme arabe déposés dans les traductions de la *Métaphysique*, du *De anima* ou de la *Physique*. Il est en effet inconcevable de révoquer tout le nouvel Aristote, alors que le « vieil » Aristote fournit depuis longtemps déjà son *organon* logique et dialectique à la pensée scientifique médiévale, et prescrit ainsi les

1. *Ibid.*, p. 61, 65-67. Il est remarquable que la discussion de la question par Godefroid prenne une tournure sémantique. Godefroid refuse de voir dans cette question un problème d'abord théologique : le lieu du problème n'est pas en Dieu, mais il est notre langage.

2. *Et sic omnia creabilia [...] virtualiter habent esse in Deo [...] est etiam omnia perfectissime cognoscens secundum rationes ideales quae dicuntur formae quasi exemplares secundum quas essentiae rerum ab aeterno habent esse cognitum, et quod sunt essentiae non iam realiter sive formaliter aliquo modo in se ipsis, sed tantum virtualiter et in potentia. Quodl. II, q. 2,* éd. M. de Wulf, A. Pelzer, p. 64.

3. *Ibid.*, p. 67-68.

critères de la vérité spéculative; cette remise en question est d'autant plus incongrue que les deux volets de l'aristotélisme, logique et métaphysique, se révèlent solidaires et cohérents. L'entrée en Occident latin de la physique et de la métaphysique aristotélicienne oblige les médiévaux à une prise de conscience de leurs propres standards scientifiques, qu'ils devront justifier ou réviser.

LE DÉBAT PARISIEN DE 1286-1287 : LE NATUREL ET LA CONTINGENCE

Le problème initié par les lectures arabes et latines d'Avicenne se transporte vite à la Faculté de théologie de Paris. Dans le contexte tourmenté des condamnations et des censures promulguées à l'Université de 1276 à 1286, s'instaure en effet un nouveau débat sur l'être et l'essence : il se joue entre trois maîtres en théologie, deux séculiers, Henri de Gand et Godefroid de Fontaines, et un ermite de Saint-Augustin, Gilles de Rome. Les témoignages textuels [1] de cette controverse sont abondants et précis; ils semblent avoir constitué assez tôt un ensemble polémique consistant [2]. Au moment même du débat, ils servaient par ailleurs de documents de travail aux protagonistes : Gilles et Henri se répondent point par point, en copiant *in extenso* les objections et les développements de leur adversaire respectif. A l'occasion, Gilles va jusqu'à regretter la confusion de l'exposé d'Henri, et se propose d'y remédier :

> Or, puisque [nos contradicteurs] posent leur thèse de façon confuse et l'exposent en l'embrouillant, pour exposer leur intention avec plus de clarté, je ne conserverai pas l'ordre qu'ils ont imprimé à leur question, mais procéderai ainsi [...] [3].

Loin d'être les tombeaux de simples exercices magistraux et convenus, les textes de nos trois auteurs, rédigés autour de 1286, sont donc les pièces vivantes d'un débat qui se prépare de Noël à Pâques et de Pâques à Noël, au rythme des moments de l'année consacrés aux disputes quodlibétiques, mais dans la durée des longues phases intermédiaires, de rédaction et d'élaboration.

1. Le *corpus* des textes de 1286-1287 a fait l'objet d'une traduction française (à paraître), qui livrera les rédactions définitives des *Quaestiones de esse et essentia, q. 9, q. 12-13* et du *Quodl. II, q. 6* de Gilles de Rome; la position d'Henri de Gand est représentée par le *Quodl. X, q. 7* et le *Quodl. XI, q. 3;* celle de Godefroid de Fontaines, par le *Quodl. III, q. 1*. (En l'absence d'édition critique moderne, nous avons dû traduire certains textes à partir d'éditions anciennes, et, pour Gilles, avec le secours supplémentaire d'un manuscrit).

2. Pour exemple, C. Luna travaille actuellement à l'édition du ms *Bologne, Collegio di Spagna 133*. De tradition universitaire, il recèle, entre autres, une bonne partie des textes du débat sur l'être et l'essence de 1286-1287 entre Henri, Gilles, et Godefroid. (Les rédactions copiées dans le manuscrit sont des versions préparatoires à la rédaction finale par les maîtres, et livrent ainsi des indices sur le ton de la dispute orale.) Voir Luna (1998).

3. *Verum, quia ipsi positionem suam diffuse ponunt et intricate narrant, ut lucidius eorum intentionem narremus, non tenebimus ordinem quem ipsi tenent in quaestione sua, sed hoc ordine procedemus [...]. Quaest. de esse et essentia, q. 12,* 27ra.

De 1276 à 1309 : histoire de la controverse

1276-1285 : d'obscurs préparatifs

« Première dispute publique connue sur la distinction réelle entre l'essence et l'existence » [1], la querelle de 1286 couve depuis près de dix ans. Sans doute avant que Godefroid de Fontaines n'entame son cursus d'étudiant à la Faculté de théologie [2] et avant que Gilles de Rome ne soit jeté dans un exil de presque neuf années, Henri de Gand tient sa première séance quodlibétique, au temps de Noël 1276. Son adversaire est Gilles de Rome; après avoir hésité avec la figure de Thomas d'Aquin, l'historiographie en est aujourd'hui convaincue [3]. Au vu des textes transmis par la tradition, Gilles n'a pourtant pas encore exposé sa position sur l'être et l'essence dans un écrit, de manière systématique [4]. P. Porro rappelle l'hypothèse d'E. Hocedez : Gilles aurait participé à la dispute orale, en qualité de bachelier [5]; E. Hocedez et J. Paulus ont d'ailleurs indiqué les lieux où la question est déjà touchée par Gilles, dans le *Commentaire du premier livre des Sentences* et dans les *Theoremata de corpore Christi* composés vers 1274 [6]; et R. Wielockx de souligner les liens plus que ponctuels entre le premier *Quodlibet* d'Henri et les *Theoremata de corpore Christi* de Gilles [7]. Vers 1276, un dialogue semble donc bien instauré entre Henri et Gilles.

Lors de son premier *Quodlibet*, il est demandé à Henri « si l'essence de la créature est son être » (*Question 9*). Les arguments *contra* sont assez généralistes [8]; la précision des réponses et des attaques de la future querelle n'est pas même approchée, et il est vraisemblable qu'Henri élabore sa solution en réponse à des thèses formulées par oral. Vient alors la solution du jeune maître en théologie; elle est étonnante par sa fidélité à la filière tissée de l'Aristote arabe d'Averroès à Siger de Brabant, par la médiation de la lecture thomasienne controversée par Siger. Dans un premier mouvement [9], le problème est en effet attaqué sous l'angle des termes convertibles (bonté, être, vérité, unité), et Henri de mobiliser l'adage d'Aristote en *Métaphysique* Γ, 2 : il n'est en rien différent de dire « homme », « un homme », « l'étant homme ». Pour défendre la non-distinction réelle entre être et essence, Henri s'appuie de fait sur la critique d'Averroès à l'encontre d'Avicenne,

1. Hocedez (1928), p. 96.

2. Godefroid de Fontaines obtient la maîtrise de théologie en 1285. Voir Wippel (1981), p. XVI.

3. Porro (1996b), p. 388-396, résume les hésitations de l'historiographie, de J.M. Chossat en 1911 à R. Wielockx en 1985. Dans les années 1970, seul R. Macken continue de voir en Thomas d'Aquin la cible d'Henri eu égard à la distinction de l'être et de l'essence (Macken (1971), p. 226); il se rétractera en 1979, reprenant à son compte les conclusions de l'historiographie récente (Macken (1979b), p. 137).

4. Pour la datation des œuvres de Gilles, voir Wielockx (1985), p. 84 *sq.*, p. 240; Donati (1991).

5. E. Hocedez dans Gilles de Rome, *Theoremata de esse et essentia*, p. 39; Porro (1996b), p. 391. En 1276, Gilles a déjà rédigé son *Commentaire sur le premier livre des Sentences* (1271-1273) et ses *Theoremata de corpore Christi* (1271 selon Porro, *loc. cit.*, vers 1274 selon Wielockx (1985), p. 84).

6. Paulus (1942), p. 324; voir aussi Wippel (1982), p. 134-136.

7. Wielockx (1985), p. 84.

8. Henri de Gand, *Quodl. I, q. 9* dans *Opera omnia*, éd. coor. R. Macken, Leuven-Leiden, Leuven University Press-E.J. Brill, t. 5, éd. R. Macken, 1979, p. 47-48.

9. *Quodl. I, q. 9*, éd. R. Macken, p. 48-52.

dont il adopte les arguments et l'ordre d'exposition [1]; il va jusqu'à s'étonner de l'aveuglement de certains théologiens :

> Il est en effet étonnant que certains théologiens ne parviennent pas à voir ce que les philosophes ont vu, d'autant qu'une argumentation valide en convainc [2].

Henri ne combat pourtant pas la position propre d'Avicenne, qu'il développe également au cours de sa réfutation de la doctrine de Gilles, favorable à la distinction réelle. S'il mentionne la réprimande d'Averroès, c'est juste que le lieu est devenu un classique du traitement de la question de l'être. Avant de se pencher sur les autorités boéciennes [3], il aura donc ramené Avicenne dans le camp d'Averroès, pour fustiger l'aveuglement de quelque contemporain, membre de la Faculté de théologie. Le ton du premier *Quodlibet* d'Henri n'est cependant pas encore marqué par la polémique personnelle; le rôle du docteur gantois dans les condamnations et sa future stature intellectuelle ne sont pas encore dessinés.

Que s'est-il donc produit pour que s'instaure un débat à tournure personnelle, ranimé plus de neuf ans après le premier *Quodlibet* d'Henri ? Henri sera jeté dans la polémique en partie pour des motifs institutionnels, en partie par la virulence de la contre-attaque de Gilles en 1285. R. Wielockx l'a montré, en 1277 le légat pontifical Simon de Brion contraint Henri à afficher un fort désaccord envers Thomas d'Aquin et Gilles de Rome, sur la question anthropologique de la forme substantielle humaine [4]. Quelques jours auparavant, entre le 7 mars 1277 (grandes condamnations) et le 28 mars 1277 (Pâques), une commission de théologiens censure en effet les thèses de Gilles sur la forme substantielle humaine et sur les rapports entre intellect et volonté. Membre du groupe d'experts, Henri s'abstient pourtant lors de la première séance, avant de se ranger à l'opinion commune, sous la pression de Simon de Brion. La licence en théologie (*licentia docendi*) est refusée à Gilles, qui, loin de se rétracter, abandonne Paris et les opportunités d'enseigner. Sur le plan institutionnel, Henri s'est ainsi fait un ennemi; celui-ci réapparaîtra en 1285 sous les traits d'un opiniâtre opposant, occupé à défendre contre Henri de Gand la distinction réelle de l'essence et de l'être. Le retour de Gilles fut en effet possible dès que les acteurs de la politique universitaire eurent changé. Devenu pape sous le nom de Martin IV, Simon de Brion meurt le 28 mars 1285, alors que l'évêque Etienne Tempier est décédé en 1279. Sur l'intervention du nouveau pape Honorius IV auprès du nouvel évêque de Paris, Gilles est enfin

1. R. Imbach a mis en lumière les dettes d'Henri envers Averroès et Siger, au cours de cette première phase du débat : Imbach (1981) dans Imbach (1996), p. 226-229.

2. *Mirum est ergo quod hoc non possunt videre quidam theologi, quod viderunt philosophi, maxime cum hoc convincit ratio veridica. Quodl. I, q. 9*, éd. R. Macken, p. 51.

3. *Quodl. I, q. 9*, éd. R. Macken, p. 53-62.

4. Wielockx (1985), p. 92. R. Wielockx se base sur les découvertes faites par L. Hödl dès les années soixante; voir Hödl (1963) et Hödl (1964). La doctrine de la forme substantielle unique, condamnée en 1277 et 1286, sera abordée dans notre chapitre III. Nous possédons un témoignage textuel de la pression exercée sur Henri; dix ans après l'entrevue avec Simon, Henri lui-même en donne un rapport dans son dixième *Quodlibet : Quodl. X, q. 5*, éd. R. Macken, p. 127-128, notes marginales restituées dans l'apparat critique.

réhabilité; il revient alors à Paris, à peu près lorsque Godefroid de Fontaines, tout jeune maître, prononce son premier *Quodlibet* (Noël 1285).

1286-1287 : l'explication [1]

Les *Questions sur l'être et l'essence* de Gilles de Rome, jusqu'à la onzième, constituent la première pièce de l'explication personnelle entre Gilles et Henri. Elles sont rédigées avant Noël 1286, qui voit Henri leur apporter une ample et précise réponse, avec la septième question de son dixième *Quodlibet.* Lorsqu'il rédige ses onze premières questions, Gilles est au moins en possession d'une version du premier et du cinquième *Quodlibet* d'Henri, qu'il cite dans le texte. De même, la réponse d'Henri (*Quodl. X, q. 7*) reprend le texte de Gilles morceau par morceau. Il est donc avéré qu'au sein de l'université médiévale et dans un univers culturel réputé tributaire de l'oralité, les textes d'Henri et de Gilles ont été immédiatement et largement disponibles [2].

Le même scénario se reproduit en 1287. Avant Pâques 1287, Gilles répond à Henri en ajoutant les *Questions 12 et 13 sur l'être et l'essence.* Au temps de Pâques 1287, il profite de la dispute quodlibétique (*Quodl. II, q. 6*) pour régler un point en suspens : il s'attaque en particulier à la doctrine de l'indifférence de l'essence défendue par Henri en 1279 (*Quodl. III, q. 9*). La réponse d'Henri tombe lors de la session quodlibétique suivante, dans le *Quodlibet XI, q. 3* de Noël 1287.

Un troisième maître exerce alors à la Faculté de théologie et assiste à la dispute. Ancien élève d'Henri de Gand, Godefroid de Fontaines jouera en effet le rôle de témoin privilégié, une fois encore. Nous l'avons rencontré élève de Siger et rédacteur d'un condensé de ses *Questions sur la Métaphysique*; en 1286 son impressionnante bibliothèque a encore grandi : Godefroid détient, entre autres ouvrages, l'*Apologie* de Gilles de Rome par lui-même – qu'il nous a transmise –, et les *Theoremata de corpore Christi* du même auteur [3]. Godefroid est non seulement présent sur le lieu du débat, mais il possède aussi une des plus belles collections livresques de cette fin de treizième siècle, dont trent-sept manuscrits parvinrent à la modernité après avoir été légués au collège de Sorbon par Godefroid. A la session de Noël 1286, alors même qu'Henri prononce son dixième *Quodlibet*, Godefroid discute les positions respectives de Gilles et d'Henri. Son *Quodlibet III, q. 1* donne les solutions adoptées par Godefroid à l'issue de cette séance. Or Godefroid ne prend parti ni pour Gilles ni pour Henri, mais, contre eux deux, il fait preuve de fidélité à l'ancienne solution de Siger de Brabant. En un tour de force remarquable, il réintroduit la doctrine philosophique des maîtres en arts de 1270 au cœur d'un débat théologique brûlant. Un fait d'histoire demeure d'ailleurs curieux : il semble que ni Gilles ni Henri n'aient accordé beaucoup d'attention à Godefroid, qui, d'un lieu neutre, reformule sur de nouvelles bases théologiques la solution oubliée de Siger. Alors qu'ils se

1. Cette phase du débat fait l'objet des analyses de la fin du chapitre II.

2. Luna (1998), p. 170, a pu apporter des preuves matérielles de cet état de fait.

3. Wielockx (1985), p. 3 *sq.*; Wippel (1981), p. XVII *sq.* Au sujet de la bibliothèque de Godefroid de Fontaines, voir Duin (1959).

côtoyaient en collègues dans l'enceinte de l'Université, Henri et Gilles ignorent (sciemment?) les prises de position de Godefroid.

1287-1309 : obstination

Henri de Gand meurt en 1293 et Godefroid de Fontaines aux alentours de 1306-1309. Le premier débat parisien est dès lors éteint. Gilles de Rome n'en continue pas moins de perpétuer sa thèse de la distinction réelle entre l'être et l'essence. Rédigé après 1309, son commentaire du second livre des *Sentences* [1] témoigne encore de la survivance latente de la longue controverse. De facture théologique, la question demande « si l'ange est composé d'essence et d'être », et annonce que « la conclusion est affirmative ». Dans les arguments *contra*, Gilles réitère l'ancienne procédure : il reprend l'objection découverte dans la *Métaphysique* d'Aristote, selon laquelle l'être accompagne *par soi* toute réalité catégoriale, substance ou accident; il cite ensuite les deux arguments classiques d'Averroès, fondés respectivement sur la non-régression à l'infini et la portée transcendantale ou trans-catégoriale des notions « un » et « étant »; il mentionne enfin la critique d'Avicenne par Averroès. Après avoir invalidé ces arguments, sa solution reprend au pied de la lettre l'adage boécien : *l'« être » et « ce qui est » diffèrent.* Sans vouloir entrer ici dans l'argumentation de Gilles, il est au moins possible de pointer un fait remarquable : « During all of his long career Giles remained true to his philosophy and it is impossible to find any notable difference on the question of the real distinction between his first works, such as the *Theoremata de corpore Christi*, and his last work » [2].

Aussitôt éteint, le débat renaît d'ailleurs chez d'autres maîtres; les voix de Dietrich de Freiberg et de Jacques de Viterbe en témoignent. Ermite de Saint-Augustin, Jacques succède à Gilles pour occuper la chaire de théologie réservée à leur ordre, de 1293 jusque vers 1296-1297. Dans sa première dispute quodlibétique (*Question 4*), il dresse un panorama de la querelle, passant en revue les positions de Gilles, de Godefroid, et d'Henri; il propose ensuite une solution modérée, qui rend raison de la qualité philosophique de la solution de Godefroid [3]. Issu de l'école dominicaine allemande, Dietrich de Freiberg est à Paris lorsqu'il compose, en 1297, un traité *De ente et essentia*; à la manière de Godefroid, il attaque le problème sous l'angle sémantique [4]. Le problème noué en 1276 par Henri de Gand se révèle fécond.

1. *Pars I, dist. 3, q. 1, art. 2* dans *In Secundum librum Sententiarum Quaestiones, Pars prima*, éd. R.P.F. Angelus Rocchensis, Venetiis, 1581 [réimpression Frankfurt, Minerva, 1968], 170-174.

2. M.V. Murray dans Gilles de Rome, *Giles of Rome. Theorems on Existence and essence* (1973[2]), p. 21.

3. Voir Wippel (1982). Grabmann (1924), p. 162-176, étudie les *Quaestiones de praedicamentis in divinis*, où Jacques attaque les premières thèses de Maître Eckhart sur l'être et l'essence. L'étude de la doctrine de Jacques n'entrera pas dans notre propos, dont elle excède le cadre.

4. Voir Imbach (1981) dans Imbach (1996), p. 235-236, qui conclut à la forte influence de Siger. Le traité de Dietrich est traduit et commenté dans A. de Libera, C. Michon, *L'Etre et l'Essence. Le vocabulaire médiéval de l'ontologie. Deux traités « De ente et essentia » de Thomas d'Aquin et Dietrich de Freiberg*, Paris, Seuil, 1996.

Dans le jardin d'acclimatation de la question arabe au terreau chrétien, Henri a en effet développé, dès 1276, les remarques de Siger de Brabant sur l'être de la créature [1]. Après 1277 et sa vague de condamnations, Henri impose à la question sa tournure théologique. Il réinvestit Avicenne de sa doctrine propre, pour la détourner dans un même mouvement [2]. Relativement à Henri de Gand, l'étude du débat de 1286 permettra donc, pour le moins, de corriger le portrait caricatural que l'historiographie de la première partie du XXe siècle s'est autorisée à faire [3]. En 1970 encore, R. Macken, le coordinateur des éditions critiques d'Henri de Gand et sans doute le meilleur connaisseur de ses textes, dressait ce constat assez décevant : « L'intérêt principal des *Quodlibeta* d'Henri de Gand, qualifiés par Grabmann "wohl das wertvollste Quodlibetalienwerk der Scholastik", semble résider dans le fait qu'ils permettent une connaissance exacte du puissant courant augustinien qui s'opposait à la fin du XIIIe siècle au courant thomiste. Ils portent en même temps l'empreinte d'un penseur vraiment original [...] » [4]. Sans entrer dans l'aporie ou le mythe de la « véritable originalité », il est utile de débarrasser Henri des étiquettes « augustinien » et « anti-thomiste ». Comme tout théologien médiéval, Henri voit certes en Saint Augustin une autorité; une citation augustinienne assoit une thèse et, *a contrario*, il vaut mieux ne pas attribuer une thèse à Augustin, si le propos est de la combattre. Henri n'est cependant pas un porte-drapeau de l'augustinisme affronté à toute nouveauté – si tant est qu'il ait existé un spécimen de ce type dans toute la tradition médiévale [5]. Guère plus néo-augustinien que son adversaire Gilles de Rome, il adapte un problème arabe récemment reçu, et s'ingénie à donner une nouvelle interprétation de Boèce : nous le verrons en effet recourir à Gilbert de Poitiers pour conformer Boèce à la nouvelle donne philosophique des années 1280. De plus, ses discussions avec Gilles révèleront souvent un Henri plus « thomiste » que Gilles lui-même, dont l'histoire de la philosophie voulait faire un disciple immédiat de Thomas, faute de meilleur candidat pour recevoir les salves des prétendus « néo-augustiniens anti-thomistes » parisiens, dans les années 1270-1290 [6].

Gilles de Rome et Henri de Gand : comment distinguer ?

La distinction réelle : la question 9 Sur l'être et l'essence de Gilles de Rome

Rédigée avant Noël 1286, la neuvième question *Sur l'être et l'essence* de Gilles répond au *Quodlibet I, q. 9* d'Henri de Gand, dont la composition en 1276

1. Imbach (1981) dans Imbach (1996), p. 226 : « [...] Heinrich ist im ersten Punkte von Siger abhängig. Es ist nicht schwierig, dies aufzuzeigen, wenn man die in den Quodlibeta I, 9 und X, 7 vorgetragenen Gründe gegen die Realdifferenz untersucht ».

2. Voir *supra*, p. 52 *sq.*

3. Pour un tableau d'ensemble, Porro (1996b).

4. Macken (1970), p. 75.

5. Dans une visée plus large, Putallaz (1997) dégage le courant franciscain de l'ornière néo-augustinienne.

6. Hocedez (1932) s'efforce déjà d'adoucir les traits de cette caricature.

se situe dans la proximité géographique et chronologique de l'enseignement de Siger. A cause du long exil de Gilles, qui impose une ellipse de neuf ans au récit de la querelle, il faut ainsi regarder en arrière, jusque vers Siger, pour percevoir l'origine de la difficile distinction entre être « catégorial » et être « existentiel », qui deviendra classique chez Gilles de Rome. Du point de vue terminologique, cette distinction résulte d'un formidable malentendu au sujet d'Aristote : lors de ses premières disputes théologiques, Henri de Gand détourne les propos du Stagirite, tout occupé par un souci chrétien, celui de la temporalité et du caractère adventice du monde. Dans le contexte intellectuel des années 1270-1280, la distinction de l'être catégorial et de l'être existentiel sera en effet promue pour servir la cause d'une mouvance théologique qui voulait asseoir solidement la contingence à la racine du créé.

Avec ses *Questions sur la Métaphysique*, Siger de Brabant a rendu classique la critique d'Avicenne par Averroès. Dressant la liste des autorités philosophiques en faveur de la non-distinction, il a aussi attaché solidement à la question de l'être et de l'essence un second lieu du commentaire d'Averroès sur la *Métaphysique* [1] :

> Le contraire appert par l'autorité d'Averroès, au cinquième livre de la *Métaphysique*, dans le chapitre *Sur l'étant*. En effet, Averroès dit que, lorsque l'on dit « l'homme est », il s'agit d'une certaine manière d'une question qui touche à l'accidentel et que, de cette façon, le « est » signifie un être diminué intérieur à l'âme, qui est identique au vrai ; d'une seconde manière, la question touche au genre, et, de cette façon-là, le « est » signifie l'être absolu, [existant] en dehors de l'âme [2].

L'exposé de ces deux sens de l'étant ouvrait déjà le *De ente et essentia* de Thomas d'Aquin (1252-1256). Dans le sillage de la présentation thomasienne, la lecture de Siger résume assez exactement le commentaire d'Averroès [3], selon lequel le nom « étant » est dit de tout ce dont sont dits les termes classés sous les catégories, à savoir de tout sujet. Or le sujet dont est prédiqué quelque notion catégoriale a une existence propre dans la réalité extra-mentale : il existe comme substance et accidents (Socrate), ou comme accident inhérent à une substance (le blanc de Socrate). L'« étant » ainsi conçu a de fait une signification de type « générique », qu'il faut comprendre comme l'équivalent du « non-accidentel » et non comme l'opposé de l'« analogique » : en ce sens, l'étant ne peut pas échoir ou ne pas échoir à la réalité existante, car toute réalité subsistante est nécessairement. Cet étant regarde l'essence extra-mentale (*essentia quae est extra intellectum*),

1. Siger est à nouveau précédé par Thomas d'Aquin, qui développe la même distinction aristotélicienne dans son *Commentaire sur le troisième livre des Sentences, dist. 6, q. 2, art. 2*, éd. M.F. Moos, p. 238, dans son *De ente et essentia, c. 1*, trad. A. de Libera, C. Michon, p. 71-73, et dans son *Expositio in duodecim libros Metaphysicorum Aristotelis, In Metaph. V, lectio IX*, éd. Cathala, Taurini-Romae, Marietti, 1964, p. 237-240.

2. *Oppositum patet auctoritate Averrois* V° *Metaphysicae, capitulo De ente. Dicit enim quod dicendo « homo est » uno modo est problema de accidente, secundum quod li « est » praedicat esse diminutum in anima, quod idem est cum vero. Alio modo est problema de genere, secundum quod praedicat esse simpliciter extra animam.* C, *Introductio, q. 7*, éd. A. Maurer, p. 31.

3. *In Metaph. V, com. 14*, éd. R. Ponzalli, p. 128-134.

nécessairement existante. A la suite d'Aristote, Averroès remarque cependant que le nom « étant » peut signifier la vérité d'une proposition, simple ou complexe. Il peut tomber sur la proposition mentale pour la valider; il lui est alors « accidentel » et n'a d'être que dans l'esprit : il est une *copulatio in intellectu*. Averroès donne pour exemple de ce second sens de l'étant « la diagonale est non-commensurable au côté » comme définition vraie, et « la diagonale est commensurable au côté » comme définition fausse. Lorsque la proposition est vraie, l'étant tombe sur elle comme un « c'est le cas que ». Chez Averroès, l'être « catégorial » vise donc aussi bien l'essence que son existence extra-mentale, indissociables l'une de l'autre. L'être au second sens, « accidentel », exprime la vérité d'une proposition; il sert à valider un énoncé inscrit dans le cadre d'un savoir particulier.

Passant en revue les mêmes autorités dans le même but de réfuter toute distinction réelle entre essence et existence, Henri de Gand va initier un renversement radical de cette nomenclature dans la tradition latine [1]. Pour mémoire, Henri distingue en raison l'essence et son être pensé en Dieu (être d'essence), et pose entre l'essence et l'existence une distinction intermédiaire, entre la distinction réelle et celle de raison, une distinction d'intention : l'essence et l'existence sont indissociables dans la réalité, mais, étant donné la contingence du monde, l'essence peut être conçue n'être pas. Pour mieux exprimer le rapport de l'existence à l'essence existante, Henri mobilise alors le même lieu du commentaire d'Averroès. Sa lecture est étonnante :

> Puisque la créature n'a pas cet être [l'être d'existence] en vertu de sa propre essence, mais plutôt en vertu d'une participation extrinsèque, cet être a un mode accidentel, comme s'il venait en sus de l'essence ; c'est pourquoi, lorsque le Commentateur expose la différence entre ces deux êtres à propos du cinquième livre de la *Métaphysique*, il dit que la question de l'être touche d'une part à la prédication de type générique, d'autre part à la prédication de type accidentel. Ainsi, bien que ce second être soit réduit à la prédication de type accidentel, car il a un mode accidentel, il ne signifie pas une réalité accidentelle, car il n'advient pas à une chose déjà existante, mais, nous l'avons dit, c'est par lui que la chose a d'exister [2].

L'être « catégorial » d'Averroès est assimilé à l'essence, et l'être « accidentel » devient l'être d'existence, qu'il ne faut pas distinguer de l'essence à la manière dont l'accident de la physique aristotélicienne est distinct de son sujet, mais à la manière dont la note ou l'intention avicennienne est distincte de l'essence indifférente [3]. L'existence et l'essence ne peuvent être dissociées dans le réel, même si l'une, l'essence, peut être conçue sous l'opposé de l'autre; l'essence

1. *Quodlibet I, q. 9*, éd. R. Macken, p. 54.

2. *Unde quia istud esse non habet ex sua essentia, sed quadam extrinseca participatione, ideo illud esse modum accidentis habet quasi superveniens essentiae, propter quod Commentator super* V° *Metaphysicae, exponens differentiam utriusque esse, dicit quod quaestio de esse uno modo pertinet ad praedicatum de genere, alio autem modo ad praedicatum de accidente. Unde et quamquam istud esse secundum reducitur ad praedicatum accidentis quia modum accidentis habet, non tamen rem accidentis dicit, quia non advenit ipsi iam praeexistenti, sed per ipsum, ut dictum est, habet res existere. Quodlibet I, q. 9*, éd. R. Macken, p. 54.

3. Voir *supra*, p. 54 *sq.*

n'existe en effet pas de toute nécessité, mais par décision de la libre volonté divine. De fait, la lecture d'Henri est motivée par un débat complètement étranger à l'univers intellectuel d'Averroès; l'être « accidentel » d'Averroès s'en trouve associé à l'existence, et la question de la « vérité » des énoncés exclue du champ de l'investigation. Dans sa réplique à Henri, sur l'autorité du même texte d'Averroès, Gilles posera une distinction réelle entre l'essence, assimilée à l'être « catégorial », et l'existence, qui échoit à l'essence à la manière d'un accident. L'essence et l'existence, qu'Averroès n'avait pas même envisagé de distinguer à cet endroit du commentaire d'Aristote, s'en trouveront désunies et opposées.

Dans le dessein de contrer Henri, Gilles de Rome va en effet continuer et mener à terme la lecture fautive du commentaire d'Averroès qu'Henri a engagée en 1276. Gilles se propose de répondre au premier argument d'Henri, le lieu désormais commun des termes convertibles « étant », « un », « bon », qui ne sont distincts en toute chose et de toute chose que par la notion [1]. Selon Gilles, Henri est victime de l'usage équivoque du terme « étant » : certes l'étant n'est pas distinct en réalité de l'essence, lorsqu'il signifie la même chose que la « quiddité » et renvoie à une réalité catégoriale dont l'existence est mentale; certes l'étant n'est pas distinct en réalité de l'existence, lorsqu'il renvoie à une chose existante dans la nature; il n'empêche que « étant » au premier sens et « étant » au second sens ne soient que des homonymes, et signifient des réalités distinctes, à savoir l'essence et l'être de la chose existante :

> C'est pourquoi il faut que l'on parle équivoquement de l'étant, afin qu'il soit dit étant par essence, dans la mesure où « étant » renvoie aux figures des catégories, et qu'il soit dit étant par participation, dans la mesure où il existe dans la nature [...]. Ainsi, dans son commentaire du cinquième livre de la *Métaphysique*, le Commentateur veut que la question sur l'étant soit, sous un premier point de vue, rangée parmi les questions sur le genre; sous un second point de vue, parmi les questions sur l'accident [2].

L'« étant catégorial », qui signifiait forcément une réalité existante hors de l'esprit chez Averroès, est transformé chez Gilles en son exact opposé : l'essence purement mentale. Il est vrai de dire que la rose est une fleur, que telle est son espèce sur le plan catégorial, même si la rose n'existe pas. Ainsi, prédiquer « étant » de l'essence exprimée par la quiddité et prédiquer « étant » de la chose existante dans la nature ne revient pas à les comprendre sous une même notion, car la communauté n'est que de nom; en conséquence, il faut reconnaître une distinction réelle entre essence et existence concrète de la chose : la rose n'existant pas, la

1. Henri de Gand, *Quodlibet I, q. 9*, éd. R. Macken, p. 50-51. La contre-attaque de Gilles est développée dans la *Q. 9 De ente et essentia,* in Aegidii Romani *Quaestiones disputatae de esse et essentia*, Venetiis, 1503 [réimpression Frankfurt, Minerva, 1968], 19vb-20ra.

2. *Quare opus est quod aequivocetur in ente ut dicatur ens per essentiam secundum quod ens dicit figuras praedicamentorum, dicatur ens per participationem secundum quod existit in rerum natura [...]. Unde et Commentator super 5° Metaphysicae vult quod quaestio de ente uno modo collocatur in quaestionibus *de genere, alio modo collocatur in quaestionibus* de accidente.* 20ra; *[...]* : texte suppléé grâce au ms Paris, Bibliothèque Nationale, Lat. 14568, 138ra.

rose est essentiellement une fleur au parfum suave [1]. A rebours de la démarche d'Henri qui distinguait les points de vue divers dans le réel concret, Gilles disjoint l'ordre essentiel de l'ordre naturel, et le dote d'une consistance propre. La distinction entre essence et existence n'est pas immanente à toute essence existante, mais elle distingue dans le réel l'ordre des essences de l'ordre des existants. En un geste de style platonicien, Gilles prétend qu'il y a un « ce qu'est la rose » par-delà les roses existantes et indépendamment de chacune d'elles.

Depuis les années trente du siècle passé, les interprètes de la pensée égidienne ont proposé d'en rechercher les principes dans le néoplatonisme [2]; or, sans que Proclus ou le *Livre des causes* ne soient mobilisés à cet endroit précis, apparaissent pourtant les linéaments de la doctrine issue du platonisme et de l'aristotélisme, puis disséminée dans l'univers gréco-arabe. A l'instar du paradigme platonicien, l'essence idéelle de Gilles jouit d'une certaine autonomie du fait de la consistance logique qui lui revient en propre; cependant elle n'*est* rien par soi, car tout ce qui est dérive de l'être premier. D'une part, toute *chose* est dite « étant » par sa propre essence, dans la mesure où elle appartient à son genre; d'autre part, « nous disons qu'il n'y a qu'un seul *être* qui soit un étant par essence, et que les autres sont des étants par participation ». Réintroduisant les termes convertibles comme modes réels de l'être premier et divin, Gilles tente alors de faire porter à Averroès le chapeau du néoplatonisme :

> Le Commentateur parle en ce sens dans le premier livre de la *Métaphysique*, où il veut qu'il n'y ait qu'un seul qui soit étant par soi et vrai par soi, et que tous les autres soient des étants et soient vrais par l'être et la vérité de celui-là [3].

Un peu avant, la participation est d'ailleurs définie par Gilles comme un « prendre part » à l'être et à la vérité du premier [4] : il n'y a que l'être unique, et ses participants, êtres diminués diffusés de lui. Avec ce schéma, où l'être se communique en se répandant hors de lui-même, Gilles prétend alors contre Henri que la participation suppose la distinction réelle de l'être et de l'essence. En effet, si l'être premier se communique à autre chose que soi, si, de fait, l'être dérivé du premier est reçu, il doit l'être dans autre chose que soi, dans l'essence qui, à part l'être, joue le rôle de réceptacle. Pour asseoir son argument, Gilles convoque Proclus, dont il vient de travailler les *Eléments de théologie* [5] :

1. *Q. 9 De ente et essentia,* 20ra.

2. Par exemple les divers travaux d'E. Hocedez, de P.W. Nash, et de G. Trapé. Dans sa douzième question *Sur l'être et l'essence*, Gilles propose d'ailleurs un condensé de métaphysique néoplatonicienne; sous la tutelle de Proclus, il y enseigne quelle était l'intention philosophique de l'auteur du livre *Des causes : Q. 12 De ente et essentia,* dans Aegidii Romani *Quaestiones disputatae de esse et essentia*, Venetiis, 1503 [réimpression Frankfurt, Minerva, 1968], 28vb-29rb.

3. *Secundum hunc modum loquitur* <20ra> *Commentator in primo Metaphysicae, ubi vult quod unum solum est per se ens et per se verum, cetera vero sunt entia et vera per esse et veritate eius*.

4. *Quia hoc est participare quasi partem capere et habere diminutum esse.* 19ra.

5. Traduits en 1268, les *Eléments de théologie* ont peut-être servi de modèle au petit traité de Gilles intitulé *Theoremata de esse et essentia*. Voir Imbach (1981) dans Imbach (1996), p. 209. Sur l'autorité de Z.K. Siematowska, R. Imbach date encore les *Theoremata* d'avant 1276 (*loc. cit.,*

> Ainsi Proclus, qui s'est engagé plus loin que [mon contradicteur] dans l'étude des modes de participer, dit, dans la deuxième proposition de son livre, que tout ce qui participe à l'un, est un et n'est pas un. Ce qu'il prouve ainsi : si, dit-il, quelque réalité participe à l'un, elle est quelque autre, existant à part l'un ; en participant à l'un, elle est devenue une. De même, si quelque réalité participe à l'être, elle est quelque autre, à part l'être, et, en participant à l'être, elle existe [1].

L'être commun, objet de la métaphysique, n'est de fait pas premier, parce que l'unique être premier, objet de la théologie, est dit « étant » proprement, alors que toutes les autres choses sont dites « étants » par réduction au premier. En conséquence de cette doctrine de la participation, il faut en effet que l'essence, réceptacle de l'être, se tienne à part l'être. L'être n'est donc pas premièrement commun à tout, mais la réalité est distinguée en essence et en être, et, contrairement à ce qu'enseignait Avicenne, l'essence de la créature peut ne pas être accompagnée de l'existence [2]. A part l'existence, il faut poser un type de réalité propre à l'essence.

Après avoir discuté ainsi la question des termes convertibles, Gilles doit répondre à la seconde objection classique des défenseurs de la non-distinction réelle, l'argument de la non-régression à l'infini qu'Henri emprunte à Averroès [3]. Gilles résume l'objection qu'on lui oppose : « Si quelque chose a l'être par quelque ajout, cet ajout aura l'être par quelque ajout, et ainsi de suite à l'infini » [4]. Sa réponse sera significative par deux de ses aspects. D'une part le problème sera envisagé sous l'angle logique, sur le modèle du rapport entre genre et espèce : P.W. Nasch l'a souligné [5], Gilles aborde le problème de l'existence par le biais de la réflexion sur les catégories logiques, abstraction faite de tout constat d'ordre empirique. Cette attitude philosophique n'est peut-être pas sans rapport avec le deuxième fait remarquable de la réponse égidienne : le principe de l'argumentation sera à nouveau proclusien, même si l'autorité de Proclus n'est pas invoquée.

Selon Gilles, l'objection du procès à l'infini n'est pertinente que lorsque les éléments en relation et l'intermédiaire relationnel appartiennent à la même série et partagent le même statut (*eadem habitudo*). Si *x* et *y* appartiennent à la même série et que leur mise en relation suppose un troisième terme de même nature, par

p. 210, n. 5); Wielockx (1985), p. 240, a fourni de bonnes raisons pour reporter la rédaction aux alentours de 1285.

1. *Unde Proclus qui plus se intromisit de modis participandi ait in 2a propositione sui libri quod omne quod participat uno est unum et non unum, quod probat sic : quia, ut ait, si aliquid participat uno, est aliquid aliud, existens praeter unum, quod participando factum est unum. Ita, si aliquid participat esse, est aliquid aliud praeter *esse* et illud participando <esse> existit.* 19ra ; *[...]* : texte suppléé grâce au ms Paris, Bibliothèque Nationale, Lat. 14568, 136rb.

2. Voir *supra*, p. 54 *sq.*

3. *Q. 9 De ente et essentia*, 20ra-20va. Le lieu visé chez Henri de Gand est *Quodl. I, q. 9*, éd. R. Macken, p. 51.

4. *Q. 9 De ente et essentia*, 20va.

5. Nasch (1950), p. 81, remarque à propos d'un lieu du *Commentaire sur le premier livre des Sentences :* « The point here is that Giles consistently treats existential problems as though they were problems in logic ». Nasch (1957), p. 114, étend la portée du constat au traitement général de la question de l'être et associe l'attitude de Gilles au néoplatonisme : « I think it is because Giles never lost his logical approach to the problem of being dictated by his Boethian-Proclean metaphysics ».

exemple *z*, il faudra aussi poser un intermédiaire du même ordre entre *z* et *y*, et entre *z* et *x*, et ainsi de suite à l'infini. Pour réfuter l'objection, Gilles commence par un contre-exemple. Le père est relatif au fils par la relation de paternité; or la paternité n'est pas à son tour en relation par une autre relation : ne partageant pas le statut des termes de la série [père, fils], elle est relation par soi. Après l'exemple de la série [père, fils], un deuxième cas est mobilisé, qui servira de modèle, celui du genre et de l'espèce. La série est verticale: le genre (« animal ») comprend l'espèce (« homme ») en extension et l'espèce comprend le genre en intension; or l'espèce diffère du genre et des autres espèces par la différence (« raisonnable »), sans que la différence ne diffère du genre par autre chose qu'elle. La différence est en effet hors de la série [genre, espèce] et ne partage pas le statut des éléments de la série; elle n'est pas comprise sous le genre, comme l'espèce, mais le différencie de l'extérieur [1].

> En effet, celui qui argumente ainsi : si l'espèce diffère par le truchement d'une autre chose, cette autre chose diffère aussi par le truchement d'une autre, suppose dans son argumentation que « différer » est assimilé de la même manière à l'espèce et à ce par le truchement de quoi l'espèce diffère. Il suppose donc qu'il y a une même disposition, alors que la disposition est extrinsèque [2].

En un troisième mouvement de l'argumentation, Gilles en vient alors au fait. Le cas du genre et de l'espèce est retenu comme modèle : à la place du genre, il faut poser l'essence ou « figure catégoriale » (*figura praedicamentorum*); à la place de l'espèce, l'essence créée et existante; à la place de la différence, à l'extérieur de la série, l'être. Or, à considérer l'étant au premier sens distingué tantôt, à savoir comme simple catégorie mentale ou essence, chaque étant est ce qu'il est par soi, sans ajout extérieur. Le « ce qu'est la rose » est tel par soi [3]. Mais à considérer l'étant au second sens, à savoir comme essence existante, chaque étant est par un autre, par l'être qui lui advient de l'extérieur. La rose individuelle n'est pas par soi, mais elle reçoit l'être lors de la génération et, comme créature, elle tient son être de Dieu. Ainsi, l'essence pure et l'essence existante sont dans la même série, alors que, loin de traverser premièrement toute réalité, l'être est extérieur à la série et

1. Aristote en donnait pour signe que le genre est prédiqué de l'espèce (« l'homme est animal ») et non de la différence (« le raisonnable est animal » n'est pas probant). De même l'espèce ne peut être correctement prédiquée de la différence (« le raisonnable est homme » n'est pas probant). La différence est extérieure à la série verticale en genre et espèce. Voir *Métaphysique* B, 3, 998b21 *sq.*

2. *Arguens enim quod si species differt per aliud et illud aliud differt per aliud, supponit in suo argumento quod differre eodem modo <non> comparatur ad speciem et ad illud per quod differt species. Ideo supponit quod sit habitudo eadem ubi est habitudo extranea.* 20rb.

3. Gilles fait ici une mention assez cocasse de l'erreur légendaire d'Avicenne. Il félicite Averroès d'avoir blâmé Avicenne, qui croyait à tort que l'étant catégorial (l'essence) s'ajoutait comme un accident. Le malentendu au sujet d'Avicenne semble poussé à son terme ultime, sinon à l'absurde : « Sur ce point, Avicenne s'est bien trompé. Il a conçu l'étant selon qu'il se divisait en les dix catégories et qu'il signifiait les choses comprises dans les catégories, et il a cru en même temps que l'étant ainsi conçu signifiait une disposition ajoutée à la chose ». Et Gilles de bien préciser que lorsque le Philosophe et son Commentateur affirment que l'étant est étant par soi, sans ajout, ils l'entendent de l'essence ou étant « catégorial », alors que l'essence créée existe par l'ajout de l'être. *Q. 9 De ente et essentia,* 20rb.

« différencie » l'essence en ses diverses réalisations dans l'existence. Il n'y a donc pas d'inconvénient à ce que l'être soit réellement différent de l'essence; l'argument d'Henri n'est pas concluant, car le procès à l'infini n'a pas lieu.

Au terme de la partie polémique de la neuvième question, Gilles n'a pas encore proposé de système propre, mais il a laissé voir les figures de ses maîtres sous le manteau des autorités *ad hoc* au rang desquelles se trouve Averroès. En effet, sa schématisation logique, où le principe est extérieur à la série des termes qu'il commande, ne peut que rappeler un axiome de la science platonicienne et proclienne : il faut que le terme qui éclaire tous les éléments d'une série ne soit ni en l'un d'eux ni en chacun d'eux, car il ne peut les éclairer tous qu'en étant avant eux tous.

Pour donner sa solution [1], Gilles abandonne pourtant le discours logique et prend pour point de départ le fait de la contingence : toute créature, matérielle ou immatérielle (l'ange), est un être possible. Par soi, l'essence a le non-être [2]; elle reçoit l'être de Dieu. La création est de fait un hiatus, un passage du non-être à l'être, que la potentialité de la matière ne suffit pas expliquer; la création de l'ange le représente bien. Et l'interprète contemporain doit se garder de considérer le cas de l'ange comme un outil dialectique, un cas-limite; la tradition philosophique et théologique médiévale considère le problème angélique comme déterminant; au contraire d'un lieu marginal, le statut angélique est par excellence exemplaire. Sur la base du cas angélique, Gilles élabore ainsi une analogie entre le couple matière/forme, sujet de la génération naturelle, et le couple essence/existence, sujet de la création :

> Dans les substances séparées [les anges], il y a en effet composition de forme et d'être, ou d'essence et d'être. L'essence est donc ce en vertu de quoi toute chose est un être possible. L'être est ce en vertu de quoi, la chose existe en acte. Nous dirons donc que la génération nous fait savoir que la matière est autre que la forme, et que, de même, la création nous fait savoir que l'essence est autre que l'être. En tout changement, il faut en effet poser une composition de puissance et d'acte. Au chapitre dix-neuf du douzième livre des *Confessions*, Augustin veut ainsi que **tout* muable suggère à notre connaissance [la nécessité de poser] une certaine « informité », en vertu de laquelle la forme est reçue, ou en vertu de laquelle [la substance] change et se transforme* [3].

1. *Q. 9 De ente et essentia*, 20vb-21vb.

2. « Pourtant il est évident que l'essence de la créature, en tant que telle, a le non-être, – nos contradicteurs le concèdent aussi. Et, si elle a l'être, c'est en raison de la puissance du créateur, la produisant à l'être ». *Q. 9 De ente et essentia*, 21va.

3. *In substantiis ergo separatis est compositio ex forma et esse, vel ex essentia et esse. Essentia igitur cuiuslibet rei est id per quod res est possibil[e] esse; esse autem est id per quod actu existit. Dicemus ergo sicut generatio facit scire materiam aliud esse a forma, sic creatio facit nos scire essentiam esse aliud ab esse. In omni enim transmutatione opus est dare compositionem ex potentia et actu. Unde Augustinus, XII Confess., c. 19, vult quod esse mutabile insinuat nobis notitiae nostrae quamdam *informitatem* qua *formam* capit vel qua mutatur et vertitur. Q. 9 De ente et essentia*, 20vb-21ra; *[...]* : texte suppléé grâce au ms Paris, Bibliothèque Nationale, Lat. 14568, 139vb.

La conclusion sera rapide : comme chacun sait que la matière diffère réellement de la forme, chacun se convaincra de la distinction réelle entre essence et être [1]. De plus, comme la création est une production réelle, la composition d'essence et d'être n'est pas seulement dans l'intellect qui la pense, mais dans la réalité [2]. L'énoncé de cette solution ne donne cependant pas la signification de la distinction réelle égidienne ; *sicut verba sonant*, il serait possible de la confondre avec la doctrine thomasienne, dont elle s'éloigne pourtant beaucoup. L'usage soudain massif de l'autorité d'Augustin et les lieux cités seront par contre des révélateurs.

La clé du problème est le rapport de la puissance à l'acte, couple qui organise à la fois le couple matière/forme et le couple parallèle essence/être. Pour simplifier, dessinons dans un premier temps une opposition entre Aristote et Augustin, sans égard pour les circonstances historiques. Gilles cite deux textes d'Augustin : le douzième livre des *Confessions* et le commentaire *Sur la Genèse au sens littéral* [3]. L'évêque y lit la *Genèse* et s'interroge sur la création. Dieu créée le monde *ex nihilo*, à partir de rien. Comment comprendre cette procession hors de rien ? La *Genèse* assimile cette absence à une nuit abyssale ; Augustin s'interroge sur ce rien précédant la création, cette nuit, et, presque abandonné par sa raison, laisse la question en suspens :

> Si l'on pouvait dire : « un rien qui est quelque chose », ou encore « un néant qui est », c'est ainsi que je la définirais [4].

La structure métaphysique de la position hésitante d'Augustin peut pourtant être décrite comme antériorité de la puissance par rapport à l'acte. En tout cas, Gilles est de cet avis ; il appelle Augustin pour montrer que l'essence peut ne pas exister, puisque la puissance doit être antérieure à l'acte du point de vue de la création. A l'antipode de cette position, Aristote avait toujours nié que la puissance soit antérieure à l'acte. Un lieu de la *Métaphysique* peut même se faire l'écho anachronique de la discussion sur la *Genèse* :

> Par conséquent, la Nuit et le Chaos n'ont pas existé pendant un temps infini, mais les mêmes choses ont toujours existé, soit selon un cycle, soit en vertu d'une autre loi, puisque l'acte est antérieur à la puissance [...]. Si on n'adopte pas notre explication, le monde devra venir de la nuit, de la confusion universelle et du non-être [5].

Chez Aristote, l'antériorité de l'acte impose l'éternité du monde, et l'on sait les difficultés rencontrées par Thomas d'Aquin pour avoir accepté le principe aristotélicien de l'antériorité de l'acte, et n'avoir donc pu prouver philosophiquement que l'éternité du monde était une erreur [6]. Or la logique de la doctrine

1. *Q. 9 De ente et essentia*, 21va *in fine*.
2. *Q. 9 De ente et essentia*, 21rb.
3. *De Genesi ad litteram I*, 17.35, PL 34, 259-260.
4. *Si dici posset « nihil aliud » et « est non est », hoc eam dicerem. Confessions, XII, c. 6* ; trad. P. de Labriolle, p. 333.
5. *Métaphysique* Λ, 7, 1072a7/19 ; trad. J. Tricot, p. 670/674.
6. *Sent. II, dist. 1, q. 1, art. 5*. Sur le problème de la possible éternité du monde, cf. *infra*, p. 99 *sq*.

égidienne exclut ce type d'embarras; Gilles considère comme évident que la puissance est antérieure à l'acte, sauf en Dieu dont l'actualité est parfaite. La facture platonicienne de son système ne lui interdit pas cette conclusion. Au contraire, l'être est reçu dans autre chose que lui, et, à part l'actualité de l'être, il n'y a que la puissance ou essence.

L'erreur « philosophique » de Gilles et la distinction intentionnelle : le Quodl. X, q. 7 d'Henri de Gand

Au temps de Noël 1286, Henri de Gand dirige sa dixième session quodlibétique et en profite pour répondre à Gilles, avec une faconde croissante. Le dixième *Quodlibet* offre une présentation détaillée de la position d'Henri, mais invite d'abord à un excursus réflexif sur la méthode.

Selon Henri, Gilles erre pour avoir voulu appliquer les mêmes principes à tout type de savoir : il aurait transposé sur le plan théologique de la création les règles de la physique et inscrit ainsi la création – surnaturelle – dans le plan de la nature. Gilles imagine en effet une analogie entre le rapport de l'essence à l'être et celui de la matière à la forme ; comme, dans la génération naturelle, la forme doit être reçue dans une matière, il faut que l'essence soit le réceptacle de l'être lors de la création. Pour Henri, cette « représentation trompeuse et fausse » est typique de l'attitude « philosophique », qui réduit la portée de tout discours rationnel à la stricte rationalité philosophique. Légitime en son ordre (l'étude de la nature et de ses principes), cette attitude n'est pas toujours convenable en théologie. Or Gilles est maître à la Faculté de théologie; ses vues trop courtes pourraient bien engendrer de dangereuses erreurs. Sous la couverture de Gilbert de Poitiers, Henri fustige la tendance de Gilles à amalgamer, là où il faudrait au contraire distinguer, selon le cas :

> De fait, la transposition de la génération sensible à la création est une représentation fausse et trompeuse. Il n'est en effet pas toujours possible d'appliquer à la création ce qui apparaît dans la réalité sensible. Au sujet *De la double nature et unique personne du Christ*, le Commentateur [de Boèce] dit d'ailleurs : *Nous pensons qu'il ne faut pas accepter en théologie toutes les vérités qui sont conçues en philosophie naturelle ou en mathématique, et qu'il ne faut pas non plus n'en accepter aucune. La capacité de discerner les vérités communes aux deux domaines et propres à chacun d'eux, est le fait d'une intelligence des plus subtiles et fort experte. Nous abordons de fait ce point à cause des novices qui, inexpérimentés, rendent communes les vérités propres aux diverses facultés, ou propres les vérités communes*. En vérité, il y a fort à craindre qu'à notre époque moderne, cela ne pousse beaucoup de maîtres à l'erreur en théologie [1].

1. *Et sic manuductio illius a sensibili generatione ad creationem deceptoria est et falsa imaginatio. Non enim semper quae apparent in sensibilibus, applicari possunt ad creationem, secundum quod dicit Commentator super De duplici natura et una persona Christi : « Neque omnia neque nulla quae in naturalibus aut mathematicis intelliguntur, in theologicis accipienda sentimus, ideoque subtilissimae atque exercitatissimae intelligentiae est, communes utriusque et proprias singulorum rationes notare. Et hoc quidem propter imperitos qui diversarum facultatum rationes*

Dans cette critique adressée à Gilles mais tournée contre une tendance répandue à son époque, Henri de Gand inscrit des remarques méthodologiques : il ne cessera de répéter qu'il faut considérer les problèmes un à un, éviter la transposition systématique des principes d'un domaine à l'autre, sans pourtant l'exclure le cas échéant. Or cette réserve sur la démarche du théologien appelle un commentaire sur la manière dont aujourd'hui la pensée médiévale est souvent jaugée et, dans le cas particulier, la philosophie d'Henri de Gand. Dans un ouvrage récent [1], O. Boulnois voit naître la première métaphysique systématique et autonome au début du XIVe siècle avec Jean Duns Scot, futur adversaire posthume d'Henri de Gand. Pour la première fois, la métaphysique ne sera plus un vide béant, entre le discours sur la nature et la théologie qui la happe. Constituée de manière critique et *a priori* grâce à la conception univoque du concept d'être, la métaphysique scotiste sera « transcendantale »; sauvée de la confusion et globale, elle saura pourtant laisser sa place à la foi, en dehors d'elle. Sans qu'il soit nécessaire d'entrer dans les subtils détails de la doctrine scotiste telle que la présente O. Boulnois, elle peut servir ici de révélateur et, en négatif, caractériser l'attitude intellectuelle opposée d'un Henri de Gand, dont les revendications conscientes opposent une résistance à l'idée même de système et de métaphysique globale. Il sera dès lors possible de porter un regard plus adéquat sur Henri et d'en faire un objet historiographique consistant; la figure intellectuelle de ce maître pourrait être libérée de son double enchaînement, en arrière, à la tendance conservatrice « néo-augustinienne » de F. Van Steenberghen et, en avant, à son rôle de simple faire-valoir de la méthode que Jean Duns Scot élabora par le truchement de nombreuses critiques adressées à l'ancien maître gantois.

Inscrite dans la mouvance intellectuelle postérieure aux grandes condamnations de 1277, la méthode d'Henri peut être qualifiée, par métaphore, de « casuistique » : en elle, le cas particulier, théorique comme pratique, revêt une valeur primordiale. Lorsqu'il rencontre un cas nouveau, le théologien ou le philosophe ne cherchera pas forcément à le réduire en le subsumant à une catégorie ou à une règle existante. Au contraire, la nouveauté des cas invitera à l'invention de catégories et de règles nouvelles, à une révision toujours provisoire du discours scientifique. Ainsi la méthode d'Henri ne se contente-t-elle pas d'induire les principes de chaque science de son objet propre, comme le recommandait Aristote; à l'intérieur de chaque savoir, elle adapte le discours selon le cas. Mieux, à l'élucidation des divers cas particuliers dont le théologien et le philosophe doivent rendre compte, les principes peuvent être empruntés à une autre science et se révéler transversaux; les différents types de savoir ne sont dès lors plus cloisonnés, malgré les nombreuses tentatives des autorités universitaires et ecclésiastiques pour isoler la philosophie aristotélicienne de la nature et ses principes méta-

communicant proprias aut appropriant communes, tetigimus ». Re vera timendum est ne hoc moderno tempore multos cogat errare in theologia. Quodlibet X, q. 7, éd. R. Macken, p. 177.

1. Boulnois (1999).

physiques dans la Faculté des arts. L'esprit est confronté à des donnés, de raison ou de foi, qu'il faut expliquer avec les outils à disposition [1].

Cette manière de faire de la philosophie impose de nouvelles formes, dont la question est une manifestation exemplaire [2]. Si la promotion de la question au premier rang de la production littéraire philosophico-théologique de la fin du XIIIe siècle est certes conditionnée par les méthodes de l'enseignement universitaire, ce genre apparaît aussi congénitalement lié au mode propre de la pensée médiévale scolastique. A l'opposé du dialogue ou du traité philosophique de l'antiquité, progressive découverte de la vérité ou exposé didactique des principes, la *quaestio* détermine une solution en fonction d'un cas concret et purement contingent, dont l'inscription à l'intérieur de la stricte rationalité est exclue. Lors de sa sixième séance quodlibétique, Henri doit par exemple répondre à une question surprenante à nos yeux, mais classique à son époque : « Si deux têtes apparaissaient sur un être prodigieux, faudrait-il lui attribuer un ou deux noms lors du baptême ? » [3]. Cette question vaut comme test dans le cadre du débat sur l'identification possible de l'âme rationnelle à l'unique forme substantielle en l'homme; elle est prise au sérieux, même si le monstre qu'elle évoque ne l'est pas.

De fait, si les cas représentés dans les questions peuvent paraître fortuits et fantasques à un lecteur moderne, la méthode même de la question est loin de l'être : elle s'accorde de manière philosophique avec la reconnaissance nouvellement accentuée de la contingence du monde. Le monde n'est plus régi par les lois universelles et nécessaires qu'un Aristote ou un Platon pouvaient mettre en système. Il est suspendu au pouvoir de Dieu, qui peut s'ordonner à l'ordre qu'il a créé (*de potentia ordinata*) ou vouloir le modifier soudain, ici ou là, comme dans les miracles (*de potentia absoluta*). Le système antique n'est guère plus que l'idéal philosophique d'une pensée forcément réductrice car abstraite du concret et ignorante des vicissitudes de l'histoire, alors que la richesse de la création est contenue dans l'individualité propre à chaque créature et dans son inscription historique à l'intérieur du plan divin. Or la question permet de pointer un cas particulier et de juxtaposer plusieurs objets hétérogènes, comme la reconnaissance de la contingence attire l'attention sur l'individualité et la singularité des choses, irréductibles à toute formalisation ou mise en système. Ainsi se justifie le pensée d'un Henri de Gand, attachée au cas particulier, plus proche de la description phénoménologique moderne que des grands rationalismes antiques.

Ce constat sur la méthode appelle une remarque sur l'historiographie du siècle passé [4]. Dès le début du XXe siècle, la critique moderne s'intéresse à l'œuvre du maître gantois, et, en 1938, J. Paulus fait un premier point sur la question avec son

1. Cette « casuistique » méthodologique n'entretient bien sûr aucun rapport avec la science des casuistes du XVIIIe et du XIXe siècle. Avec ce néologisme, nous voulons seulement désigner une pratique discursive et épistémologique qui accorde un rôle fondateur au cas particulier – théorique aussi bien que pratique.

2. Voir *supra*, p. 24 *sq*.

3. *Utrum, si duo capita in monstro apparerent, in baptizando debent ei imponi duo nomina, an unum. Quodl. VI, q. 14,* éd. G.A. Wilson, p. 156.

4. Porro (1996b) offre une description complète de la réception d'Henri de Gand.

Henri de Gand : essai sur les tendances de sa métaphysique. Or Paulus aboutit à un constat quelque peu défavorable à l'égard d'Henri : sa métaphysique est un montage composite d'empirisme aristotélicien et d'innéisme platonicien, une sorte de bric-à-brac d'où sortiront respectivement le nominalisme ockhamien et l'essentialisme scotiste. Henri ne serait jamais parvenu à concilier les deux tendances métaphysiques de son système [1]. L'historiographie postérieure n'a pas manqué de corriger cette description, sous l'impulsion des travaux de J. Gómez Caffarena. Sans entrer dans le détail de la réception d'Henri de Gand, il sied de rappeler ici la pertinence de la méthode historiographique qui fut illustrée en philosophie médiévale par les travaux de K. Flasch : l'étude des textes comme autant de témoignages partiels des lointains débats qui ont constitué leurs protagonistes en « auteurs » de philosophie [2]. Henri de Gand ne joue pas à un jeu de construction avec les pièces de la philosophie grecque ; il ne connaît même pas les catégories d'aristotélisme et de platonisme, inventées à la Renaissance. Affronté à des questions cruciales et très précises, telle la possibilité de rendre compte de l'être contingent de l'essence créée, il invente les instruments noétiques qui permettent d'y répondre. Il ne se soucie pas de l'excellence de Platon ou d'Aristote, mais tente de penser, au cas par cas, la condition de la créature. En découle une grande liberté dans l'usage des autorités et un mépris peut-être inconscient pour l'esprit de système. Le débat concret, l'issue d'une question, sont en effet plus importants que la valeur globale de la philosophie. Cet impératif n'exclut pas l'unité de tendance d'une doctrine, à travers ses évolutions [3], mais impose un premier constat intermédiaire : avant Duns Scot, il n'y a pas de métaphysique chrétienne organisée en « système du monde », selon le mot de P. Duhem. Suivant la méthode préconisée par A. de Libera [4], il sera de fait plus pertinent d'aborder un auteur médiéval sous l'angle des problèmes concrets qui lui sont soumis, jusque dans le souci de leur formulation, que de délimiter des zones historiographiquement inconsistantes dans sa prétendue métaphysique.

La question de l'être chez Henri de Gand ne sera donc pas une pièce hétérogène au tableau des systèmes, un balbutiement inconséquent entre le thomisme et le scotisme [5], mais une réponse cohérente élaborée contre Gilles de Rome ; qui

1. Par exemple, Paulus (1938), p. 376 : « La vérité nous paraît être qu'Henri ne *concilie* d'aucune manière, mais *juxtapose* simplement l'une à l'autre une métaphysique de l'universel inspirée du platonisme et une physique de l'individu dont a pu se souvenir Ockham. On voit s'y imposer, d'une part l'innéisme noétique, une méthode idéaliste, une théorie de l'essence intelligible indifférente à toute individuation ; d'autre part, un empirisme sensible, des présupposés réalistes, une conception telle de l'individu enfin, que celui-ci apparaît individuel par tout ce qu'il est, et sans qu'il soit possible de discerner dans sa nature des zones de généralité plus ou moins vaste ». Le même constat d'échec est assumé par A. Maurer, voir Maurer (1948).

2. Par exemple, l'histoire de la philosophie médiévale comprise comme ensemble de conflits doctrinaux : Flasch (1992).

3. La structure propre d'une philosophie sera alors induite des textes qui la constituent. La considération des témoignages textuels n'exclut pas la compréhension structurelle, au contraire, elle la présuppose comme hypothèse de lecture et l'établit comme résultat. Une telle méthode est proposée par A. de Muralt et mise en pratique, par exemple, dans Muralt (1995).

4. Libera (1999c).

5. Paulus (1938), p. 52-66.

plus est, elle se révélera bien souvent l'héritière des thèses de Thomas d'Aquin, toujours présentes et discutées dans les universités parisienne et oxonienne [1]. Le *Quodlibet X, q. 7* se propose de répondre à Gilles de Rome, dont la solution au problème de la création induit des conséquences intenables en théologie et au niveau même de la philosophie. Henri isole le principe des élaborations philosophiques de son adversaire : dans la création comme dans la génération, la puissance doit être antérieure à l'acte, au moins d'une antériorité de nature. Gilles pose donc l'essence *créée* antérieure par nature à son être [2]. Prisonnier d'une grille de lecture unique, calquée sur la logique du genre et de l'espèce, Gilles reconnaît un rapport semblable entre le genre et ses espèces, la matière et les formes, et l'essence et ses manifestations existantes. Il pêche ainsi par esprit de système, car, bien que la matière puisse exister sans forme [3], il est contradictoire de penser une essence ne pas exister – au moins dans l'esprit de Dieu –, même s'il est nécessaire de la penser pouvoir ne pas exister comme nature créée. Henri insiste sur la genèse de l'erreur de son adversaire : dans son obstination à appliquer les mêmes principes à tous cas, Gilles assimile la création à la génération; or, au cours de la génération naturelle, un être en puissance est produit à l'acte à partir d'un donné préexistant : dans chaque génération, considérée en particulier, la puissance de la matière précède en effet l'individu engendré [4].

De plus, l'argumentation de Gilles est fallacieuse; elle tombe précisément dans le piège qu'elle veut éviter. Gilles pose en effet une différence réelle pour justifier la corruption et l'annihilation de la créature : si l'être n'était pas réellement distinct de l'essence, celle-ci ne pourrait pas ne pas être ou cesser d'être. Or cette tentative de rendre compte de la contingence de la créature postule une nouvelle nécessité du côté de l'essence :

> A poser que la matière n'est corrompue que par la corruption de la forme en elle, et que l'essence n'est corrompue que par la corruption de l'être différant réellement d'elle, ni la matière, sous la considération de sa nature propre, ni l'essence, sous la considération de la nature de l'essence, ne sauraient être par nature corrompues ou annihilées, après avoir reçu l'être. S'en suivrait alors l'opinion des philosophes, selon laquelle la matière et les essences des choses ne sont des êtres possibles que parce qu'elles sont avec un autre, la matière avec la forme, l'essence avec l'être différant réellement d'elle; elles ne peuvent donc être corrompues que par la séparation de cet autre, comme mentionné ci-dessus [5].

1. Ainsi, Decorte (1996) s'est intéressé en particulier à l'analogie henricienne de la notion d'être. Contre Paulus qui n'y lisait qu'une confusion fallacieuse de notions équivoques, il a pu rapprocher la théorie d'Henri de celle de Thomas d'Aquin.

2. *Prius ergo natura esset essentia creata quam esse, etsi simul duratione […]. Quodlibet X, q. 7*, éd. R. Macken, p. 154.

3. *Quodlibet X, q. 7*, éd. R. Macken, p. 180. Cette doctrine est commune aux XIIIe et XIVe siècles. En qualité de maître en théologie, Thomas d'Aquin fait bande à part lorsqu'il s'y oppose.

4. *Quodlibet X, q. 7*, éd. R. Macken, p. 174.

5. *Quod si ponitur materia non corrumpi nisi per corruptionem formae in illa, nec essentia nisi per corruptionem esse quod est re aliud ab illa, tunc neque materia quantum est de ratione naturae suae, neque essentia quantum est de natura essentiae, nata esset corrumpi vel annihilari postquam habuerunt esse, et sequeretur opinio philosophorum quod materia et essentiae rerum non sunt*

Avec la consistance et la stabilité des essences, Gilles réintroduit une part de nécessité dans le créé. L'essence existante peut cesser d'exister – être corrompue –, mais, demeurant à part l'être en sa stature propre d'essence, elle résiste alors à toute forme d'annihilation ultérieure. Chez Gilles, l'essence créée n'était en effet pas relative par soi au créateur, mais par un autre, l'être créé en elle; une fois la relation au créateur ôtée, demeurerait une moindre entité, l'essence, en sa nudité de substrat et en sa consistance idéelle. Par la création, le Dieu de Gilles semble donc s'obliger: une fois les dés jetés, l'ordre essentiel du monde est déterminé sans retour. Bien que Gilles reconnaisse la contingence du monde concret, il admet la nécessité des raisons, propre à la philosophie païenne. Son erreur est philosophique jusque dans sa genèse; elle découle en effet d'une lecture « philosophique » de la création, qui assimile l'essence à la matière et l'existence à la forme. Ainsi, dans le langage d'Henri, l'opinion « philosophique » renvoie-t-elle au nécessitarisme, sous toutes ses formes et comme stigmate de la philosophie païenne. Si Henri doit être rapproché d'Augustin et de la tradition bonaventurienne, c'est par le souci constant d'inscrire la créature dans le flux contingent et temporel de son histoire, et de suspendre son humble science à l'aléatoire de la libre décision divine. J. Gómez Caffarena qualifiait d'ailleurs la pensée henricienne de « métaphysique de l'inquiétude humaine » [1].

L'assimilation de l'essence à la potentialité matérielle est encore représentative d'une conception particulière de la participation, dont Gilles lisait les principes dans le néoplatonisme de Proclus. Henri le perçoit bien, lorsqu'il souligne que l'essence de Gilles « prend part » à l'être comme le corps blanc participe à la blancheur:

> En participant ainsi, par la blancheur, la forme, ou la grâce, [le participant] ne contient pas en lui la totalité de la vérité [du participé], mais seulement une partie. Et les paroles de Boèce semblent être en consonance avec cette manière de voir: *ce qui est, une fois la forme d'être reçue, est et subsiste*. (Nous en discuterons plus loin.) Or, ceux qui affirment que l'être diffère de l'essence en réalité, conçoivent ainsi la participation [2].

Comme la matière reçoit en elle la forme, et la substance les accidents, l'essence égidienne est un substrat potentiel qui reçoit l'être; elle existe par la réception en elle d'un autre. Prenant le contre-pied de cette position, Henri de Gand refuse la distinction réelle de l'être et de l'essence, justement parce que la créature est par soi relative au créateur. Le corps est blanc par la blancheur reçue en lui, mais la créature est relative au créateur par soi; elle n'est rien d'autre que

possibile esse nisi quia sunt cum alio, ut materia cum forma et essentia cum esse differenti secundum rem ab ipsa, per quorum separationem ab ipsis solummodo corrumpuntur, secundum quod superius tactum est. Quodlibet X, q. 7, éd. R. Macken, p. 181.

1. Gómez Caffarena (1960).

2. *[…] et hoc participando albedine vel forma aut gratia, non totalitatem veritatis eius sed partem solummodo eius in se continendo. Quod videntur sonare verba Boethii cum dicit: « Quod est, accepta forma essendi, est atque subsistit », quae infra exponemus. Hoc modo intelligunt participationem qui dicunt quod esse secundum rem differt ab essentia. Quodlibet X, q. 7*, éd. R. Macken, p. 167.

cette relation qui la constitue tout entière. Distinguer l'aspect essentiel de l'aspect existentiel revient à exprimer deux modes de la création divine. Cette analyse de l'action divine différencie en effet des aspects dans l'individu existant, pour donner prise à une description humaine, forcément discursive; elle ne prétend pourtant pas fractionner l'individu en autant de parties réellement distinctes. Du point de vue de la causalité formelle, l'essence créée est une ressemblance de l'essence divine, qu'elle ne possède ni en partie ni en totalité; à cet égard, Dieu est considéré comme intellect qui pense la créature sous la forme de l'idée. Du point de vue de la causalité efficiente, l'existence créée est une production de Dieu considéré comme volonté. L'être et l'essence sont les deux manières de dire la relativité totale et constitutive de la créature. L'essence n'est pas en puissance d'être comme un substrat potentiel ou une réalité sous-jacente, elle existe de manière potentielle comme objet terminatif de la création. Pour penser la possibilité de la créature conjointement avec sa totale relativité à Dieu, Henri invente en effet la distinction entre potentialité subjective, propre à la matière, et potentialité objective, propre à la créature considérée comme fin de la création : la créature est le possible objet de la volonté divine, elle n'est pas le substrat « matériel » de l'être [1].

En opposition à la doctrine égidienne, colorée de néoplatonisme, la thèse d'Henri assimile l'essence créée à une ressemblance sans partage de l'essence divine. La vérité propre à l'essence créée, son intelligibilité, n'est pas une partie de la vérité de l'essence divine [2]; à l'opposé, tous les blancs particuliers *constituent* la totalité de la blancheur dont ils sont parties. La vérité divine ne dépend donc pas des choses mondaines, dont tout l'être et toute la vérité procèdent de Dieu. En bref, une discontinuité s'installe entre le créé et Dieu; tout risque d'émanatisme ou de panthéisme est écarté. Dieu n'est pas le monde. Cependant, en une forme de paradoxe, la créature d'Henri est délestée de toute consistance propre hors de son rapport à Dieu : la relation à Dieu, ou création, n'est pas la réception de l'être dans une essence, mais la créature elle-même, essence et être, tout entière relative à Dieu et établie autre que Dieu par cette relation [3].

Quant à l'être, il n'est pas une partie de la créature; lorsqu'il doit donner l'envergure du concept d'être, Henri se corrige vite pour avoir failli le dire. Selon Henri, l'être n'entre pas dans le schéma arborescent en genre, espèces et différence : il n'est en effet pas inscrit dans ce type d'ordre vertical, mais se révèle

1. Comme le relève Hödl (1963), le débat entre Gilles et Henri est fécond en nouveaux instruments conceptuels.

2. *Quodlibet X, q. 7*, éd. R. Macken, p. 167-168.

3. « [...] au contraire, la créature participe l'être même, sans pourtant que ne l'informe quelque réalité différente réellement de son essence, – comme le conclut [Gilles] –, mais par sa seule relation à l'efficient. Et il ne s'agit pas de n'importe quelle relation, mais de celle en vertu de laquelle [la créature], en tant qu'être d'existence, est un effet de Dieu et une ressemblance divine; ceci, non par quelque ajout, mais parce que la relation est fondée en l'essence même [créée], sans aucun apport de plus qu'un unique rapport. » *[...] sed participat ipsum, non aliquo informante re alio ab ipsa essentia, sicut concludit, sed sola relatione ad efficiens. Non quacumque, sed qua est effectus et similitudo eius quoad esse existentiae, et hoc non per aliquid additum, sed in ipsa essentia fundata absque omni adventitio praeter solum respectum. Quodlibet X, q. 7*, éd. R. Macken, p. 163.

transversal à toutes les réalités que la logique a classées sous les catégories [1]. Au contraire du genre, prédiqué de toutes ses espèces en un même sens, l'être sera dit différemment de la substance et de l'accident, car l'être de l'accident est à l'accident ce que l'être de la substance est à la substance, et l'accident est différent de la substance. Ainsi la notion d'être est dite selon le plus ou le moins, en fonction de son sujet : elle est analogue, à savoir « dite relativement à », contrairement au genre, qui est univoque, à savoir « dit semblablement de » toutes ses espèces [2]. « Animal » est prédiqué de « homme » et de « chien » exactement dans le même sens, alors que l'être de l'homme est à l'homme ce que l'être du chien est au chien, et l'ordre instauré par ce rapport logique est fondé dans la réalité extra-mentale. Pour avoir une envergure plus que générique, – trop générale –, la notion d'être se révèle confuse.

Or, au moment même où il s'efforce de nier que l'être soit un genre, Henri introduit une précision supplémentaire. Contrairement au genre et à l'espèce, qui ne signifient qu'à l'intérieur de la chaîne logique qui les unit et en laquelle ils sont compris en totalité, l'être n'est que « partiellement » en chaque genre : il n'en respecte pas les frontières, étant transversal à toute réalité existante. A peine a-t-il

1. « [...] il suit les dix catégories, [...]. » *[...] consequitur decem praedicamenta, [...]. Quodlibet X, q. 7*, éd. R. Macken, p. 170.

2. « Or ceci est faux, car il n'existe pas qu'un seul et même être dans la même chose, comme il apparaîtra dans la question suivante. Il est d'ailleurs faux qu'autrement la substance et l'accident ne pourraient guère entretenir d'analogie dans l'être. Bien au contraire, l'être de la substance diffère de l'être de l'accident dans l'existant, de même, l'essence de la substance diffère de l'essence de l'accident, et inversement ; « être » est une [notion] commune, un analogue abstrait de ces réalités-là. Puisque la substance participe plus véritablement à l'être divin, en existant elle est une ressemblance divine plus véritable que l'accident. Ainsi, l'être analogue à la substance n'est pas quelque réalité une en vertu de sa singularité, mais seulement en vertu d'une communauté supérieure à celle du genre ; car [l'être analogue] contient sous lui les dix genres, et il se diversifie en fonction de la diversité propre des choses qui appartiennent à ces genres. » *Et est falsum quod non est nisi unum et idem esse in eodem, ut patebit in sequenti quaestione. Falsum etiam est quod aliter non possent substantia et accidens analogiam habere in esse. Immo esse substantiae existente alio ab esse accidentis, sicut et essentia substantiae est alia ab essentia accidentis et e converso, esse est quid commune analogum abstractum ab ipsis, in quantum substantia verius participat esse divinum, verius existendo divina similitudo quam sit accidens. Unde esse analogum ad substantiam non est aliquod idem singularitate, sed solum communitate quadam superiore quam sit communitas generis, quia continet sub se decem genera et diversificatur secundum diversitatem rerum propriarum <197> ipsis. Quodlibet X, q. 7*, éd. R. Macken, p. 196-197. Obnubilé par la prétendue inconséquence minant la métaphysique d'Henri, J. Paulus lui refusait une véritable conception de l'analogie : le concept d'être flotterait entre l'univocité et la pure équivocité. Il signifierait des réalités absolument distinctes, sans commune mesure, sous la forme trompeuse de l'univocité. Il ne serait alors que la résultante de la confusion de notre esprit, qui ne perçoit pas les fines découpes d'un monde où l'être de la substance est absolument autre que l'être de l'accident comme l'être de Dieu est absolument autre que l'être de la créature. J. Decorte a invalidé cette description de l'analogie henricienne, et montré sa parenté avec la doctrine de Thomas d'Aquin. En conclusion, « we do not consider the analogical concept of being as an unduly confounded notion of two things or concepts between which there is a causal relationship on the psychological level, but rather follow Henry *himself* in *rejecting* this confused notion ; we read Henry as saying that the confusion consists in taking the logical genus for a physical one, and as saying, along with St. Thomas, that the common name 'being' is based on an analogy that is ontological (*secundum esse*) as well as epistemological (*secundum intentionem*) », Decorte (1996), p. 104. Henri de Gand développe sa doctrine de l'analogie dans sa *Summa, art. 21, q. 1-3* et dans son *Quodl. VII, q. 1-2*.

énoncé cette conclusion, qu'Henri se reprend : il serait même erroné de qualifier l'être de « partie », comme si la créature était un composé réel d'être et d'essence.

> L'être n'est pas une réalité [qui appartient] à un genre sous la considération du tout, car il n'est dans un genre, ni comme genre le plus générique, ni comme différence, ni comme espèce la plus spécifiée, ou « dernière » ; il ne l'est que sous la considération de la partie, comme partie du « ce qui est » à qui appartient l'être ; et il n'en est pas la partie, mais il est une forme extérieure au genre, qui est une participation divine. C'est pourquoi j'ai ailleurs affirmé, dans une question sur les catégories, que l'être n'est pas un genre, et qu'il n'est pas même une réalité qui appartient à un genre, mais qu'est tel seulement « ce à quoi il revient d'être » [1].

Alors que Gilles comparait l'être à la différence spécifique, car l'être restreignait la portée de l'essence en général à sa réalisation créée, Henri refuse de faire de l'être une différence. Au contraire, l'être est parfaitement indifférencié : il est le concept le plus confus, ni informé, ni déterminé (*ad nihil formatus vel determinatus*), qui ne saurait donc rien différencier ou déterminer (*nec formativus nec determinativus*) [2]. Si, par le truchement d'une expérience mentale, l'on se proposait d'ôter une à une toutes les intentions ou notes qui appartiennent à une réalité – à l'homme, par exemple, la rationalité, la sensation, la vie, etc. –, l'analyse s'arrêterait nécessairement à l'être. Pour formuler sa doctrine contre Gilles, Henri adopte alors la méthode et le type de questionnement propre à son adversaire : à supposer qu'il faille choisir sous quel point de vue, essentiel ou existentiel, la créature est plus principalement créée *ex nihilo*, l'essence serait reçue dans l'être comme une détermination de l'être, plutôt que l'inverse. Cette réception ne devra pourtant pas être considérée comme composition réelle, car l'être et l'essence ne sont pas réellement distincts.

Constituée en forme de réponse à Gilles de Rome par les aléas du débat, la doctrine d'Henri est cependant riche d'élaborations personnelles, dont la plus célèbre est la distinction intentionnelle. Héritée des traductions latines d'Avicenne et d'Averroès, la notion d'*intentio* renvoyait soit à une considération de la chose sous un point de vue particulier (Avicenne) [3], soit à une note ou disposition accidentelle jointe à l'essence de la chose (Averroès critiquant Avicenne) [4]. Chez Henri, la notion est dotée d'une dimension noétique et d'un caractère dynamique [5]. Comme l'exprime déjà le *Quodlibet V*, l'intention est un mouvement de l'esprit vers la chose en laquelle il distingue des aspects :

1. *Quod non est aliquid in genere ratione totius, quia neque ut genus generalissimum neque ut differentia neque ut species specialissima aut subalterna, sed solum ratione partis eius quae est ipsum 'quod est', cuius est 'esse', non ut pars eius sed ut forma extra genus, quae est quaedam divina participatio. Propter quod alias in quaestione de praedicamentis diximus quod esse non est genus, sicut et modo quod non est aliquid in genere, sed solum id cui convenit esse. Quodlibet X, q. 7*, éd. R. Macken, p. 159.

2. *Quodlibet X, q. 7*, éd. R. Macken, p. 171-172.

3. Voir *supra*, p. 54 *sq.*

4. Voir *supra*, p. 40 *sq.*

5. J.V. Brown (1971), p. 252-254, le montre.

> Mais ici nous nommons « intention » ce qui vise réellement la simplicité de quelque essence ; [l'intention] est destinée par nature à être conçue séparément de quelque autre [intention] dont elle n'est pas différente dans la réalité absolue et qui vise la même simplicité. Ainsi, l'intention peut être dite « mouvement vers » [1].

L'intention a cependant deux faces ; elle est un mouvement de l'esprit, mais aussi un aspect de la chose concrète que l'esprit actualise en le concevant. Les intentions ne sont de fait ni des réalités qui composent la chose comme des parties en acte [2], ni de simples noms qui signifient différemment une chose impénétrable ou absente, bien que désignée ou évoquée [3]. Procédé noétique dynamique, l'intention découvre dans la réalité des zones d'intelligibilité, conformément à la structure même du réel. Elle résulte de l'acte en lequel se rencontrent l'intellect et la réalité conçue. (W. Hoeres pouvait ainsi rapprocher l'« intentionnalité » henricienne de l'abstraction thomasienne [4]).

Or le lieu problématique de ces élaborations noétiques est précisément la question de l'être et de l'essence. Dans son premier *Quodlibet* de 1276 (*Question 9*), Henri posait une distinction intentionnelle pour démarquer l'être de l'essence créée ou possible, tout en évitant une fragmentation de la réalité en entités actuellement distinctes [5]. La distinction intentionnelle était médiane, moins forte que la distinction réelle, mais, à la différence de la distinction de pure raison, elle était fondée à la fois dans l'esprit et dans la réalité. Dans la septième question du *Quodlibet X*, l'obstination aveugle de son adversaire contraint Henri à exposer sa doctrine à nouveau. Le ton est sardonique et la présentation méthodique, pétrie de pédagogie [6]. Henri compte trois types de distinction. La distinction notionnelle n'est fondée qu'en l'intellect et ne suppose aucune composition. La définition (« animal rationnel ») et le défini (« homme ») sont distincts par la notion ou raison : ils renvoient exactement à la même chose, et sous le même point de vue ; le signe en est qu'« homme » *ne peut être conçu* sous l'opposé d'« animal » ou de

1. *Sed appellatur hic intentio aliquid pertinens realiter ad simplicitatem essentiae alicuius, natum praecise concipi absque aliquo alio a quo non differt re absoluta, quod similiter pertinet ad eandem. Unde dicitur intentio quasi intus tentio. Quodl. V, q. 6*, éd. I. Badius, 161rL.

2. Avec la distinction formelle *ex natura rei*, Jean Duns Scot adoptera un tel point de vue. Il élaborera sa doctrine en opposition à Henri.

3. « Die konkrete Sache bleibt also nicht in jener Undurchdringlichkeit vor dem Intellekt stehen, wie das Paulus behauptet [...]. Sie erscheint so freilich auch nicht als ein Kompositum unterschiedener Realität, aber erst der begriffliche Ausdruck macht die Nichtnotwendigkeit ihrer Existenz im Auseinander der Intentionen sichtbar und verständlich. » Hoeres (1965), p. 149.

4. Hoeres (1965), p. 139. W. Hoeres ruine la lecture de J. Paulus, qui concevait la noétique henricienne comme un assemblage hétéroclite d'idéalisme innéiste (connaissance de l'universel) et d'empirisme nominaliste (connaissance du singulier).

5. *Quodlibet I, q. 9*, éd. R. Macken, p. 55-56.

6. « Pourtant, [Gilles] dit : "Je ne comprends pas ce que différer par l'intention peut bien être d'autre que différer par la notion". Je vais expliquer de sorte à ce qu'il comprenne. Prenons "rationnel" et "blanc" : ils diffèrent l'un de l'autre ; "rationnel" et "animal" : ils diffèrent l'un de l'autre ; "animal rationnel" et "homme" : ils diffèrent l'un de l'autre. [Gilles ne] voit-il pas, d'abord, que [...]. » *Sed dicit ille : « Non intelligo quid sit differre intentione aliud quam differre ratione ». Declaro ut intelligat. Ecce rationale et album : inter se differunt. Rationale et animal : inter se differunt. Animal rationale et homo : inter se differunt. Videtne primo [...]. Quodlibet X, q. 7*, éd. R. Macken, p. 164.

« rationnel ». A l'autre extrémité, la distinction réelle regarde des entités distinctes par soi dans la réalité : plusieurs substances entre elles, ou l'accident par rapport à la substance [1]. Les entités réellement distinctes *peuvent être* l'une sans l'autre, donc l'une avec l'opposé de l'autre. « Homme » est par exemple compatible avec l'opposé de « blanc », et lorsque ces deux réalités se rencontrent dans un même individu, ils forment un véritable composé. Avec alacrité, Henri s'étonne alors de l'épaisseur de l'esprit de Gilles qui ne voit pas que la différence (« rationnel ») et le genre (« animal ») diffèrent plus que par la seule notion et moins que réellement. Le « rationnel » et l'« animal » ne sont pas des parties distinctes dans l'homme concret, mais ils entrent en composition au niveau logique de l'espèce ; le signe en est que l'un *peut être conçu* sous l'opposé de l'autre (l'« animal » sous l'opposé de « rationnel ») [2]. Contrairement aux éléments distincts par la seule notion ou raison, les intentions distinctes ne sont pas seulement des manières de signifier la même chose ; elles sont des manières de signifier divers aspects de la même chose en les isolant par la pensée.

Inventée à l'occasion du discours sur l'être, déjà dans le premier *Quodlibet* d'Henri, la distinction intentionnelle ne vient pas augmenter l'arsenal scolastique d'une subtilité supplémentaire et témoigner ainsi du goût maladif des médiévaux pour la formalisation. En l'occurrence, cette caricature de l'esprit scolastique est inopérante. En effet, Henri n'use pas de la distinction intentionnelle comme d'une clé universelle, capable d'ouvrir une voie dans toute situation aporétique. Plutôt qu'un outil, elle est un principe d'intelligibilité qui permettra de structurer le discours humain sur l'être. Elle n'introduit pas de découpes superfétatoires dans le réel conçu, mais rend compte des différentes manières dont le réel peut et doit être conçu. Henri insiste d'ailleurs sur l'inscription de cette distinction dans le champ noétique, car l'intention est une œuvre de l'esprit :

1. Selon Henri, il n'existe que trois genres de chose, la substance, la qualité, et la quantité. La substance est une chose en soi, alors que la qualité et la quantité sont des accidents, car elles sont *in alio*. Contrairement aux sept autres catégories assumées par la relation, la qualité et la quantité ne sont cependant pas dans un autre relativement ; inhérentes à la substance, elles conservent leur caractère d'altérité absolue. Voir *Quodl. V, q. 6*, éd. I. Badius, 161vO ; *Quodl. VII, q. 1-2*, éd. G.A. Wilson, p. 6-7 et 22 *sq.* ; *Summa, art. 32, q. 5*. Cette interprétation de la doctrine aristotélicienne des *Catégories* provient de Boèce, via Gilbert de Poitiers au XIIe siècle. A propos de la lecture porrétaine de Boèce, voir Rijk (1987), p. 158-160.

2. Le *Quodl. V, q. 6*, éd. I. Badius, 161r-161v, est plus précis ; il introduit des degrés à l'intérieur de la distinction intentionnelle. Celle-ci sera forte lorsque les deux termes sont mutuellement susceptibles d'être conçus sous l'opposé l'un de l'autre, bien qu'ils renvoient à la même réalité particulière ; par exemple le « rationnel » et le « sensible », unis dans l'homme, peuvent être conçus séparément ; ils existent d'ailleurs isolément l'un de l'autre dans l'ange ou dans la bête. La distinction intentionnelle sera faible lorsque l'un des deux termes peut être conçu sous l'opposé de l'autre, mais que la réciproque est impossible. L'essence est dans ce rapport vis-à-vis de l'existence concrète, de même, la différence est dans ce rapport vis-à-vis de l'espèce : l'essence peut être conçue ne pas exister, en tant que pur possible en Dieu, cependant tout ce qui existe est conçu avoir une essence ; le « rationnel » peut être conçu sous l'opposé d'« homme », dans l'ange par exemple, alors que l'inverse est impossible.

> Et, du fait que l'essence puisse être conçue sous l'opposé de l'être d'existence, je n'affirme pas qu'elle puisse être sous l'opposé de l'être d'existence, sinon dans l'esprit seulement, sans quoi elle existerait et n'existerait pas en même temps [1].

Nonobstant cet être mental de l'intention, sa pertinence est dictée par la réalité conçue adéquatement telle ou telle. L'être et l'essence de la créature sont distincts plus fortement que par la seule notion, car la créature prescrit à l'esprit sa conception comme être possible et dépendant de la libre volonté divine; la contingence est une donnée de foi qui impose une conception particulière du réel et qui prescrit à la réflexion de s'étendre au-delà de la *philosophia naturalis*. Alors que le philosophe regarde « la chose-là », en mouvement, le théologien tente de penser la créature, advenue un jour et toujours suspendue à la toute-puissance divine. Dans cette optique, l'essence doit pouvoir être conçue n'être pas. Justifier la création (*salvare creationem*) n'impose cependant pas d'entrer dans les vues « réifiantes » de Gilles, qui supposent dans la réalité actuelle les mêmes découpes que dans la pensée. La distinction réelle de Gilles doit être rejetée, car la créature apparaît une et indivisible, en sa singularité concrète antérieure à toute distinction d'essence et d'être.

Dans la troisième question de son *Quodlibet XI* (1287), Henri revient sur ce point de discorde. Il reproche à Gilles de ne voir le monde que comme un ensemble de choses réellement distinctes et absolues; selon Gilles, même si ces choses (*res*) peuvent exister conjointes, comme l'essence et l'être de la créature, elles ne sauraient être réduites à leur connexion réciproque [2]. La distinction égidienne sera donc réelle entre les divers objets du monde intelligés par leurs concepts propres, notionnelle entre les divers concepts qui renvoient à une même réalité du monde, les « synonymes ». Une distinction intermédiaire est illégitime selon Gilles, car elle ne serait qu'une redondance de l'un ou l'autre type de distinction; il est possible de différer plus ou moins réellement et plus ou moins par la notion, mais non de façon intermédiaire à ces deux types [3]; la distinction réelle suffit ainsi à appréhender les différences réelles, la distinction notionnelle à exprimer la même réalité de diverses manières, dans l'ordre du discours. Or Henri refuse cette dichotomie des sphères logique et mondaine; il veut convaincre Gilles que certaines distinctions sont dictées par la réalité, même si, reconnues par la raison, elles ne renvoient pas à des choses absolument distinctes, mais à des réalités relatives et confuses, intrinsèquement liées :

> Je réponds ceci : on ne parle pas de manière de différer par la notion, en ce sens que cette différence aurait été formée par la raison comme puissance de l'âme, car, lorsque la différence est perçue, je ne prétends pas l'avoir formée par la raison; mais elle existe par soi en la nature de la chose. En conséquence, il dépend de la

1. *Et quod propterea unum illorum, ut essentia, potest intelligi sub opposito esse existentiae, non dico quod possit esse nisi in mente tantum : aliter enim simul existeret et non existeret. Quodlibet X, q. 7*, éd. R. Macken, p. 166.

2. On entrevoit déjà l'étroitesse du lien entre doctrine de la relation et théorie de la distinction.

3. Chez Gilles, voir *Q. 12 De ente et essentia*, 30va-30vb.

> nature de la chose qu'en la même et unique chose, certains éléments diffèrent seulement plus ou moins, d'autres plus ou moins, et plus encore [1].

Et la distinction intentionnelle est précisément cette dernière manière de différer « par la notion », cet outil d'appréhension du monde qu'Henri refuse de confiner à la seule sphère mentale, car il reconnaît des intentions virtuellement distinctes dans la chose.

Comment lire Boèce ?

Plein d'aisance dans ses diatribes contre Gilles, Henri doit encore contourner un obstacle imposant, Boèce convoqué par Gilles à longueur de questions. Une fois un auteur érigé en autorité, il semble en effet que son importance croisse avec le nombre des années, et Boèce est parmi les plus vieilles sources chrétiennes latines. Or voici ce qu'affirme Boèce sous forme d'axiomes :

> II. Différents sont l'être et ce qui est; en effet l'être lui-même n'est pas encore, tandis qu'en vérité ce qui est est et subsiste une fois reçue la forme qu'est l'être.
> III. Ce qui est peut participer à quelque chose, mais l'être lui-même ne participe selon aucun mode à rien : en effet, la participation se produit quand quelque chose est déjà; or quelque chose est une fois qu'il a reçu l'être [2] (trad. A. Tisserand, p. 125).

Gilles ne doute pas de tenir là l'expression littérale de la distinction réelle. De fait, Henri devra user de tours de force divers pour échapper à l'évidence de la lettre : l'énoncé boécien sera fragmenté, découpé selon les besoins, et un spécialiste de Boèce sera appelé au secours, Gilbert de Poitiers.

Pour trouver un lecteur assidu de Boèce, il faut en effet remonter aux temps où le nouvel Aristote n'accaparait pas les programmes scolaires et où fleurissaient les arts libéraux, au XIIe siècle. Gilbert de Poitiers enseigna dans les années 1130 à Chartres. Héritière du réalisme de Jean Scot Erigène, sa pensée est inscrite dans la mouvance platonicienne chartraine. Les problématiques d'Henri et de Gilles appartiennent à un tout autre horizon intellectuel ; pourtant Henri implique Gilbert dans le débat sur l'être et l'essence, le conforme à sa doctrine de la distinction intentionnelle, et lui reconnaît volontiers son titre de *Commentateur* autorisé de Boèce. A son habitude, il cite de longs passages *in extenso* et ne se soucie guère de la tiédeur de ses contemporains à l'égard de Gilbert, évêque de Poitiers en 1142,

1. *Sed ego dico quod non dicitur modus differendi rationis, quia inventus est a ratione quae est potentia animae, sed dicitur rationis quia cum hoc quod perceptus est, non dico inventus a ratione, ex se existit in natura rei, ita videlicet quod ex natura rei est quod in eadem re aliqua solummodo differunt secundum magis et minus tantum, aliqua vero differunt secundum magis et minus et adhuc amplius. Quodl. XI, q. 3*, éd. I. Badius, 444v.

2. *II. Diversum est esse et id quod est; ipsum vero esse nondum est, at vero quod est, accepta essendi forma, est atque consistit. III. Quod est participare aliquo potest, sed ipsum esse nullo modo aliquo participat. Fit enim participatio cum aliquid iam est; est autem aliquid cum esse susceperit. De hebdomadibus*, in *De consolatione philosophiae. Opuscula theologica*, éd. C. Moreschini, München-Leipzig, Teubner, 2000, p. 187. Pour la traduction : *Traité théologiques*, trad. et présentation A. Tisserand, Paris, GF-Flammarion (édition bilingue), 2000.

mais théologien suspecté d'hétérodoxie lors du concile de Reims (1148) et figure vite supplantée par celle d'un adversaire, Pierre Lombard [1].

En sus du *De hebdomadibus* de Boèce, Henri mobilise le *De Trinitate* et le traité *De una persona et duabus naturis Christi*, qu'il lit dans le commentaire de Gilbert de Poitiers [2]. Pour contrer Gilles, sa stratégie consiste à disjoindre les deux premières séquences de la deuxième règle du *De hebdomadibus*; cette lecture est d'autant plus légitime qu'elle n'est pas nouvelle, mais autorisée par le commentaire porrétain. Lorsque Boèce affirme que *« être » et « ce qui est » diffèrent*, il conçoit l'« être » comme le principe (l'être divin), et le « ce qui est » comme la créature, dont l'être dépend de l'être du principe. Cette distinction est réelle, elle démarque l'éternel du temporel contingent et exclut que l'être de Dieu soit relatif à l'être de la créature. Ce premier moment théorique regarde Dieu dans sa simplicité éminente, exprime l'altérité absolue de l'être incréé par rapport au créé, mais ne prescrit aucune différence réelle dans la créature. Entre l'être divin et l'être créé n'existe nulle continuité réelle, même si, en sens inverse, la notion analogique d'être permettra d'exprimer une communauté née de la dépendance radicale du monde créé à sa cause divine [3]. Lors d'un second moment théorique, Boèce pose en effet que *l'« être même » n'est pas encore*. Il se tourne alors vers la créature et conçoit l'être sur un autre plan. L'*« être même »* est l'être créé, temporellement acquis et formellement participé par la créature; le *« ce qui est »* est l'essence créée, participant à l'être. Entre ces deux aspects, la distinction n'est qu'intentionnelle, car la créature est une et relative au créateur en son unité constitutive. Ce deuxième moment regarde l'être en tant que créé par Dieu et la dépendance totale de la créature envers son créateur. La temporalité y apparaît comme la dimension proprement créée de l'être (*l'« être même » n'est pas encore*).

Cette lecture disjonctive était déjà mise en œuvre par Gilbert; elle échappait à l'arbitraire grâce aux outils de la grammaire, discipline fondatrice de la philosophie chartraine. L'être au premier sens et l'être au second sens n'étaient pas interprétés comme de purs homonymes, au mépris de la cohérence du texte de Boèce. Au contraire, un transfert sémantique reportait le premier sur le second : ce qui est attribué à Dieu proprement (la bonté, l'être, etc.) est prêté à la créature en un sens dérivé et lui est attribué de façon extrinsèque, par transfert de nom (*trans-*

1. J. Marenbon souligne le peu d'influence de Gilbert de Poitiers sur la philosophie du moyen âge finissant : « It was a work by one of Gilbert's opponents at the Council of Reims, the *Sentences* of Peter Lombard, which was chosen as a textbook by university theologians, whilst Gilbert became a shadowy and suspect figure to the masters of the later Middle Ages ». Marenbon (1988), p. 357.

2. Henri de Gand, *Quodl. X, q. 7*, éd. R. Macken, p. 186-187; *Quodl. XI, q. 3*, éd. I. Badius, 446v-447r.

3. Voir *Summa, art. 21, q. 2, ad tertium.* Henri critique Platon et Avicenne, qui n'ont pas su penser la différence radicale entre Dieu et la créature, alors que la philosophie d'Aristote permet une approche cohérente de la question. Platon concevait en effet l'être comme un genre, dont le concept est univoque; l'attribution du nom « être » était ainsi synonymique, de même valeur dans tous les cas et quel que soit le sujet de la prédication (Dieu, la créature, la substance, l'accident, etc.).

umptio denominativa). En effet, la créature n'est et n'est ce qu'elle est que par participation à Dieu, sans que cette relation n'affecte d'aucune manière l'être divin [1].

Pour se sortir d'embarras, Henri utilise abondamment le commentaire porrétain. Il se contente toutefois de le citer sans le discuter, en toute méconnaissance de la grammaire philosophique de Chartres. C'est que Gilbert appartient à un autre monde, étranger à Henri comme à Gilles; simple garant, il ne peut être considéré comme « source » de la pensée d'Henri, qui se serait peut-être passé de lui s'il n'avait risqué quelque offense à la mémoire de Boèce. Le philosophe Siger de Brabant a paradoxalement plus d'influence sur la pensée d'Henri de Gand que l'ancien évêque de Poitiers. La lecture henricienne du problème de l'être est d'ailleurs aux antipodes des conceptions élaborées dans les écoles platoniciennes, qu'elle désavoue ouvertement [2].

Ainsi, descendant à un troisième niveau d'interprétation, Henri plaque-t-il sa conception analogique de l'être et son interprétation du commentaire d'Averroès au cinquième livre de la *Métaphysique* sur la lecture grammairienne de Gilbert [3] : l'« être » est assimilé à l'être existentiel, qui n'appartient à aucune catégorie puisqu'il imbibe tout le réel existant; le « quelque chose même est » renvoie à l'être catégorial, par lequel la chose est déterminée essentiellement. L'homme est par Dieu, mais il est homme par sa forme, l'humanité présente en Dieu de manière exemplaire. L'être existentiel est alors une relation à Dieu comme cause efficiente, et l'être catégorial dépend de l'idée divine considérée comme cause exemplaire. La liberté de la lecture henricienne est si grande que Boèce y apparaît comme le maître de la distinction, tantôt notionnelle, tantôt intentionnelle. En effet, il est encore possible de lire chez Boèce une distinction de raison au sein de l'essence, qui est telle qu'elle est parce qu'elle appartient par soi à un genre, mais qui est par l'être d'essence, en Dieu ou créé.

Avec la distinction intentionnelle, Henri a promu une méthode : *comprendre* la réalité impose de reconnaître une pluralité de points du vue, qui rendent raison des manières (*modi*) multiples qu'a le monde de nous apparaître. Le cas de la notion d'être est exemplaire au premier chef : la notion d'être n'a pas de contenu spécifique propre; il est de fait vain de concevoir l'être de façon séparée [4]; par contre, distingué intentionnellement de l'essence et conçu différent en toutes réalités différentes, il permet de signifier la contingence propre au créé et de penser chaque réalité dans son ordre ou rapport aux autres. La distinction intentionnelle apparaît ainsi comme l'instrument d'une pensée analogique, d'une

1. A propos de cette lecture porrétaine, voir Marenbon (1988), p. 337-343; Rijk (1987), p. 148-160.

2. Voir *Summa, art. 21, q. 2*, et son explicitation par Decorte (1996).

3. *Quodl. XI, q. 3*, éd. I. Badius, 446v-447r.

4. Decorte (1996), p. 101-102, montre Henri disqualifier une éventuelle conception abstraite de l'être : « Abstraction isolates, among things similar in some respect or other, (the similarity of) such a respect which, when affirmed or denied of a common nature or matter, can be the cause of individual or specific difference. Abstraction always presupposes some common matter or background. Now the concept of being *is* this very background of abstraction, its very condition of possibility ».

conception du monde comme tissu de relations, alors que la distinction réelle permet de reconnaître quelque altérité absolue le cas échéant.

Gilles de Rome et Henri de Gand : les impératifs de la contingence

La relation

Inscrite désormais dans un débat théologique sur la création, la question de la distinction entre être et essence a un pendant : celle de la relation de l'être créé à son créateur et à son éventuel réceptacle essentiel (Gilles de Rome). Reconnaître une relation entre *a* et *b* est un mouvement de l'esprit inversement corrélatif à distinguer *a* de *b*. De même, attribuer un statut à la relation ou à un type de relation dépend de la manière dont les relatifs sont distincts ou dont on pense leur distinction. D'une part, la relation sera considérée soit comme réelle, touchant les choses de quelque manière, soit comme purement idéelle. D'autre part, elle sera inhérente (intérieure) aux réalités relatives ou extérieure à elles. Ces variations seront tantôt fonctions de cas divers au sein d'une même théorie, tantôt la marque et l'instrument de l'opposition d'une pensée à une autre. Pour donner un exemple de l'imbrication réciproque des doctrines de la distinction et de la relation, prenons le cas d'une conception purement atomiste du monde, pour laquelle toute réalité existante est individuelle, singulière et *absolument distincte* des autres. Dans cette théorie, il est exclu par définition que la relation soit réelle, car toute réalité est absolue, à savoir non-relative. Idéelle et née d'une considération de l'esprit, la relation ne sera que le fait de signifier plusieurs réalités au moyen d'une seule notion. Comme l'affirmera Guillaume d'Ockham, dont la théorie des distinctions s'approche de la caricature présentée ici à titre d'exemple, la relation n'est pas une petite chose entre les choses : la paternité n'existe pas, elle n'est qu'une notion qui renvoie premièrement à tel individu et, en second lieu, à tel autre, co-signifié en tant que fils [1]. Idéelle ou réelle, la relation peut encore être appréhendée comme inhérence ou comme extériorité. A titre d'exemple et sans discuter le bien-fondé de ces affirmations, on pourrait poser que le fait d'être semblable à toute chose blanche n'est pas une propriété inhérente à la chose blanche *x* : la blancheur lui est inhérente mais non la similitude, car *x* n'acquiert rien lorsque quelque chose devient blanc à l'autre bout du monde. Par opposition, on peut supposer que la filiation est une propriété, réelle ou purement idéelle, inhérente à tout homme ou à tout concept « homme ». Etre engendré fait partie de la réalité humaine telle que définie par son animalité. Les relations du premier type se rangent sous la catégorie des « relations de comparaison » ; si l'on reconnaît quelque spécificité aux relations de la seconde classe, on parlera de « relation de connexion » [2].

1. Voir Guillaume d'Ockham, *Summa logicae I, cap. 49-50 ; Quodl. VI, q. 8.*

2. Descombes (2001) offre une lumineuse présentation du questionnement philosophique autour de la catégorie aristotélicienne de la relation. A propos de la relation chez Guillaume d'Ockham, voir Beretta (1999).

Le débat entre Gilles et Henri portera sur un type particulier de relation appartenant à cette seconde classe, la « créaturalité », et sur le rapport qu'entretiennent entre elles les deux classes. Pour Gilles, la relation de connexion ne sera qu'un cas particulier de la relation de comparaison, pour Henri, la relation de la créature au créateur appartiendra à une espèce particulière de relation de connexion, irréductiblement opposée à la relation de comparaison [1].

Le deuxième acte de l'explication entre Gilles et Henri déroule en effet une longue discussion sur la relation et la contingence du créé, qui débouchera sur deux théologies de la création opposées. Avant Pâques 1287, Gilles répond au *Quodlibet X* d'Henri : il ajoute les questions douze et treize à son *Sur l'être et l'essence*. A Pâques, il attaque la doctrine henricienne de l'indifférence de l'essence, dans la sixième question de son deuxième *Quodlibet*. Henri rétorque à Noël 1287, avec la troisième question de son onzième *Quodlibet*.

Le débat est traversé par une objection récurrente de Gilles contre Henri, classique depuis Thomas d'Aquin, qui la mentionnait déjà contre sa propre thèse vers 1266 [2]. L'argument martelé par Gilles s'énonce ainsi :

> En effet, une relation n'est jamais acquise par soi, sans que ne soit acquise quelque chose en laquelle est fondée la relation [3].
> Une relation ne peut en effet jamais être acquise ou perdue par soi, ni en vertu de la création, ni par quelque mouvement. Au contraire, est acquis ou perdu un absolu en lequel est fondée la relation [4].

Selon Henri, rappelle Gilles, l'être et l'essence ne sont pas distincts comme deux choses (*res*) mais comme deux intentions, et l'être exprime la relation de la créature à Dieu considéré comme cause efficiente, alors que l'essence créée dit la relation à Dieu considéré comme cause exemplaire. Or la créature est réellement dépendante du créateur; il faut donc que la création, le don de l'être, soit une acquisition réelle du côté du créé, et non une simple vue de l'esprit, comme semble l'impliquer la thèse des intentions distinctes. Gilles mobilise un exemple qui érigera la relation dite « de comparaison » en modèle de toutes relations (excepté la relation trinitaire entre les personnes divines [5]) : si un homme devient semblable par la blancheur à un mur blanc, pour entrer dans ce rapport, il lui faut acquérir une qualité réelle, la blancheur, en laquelle se fonde cette relation de similitude. De même, si l'essence est créée, si elle advient dans l'existence, il faut

1. Luna (1998), p. 174, note que le terme latin *respectus* devient l'appellation technique de la relation au cours de ce débat entre Gilles et Henri.

2. Thomas d'Aquin, *De potentia Dei, q. 3, art. 3* (septième objection). Une forte influence de la doctrine thomasienne sur Henri apparaîtra par ailleurs, dans la facture des arguments et en leur teneur doctrinale, alors même qu'Henri entendra défendre, contre Thomas et Boèce de Dacie, que le monde n'aurait pas pu être créé contingent et éternel à la fois.

3. *[...] quia nunquam respectus per se acquiritur, nisi quia acquiritur aliqua res in qua fundatur respectus. Q. 12 De ente et essentia*, 29vb.

4. *Nunquam enim nec per creationem nec per aliquem motum, potest acquiri vel perdi per se respectus, sed semper acquiritur vel perditur aliquod absolutum in quo fundatur talis respectus. Q. 12 De ente et essentia*, 30ra.

5. L'exception vient confirmer la règle dans la treizième question *De ente et essentia*, 33vb.

que la relation de création soit fondée dans l'être réellement acquis en l'essence et différant d'elle réellement. Nulle relation n'est en effet acquise sans que ne soit acquis un fondement réel pour cette relation. Par contre, ni le mur blanc ni Dieu n'ont subi de changement : demeurés parfaitement identiques, ils ne sauraient être affectés d'aucune manière.

De fait, la doctrine égidienne ôte à la relation toute réalité, en raison même de son défaut d'absoluité. La relation n'est pas quelque chose (*aliquid*), mais une tension vers quelque chose (*ad aliquid*) [1]. Elle n'affecte pas le terme demeuré immobile (le mur ou Dieu) et regarde le second terme dans la stricte mesure où une réalité différente est acquise en lui comme fondement: en devenant blanc, l'homme sera devenu semblable au mur; en recevant l'être, la créature sera créée dans la dépendance de Dieu. Ainsi l'essence et l'existence sont deux réalités (*res*), qu'il faut poser distinctes, séparables même, pour penser la condition créée du monde [2]. La relation appartient à l'ordre purement discursif: notion qui co-signifie deux réalités, elle sert l'expression théologique de la condition créée du monde. Si l'essence peut ne pas être et *advenir* dans l'être, elle diffère réellement de l'être, qui com-pose avec elle pour fonder la relation de création et rendre ainsi compte le la véracité du discours théologique. On objecterait en vain que le mur est lui-aussi *devenu* semblable lorsque l'homme est devenu blanc, et qu'il n'a pourtant reçu nul fondement réel pour cette relation de similitude. Gilles répondrait en effet que la similitude n'existe pas, n'existant pas par soi mais dans son fondement; qu'il n'est donc pas légitime de la dire proprement advenue dans le terme demeuré inchangé. D'ailleurs, le discours théologique commun reconnaît une relation réelle de la créature à Dieu, alors qu'elle ne la considère que notionnelle de Dieu à la créature, pour exclure toute dépendance de Dieu envers sa créature.

La doctrine égidienne de la relation rejoint ainsi sa métaphysique, qui exclut la considération de modes d'être différents *dans* une même chose. La créature existante n'*est* pas tout entière *relative* à Dieu et essentiellement consistante à la fois; elle est une essence qui, en sus, *a* (*habet*) l'être pour exister. La relation à Dieu ne saurait être un mode d'exercice réel de la créature, car nul mode n'est réel; là où Henri voyait une intention distinguée *par* l'esprit *dans* la chose, Gilles voit deux choses distinctes *par soi* (l'essence et l'être), et une notion (la relation de dépendance) qui co-signifie ces deux réalités et Dieu. Un rapprochement entre Gilles de Rome et Guillaume d'Ockham sur le critère d'une négation commune de la réalité de la relation serait cependant outré. Sans rapport avec la critique linguistique engagée par Ockham, la thèse de Gilles découle des principes qu'il emprunte au néoplatonisme [3]. Lors de la création, l'être est diffusé par Dieu dans autre chose que lui; or Dieu est l'être parfait et entier; l'être flue donc dans une sorte de non-être, l'essence susceptible d'être et de ne pas être, réalité absolue et différente de l'être.

1. *Q. 13 De ente et essentia*, 34ra.
2. *Q. 12 De ente et essentia*, 29vb.
3. Sur le néoplatonisme de Gilles, voir Nash (1950).

Dans son *Quodlibet XI, q. 3* de Noël 1287[1], Henri répond à Gilles, dont il trouve la doctrine des relations trop sommaire. L'objection de son contradicteur ne l'embarrasse guère; Henri connaît bien la question de la relation : au cours de sa déjà longue carrière de théologien, il l'a discutée plus d'une fois. Il se plaît d'ailleurs à rappeler qu'il a traité le problème avec abondance dans d'autres textes[2].

Dans l'argument que Gilles avait forgé pour les besoins de la polémique, une chose acquérait une relation à une autre dans la stricte mesure où une réalité absolue était acquise en elle comme fondement de cette relation; en guise de prémisse implicite au raisonnement, toute réalité était refusée à la relation, puisque rien ne pouvait être acquis sans qu'une *réalité absolue* ne le soit. Fort de ses élaborations antérieures, Henri esquive le coup porté par l'objection égidienne; campé en surplomb du terrain de la querelle, il questionne l'objet « relation » et explicite sa position sans se laisser prendre au piège de Gilles; il refuse en effet d'inclure tout type de relation dans la classe des relations de comparaison.

Sous le sceau de l'évidence, il faut certes concéder à Gilles que la relation n'a pas d'être absolu; c'est pourquoi l'être d'existence de la créature, sa relation à la cause efficiente divine, était qualifié d'intention distincte de l'être d'essence, non de chose absolument distincte. Refuser toute réalité à l'être relatif et toute pertinence réelle à la notion d'intention constitue cependant une seconde étape, dont le franchissement entraînerait une conception du monde comme agrégat de choses absolues, et réduirait par conséquent la science à la connaissance sensible immédiate et exclusive des singuliers, accompagnée d'un savoir inné des principes universels ou d'une logique des classes de type conventionnel, pour tisser des liens entre les concepts des choses absolues. Ainsi l'élucidation de la problématique relationnelle éclaire-t-elle l'ontologie, la manière dont le monde est décrit, et l'épistémologie, comprise comme théorie des distinctions dont le but est l'organisation des connaissances et la justification de leurs pertinences. Si certaines relations sont décrites en termes intentionnels, en retour, l'investigation sur la relation doit élucider le champ recouvert par la notion d'intention. L'importance de l'enjeu justifie un détour par le *Quodlibet IX* rédigé à Pâques 1286[3], dont le *Quodlibet XI* assume les conclusions.

Dans la troisième question du *Quodlibet IX*[4], Henri commence par nier que la relation se résume à un nom (*nomen solum, vox sola*); les thèmes théologiques de

1. Henri de Gand, *Quodl. XI, q. 3*, éd. I. Badius, 440v-450r.

2. Voir *Quodl. III, q. 4*, *Quodl. V, q. 2*, *Quodl. IX, q. 1*, et surtout *Quodl. IX, q. 3* et *Summa, art. 55, q. 6*. Henninger (1989), p. 40-58, donne une description de la doctrine des relations chez Henri, après avoir résumé les principes de sa métaphysique. Cette brève présentation souffre cependant de son inscription dans une caractérisation assez grossière et caricaturale de la métaphysique du docteur solennel, dont le portrait présente la figure d'un militant conservateur : « [...] a conservative thinker concerned to uphold the primacy of the Augustinian tradition against the inroads of Averroism and Aristotelianism » (p. 40).

3. *Quodl. IX, q. 3*, in *Opera omnia*, éd. coor. R. Macken, Leuven, Leuven University Press, éd. R. Macken, 1983, p. 46-88.

4. Pour faciliter la lecture de la doctrine henricienne, nous esquissons une présentation schématique, au risque de vider le texte de sa chair. Une grande partie de la discussion est menée sous

la relation trinitaire et de la dépendance réelle de la créature au créateur l'imposent, la structure de la philosophie d'Henri l'implique. Sans pertinence réelle, le pur nom ne signifie en effet rien du monde ou dans le monde. Il est marqué au sceau de sa vacuité, comme le « bouc-cerf » (*hircocervus*) de l'exemple classique. Or il arrive que nous prétendions décrire adéquatement le monde en usant de notions relatives. Que peut donc être une relation? Henri analyse les solutions possibles. D'un premier point de vue, la relation peut être :

> soit *A*. une réalité (*res*) hors de son fondement (elle est « extérieure » aux relatifs),
> soit *B*. un mode (*modus*) d'être du fondement, dont elle tire toute sa réalité (elle est « intérieure » aux relatifs).

D'un second point de vue, elle peut être :

> soit *1*. idéelle (*in anima*),
> soit *2*. réelle (*extra*).

Par définition, la combinaison *A2* doit être exclue. Un constat, une quasi tautologie le prescrit : la relation n'est pas par soi ou absolument; elle tire tout son être de son fondement. La relation n'est une réalité extra-mentale que dans les relatifs (*B2*); sans relatifs réellement existants, nulle relation réelle :

> [...] nous avons dit ailleurs que la relation tire sa réalité de son fondement; de soi, elle n'est qu'une disposition nue, qui n'est rien d'autre qu'un mode selon lequel une réalité se comporte vis-à-vis d'une autre; elle n'est donc pas une réalité par soi, mais un mode de la réalité [...] [1].

Bien qu'elle tire sa réalité de son fondement, la relation ne peut cependant être incluse dans la quiddité de son fondement : il n'appartient pas à la notion de blancheur d'être ressemblante, à la notion de grandeur d'être double, ou à la définition de l'homme d'être créé [2]. Une alternative est de fait implicite à ce constat sur le statut de la relation : dépourvue de consistance quidditative propre, la relation sera soit un nom sans pertinence réelle (*vox sola*), soit un mode d'être de la réalité qui la fonde (*aliquid in entibus signatum per vocem*), sans partage de sa quiddité. Or la réflexion d'Henri s'est déjà engagée dans cette seconde voie [3].

l'égide de Simplicius et concerne les problèmes liés aux *Catégories*; dans le même dessein de clarté, nous en faisons abstraction ici.

1. *[...] alibi diximus quod relatio realitatem suam contrahit a suo fundamento, et quod ex se non est nisi habitudo nuda, quae non est nisi modus quidam rem habendi ad aliud, et ita non res quantum est ex se, sed solummodo modus rei [...]. Quodl. IX, q. 3*, éd. R. Macken, p. 56. Le même propos est assumé dans la réponse à Gilles de 1287 : *Quodl. XI, q. 3*, éd. I. Badius, 445r.

2. Selon Henri, seules ces trois catégories (la qualité, la quantité et la substance) sont garantes d'une consistance quidditative propre : les réalités qu'elles recouvrent sont par soi (*ex se*), bien que la substance soit par soi et en soi, alors que la qualité et la quantité sont par soi dans la substance (*ex se in alio*). Il serait donc vain d'objecter qu'une relation est contenue dans la notion de filiation, car la filitiation n'a pas de quiddité propre : elle n'est précisément qu'une relation, un *ex alio* tirant toute sa réalité de la substance (l'homme), dont elle exprime un mode d'être particulier, (la doctrine henricienne des catégories est exposée dans le *Quodl. V, q. 2* et la *Summa, art. 32, q. 5*).

3. *Quodl. IX, q. 3*, éd. R. Macken, p. 49.

Le problème de la réalité de la relation est donc reporté sur celui du statut de ce mode d'être ou comportement de la réalité substantielle, qualitative, ou quantitative, eu égard à autre chose que soi. Si le statut de ce mode d'être est purement mental, la relation est « de pure raison » (*B1*) ; elle exprime certes un rapport entre plusieurs choses du monde, mais cette relation varie en fonction du point de vue de celui qui la conçoit et procède donc d'une institution mentale. Pour Socrate, d'être à gauche ou à droite d'une colonne est une relation de ce type, car la situation dans l'espace n'est fondée ni dans la substance qu'est Socrate, ni dans l'une de ses qualités ou de ses quantités [1]. Mais si le statut de ce mode d'être est extra-mental (*B2*), la relation exprime un rapport dicté par les choses existantes, un ordre ou une continuité qu'elles autorisent ou imposent de reconnaître.

Ce dernier type de relation est le plus intéressant aux yeux d'Henri, qui en affinera encore l'analyse, d'un quodlibet à l'autre et en fonction du propos. Le *Quodlibet IX* poursuit sur sa lancée analytique. Une fois reconnue une relation de type *B2*, il est en effet possible d'introduire une distinction subséquente, qui regarde le statut entitatif de ce mode d'être des choses relatives [2]. En tant que fondée dans les choses (*B2 in fundamentis*), la relation est un mode d'être concret, car elle tire sa réalité des termes relatifs qui la singularisent (*characterizantibus*) ; elle est multipliée en fonction de ses termes et obéit aux conditions dictées par le fondement qui la reçoit. La relation entre le père et le fils est dédoublée en filiation dans le fils et en paternité dans le père. Cette même relation peut cependant être considérée comme lien entre les deux relatifs (*B2 ut medium vel intervallum*) ; la « paternité » peut être prise en soi, même si elle implique deux termes relatifs. Sous cette considération, la relation est un mode d'être abstrait, une pure notion dans l'intellect, un mode d'être second aussi, car il faut que la relation *B2* soit concrète dans les choses pour pouvoir être abstraite par l'intellect (*A1*). Ainsi *A1* ou *B2 ut medium vel intervallum*, tiré de *B2 in fundamentis*, n'équivaut pas à la relation de pure raison (*B1*).

Dans le *Quodlibet XI*, auquel il faut enfin revenir pour retrouver le problème de l'être et de l'essence, Henri propose une seconde dichotomie de *B2*, qu'il analyse maintenant en fonction de la nature du fondement. Il démarque alors ce que nous avons caractérisé comme « relation de comparaison » et comme « relation de connexion » :

> Il faut répondre que [le cas mobilisé par leur exemple] n'est pas semblable au nôtre. En effet, dans le cas du mur et de l'homme, la relation n'est pas fondée immédiatement en les essences, mais en la blancheur même ; ainsi, tant que la blancheur demeure dans l'un et l'autre relatif, la relation [de ressemblance] ne peut être perdue. Or, concernant notre objet, aucune chose absolue et ajoutée à la créature n'est le fondement immédiat de la relation [au créateur] dans la créature, contrairement à ce que [nos contradicteurs] affirment de l'être d'existence. Par contre, en tant qu'elle est déterminée en un suppôt déterminé, l'essence de la créature est le suppôt immédiat de cette relation, – non l'essence prise absolument,

1. *Quodl. IX, q. 3*, éd. R. Macken, p. 48, 50.
2. *Quodl. IX, q. 3*, éd. R. Macken, p. 53.

mais seulement l'essence considérée comme terme de l'opération éternelle divine. Il n'est absolument pas besoin d'une chose intermédiaire, mais la seule essence, ainsi que [nous l'avons] présentée, suffit à supporter la relation que l'être ajoute à l'essence [1].

L'exemple de Gilles est inadéquat; il trahit en effet l'ignorance d'un type particulier de relation, la relation fondée immédiatement en l'essence, sans ajout d'une qualité ou d'une quantité. Or ce dernier type de relation n'induit précisément aucune distinction réelle dans la chose relative. Certes, lorsqu'un homme et un mur blancs sont semblables par la blancheur, le blanc doit s'ajouter à leurs deux substances. Le cas présent est cependant différent : lors de la création, l'essence est créée existante; comme « terme de l'action divine », l'essence créée est le fondement immédiat et indissoluble de la relation à Dieu. Sans autre fondement que l'essence même, la relation de « créaturalité » est un mode d'exercice de l'essence; intentionnellement distincte de l'essence, elle signifie sa dépendance envers Dieu.

Contrairement aux dires [de Gilles], l'être n'est pas une chose absolue différente de l'essence, mais une intention différente, fondée en l'essence de la chose, dont elle tire toute sa réalité. L'être n'est ni acquis en l'essence ni ôté d'elle par soi, mais seulement parce que l'essence est ou n'est pas le terme de l'opération divine, comme précisé [2].

La relation de création est donc un cas particulier de *B2* et un type particulier de relation de connexion : elle est une connexion qui constitue les deux relatifs, l'un réellement, l'autre en pure raison. Pour la cerner, Henri recourt à un exemple fort connu, développé vingt ans auparavant par Thomas d'Aquin dans son *De potentia Dei* [3]. L'acte de science met en jeu deux termes, l'objet connu et le sujet connaissant; la relation du sujet à l'objet, l'acte de science, constitue la chose en objet connu et l'homme en sujet connaissant. Si nous considérons cette relation

1. *Et est respondendum quod non est simile, quoniam in pariete et homine respectus fundatur non in illorum essentia immediate, sed in ipsa albedine, propter quod manente albedine in utroque non potest respectus ille amitti. Sed in proposito illius respectus in creatura non est immediatum fundamentum aliqua res absoluta addita creaturae ut ipsum esse existentiae quod illi ponunt, sed ipsa essentia creaturae, ut ipsa est signata in supposito determinato est immediatum fundamentum huius respectus, non secundum quod est essentia simpliciter, sed solummodo secundum quod ipsa est terminus operationis divinae aeternae. Nec omnino requiritur alia res media, immo ipsa sola essentia sic se habens sufficit ad sustinendum huiusmodi respectum quem esse addit super essentiam et nihil aliud. Quodl. XI, q. 3*, éd. I. Badius, 444r-444v.

2. *[...] esse, non, ut illi dicunt, res altera absoluta ab essentia, sed ut id quod est altera intentio fundata in essentia rei ut a qua habet omnem suam realitatem, quae non acquiritur per se in essentia nec tollitur ab ea, sed solum per hoc quod ipsa essentia est vel non est terminus operationis divinae, ut dictum est. Quodl. XI, q. 3*, éd. I. Badius, 444v.

3. *Q. 3, art. 3*, repris par Henri en *Quodl. XI, q. 3*, éd. I. Badius, 444r. En forme de paradoxe, Henri va beaucoup emprunter à la doctrine thomasienne de la relation et combattre à la fois le contexte doctrinal de son élaboration, à savoir la possibilité d'une création éternelle. Du point de vue génétique, il est d'ailleurs probable qu'Henri se soit imprégné de la doctrine thomasienne de la relation lors de ses premières attaques de 1276 contre la tiédeur du même Thomas, qui avouait ne pas pouvoir prouver philosophiquement la nécessité d'une création du monde comme temporalité (*Sent. II, dist. 1, q. 1, art. 5*). Voir Henri de Gand, *Quodlibet I, q. 7-8*.

dans le sujet connaissant, l'objet connu est réellement reçu dans l'intellect qui a acquis la science, et cette réception répond aux conditions du recevant : l'objet su est immatériellement reçu dans l'intellect. On reconnaît là une considération de type *B2 in fundamentis*. Cependant, si nous regardons l'autre terme, l'objet su, il demeure inchangé dans la relation de science : une chose n'acquiert rien du fait d'être connue. Dans ce cas, la considération est de type *B2 ut medium vel intervallum*. La relation sera donc réelle dans le sujet connaissant, mais de raison dans l'objet connu. Or la création est comparable à la science : constitutive de la créature et érigeant Dieu en créateur, elle est réel du côté du créé qui passe du non-être à l'être ; attribuée à Dieu, elle n'est que de raison, car Dieu est immuable et éternel [1]. Du côté de la créature la relation est de type *B2 in fundamentis*, du côté de Dieu elle est de type *B2 ut medium vel intervallum*.

Contre Gilles, Henri conclut donc qu'il est inutile de scinder le créé en deux choses (*res*) ; l'être d'existence est au contraire le mode propre de l'essence *voulue* par Dieu et créée hors de lui, alors que l'être d'essence est le mode propre de l'essence *conçue* par l'intellect divin. Le premier mode est temporel, le second éternel. Tous deux, ils sont cependant des intentions, non des réalités absolument distinctes. Pour preuve, l'essence peut être conçue sous le non-être – elle pourrait ne pas être –, alors qu'il serait contradictoire qu'elle *soit* sous le non-être. La subtile doctrine élaborée par Henri permet de penser l'ordonnance réelle du créé au divin et de laisser Dieu dans son immuabilité éternelle. Lorsqu'il crée dans le temps, Dieu n'est pas changé sinon « par dénomination », car sa raison et sa volonté sont éternelles : de toute éternité, la volonté immuable de Dieu a décidé de produire la créature dans le temps, de la doter ainsi de sa dimension contingente terrestre. La création sera un changement réel du côté de la créature [2].

La technicité de la discussion sur la relation est justifiée par son enjeu théologique, peut-être étranger à un philosophe du XXIe siècle, mais crucial pour un penseur d'après 1277. La pensée universitaire investissait alors beaucoup de ses forces dans la querelle sur l'éternité du monde. Etroitement lié au problème de la contingence, le débat opposait les tenants de la possibilité d'un monde créé éternel aux défenseurs de sa nécessaire temporalité, précédée d'une durée soustraite à la chronologie mais réelle. En 1287, la seconde solution s'est imposée pour des raisons théologiques liées à la contingence du monde : si la création est librement voulue par Dieu, il faut qu'elle advienne ponctuellement. La création sera donc une rupture (*de novo*) inscrite dans une durée qui l'excède, un changement (*mutatio*). Or la distinction réelle de Gilles de Rome semble exclure l'essence du flux temporel propre au créé : lors de la création, l'être se compose à l'essence, mais ne la constitue pas proprement dans le temps. Henri rappelle son interlocuteur à l'orthodoxie avec la mention d'un article condamné le 7 mars 1277 par l'évêque de Paris :

1. Dans sa *Summa theologiae I, q. 45, art 3*, Thomas d'Aquin distinguait de la même manière la création prise passivement, à savoir dans la créature, de la création prise activement, à savoir en Dieu.

2. *Quodl. XI, q. 3*, éd. I. Badius, 444r.

> En effet, si l'essence n'était pas changée lorsqu'elle reçoit l'être, il ne serait pas vrai d'affirmer qu'elle est créée en recevant l'être, ou alors elle serait créée par une autre création que l'être, puisque toute création est un changement –, ce que nient [nos contradicteurs], en posant le contraire. Or, comme le dit un article condamné, [la proposition suivante] est une erreur : la création n'est pas un changement, ou n'est un changement selon aucun des modes du changement [1].

Henri de Gand inscrit ses réflexions sur la relation et la distinction dans le cadre du débat théologique sur la contingence du monde ; or, plus qu'ailleurs, ce dernier s'était organisé autour de la temporalité nécessaire ou facultative du monde.

Eternité et nécessité : le système impie des philosophes

Pour apprécier la tournure prise par la seconde phase du débat entre Gilles et Henri (année 1287), il faut donc remonter l'histoire des querelles universitaires et esquisser à gros traits la genèse d'un problème aux nombreuses ramifications, le problème d'une possible créature éternelle. Nul doute qu'aucun « philosophe » de la Faculté des arts, encore moins un théologien d'ailleurs, n'aurait affirmé que la créature est éternelle, aussi hétérodoxe fût-il. Née à l'occasion des lectures d'Aristote, dont Bonaventure étudiant se demandait encore s'il avait vraiment défendu l'éternité du monde [2], la question n'était qu'un lieu théorique : la créature aurait-elle pu être éternelle ? Quant à la vérité révélée, la *Genèse* dit que « Dieu créa le ciel et la terre *in principio* », le monde a donc un commencement.

Le problème de l'éternité du monde fut une épreuve pour l'intellectuel médiéval désireux d'élaborer une explication rationnelle de la contingence humaine, en théologie ou en philosophie. La révélation chrétienne enseignait que le monde procède de rien (*ex nihilo*), au commencement (*in principio*). Comment concevoir ce commencement, historique ou métaphysique ? Dieu a créé le monde *ex nihilo*, mais quel sens accorder à la préposition « *ex* » ? Les textes bibliques pris à la lettre semblaient indiquer la voie historique [3] : *ex nihilo* équivaut à *post nihilum* et Dieu précède la création dans la durée, car, avant le monde, Dieu existait en son immuabilité éternelle, et, hors de lui, il y avait un néant informe

1. *Si enim non transmutaretur essentia recipiendo esse, non esset verum dicere quod recipiendo esse crearetur, aut alia creatio crearetur quam esse creatur, cum omnis creatio sit transmutatio. Quorum contrarium asserunt illi. Quod tamen, scilicet quod creatio non sit aliqua mutatio, sive quod secundum nullum modum mutationis sit mutatio, error est, ut dicit articulus damnatus. Quodl. XI, q. 3*, éd. I. Badius, 441v. Henri reprend l'article 217/187 de la grande condamnation de 1277 : *Quod creatio non debet dici mutatio ad esse. – Error, si intelligatur de omni modo mutationis.* Voir Piché (1999), p. 144.

2. Voir *Sent. II, dist. 1, pars 1, q. 1, art. 2*. Un témoignage *a posteriori* de ce doute est déposé dans les *Collationes de decem praeceptis, II, 28,* dans *Doctoris Seraphici Sancti Bonaventurae...Opera Omnia*, éd. PP. Collegii S. Bonaventurae, Ad Claras Aquas, Grottaferrata, 1882-1902, t. 5, p. 515. Au sujet de la controverse parisienne sur l'éternité du monde et des censures doctrinales qui en résultèrent, voir Bianchi (1984).

3. Par exemple *Evangile selon Saint Jean,* 17.2, 17.24 ; *Epître de Saint Paul aux Ephésiens*, 1.4.

d'où viendrait un jour le monde [1]. La pensée chrétienne était porteuse d'une tendance à associer l'éternité à la nécessité de l'incréé, alors que le créé devait être marqué d'autant de temporalité que de contingence : l'inscription de la création dans une durée qui la déborde permettait de considérer l'existence terrestre comme une occurrence réalisée dans le champ des possibles, et l'intelligence humaine comme l'instrument factuel adapté à cette existence particulière. Les penseurs du XIIIe siècle, enrichis par la philosophie aristotélicienne ou embarrassés par elle, s'ingénieront à transposer dans les normes de leur savoir cette doctrine difficile, selon laquelle le non-être précède l'être de la créature par nature *et* dans la durée. Assimilée à un changement réel, la création est précédée d'une durée à laquelle il est cependant incongru de conférer une place dans la linéarité du temps. Il faut en effet que le monde soit précédé d'une durée éternelle, sinon il n'aurait pas de commencement réel ; selon l'enseignement de la physique d'Aristote, le mouvement inscrit dans la succession temporelle est en effet toujours précédé d'un autre mouvement, et le changement physique qu'il mesure procède de quelque chose préexistant.

Au XIIe siècle déjà, les théologiens de l'école de Chartres [2] tentèrent une explication « métaphysique » de la procession *ex nihilo*. Dieu pense la créature dans l'éternité et la crée temporelle. La temporalité est alors coextensive à la créature : le temps est créé avec le monde, qui débute, qui finira, qui se déroule dans la succession, mais qui n'a pas d'avant. La lecture chartraine aurait pu fournir aux penseurs de la seconde moitié du XIIIe siècle les moyens d'éviter l'écueil de l'émanatisme : le mouvement du créé est non seulement scandé de successions, mais il a un début et une fin ; le monde n'est pas une création perpétuelle qui émane nécessairement de Dieu dans une durée sans borne. Elaborée dans la proximité théorique de Boèce et née de la lecture du *Timée* de Platon dans la version latine de Calcidius, cette explication à caractère philosophique ne fut pourtant pas discutée au XIIIe siècle, alors que le néoplatonisme et le nouvel aristotélisme détournés par la pensée arabe apparaissaient, différents et étrangers, reléguant dans l'histoire les élaborations des chartrains.

L'année 1266 peut jouer le rôle d'incipit au récit de la querelle universitaire parisienne dont Henri de Gand et Gilles de Rome sont des protagonistes. Cette année-là le successeur de Bonaventure à la chaire de théologie de Paris, Guillaume de Baglione, dispute trois questions sur l'éternité du monde [3]. Sa réponse caractérise la position à combattre, celle des « philosophes ». Selon

1. Le livre XII des *Confessions* de Saint Augustin engage une première investigation chrétienne sur ce néant informe d'où Dieu a tiré le monde.

2. Sont exemplaires les conclusions de Guillaume de Conches, *Glosae super Platonem*, 97, éd. E. Jeauneau, Paris, Vrin, 1965, p. 180. Pour une vue d'ensemble sur l'école de Chartres et l'éternité du monde, Dales (1990), p. 27-38.

3. Les trois rédactions sont éditées par I. Brady dans « The Questions of master William of Baglione, O.F.M., *De aeternitate mundi* (Paris, 1266-1267) », *Antonianum*, 47, 1972, p. 362-371, 576-616. Dans la grande fresque de R.C. Dales sur le problème de l'éternité du monde, on consultera les pages 109 à 198 pour toute précision relative au XIIIe siècle, les pages 110 à 114 pour Guillaume de Baglione en particulier.

Guillaume, il ne s'agit plus de discuter d'une possible éternité du monde, même comme pure hypothèse philosophique, car il est démontrable par la raison non seulement que le monde n'est pas éternel, mais aussi qu'il n'aurait pu l'être [1]. Trois sens du terme « éternité » sont distingués d'abord. Premièrement, l'éternité peut signifier la parfaite et simple instantanéité ; elle ne regarde alors que Dieu et la procession des personnes de la Trinité au sein de la parfaite simplicité de Dieu. Deuxièmement, l'éternité peut renvoyer à une durée infinie et sans commencement, à une co-éternité du principié par rapport à son principe, l'un accompagnant l'autre comme la lumière flue nécessairement du soleil : toute sa vie durant, car cet astre ne peut pas ne pas rayonner. Enfin, l'éternité peut signifier qu'une réalité a toujours été, car le temps lui est co-extensif ; proche de la conception chartraine, cette dernière acception n'exclut pas le commencement du monde mais la préséance réelle du néant : le monde est créé avec sa dimension temporelle, mais à partir d'un néant sans consistance ontologique. Or la thèse à combattre, celle des « philosophes », défend que le monde est éternel dans le second sens et exclut ainsi une véritable création. Dans cette optique, le monde serait perpétuel et soustrait à la libre volonté de Dieu ; accompagnant nécessairement son principe, il ne pourrait pas ne pas exister et émaner de son principe (le soleil ne peut pas ne pas rayonner). De fait, si le monde avait pu être éternel, il le serait, à moins de supposer une déficience du créateur. Guillaume insistera donc sur la temporalité du monde et l'inscrira dans une durée qui l'excède : Dieu précède sa créature non seulement par nature, mais aussi dans la durée [2]. Avec cette prise de position, le maître franciscain a exclu la solution « métaphysique » des chartrains et cristallisé la thèse à combattre : la possible éternité comme perpétuité du monde.

Après cette détermination de Guillaume de Baglione, la question continue de se propager dans l'université [3], mais, le 10 décembre 1270, l'évêque de Paris promulgue sa première condamnation. Elle vise spécialement l'idée de l'éternité du monde, thème pernicieux insinué dans la pensée universitaire par les lecteurs d'Aristote. En réponse à cette condamnation, la Faculté des arts parisienne paraît s'auto-censurer le 1er avril 1272. De nouveaux statuts interdisent de disputer les questions de foi, qu'il faut laisser aux théologiens. Cet acte institutionnel a été récemment décrit comme l'habile manœuvre des artiens pour garantir une autonomie à leur science : une fois les aspirations intellectuelles propres aux différentes facultés universitaires distinguées, leurs savoirs respectifs peuvent se

1. *Non solum autem demonstrabile est mundum non esse aeternum, sed etiam hoc, quod aeternum esse non potuit*, éd. cit., p. 370.

2. Éd. cit., p. 588.

3. En 1267-1268 Bonaventure est à Paris et témoigne de la vigueur du débat dans ses sermons (*Collationes de decem praeceptis* et *Collationes de donis spiritus sancti*). A Pâques 1270, le troisième *Quodlibet* de Thomas d'Aquin aborde la question. Opposés aux vues thomasiennes, Eustache d'Arras (*Quaestiones septem de aeternitate*) puis Jean Pecham, qui lui succède en 1270, perpétuent la ligne bonaventurienne.

doter de leurs critères et de leurs objets propres, nouvellement circonscrits [1]. Autour de 1272 paraissent d'ailleurs trois *De aeternitate mundi* qui refusent de reléguer la question aux oubliettes de la philosophie; ils émanent de maîtres en arts, Siger de Brabant et Boèce de Dacie, mais aussi d'un théologien, Thomas d'Aquin [2]. Siger et Boèce ignorent sciemment la prescription de Guillaume de Baglione, qui exigeait que la proposition suivante soit démontrable sans distinction de points de vue : « Le monde n'aurait pas pu être éternel ». Ils s'efforcent au contraire de dessiner les frontières strictes de chaque savoir et aboutissent à la conclusion de la possible éternité du monde en philosophie de la nature. Dans son récit détaillé de la querelle, R. C. Dales a élucidé l'enjeu de cette discussion au sein de la Faculté des arts : s'il est possible de penser une création éternelle alors que la vérité chrétienne révèle la temporalité du créé, la vérité n'est pas univoque, mais elle dépend de la pertinence, elle est relative au point de vue adopté et au but poursuivi; il n'est pas incohérent de voir des vérités différentes coexister, du moment où elles sont irréductibles parce qu'inscrites dans leurs cadres épistémologiques propres, et ordonnées les unes aux autres si elles sont considérées dans le cadre plus large de la hiérarchie instaurée entre les divers domaines du savoir [3].

Dans son *De aeternitate mundi*, Thomas reprend la question rendue classique par Guillaume de Baglione alors même qu'il voulait la trancher définitivement. « Une fois posé que, selon la foi catholique, le monde a un début dans la durée, un doute s'est élevé : aurait-il pu être toujours? [4] ». Au contraire de Boèce de Dacie, Thomas ne rend pas autonomes les divers domaines du savoir; la vérité est rationnelle par essence, elle n'est pas scindée en deux ordres, naturel (rationnel) et surnaturel (miraculeux). Il est donc légitime de penser une question théologique selon les critères de la rationalité : compte tenu que le monde a un commencement, est-il contradictoire qu'il eût pu toujours être? Du côté de la toute-puissance divine, il n'est pas contradictoire de penser une production éternelle, à l'instar de celle des personnes de la Trinité; du côté de la créature, demeure donc la question de la possibilité d'une production éternelle qui soit une véritable création. La création fût-elle éternelle, la créature ne peut échapper au temps et jouir de l'instantanéité propre à Dieu, parfaitement simple et sans succession aucune; il sied donc de démarquer la production éternelle et instantanée des personnes en Dieu, de la création éternelle d'un monde temporel hors de Dieu, sinon la créature serait Dieu. Du moment où l'idée de la création éternelle d'un être temporel ne

1. Putallaz, Imbach (1997), p. 128-134. Bianchi (1999), p. 187-194, s'oppose à cette lecture et montre Siger de Brabant et Boèce de Dacie se rebeller contre les statuts de 1272.

2. Boèce de Dacie, *Opuscula: De aeternitate mundi, De summo bono, De somniis*, éd. N.G. Green-Pedersen, Hauniae, G.E.C. Gad, « Corpus Philosophorum Danicorum Medii Aevi, VI. II », 1976. Siger de Brabant, *Quaestiones in Tertium De anima, De anima intellectiva, De aeternitate mundi*, éd. B. Bazán, Louvain-Paris, « Philosophes médiévaux, 13 », 1972. Thomas d'Aquin, *De aeternitate mundi*, Ed. Léonine, t. 43, 1976, p. 83-89.

3. Dales (1990), p. 109 : « Since faith is a kind of knowledge superior to reason, and since God can do things outside the course of nature if he chooses, the conclusions of reason may sometimes lead to different, but not contradictory, conclusions of faith ».

4. *Supposito secundum fidem catholicam quod mundus durationis initium habuit, dubitatio mota est utrum potuerit semper fuisse. De aeternitate mundi*, Ed. Léonine, t. 43, p. 85.

répugne pas à la raison, il serait par contre inconvenant d'en refuser l'éventualité, surtout sous le signe de la toute-puissance divine. Or il n'est pas contradictoire de penser le monde et sa dimension temporelle créés à la fois et de toute éternité. A la racine de l'argument de Thomas, le refus de considérer la création comme un mouvement oppose la causalité métaphysique à la causalité « physique » adoptée par ses adversaires pour défendre la temporalité non seulement du créé, mais aussi de la création :

> Aucune des causes qui produisent leurs effets dans l'instant ne précède nécessairement son effet par la durée; or Dieu est une cause qui produit son effet non dans un mouvement, mais dans l'instant: il n'est donc pas nécessaire qu'il précède son effet par la durée [1].

Sans crainte, Thomas invoque les exemples attachés d'habitude à l'élucidation de la doctrine d'Avicenne, et à la cristallisation de l'émanatisme arabe : la création pourrait être analogue à la diffusion de la lumière par le soleil; la lumière est causée par le soleil, sans que le soleil ne la précède dans la durée [2]. Le risque de s'associer au nécessitarisme est d'ailleurs écarté d'un geste : Dieu aurait très bien pu vouloir créer un monde éternel de toute éternité et en toute liberté, car, en lui, le vouloir n'est pas précédé de la délibération et de la conception [3].

Aux alentours de la même année 1272, Gilles de Rome étudie la théologie à Paris sous le magistère de Thomas d'Aquin. Une œuvre polémique, les *Erreurs des philosophes* [4], témoigne de l'attitude intellectuelle du jeune Gilles, qui se propose de contrer la philosophie gréco-arabe porteuse de conceptions erronées, parmi lesquelles l'éternité du monde. Or, bien que la condamnation de Gilles en 1277 soit en partie motivée par ses thèses sur la possible éternité du monde, il ne semble pas nécessaire de supposer un démenti progressif mais radical de cette première prise de position dans les œuvres postérieures des années 1272-1277 [5].

1. *Primo sic : nulla causa producens suum effectum subito necessario precedit duratione suum effectum; sed Deus est causa producens effectum suum non per motum, sed subito : ergo non est necessarium quod duratione precedat effectum suum. De aeternitate mundi,* Ed. Léonine, t. 43, p. 86.

2. Thomas assume le même argument et adopte le même exemple que dans la *Summa contra Gentiles II, cap. 38.* La question de la possible éternité du monde était déjà traitée en *Sent. II, dist. 1, q. 1, art. 5*, où Thomas excluait de prouver que le monde n'est pas éternel.

3. *De aeternitate mundi,* Ed. Léonine, t. 43, p. 87.

4. *Errores philosophorum*, éd. J. Koch, trad. J.O. Riedl, Milwaukee, Marquette, 1944. L'attribution de ce texte à Gilles de Rome n'est pas exempte d'incertitudes, bien qu'elle soit retenue par la majorité des commentateurs d'aujourd'hui. A ce sujet, Del Punta, Donati, Luna (1996), p. 320a, p. 327a, p. 331a. Ailleurs, C. Luna (« La Reportatio della lettura di Egidio Romano sul Libro III delle Sentenze (Clm. 8005) e il problema dell'autenticità dell'Ordinatio, Parte II », *Documenti e studi* I, 1, 1990, p. 113-225) a avancé des preuves convaincantes pour refuser l'attribution des *Errores* à Gilles de Rome. Tout ce qui suit doit donc être pris sur un mode hautement conditionnel.

5. R.C. Dales suppose un tel virage dans la pensée de Gilles pour justifier sa condamnation de 1277, qui, entre autres sujets délicats, pointera sa conception de la possible éternité du monde : « Giles was a young man, probable a beginning theological student under Thomas Aquinas, at the time he wrote this work, and he seems later to have altered his position significantly on the eternity of the world [...] among the reasons for his exile from the Parisian theological faculty in 1278 seems to have been his opinion on the possibility of an eternally created world. », Dales (1990), p. 155. Les conclusions de Pini (2001), qui étudie la création chez Gilles de Rome, autorisent cependant notre désaveu partiel de la supposition de R.C. Dales.

Sans déviance brutale, la pensée de Gilles pourrait au contraire s'affiner, de ce traité polémique contre les philosophes à la doctrine qui lui vaudra sa condamnation de 1277 pour cause de trop grande allégeance aux philosophes. Dans les *Erreurs des philosophes*, Gilles entend certes montrer les dangers de la philosophie aristotélicienne, mais il base son argumentation sur l'objection même que Thomas oppose aux défenseurs de l'impossibilité d'une création éternelle : comme Thomas contre les simplifications abusives de certains théologiens, il prétend que la création n'est pas un mouvement.

> Ainsi la création n'est pas un mouvement, car le mouvement présuppose un mobile ; la création ne présuppose rien, et n'est pas proprement un changement, car tout changement est le terme d'un mouvement ; or, comme on le prétend communément, la création est la simple procession (*defluxus*) des choses à partir du premier [1].

Gilles isole le fondement de toutes les erreurs du Philosophe. Sa doctrine nie la création, car elle érige le mouvement physique en principe exclusif : tout ce qui advient nouvellement est précédé d'un mouvement ; il est de fait impossible de poser un premier mouvement, car celui-ci, nouvellement advenu, devrait être précédé d'un mouvement. Dans un monde conçu selon l'unique règle de la philosophie de la nature aristotélicienne, le mouvement est infini [2]. Or les théologiens latins qui prétendent prouver le commencement temporel du monde conçoivent justement la création comme un changement, au terme d'un mouvement ; en forme de paradoxe, la première prise de position de Gilles contre Aristote aurait donc déjà mérité l'attention des censeurs, malgré la bonne volonté du jeune théologien et peut-être à cause de sa fidélité à Thomas d'Aquin sur un point de détail : la création n'est pas un changement [3]. Cette thèse de 1271-1272 aurait en effet déjà pu susciter le veto contenu dans l'article 217/187 de la condamnation du 7 mars 1277, qu'Henri se plaît encore à rappeler dans son onzième *Quodlibet* de 1287. D'autre part, sans commune mesure avec ses élaborations postérieures, le petit traité de Gilles paraît déjà accorder une place privilégiée à la voie néoplatonicienne du *defluxus a primo*, qui engage un autre type de causalité que l'efficience purement physique. Vouloir figer la position de Gilles sur une période de vingt ans relèverait du ridicule ; il n'est cependant pas nécessaire de supposer des revirements non attestés par les textes pour expliquer sa condamnation : en début de carrière déjà, Gilles soutient des thèses rejetées par les mouvances dominantes

1. *Ideo creatio non est motus, quia motus praesupponit mobile ; creatio vero nihil praesupponit nec est mutatio proprie, quia omnis mutatio est terminus motus ; sed ut communiter ponitur, est simplex defluxus rerum a primo. Errores philosophorum, c. 3*, éd. J. Koch, p. 14.

2. *Errores philosophorum, c. 1*, éd. J. Koch, p. 2.

3. Pini (2001) aboutit aux mêmes conclusions. Concentrée sur l'éternité du monde, cette étude décrit l'évolution de la doctrine égidienne entre 1275 et 1285 (p. 401-402) ; vers 1281, Gilles apparaît devoir désavouer partiellement sa thèse, qui ignorait la temporalité de la créature, (voir « Quaestiones I-XX a fratre Aegidio Romano Paduae disputatae in capitulo generis O.E.S.A. 1281 », éd. G. Bruni, *Analecta Augustiniana*, 17, 1939-1940, p. 125-150). Cependant, jamais le docteur augustin n'adoptera la position privilégiée par la censure ; au contraire, il se rapprochera à nouveau de la doctrine thomasienne, dès 1285. Vers 1300, Gilles constatera d'ailleurs que la nécessaire temporalité du monde n'a jamais été démontrée (*Sent. II, dist. 1, pars 1, q. 4, art. 2*).

de la théologie universitaire; vitupérer les philosophes païens et les penseurs musulmans n'offre pas la garantie d'échapper à la censure en-deçà des Pyrénées.

Dans son premier *Quodlibet* de Noël 1276, il est demandé à Henri de Gand si la créature aurait pu être éternelle [1]. La réponse du maître ne s'appuie pas sur une opposition entre foi et raison [2]. La raison, tout comme la foi, nie la possibilité d'une créature éternelle. Aux yeux d'Henri, cette dernière thèse est une erreur induite par une fausse conception du monde, bien que tirée de celle-ci par un raisonnement rationnel. La prémisse fallacieuse incriminée par Henri est qualifiée d'« opinion des philosophes » [3], mais elle résume la thèse défendue par Thomas d'Aquin dans son *De aeternitate mundi* : avec sa dimension temporelle, la créature aurait pu être créée de toute éternité, car la création n'est pas un changement. Dans le cadre de cette doctrine erronée, la création n'est pas une production, mais une simple « causation ». La créature émane de Dieu comme la lumière émane du soleil, par nécessité de nature; elle ne pourrait donc pas ne pas en émaner toujours, Dieu étant éternel. L'opinion des philosophes assimile en effet l'acte créateur à la causalité « métaphysique » du néoplatonisme, selon laquelle une cause non limitée ou entravée produit tout l'effet dont elle est puissante [4]. Or Dieu est tout puissant. Il produit donc toujours le monde comme son unique et total effet. Cette conception est « intellectualiste » en ce sens qu'elle exclut une décision de la volonté divine au principe de la création; elle est « nécessitariste », car elle implique que le monde ne pourrait pas ne pas être. La création équivaut de fait à la conservation du créé dans l'être : l'antériorité du non-être par rapport à l'être n'est pas réelle, à savoir incorporée à la durée, mais une simple vue de l'esprit (*solum in intellectu*) [5].

La solution d'Henri distingue en effet les deux actes de création et de conservation. Un jour, Dieu créa le monde, précédé d'un réel néant. Le monde n'est pas Dieu; il n'en est donc pas une émanation ou une manifestation. De fait, Dieu a créé le monde dans autre chose que lui (*in alia substantia*); or, comme Dieu est l'être parfait, il faut que le monde ait été installé, autre que Dieu, à la place du néant. Depuis, Dieu le conserve dans l'être [6]. La théorie des philosophes a le tort de réduire la création à la conservation, alors que l'acte de création est ponctuellement advenu et diffère ainsi de l'acte de conservation, coextensif à la durée du créé. La créature n'a pas seulement besoin d'un principe qui la maintienne dans

1. *Quodl. I, q. 7-8*, éd. R. Macken, p. 27-46. Cette double question a été abondamment commentée, notamment par Macken (1971) et Van Veldhuijsen (1987). Carvalho (1996) propose une interprétation pénétrante, qui met en exergue le souci de la contingence chez Henri de Gand; M.A.S. Carvalho reproche à R.C. Dales son approche réductrice de la doctrine henricienne, passée au crible des principes thomasiens. Quant à Carvalho (2001), cet ouvrage présente une étude approfondie sur la question de la nouveauté d'un monde temporellement advenu selon Henri de Gand.

2. *Quodl. I, q. 7-8*, éd. R. Macken, p. 34-35.

3. *Quodl. I, q. 7-8*, éd. R. Macken, p. 29, p. 33.

4. Dans son *Quodl. III, q. 1* par exemple, Thomas d'Aquin assume cette conception de la causalité et l'applique à Dieu. Ce texte est étudié p. 145 *sq.*

5. *Quodl. I, q. 7-8*, éd. R. Macken, p. 33.

6. *Quodl. I, q. 7-8*, éd. R. Macken, p. 36-37. Selon Macken (1971), p. 227-242, la créature d'Henri est entachée d'une part de non-être.

l'être, mais aussi d'un créateur qui le lui ait conféré, car elle n'a pas l'être de soi, mais d'un autre. Comme le manifeste l'exemple du soleil et de la lumière, si Dieu n'avait d'autre rôle que de maintenir le monde dans l'être, l'être reviendrait au monde « de soi »; celui-ci serait certes relatif à Dieu « par qui » il serait conservé, mais, le monde étant, il ne pourrait qu'être toujours conservé; il imposerait ainsi sa nécessité au principe, à moins que le principe ne s'évanouisse dans le néant. Mieux, il ne serait pas distinct du principe ou de l'être nécessaire et éternel. La théorie des philosophes interdit donc de penser la création d'un monde différent de Dieu et contingent; les étants sont émanés comme sont produites les trois personnes divines, qui s'engendrent toujours en Dieu selon la nécessité de leur nature. Or la doctrine « catholique » suspend toute nécessité naturelle à l'ordre institué par la volonté divine : la liberté de Dieu est analogue à celle d'un artisan qui fabriquerait son œuvre, mais aussi sa propre matière première, à partir de rien. Ainsi, la création est un changement réel bien qu'elle ne soit pas naturelle :

> [...] même s'il n'est pas véritablement un changement de type naturel, l'acte de création est cependant opéré sur le mode du changement, car il procède du non-être à l'être [...] [1].

Henri de Gand est le seul membre identifié de la commission d'experts mandatée par l'évêque de Paris pour isoler une liste de thèses qui stigmatisent les erreurs philosophiques en germe dans l'Université. Parmi les 219 articles condamnés le 7 mars 1277 une trentaine concerne le problème de l'éternité du monde [2], et la rédaction de l'un d'entre eux au moins pourrait être de la plume d'Henri :

> Que la création ne doit pas être dite un changement vers l'être. – C'est une erreur, si on le conçoit de toute forme de changement [3].

Entre le *Quodlibet I*, qui attribue la thèse d'une possible création éternelle aux « philosophes », et la condamnation de 1277, la formulation est quasi identique. Que l'article vise Boèce de Dacie ou quelque maître en arts ne l'empêche pas de menacer effectivement Gilles de Rome, qui, déjà vers 1272, niait que la création soit un changement; par ricochet, il peut aussi atteindre la mémoire de Thomas d'Aquin, mort en 1274. Or cette même année 1277 Gilles de Rome est condamné à titre privé et son long exil débute. La bibliothèque de Godefroid de Fontaines a livré le témoignage de cette condamnation, sous la forme de l'apologie que Gilles écrivit pour sa défense [4]. Les articles 30 et 31 de ce document présentent une

1. *[...] actus creationis, etsi non sit vera transmutatio ut est illa quae est naturalis, quia tamen est de non esse in esse, modum mutationis habet [...]. Quodl. I, q. 7-8,* éd. R. Macken, p. 37.

2. Voir Dales (1990), p. 172-177.

3. *Quod creatio non debet dici mutatio ad esse. – Error, si intelligatur de omni modo mutationis.* (217/187) L'attribution de la rédaction de l'article à Henri de Gand est conjecturée par Hissette (1977), p. 277.

4. Le document est édité dans la précieuse étude de R. Wielockx : Wielockx (1985), p. 49-59. Selon les reconstitutions dues à son éditeur, l'*Apologie* fut rédigée par Gilles pour répondre à Etienne Tempier, en 1277 : « [...] la censure de Gilles de Rome que Godefroid de Fontaines nous a conservée (par sa copie de l'apologie de Gilles) n'est pas la seconde "censure", prononcée sous Ranulphe de la

justification de la doctrine de la possible éternité de la créature. Bien qu'il soit hérétique de soutenir que la créature est éternelle, proclame Gilles, il n'est pas condamnable de se demander si elle aurait pu l'être. Par stratégie ou indifférence, Gilles ignore les dernières élaborations d'Henri; avec une naïveté peut-être calculée, il ne voit en la thèse incriminée par ses censeurs qu'une opinion longtemps discutée, au lieu d'une erreur condamnée. Il occulte ainsi le lien noué par Henri entre possible éternité et abolition nécessaire de la création au profit d'une simple émanation ou conservation dans l'être. Cette lecture du problème a pourtant prévalu lors de la grande condamnation du 7 mars.

Une mise au point s'impose ici concernant Gilles de Rome. Dans la neuvième question *Sur l'être et l'essence*, Gilles a procédé à une double comparaison, entre l'essence et la matière et entre l'être et la forme; il établissait donc une analogie entre l'ordre physique des substances matérielles et l'ordre théologique de leur contingence créée. Or dans les *Erreurs des philosophes*, antérieures d'une quinzaine d'années, Gilles avait reproché à Aristote son physicalisme, qui exclut la considération d'une création *de novo*. Pour contrer le Philosophe, il prétendait alors que la création n'est pas un changement; la physique aristotélicienne est impuissante à décrire la création, alors que la théorie du *defluxus a primo* l'élucide. Dans le même souci de contrer les « philosophismes », un article de la grande condamnation de 1277 imposa pourtant de considérer la création comme un changement. Certes, la création n'est pas un changement naturel, mais elle est encore moins une procession éternelle et nécessaire. Gilles et les rédacteurs de l'article 217 semblent donc ne pas s'attaquer aux mêmes « philosophes », à moins de combattre la même erreur au moyen d'arguments contraires. La commission de censure visait l'émanatisme véhiculé par les péripatétismes grec et arabe et introduit dans la Faculté des arts de l'Université de Paris; elle pointait la dangereuse nécessité impliquée par la théorie du flux et de la procession de toutes choses hors de l'Un. Gilles de Rome s'en prenait par contre à un principe de la philosophie naturelle aristotélicienne, où tout changement est conçu sur le modèle du mouvement physique; sa propre doctrine de la création n'excluait pas une théorie du flux, pour autant qu'elle fût remaniée et conforme aux enseignements de la foi chrétienne.

Lorsque, en 1287, Henri reproche encore à Gilles sa négation de la création comme changement, il se souvient de 1277, mais il comprend aussi mieux les motivations de la prise de position de Gilles. La théorie égidienne représente une tendance répandue en théologie, l'adaptation sans discernement des principes de la philosophie naturelle et des mathématiques, dans des cas où ces emprunts ne sont pas légitimes mais dictés par l'aveugle souci de système [1]. Pour prolonger les propos d'Henri, Gilles aurait tort de fustiger l'incapacité de la doctrine péripatéticienne à rendre compte de la création *de novo*, car l'appréhension de la création appartient à un autre type de rationalité que la philosophie naturelle; la création est

Houblonnière et aboutissant à la réhabilitation de Gilles (1285). C'est bien la censure qui, sous Etienne Tempier († 3 sept. 1279), décida l'évêque à refuser la licence à Gilles de Rome » (Wielockx (1985), p. 41).

1. *Quodlibet X, q. 7*, éd. R. Macken, p. 177. Voir *supra*, p. 76 *sq*.

un changement d'un autre type que la génération. Or la critique de Gilles contre le Philosophe découle précisément de sa propre incapacité à concevoir la création comme un changement différent d'une génération naturelle adéquatement conçue par Aristote dans le cadre de sa physique, mais confinée par Henri de Gand au discours biologique. Gilles serait prisonnier d'une rationalité philosophique qui l'obligerait paradoxalement à l'absurde et inutile vitupération des philosophes.

Dix ans après les événements de 1277, l'ermite de Saint-Augustin est de retour à Paris et reprend sa lutte intellectuelle contre Henri. Il utilise alors la thématique de l'éternité du monde pour prouver que l'être et l'essence diffèrent réellement. L'argument de la treizième question *Sur l'être et l'essence* repose en effet sur l'assimilation des conséquences de la non-distinction henricienne aux conclusions des philosophes sur l'éternelle nécessité du monde. Continuant à faire la sourde oreille, Gilles ne pense pas que la question cruciale regarde la possible création éternelle et l'invalidation de cette thèse hérétique par la raison elle-même. Il confesse ne pas vouloir traiter ce point particulier à cet endroit, et reproche à Henri sa position «philosophique» dans l'acception la plus triviale du terme: si l'être et l'essence n'étaient distincts qu'en intention, le monde serait éternel, donc nécessaire [1]. L'habileté de la contre-attaque de Gilles rachètera cependant la mauvaise foi dont elle semble procéder. La critique des philosophes développée par Henri à l'occasion de son premier *Quodlibet* est assumée dans son entier, développée même. Selon le dogme défendu par le front des censeurs contre la thèse de la possible éternité du monde, l'éternité du monde impliquerait sa nécessité et l'abolition de la création au profit d'une émanation nécessaire de l'être à partir de la première cause. Or nier la distinction réelle entre l'essence et l'être oblige à assumer les conclusions des philosophes sur le délicat problème de l'éternité du monde. En l'occurrence, peu importe l'opinion des philosophes sur l'être et l'essence, il s'agit seulement de percevoir quels écueils rencontre un chrétien qui voudrait nier la distinction réelle.

Comme l'enseignait Henri lui-même, il faut en effet que l'être n'appartienne pas à la créature par essence, sinon l'essence créée serait toujours et par nécessité de nature. Afin que la production de la créature à l'être soit nouvelle et contingente, il faut donc que l'essence soit une chose susceptible de recevoir l'être, en fonction du bon vouloir d'un donateur [2]. Or la doctrine henricienne de la relation [3] semble contrecarrer le projet théologico-philosophique qui la motive. En effet, si l'être n'était que la relation de l'essence créée à Dieu, fondée immédiatement en l'essence, il échoirait nécessairement à l'essence, qui, en soi, jouit d'un certain mode d'éternité. De fait, la position d'Henri rejoint précisément celle qu'il s'est efforcé de détruire: à la suivre jusque dans ses conséquences ultimes, l'essence créée émane de Dieu comme les personnes trinitaires, éternellement et nécessairement [4].

1. *Q. 13 De ente et essentia,* 33ra-33va.
2. *Q. 13 De ente et essentia,* 33vb.
3. Voir *supra*, p. 94 *sq.*
4. *Q. 13 De ente et essentia,* 34vb.

L'argumentation de Gilles développe à l'envi le thème de la nécessité du monde chère aux philosophes, mais ignore tout du subtil détail des interrogations sur la temporalité et la contingence de la créature. Jamais n'est envisagée la démarcation instaurée dans la durée infinie par la création du monde temporel, le passage réel du néant à l'être; implicitement niée toutefois, cette coupure métaphysique est réintroduite au sein de la créature même, scindée en essence et en existence quasi séparables. La contingence n'est plus pensée sous le signe de la temporalité, mais elle résulte de la déficience qui caractérise tout créé. Chez Gilles, la créature est certes temporelle, mais la création semble ne pas être un changement: la scission fondamentale où s'instaure la contingence du créé est celle de l'être et de l'essence. Dans un récent article, G. Pini insiste sur l'influence des condamnations de 1277 : Gilles aurait développé sa doctrine de la distinction réelle de l'être et de l'essence pour rendre compte de la contingence de la créature sans concéder aux censeurs au sujet de la temporalité [1].

L'essence a une consistance propre, sans création ni conservation [2]. Considérée en soi, elle comporte donc une certaine nécessité, quoique négative et vaine en son irréalité effective; considérée dans la créature, elle est réellement distincte de l'être actuel et se révèle, dans le creux de l'existence, contingente et porteuse de déficience. L'essence créée conserve la trace du non-être hors duquel le créateur la maintient, car l'essence en soi a un statut dans le non-être. Entité hybride, elle n'est de fait pas indifférente à l'être et au non-être, mais, considérée en soi, elle a un non-être en acte. Selon la formule du *Quodlibet II* daté de Pâques 1287,

> [...] lorsque l'essence a un être en puissance, elle a un non-être en acte, car ce qui est en puissance s'apparente plus au non-être qu'à l'être [3].

Dans son immédiate réponse, Henri de Gand ne manque pas de retourner à Gilles son objection : son adversaire ne voit-il pas que, conforme à la doctrine des philosophes, sa distinction réelle implique une pérennité des essences et des formes, qui imposent dès lors leur consistance nécessaire au créateur?

1. Pini (2001), p. 403-409. Après avoir cédé un peu de terrain aux censeurs vers 1281 (voir *supra*, p. 104, note 3), Gilles développe à nouveaux frais sa première position, en portant l'accent sur la distinction entre essence et être. Dès 1285, le docteur augustin adopte en effet la stratégie du silence, il évite de lier temporalité et contingence de la créature pour reprendre les anciennes conclusions de Thomas. Et G. Pini de conclure : « I do think [...] that Giles may have been induced to elaborate that doctrine in order to give an account of the creatures' contingency without mentionig their temporality » (p. 409).

2. « Revenons donc à notre propos et affirmons que l'essence est essence par soi, et que, de ce point de vue, elle n'a nul besoin de créateur ou de conservateur; elle est cependant dans la réalité extérieure en vertu d'un être actuel qui lui est ajouté, et, de ce point de vue, elle a de fait besoin d'un créateur et d'un conservateur ». *Redeamus ergo ad propositum et dicamus quod essentia est essentia per seipsam, et quantum ad hoc non indiget factore nec conservatore, sed est in re extra per esse actuale sibi realiter superadditum, ideo quantum ad hoc indiget factore et conservatore. Q. 12 De ente et essentia*, 29vb.

3. *[...] cum habet esse in potentia, habet non esse in actu, quia quod est in potentia magis se habet ad non esse quam ad esse. Quodl. II, q. 6*, dans *Quodlibeta*, éd. M. Fr. Petrus Damasus de Coninck, Lovanii, 1646 [réimpression Frankfurt, Minerva, 1966], 64a.

Or, à bien considérer ces matières, il appert que [nos contradicteurs] assument expressément la thèse qu'ils imputent aux philosophes ; ils disent que la forme ou l'essence ou l'être, en tant que tels, n'ont pas de quoi ne pas être, qu'ils n'ont cette [potentialité] qu'en raison de la matière en laquelle ils sont reçus, qu'ainsi la forme ou l'essence séparée, ou encore l'être séparé, ne sauraient ne pas être car ils seraient des êtres nécessaires [1].

La contingence égidienne est illusoire, car elle résulte de la composition d'éléments distincts et ontologiquement consistants. Dieu ne se contente cependant pas d'assembler l'être à l'essence comme une forme à une matière, pour configurer ainsi une créature contingente ; au contraire, l'essence est créée existante [2]. Henri inaugure d'ailleurs sa difficile et complexe réponse aux questions 12 et 13 *Sur l'être et l'essence* par une mise au point nuancée au sujet de la création comme changement [3]. La création est certes un changement, mais elle diffère radicalement de la génération, même surnaturelle [4]. Lorsque Gilles conçoit une analogie entre le couple matière/forme et le couple essence/être, il suppose en effet une communauté de procédure entre génération naturelle et création. Or, dans la génération, la matière est proprement engendrée, alors que la forme est plutôt tirée de la puissance de la matière. Une matière préexiste toujours à la génération. Par opposition, la création procède *ex nihilo* ; l'essence de la créature n'est pas antérieure à la création, sinon d'une antériorité de nature, car l'essence est pensée en Dieu afin de pouvoir être voulue par lui dans l'existence. De fait, l'antériorité de l'essence impliquée par la doctrine de Gilles doit être rejetée. En tant que créée, l'essence n'est nullement antérieure à l'existence ; dans l'intellect divin, elle jouit pourtant d'une antériorité de nature, car elle est pensée par Dieu sur le mode de son éternité. Cette apparente contradiction n'est que l'expression du départ radical entre la rationalité philosophique du discours sur le monde naturel et le discours théologique sur les réalités divines.

Dans ce onzième *Quodlibet* de 1287, Henri conteste par ailleurs la validité du lien théorique tissé par Gilles entre la distinction de l'être et de l'essence et la question de l'éternité du monde. L'objection de Gilles lui paraît spécieuse et autodestructrice [5]. Avant l'exégèse moderne de G. Pini, la lecture henricienne entrevoit une connexion indûment opérée entre les deux problématiques pour éluder la critique du côté de la création comme changement. Regardant cette thématique, la position même d'Henri semble toutefois avoir marqué quelque

1. *Ipsi autem expresse dicunt, licet dictum suum imponant philosophis, ut patet respiciendo praedicta, quod forma vel essentia vel esse secundum se non habet quod possit non esse, sed solum ratione materiae in qua recipitur, ita quod forma vel essentia separata, vel esse separatum, non posset non esse, quia esset necesse esse. Quodl. XI, q. 3,* éd. I. Badius, 446r.

2. *Quodl. XI, q. 3,* éd. I. Badius, 449v-450r.

3. *Quodl. XI, q. 3,* éd. I. Badius, 441v-442v. Pour la réponse globale à Gilles, 448v-449r.

4. Dieu peut opérer des miracles en se substituant aux causes naturelles dans l'ordre de la génération. Le Christ est par exemple engendré par la vierge surnaturellement, mais il n'est pas créé.

5. La libre volonté divine peut produire les créatures contingentes sans distinction réelle de l'être et de l'essence en elles. Et si Dieu produisait les créatures sur le mode de la nécessité naturelle, celles-ci pourraient tout aussi bien ne pas être scindées par une telle distinction. Voir *Quodl. XI, q. 3,* éd. I. Badius, 448v.

évolution au temps de Noël 1287. Le maître décrit maintenant la création comme un changement qui implique l'antériorité de nature – non de durée – de l'être de l'essence en Dieu par rapport à son être d'existence dans le monde. Quant à l'antériorité durative du non-être sur l'être, tant revendiquée autrefois, il n'en est plus question. Ici, le propos d'Henri n'est plus d'assurer à la création le statut de changement, mais de la protéger au contraire d'une assimilation au changement *naturel*. La doctrine théologique de la création doit échapper au schéma de la génération naturelle. Dans le cours de la nature, toute substance est nouvellement engendrée à partir d'une matière préexistante, antérieure dans la durée ; l'ordre de la génération naturelle n'autorise donc pas la conception d'un commencement radical. L'ordre de la création transcende cependant l'ordre naturel, et Dieu, qui créée le monde comme nouveauté, n'est pas dans le temps et ne conçoit pas l'essence *avant* de la produire.

> En effet, précisément parce que l'essence est selon soi et de toute éternité une réalité relative à l'intellect divin spéculatif, la chose même est temporellement une réalité relative à l'intellect divin pratique et à la production divine. En conséquence, l'essence est produite comme nouveauté, bien qu'elle soit essence de toute éternité. Et je précise bien [qu'elle est produite] en soi-même, selon sa simplicité même d'essence, et non en la composition d'autre chose avec elle, qui ne saurait être requise d'aucune manière [1].

Sans être un démenti de son ancien combat contre la possible éternité du monde, la doctrine d'Henri s'est précisée; elle a évolué avec les réflexions sur la distinction intentionnelle et la relation de connexion constitutive de son fondement, et sous le coup des critiques de Gilles et de Godefroid de Fontaines. L'accent porté sur la contingence n'est pas atténué mais déplacé, du problème de la création dans une durée qui l'excède, à l'impératif théologique qui indique de soustraire la création à l'ordre naturel. Dieu ne produit pas comme la nature engendre, sur le mode nécessaire, mais il aime et veut sa créature, comme l'artisan son œuvre. Fidèle à ses principes méthodologiques, Henri reproche toujours à Gilles son esprit de système : la rationalité propre à la philosophie de la nature ne peut rendre compte de notre dimension créée. Henri ne combat pas l'aristotélisme, dont il nourrit sa philosophie et sa noétique, mais l'attitude intellectuelle de son adversaire théologien qui, emprisonné dans son système de facture néoplatonicienne, croit devoir considérer tout problème selon les mêmes principes, sans distinction possible de points de vue.

Cette traversée de la pensée d'Henri et de Gilles sous l'angle d'un problème et sur une période de quinze années environ déçoit peut-être le lecteur en quête d'une solution au problème de l'être et de l'essence. La discussion engagée par Thomas d'Aquin et Siger de Brabant à partir du commentaire d'Averroès sur le cinquième

1. *Et hoc quia per quod ipsa secundum se essentia ab aeterno est aliquid respectu intellectus divini speculativi, per illud idem res ipsa est ex tempore aliquid respectu intellectus dei practici et divina factura, ut licet aeternum sit quod essentia sit essentia, novum tamen est quod essentia sit facta. Dico in seipsam secundum simplicitatem suae essentiae, non in aliquo composito ex alicuius rei alterius coniunctione cum ipsa, quae nequaquam requiritur. Quodl. XI, q. 3,* éd. I. Badius, 449r.

livre de la *Métaphysique* est reléguée dans les limbes dès 1280. Les déterminations d'Henri et de Gilles se complexifient au cours du débat, jusqu'à l'enchevêtrement parfois. De plus, la lecture proposée ici fait la part belle à Henri ; elle campe par moment Gilles dans la posture de l'interlocuteur du dialogue socratique, et privilégie les innovations doctrinales, sémantiques et noétiques, d'Henri de Gand. Orientée, elle veut pourtant mettre en exergue l'enjeu des condamnations et des réactions « artistes » de ces années de tourmentes institutionnelles. Différemment, les censeurs et les maîtres de philosophie de la Faculté des arts reconnaissent qu'il n'y a pas de système du monde mais plusieurs ordres de rationalité, intrinsèquement déterminés par la hiérarchie qui les comprend, ou autonomes dans leurs champs propres. La censure impose la vision chrétienne et les vérités factuelles issues de la Révélation comme ultime critère pour trancher les problèmes philosophiques et théologiques ; les artiens prétendent isoler la philosophie naturelle dans un cadre théorique qui la prémunit d'attaques hétérogènes. Henri de Gand se révèle le paradoxal héritier des deux approches conjointes. Il reconnaît la suprématie de l'ordre théologique, mais il ne croit pas que l'humilité imposée à la raison humaine rende dérisoire la rationalité philosophique, tournée vers la nature et forte de ses principes propres.

Ainsi, Henri reproche-t-il à Gilles sa conception univoque de la réalité. Au niveau de la simple appréhension par les sens et la raison philosophique, le réel peut déjà être conçu dans sa complexité, comme tissu confus de relations qui autorise la diversité des points de vue. Sur le plan de l'organisation des disciplines et des savoirs, cette diversité premièrement conçue et constituée par la raison pourra être l'objet de la philosophie naturelle, mais aussi de la théologie. Une même réalité sera explicitée de façon diamétralement opposée, selon les cas : l'aristotélisme gréco-arabe est pertinent en sa compréhension du monde comme nature, alors qu'il serait déplacé d'en emprunter les principes pour rendre compte du monde comme création [1].

Cette description forcément anachronique des enjeux de la querelle, orientée par l'insistance de l'historiographie contemporaine sur les condamnations, pourra enfin être corrigée par le témoignage d'un troisième protagoniste. En 1286, Godefroid de Fontaines entend en effet participer au débat. Sans mériter une réponse de Gilles et d'Henri, il critique pourtant leurs deux solutions, et, en un tour de force remarquable, semble réinstaller la philosophie de Siger de Brabant sur la scène intellectuelle parisienne.

Godefroid de Fontaines

La revanche des « artiens » ?

Entre 1270 et 1272, lorsque Gilles de Rome rédige ses *Erreurs des philosophes*, Godefroid de Fontaines est probablement étudiant à la Facultés des

1. Emery (2001) propose une description générale des modes de la connaissance humaine chez Henri. Cette étude approfondie prend pour départ une adaptation d'Augustin par Henri : il existe un « fond de l'âme » (*abditum mentis*) enfoui en l'homme, où Dieu est présent. K. Emery élucide alors les rapports des divers types de savoir et leur hiérarchie dans le cadre de la théologie d'Henri.

arts de Paris. En 1277, au temps des condamnations, il suit le cursus de théologie, avec Henri de Gand et Gervais du Mont Saint Elias pour maîtres. Promu maître à son tour en 1285, il enseigne la théologie à Paris jusqu'en 1292 et assume les fonctions de maître régent jusqu'en 1298-1299. Quatorze *Quodlibets* témoignent de l'activité intellectuelle de ces quelques treize années. Daté de la seconde régence de Godefroid à l'Université de Paris, un quinzième *Quodlibet* viendra fermer la série; après avoir sans doute quitté Paris vers 1298, le maître accède en effet à une seconde régence vers 1303-1304. Il meurt vers 1306-1309 [1].

En 1931, P. Glorieux décrivait une partie d'un manuscrit parisien [2] identifiée comme un recueil scolaire composé par Godefroid entre 1271 et 1277. Parmi la cinquantaine d'œuvres ou d'extraits recopiés de la main de Godefroid, le cahier contient les *De aeternitate mundi* de Thomas d'Aquin et de Siger de Brabant, les *Questions sur la Métaphysique* de Siger, les *Theoremata de corpore Christi* de Gilles de Rome et des notes prises lors de la détermination du premier *Quodlibet* d'Henri de Gand. Quant à la fameuse bibliothèque de Godefroid [3], elle recèle une grande partie des œuvres majeures touchant les débats sur l'éternité du monde et la distinction de l'être et de l'essence entre 1272 et 1300, pour ne pas dire qu'elle détermine notre connaissance actuelle de ces deux controverses.

Observateur privilégié des remous parisiens des années soixante-dix, Godefroid n'est engagé dans les disputes qu'en 1285, à l'époque même du retour d'exil de Gilles de Rome. A Pâques 1286, il rencontre le problème de l'éternité du monde dans son deuxième *Quodlibet*, et à Noël de la même année il traite de la distinction entre essence et existence, lors de sa troisième session quodlibétique [4]. Les solutions de Godefroid sont remarquables par leur anachronisme : sur l'une et l'autre question, la tournure « philosophique » de ses réponses le rapproche plus de Thomas d'Aquin et de Siger de Brabant que des alternatives théologiques du moment. Il adopte en effet une position ouverte à propos de la possible éternité du monde et combat toute distinction ontologique entre l'être et l'essence, à la manière des maîtres de la Faculté des arts dans les années 1270. Vers 1296, il s'inquiète encore des répercussions néfastes de la condamnation de 1277, qui pourrait induire l'ingénu à croire que la doctrine de Thomas d'Aquin fut condamnée comme hérétique : la cinquième question de son *Quodlibet XII* demande si

1. Pour tout renseignement sur Godefroid de Fontaines, il convient de consulter Wippel (1981), seule monographie récente sur le sujet. L'historiographie moderne de la pensée de Godefroid doit beaucoup à M. de Wulf : en 1904, le professeur belge livre une étude sur la figure de son lointain compatriote et collabore au lancement de l'édition critique de ses œuvres avec la publication des quatre premiers *Quodlibets*, dont il établit le texte de façon critique grâce au concours de A. Pelzer. En 1937, le texte des quinze *Quodlibets* est disponible dans la collection « Les Philosophes Belges » ; au duo philologique de départ se sont joints J. Hoffmans et O. Lottin.

2. Paris, Bibliothèque Nationale, Lat. 16297. Voir Glorieux (1931) et Wippel (2001), p. 362-363.

3. Pour la description de celle-ci, voir Duin (1959).

4. *Quodl. II, q. 3*, in *Les quatre premiers quodlibets*, éd. M. de Wulf, A. Pelzer, Louvain, « Les Philosophes Belges, 2 », 1904, p. 53-68, et *Quodl. III, q. 1*, *Ibid.*, p. 156-177 (version longue), p. 301-306 (abrégé). Les deux versions semblent être des *reportationes*, constituées à partir de notes d'auditeurs, malgré l'opinion de Lottin (1934) qui voit dans la version brève un autographe de Godefroid. Stella (1957), p. 17-18, a argumenté en faveur de la double rédaction par Hervé de Nedellec ; Wippel (1981), p. XXIX, laisse la question ouverte.

l'évêque actuel n'est pas fautif de ne pas rétablir certains articles condamnés autrefois par son prédécesseur [1]. Troisième pièce de l'histoire du débat de 1286/7, la doctrine précoce de Godefroid pourrait ainsi faire figure de retour à l'attitude intellectuelle des années soixante-dix.

Godefroid répond à la question sur la possible éternité du monde après avoir combattu la doctrine henricienne de l'indifférence de l'essence [2]. Le début de la troisième question de son *Quodlibet II* marque la transition en tissant un lien entre les deux problématiques : la non-distinction entre essence et être n'interdit pas de penser la temporalité et la contingence du monde, au contraire de la position adverse qui réintroduit une forme de nécessité en dotant les essences d'une consistance et d'une stabilité propre [3]. Au niveau de la raison philosophique, la conclusion de Godefroid est audacieuse d'humilité : ni l'impossible éternité du monde, ni sa nécessaire temporalité ne sont démontrables, alors que la possible éternité et la possible temporalité sont des solutions probables. Cette indécision philosophique ne contrecarre d'ailleurs pas la détermination proposée par Godefroid théologien : la nouveauté de la création n'est pas une nécessité absolue (*de necessitate absoluta*); sa nécessité est au contraire conditionnée par une décision de la libre volonté divine (*de necessitate ex suppositione*) [4]. La nécessaire temporalité du monde ne s'impose pas à la raison qui ignore la vérité révélée; quasi axiomatique, elle impose par contre son évidence de type factuel au croyant.

Au cœur de la partie philosophique de sa démonstration, Godefroid ignore sciemment la condamnation de 1277 : il refuse de considérer la création comme un changement [5]. En premier lieu, il est inutile de supposer une préséance temporelle du non-être sur l'être pour rendre compte de la création *ex nihilo*. Regardant la créature, le non-être est *par nature* antérieur à l'être, car toute chose créée n'est pas par soi, mais par un autre; elle peut cependant être toujours créée. L'air pourrait être toujours illuminé par le soleil, nous n'en dirions pas moins qu'il est ténébreux avant d'être lumineux, d'une antériorité de nature. En second lieu, il n'est pas nécessaire que Dieu précède sa créature dans la durée, car la création n'est pas un changement naturel. La préséance temporelle de la cause sur le causé suppose en effet que l'opération de l'agent soit un processus marqué par la succession, ou une action instantanée mais qui termine un processus successivement déroulé. (Ce dernier cas est illustré par une variante d'un lieu désormais commun, la lumière : lorsque le soleil illumine notre hémisphère, son action est instantanée, elle n'intervient cependant qu'au terme du mouvement qui l'a fait rencontrer cette partie de la terre.) Or la succession et la divisibilité sont les caractéristiques des changements observés dans le monde; elles sont les modes de notre appréhension de la nature. Instituant l'ordre naturel, Dieu n'y est cependant pas inscrit; son action libre n'est pas soumise à la temporalité du monde. Sans mesure avec sa créature, le vouloir éternel de Dieu n'est donc précédé d'aucune délibération.

1. Voir S.F. Brown (1995).
2. Voir supra, p. 60 *sq*.
3. *Quodl. II, q. 3*, éd. M. de Wulf, A. Pelzer, p. 69.
4. *Quodl. II, q. 3*, éd. M. de Wulf, A. Pelzer, p. 80 et 76-77.
5. *Quodl. II, q. 3*, éd. M. de Wulf, A. Pelzer, p. 71-74.

Quatorze années après sa rédaction, l'argument du *De aeternitate mundi* de Thomas d'Aquin résonne encore sous la plume de Godefroid :

> Que Dieu produise les créatures non par nécessité de nature mais par sa libre volonté ne s'oppose guère à notre propos; il ne [crée] cependant pas par une volonté délibérative, comme la nôtre qui, dépendante de la délibération, renvoie la réalisation de son effet après l'action; – en effet, la volonté de Dieu n'est pas délibérative [...] [1].

L'argumentation de Godefroid avance cependant sur un terrain miné: les condamnations de 1277 ont fait suspecter à tort certaines vérités, elles ont été détournées pour servir d'argument d'autorité dans les débats et, sous l'influence de ce procédé, les problèmes distincts en 1270 se sont complexifiés grâce au jeu des contaminations croisées. Alors que Thomas discutait de l'éternité du monde et de la distinction entre l'être et l'essence sous des intitulés différents, Godefroid voit l'épineuse controverse sur l'éternité du monde motiver les élaborations de Gilles et d'Henri. Pour avoir conçu la création comme un changement, ces deux docteurs ont posé des distinctions inutiles entre son sujet et son terme, entre l'essence réceptrice de l'être et l'être advenu dans l'essence [2]. En retour, l'entreprise de Godefroid vise une séparation des deux problèmes et aboutit à leur élucidation disjointe. La question de l'être et de l'essence sera traitée sur le plan sémantique, dans les termes que Siger affectionnait en 1273. Objet théologique, le thème de la temporalité du monde impose une conclusion prudente : élaborée dans le but de contrer les « philosophes », la pseudo-preuve de l'impossible éternité du monde équivaut à une paradoxale restriction du champ de la toute-puissance divine.

Lorsqu'au temps de Noël de la même année 1286 Godefroid rencontre la question de l'être et de l'essence, la manière même dont elle est restituée témoigne d'une contamination croisée avec le problème de la possible éternité du monde. « *Avant* d'avoir l'être d'existence, la créature a-t-elle un être réel, extérieur à Dieu, du point de vue de l'être d'essence ? » De fait, un enjeu théologique, la contingence du monde, s'est greffé sur la question sémantique débattue autrefois; il a poussé certains docteurs à poser une absurde distinction réelle ou intentionnelle entre l'être et l'essence [3]. Ainsi Godefroid consacre-t-il la quatrième partie de sa démonstration à la liquidation de ce rapport indu entre les deux thématiques [4]. Par stratégie, il confond à cet endroit les positions de Gilles et d'Henri. Son argumentation procède d'un habile refus, celui de considérer l'univers chrétien plus contraint et pétri de conditions nécessaires que le monde d'Aristote. La création divine ne réclame pas plus de composition dans la réalité et de préséance dans la

1. *Nec huic rationi obviat quod Deus est agens creaturas non per naturae necessitatem sed per liberam voluntatem, non quidem deliberativam ut est nostra quae pendente deliberatione postponit facere suum effectum; – voluntas enim Dei non est deliberativa [...]. Quodl. II, q. 3,* éd. M. de Wulf, A. Pelzer, p. 73. Voir le lieu parallèle chez Thomas d'Aquin, *De aeternitate mundi,* Ed. Léonine, t. 43, p. 87.

2. *Quodl. III, q. 1,* éd. M. de Wulf, A. Pelzer, p. 167.

3. Voir par exemple *Quodl. III, q. 1,* éd. M. de Wulf, A. Pelzer, p. 160.

4. *Quodl. III, q. 1,* éd. M. de Wulf, A. Pelzer, p. 167-169.

durée que ne l'impliquait la procession des substances séparées ou Intelligences qui, chez les philosophes, fluaient de leur cause sans changement et jouissaient de la simplicité propre aux êtres dégagés du mouvement terrestre.

> [...] nous, qui posons que tout a été créé comme nouveauté et que tout a été causé de rien, sans changement d'aucune sorte, ni dans la cause, ni dans le causé, nous n'avons pas plus de raison de poser que le causé est composé, en soi, de diverses natures réellement distinctes [1].

Au lieu de garantir la contingence du monde, la distinction inventée par les adversaires de Godefroid enferme la liberté divine dans l'ordre nécessaire des essences, entités intemporelles et certifiées dans leur stabilité. La bonne intention de ces docteurs est hors de cause ; avec ironie, Godefroid leur reproche juste d'être tombés dans le piège qu'ils voulaient éviter [2] et, en termes quasi popperiens, d'avoir posé une troisième nature en sus de l'être mental et de l'être réel, une sorte de troisième monde [3]. En effet, si les essences jouissent en soi de la moindre réalité à part l'existence de la chose, elles constituent un ordre des vérités, indépendant de l'esprit qui les pense. Interface noétique entre le monde et l'esprit humain, l'essence de la rose ou la « rose non-existante » de Gilles se tiendrait aussi face à la volonté divine, comme une proposition sujette à acquiescement. De fait, l'attaque de Godefroid suggère que Gilles et Henri ont réifié sous forme d'essence le statut universel de la chose pensée, sa quiddité ou notion. Or l'universel n'est que le mode d'exercice de l'esprit qui conçoit les choses existantes; hors de l'exercice actuel de l'intellect, il faut exclure tout universel ou essence abstraite :

> L'universel est en effet une condition de l'exercice intelligent de l'intellect, et non de la chose qui existe, puisque l'universel n'est pas une troisième nature à part ce dont il y a prédication, mais qu'il est sur le mode indéterminé l'une ou l'autre des choses qui existent [4].

Parallèle à cette réification de l'universel extrapolé de l'esprit humain, la réification des idées divines sera combattue dans le détail quelques années plus tard. Dans son *Quodlibet VIII, q. 3* (entre 1291 et 1293), Godefroid reprend en effet la théorie henricienne de la double relation à Dieu : l'être est le rapport de la créature à Dieu sous le point de vue de la causalité efficiente, et l'essence ou l'idée

1. *[...] ita etiam nos qui ponimus omnia creata esse de novo et de nihilo causata sine omni modo transmutationis quae sit in causa vel causato, non oportet ponere causatum esse compositum in se ipso ex diversis naturis realiter distinctis. Quodl. III, q. 1,* éd. M. de Wulf, A. Pelzer, p. 167.

2. *Quodl. III, q. 1*, éd. M. de Wulf, A. Pelzer, p. 174.

3. « Si on appelle le monde des "choses", des objets physiques, le premier monde, et celui des expériences subjectives, telles que les mécanismes de la pensée, le deuxième monde, on appellera le monde des énoncés en soi "troisième monde" [...] ». « Des choses comme les nombres premiers, ou les carrés [...] sont ainsi produits par le monde 3 lui-même, sans aucune autre intervention humaine. C'est dans cette mesure que nous pouvons parler de "l'autonomie" du monde 3 », K. Popper, *La quête inachevée*, trad. R. Bouveresse, Paris, Pocket, 1989, p. 255, 261.

4. *Universale enim est condicio intellectus sic intelligentis et non rei sic existentis, cum universale non sit tertia natura a partibus de quibus praedicatur, sed in essendo est alterum eorum indeterminate. Quodl. III, q. 1,* éd. M. de Wulf, A. Pelzer, p. 160. En 1287, Godefroid consacrera encore la deuxième question de son *Quodlibet IV* à l'invalidation de cette réification de l'universel, qu'il lit chez Henri comme chez Gilles.

exprime la ressemblance de la créature à Dieu, sous le point de vue de la causalité formelle ou exemplaire. Or Henri ignore que la causalité efficiente et la causalité exemplaire sont identiques dans les agents intelligents: en eux, la forme exemplaire est identique à l'acte de production; l'idée divine n'est que le mode intellectuel de la création divine et l'expression de la participation formelle de la créature à Dieu [1]. Il est donc impossible de poser d'une part l'être d'essence de la créature, éternel en Dieu et consistant en sa forme, d'autre part sa production temporelle à l'être d'existence. Les idées divines ne sont pas des formes distinctes de Dieu et de l'opération créatrice, comme les universaux ne sont pas distincts de notre activité intellectuelle: en soi, l'idée divine n'est que potentielle, elle dit le statut de la créature dans sa cause; aucune actualité, même minimale, n'en fait un pseudo-être ou être d'essence [2].

Après avoir amalgamé les positions des deux irréductibles adversaires du débat de 1286, Godefroid a de fait posé les jalons de toute future lecture « essentialisante » d'Henri de Gand. Le premier, il confère à l'essence henricienne une actualité minimale, au mépris de la doctrine des intentions et de la distinction intentionnelle. Principe qui certifie la vérité de nos connaissances et exprime notre rapport de ressemblance à Dieu, l'essence henricienne est détachée de ses réalisations concrètes, de l'être d'essence en Dieu comme de l'existence dans le monde; elle est dotée d'auto-consistance, pour assumer la fonction d'interface entre Dieu et l'homme dans l'ordre de la création, entre l'homme et Dieu dans l'ordre de la participation. Exagérant la portée de la distinction intentionnelle entre l'essence et l'existence, Godefroid croit aussi pouvoir obliger son maître à assumer une semblable distinction entre l'essence et son être connu dans l'intellect divin ou humain. La distinction intentionnelle est dépouillée de sa spécificité et assimilée à une distinction réelle; l'essence flotte alors dans un troisième monde, à côté de ses occurrences mentales ou naturelles. Parente du concept ou mode de signifier de Godefroid dans sa conception originale, l'intention henricienne s'est ainsi muée en quasi-chose, sous l'effet de la critique adressée par

1. *Quodl. VIII, q. 3,* dans *Le huitième quodlibet, Le neuvième quodlibet, Le dixième quodlibet,* éd. J. Hoffmans, Louvain, « Les Philosophes Belges, 4.1 », 1924, p. 43.

2. La doctrine des idées divines d'Henri est durcie par Godefroid. Présentée dans le *Quodl. VIII, q. 8* et dans le *Quodl. IX, q. 2,* elle nie pourtant toute distinction autre que de raison en Dieu. L'idée divine est la connaissance divine de soi en tant qu'imitable. Elle scande un second moment de la connaissance par Dieu de sa propre essence : se connaissant simplement en lui-même, Dieu se connaît aussi cause exemplaire; s'instaure ainsi une relation de raison entre Dieu et la créature pensée en Dieu. Pour asseoir l'objectité des idées divines et contrer le schéma exemplariste, Jean Duns Scot devra renverser la position d'Henri, qu'il considère comme traditionnelle et qui refuse toute distinction en Dieu des idées divines. Le constat posé par Boulnois (1999), p. 413, apparente d'ailleurs la doctrine henricienne à celle de Thomas d'Aquin : elle « s'appuie sur la théorie de la relation transcendantale : l'imitabilité de l'idée en Dieu n'est rien d'autre que le rapport d'imitation partielle de l'essence divine par une créature, saisie comme possible dans son essence ». Ce rapport d'imitation n'est qu'une raison distinguée par le théologien qui discourt sur la création, et qui affirme à la fois l'absolue simplicité divine; voir Paulus (1938), p. 86-89, 293-294.

l'ancien élève au maître [1]. La revanche posthume de Siger s'accompagne d'un travestissement des innovations du docteur solennel.

Une solution sémantique au problème de l'être et de l'essence

Après avoir résumé les arguments de Gilles de Rome, le *Quodlibet III, q. 1* ne reprend pourtant pas le débat où le maître augustin et Henri de Gand l'ont amené ; une rétrospection d'une quinzaine d'années rappelle les lectures du livre Γ de la *Métaphysique* d'Aristote conduites par Thomas d'Aquin puis Siger de Brabant avant les condamnations de 1277. La distinction entre être et essence est comprise et combattue dans le contexte de la critique d'Avicenne par Averroès. Les deux objections de la filière tissée d'Averroès à Siger de Brabant sont en effet rappelées par Godefroid : les notions convertibles « un », « bon », « étant » ne renvoient pas à une réalité ajoutée à la chose dont elles sont prédiquées, mais signifient la chose elle-même ; de plus, si l'être était prédiqué de la substance sur le mode accidentel, il faudrait encore prédiquer l'être de cet accident, et ainsi de suite à l'infini [2]. Le maître n'ignore pas le nouvel enjeu théologique de la question, mais il en réserve le traitement pour la phase finale de sa détermination, la réponse aux arguments de ses contradicteurs. Il voit dans cette polémique indûment greffée sur le vieux problème de l'être et de l'essence l'ultime motif des élaborations de Gilles et d'Henri [3], mais il élabore son propos sur un autre terrain. Refusant de s'enfermer dans le cercle dialectique des arguments *ad hoc* qui font confluer les théories divergentes au nœud théorique de la contingence du créé, Godefroid articule son discours en trois chapitres, ontologique, logique, et sémantique.

Par anticipation de la doctrine ockhamienne du singulier, la thèse ontologique de Godefroid affirme le caractère déterminé de tout existant [4]. Alors que Gilles et Henri se demandaient lequel de l'être et de l'essence est le plus principalement créé, Godefroid nie la possibilité même de considérer l'être ou l'essence comme des réalités. Abstrait des choses existantes, l'« être même » n'est qu'une notion, la plus commune et la plus universelle. Si un tel être existait, le principe de Parménide serait vrai : toutes les choses qui sont, seraient réellement une par

1. Wippel (1981), p. 132, le souligne : « As Godfrey understands Henry's theory, the essentiel being of a possible creature, prior to its reception of actual existence, is already something distinct from its cognitive being (*esse cognitum*) in the divine mind, that is to say, distinct from God's cognition of it. »

2. Les lectures croisées de l'Aristote arabe par Siger de Brabant et Thomas d'Aquin sont analysées ci-dessus. Godefroid convoque à nouveau cette approche en *Quodl. III, q. 1*, éd. M. de Wulf, A. Pelzer, p. 163-164. Pour une description globale du problème de l'être et de l'essence chez Godefroid, voir les diverses études rédigées par J.F. Wippel entre 1964 et 2001.

3. « Enfin et quatrièmement, il faudra montrer que, malgré ce qu'il semble à certains, il n'est pas nécessaire de poser une composition entre l'être et la chose, ou l'être et l'essence de la chose, juste en raison de la production par le biais de laquelle la chose peut recevoir l'être. A l'argument ici combattu, peuvent en effet être ramenés tous les arguments qui prouvent la distinction de l'être et de l'essence, en réalité ou en intention. » *Et ulterius consequenter et quarto declarandum est quod ratione productionis rei per quam ipsa res potest recipere esse, non oportet ponere compositionem ipsius esse ad rem sive essentiam rei sicut quibusdam videtur oportere dicere. Nam ad hanc rationem possunt fere omnes rationes reduci quibus probatur diversitas ipsius esse ad essentiam secundum rem aut per intentionem [...]. Quodl. III, q. 1*, éd. M. de Wulf, A. Pelzer, p. 160.

4. *Quodl. III, q. 1*, éd. M. de Wulf, A. Pelzer, p. 160-161.

l'unité et la communauté de cet être même. Il faut ainsi distinguer l'universalité logique propre à la notion d'être prédiquée de tout sujet, et l'universalité de causalité de la cause première, dont la puissance créatrice infinie est à l'origine de tout réel. Dieu est en effet la cause première et le premier des étants dans l'ordre de la causalité; comme tout étant réel, il est cependant déterminé et compris sous la notion d'être dans l'ordre de la prédication. La thèse de la détermination intrinsèque de tout existant instaure donc un premier hiatus épistémologique : l'étant qui est sujet de la théologie diffère de l'étant dont traite la logique. L'universalité de causalité qui invite à reconnaître la dépendance existentielle de tout créé par rapport à l'étant premier ne se reflète pas dans l'universalité de la notion « étant », qui englobe aussi la conception de l'étant premier. En conclusion de cette première règle, il faut exclure tout questionnement sur la primauté ou la distinction de l'être et de l'essence dans le créé : de même qu'il n'existe pas d'étant universel, aucune essence universelle ne subsiste dans le monde extra-mental. Demeurent donc la question sémantique touchant la distinction des noms « être » et « essence », et le problème logique de la prédication de l'être.

La thèse logique de Godefroid convoque la théorie péripatéticienne de l'analogie, qui fut perpétuée par Henri de Gand contre les velléités égidiennes d'inscrire l'« étant » dans le genre de la substance, à titre de principe. « Etant » est une notion analogique, diversifiée par soi et non par une différence; elle ne possède donc pas l'unité d'un genre et ne découpe pas une classe logique dans le champ des étants conçus, mais, confuse, elle accompagne toute conception du réel. Godefroid distingue alors le domaine de la grammaire, où « étant » jouit de l'unité propre au nom, du champ logique, d'où il faut exclure toute unité de la notion d'étant, premièrement et aussitôt divisée en autant de réalités que conçoit l'intellect[1]. En bonne intelligence de ce débat médiéval, la « grammaire » (logique au sens large) regarde alors la signification des concepts ou « noms », alors que la logique au sens strict est confinée à la classification des notions univoques, genres et espèces, en arbres porphyriens. Ainsi, la seule unité conférée à l'« étant » est-elle celle du nom; la notion d'« étant » n'est pourtant pas un simple équivoque, dont l'unité ne serait que linguistique. Différente de l'unité univoque du genre, l'unité de la notion d'étant est compréhensive; unité d'ordre et non d'indifférence – propre au genre –, elle met en rapport divers éléments sous un trait commun partagé par chacun d'eux à des degrés divers : la notion d'« étant » est prédiquée de ses sujets en un même sens, mais selon le plus et le moins. Alors que Socrate est animal exactement comme son chien, sa manière d'être diffère de celle de son chien, de celle de l'accident (le blanc qui existe en Socrate) ou de celle de Dieu. Notion analogique, l'« étant » renvoie aux divers étants du monde en supposant leurs rapports réciproques et l'ordre instauré entre eux selon leurs degrés de perfection relativement à l'étant premier, qui est absolument parfait :

> Les étants participent en effet à ce qu'ils sont sous le nom d'étant; ils y participent agencés, conjoints, et réciproquement ordonnés à quelque un, auquel ils sont

1. *Quodl. III, q. 1*, éd. M. de Wulf, A. Pelzer, p. 163 (*summe*).

attribués. Ce rapport ordonné est nommé « proportion » ou « analogie » des étants, *dans l'existence et dans la signification* ; il n'équivaut pas à la pure équivocité [1].

Si la thèse de la détermination de l'étant anticipe la thèse ockhamienne du singulier, la doctrine de la prédication analogique interdit tout rapprochement avec Guillaume d'Ockham. L'entreprise critique ockhamienne purgera la logique des notions analogiques : puisque « étant » signifie plusieurs réalités sans être un pur équivoque (un homonyme), il sera univoque, prédiqué de tous ses sujets avec la même intensité ; puisqu'il n'est pas un nom de relation ou un nom connotatif, il signifiera immédiatement toute chose du monde dont il tient lieu dans la proposition [2]. La négation des degrés d'être dans le réel et de leur conception analogique sous les notions les plus communes aura pour équivalence l'abandon par Ockham de la relation de connexion fondée dans le réel : l'ordre ou les rapports entre les étants ne sont pas constatés dans le réel, mais institués dans le cadre des diverses sciences et signifiés par de purs noms de relation. La sémantique ockhamienne est donc beaucoup plus circonscrite que la grammaire logique de Godefroid : elle étudie la manière dont les noms signifient ou supposent à la place des choses dans la prédication, alors que, chez Godefroid, la grammaire des concepts rejoint la noétique à l'endroit nodal de la signification analogique, qui exprime (*in significando*) un rapport reconnu par l'esprit dans le monde extra-mental (*in essendo*).

La doctrine des modes de signifier constitue enfin le chapitre sémantique de la démonstration de Godefroid. Compte tenu de la détermination existentielle de tout réel, l'esprit peut signifier [3] la même chose sur divers modes. La série « lire », « lisant/lecteur » (*legens*) et « lecture » déploie une variété de modes linguistiques, qui réfèrent toutefois à la même chose du monde. Un même fait ou une même réalité peut être diversement signifié par le verbe ou le nom, par le nom concret ou le nom abstrait. Ainsi, « être », « étant », « essence » signifient-ils toute existence concrète, tantôt sous la forme verbale, tantôt sous la forme nominale, concrètement ou abstraitement. La sémantique, ou grammaire des modes de signifier (*modi significandi*), n'est cependant pas un décalque de notre appréhension du monde extérieur : toute chose perçue est singulière dans l'existence ; elle ne porte pas en son sein quelque distinction entre essence abstraite et existence concrète. Les modes ne sont donc pas des intentions virtuellement distinctes dans la chose (Henri de Gand), mais les formes de la communication langagière, culturellement évolutives. Au mieux peut-on y décrypter telle conception du monde et de sa contingence.

1. *Nam entia id quod sunt nomine entis participant ordinata et connexa et ad invicem ad aliquid unum cui attribuuntur, quae ordinata habitudo dicitur quaedam proportio et analogia entium et in essendo et in significando, quod non convenit pure aequivocis. Quodl. III, q. 1,* éd. M. de Wulf, A. Pelzer, p. 163. La version brève est concordante : éd. M. de Wulf, A. Pelzer, p. 303. Dans son dernier *Quodlibet*, aux alentours de 1303/4, Godefroid reprendra ce traitement de l'analogie (*Quodl. XV, q. 3*).

2. Par contre, le nom de relation (père) ou le nom connotatif renvoient premièrement à une réalité (l'individu qui est père) et secondairement à une autre, co-signifiée (le fils). Voir Guillaume d'Ockham, *Summa logicae I*, c. 49-50.

3. La signification doit être comprise comme acte et référence à la chose (dénotation ou *Bedeutung*), non comme constitution objective d'un être représenté de la chose (connotation ou *Sinn*).

Dans le sillage de Siger de Brabant, Godefroid exclut un systématique parallélisme sémantico-noétique : dans l'acte de connaissance, le sujet vise des substances absolument unes et individuelles; ces blocs ontiques sans fissure peuvent cependant être signifiés de manières diverses, en fonction des contextes discursifs et selon ce que l'on veut exprimer à leur égard. Ainsi Godefroid retient la possibilité de signifier une chose sur le mode abstrait de l'essence – abstraction faite de son existence –; contre Henri, il nie cependant que l'essence de la chose existante puisse être conçue ne pas exister : l'essence peut être signifiée sans l'existence, sur le mode abstrait, mais ne peut être conçue sous la non-existence [1]. La signification se contente de modaliser dans l'expression les connaissances des choses concrètes du monde. La connaissance humaine s'ordonne en effet aux choses singulières, déterminées par leurs existences; elle procède par induction, à partir du sensible. La contingence est donc un donné de foi que la raison philosophique ne parvient ni à constater ni à penser : en acte, les substances existent nécessairement; la possibilité théologique de leur annihilation reste suspendue au-dessus du système de la nature élaboré selon les standards de la rationalité humaine. Attaché à la science philosophique et à ses exigences de consistance logique, Godefroid perpétue le geste artiste, qui établissait la philosophie autonome dans les frontières de son royaume. Bien que la vérité révélée soit supérieure à la rationalité humaine, elle ne doit pas interférer dans la démarche cognitive du philosophe. Technique de l'emprunt et de la contamination opportune des diverses sciences, la casuistique méthodologique henricienne n'a pas fait école.

La réponse de Godefroid à Henri est symptomatique du hiatus épistémologique qui démarque la vérité théologique de l'appréhension humaine des réalités mondaines. Le premier moment de la réponse combat la distinction henricienne au moyen d'une preuve de nature philosophique; le second moment rend compte de la contingence en se hissant au niveau de l'explication théologique [2].

Pour combattre toute distinction entre essence et être sur le plan philosophique, Godefroid confère implicitement une primauté de principe à la dichotomie acte/puissance. Or une réalité peut être en puissance absolument ou relativement. La matière première est absolument potentielle : dans la génération et la corruption, elle est tout entière puissance de la forme substantielle. Par contre, toute substance existante est absolument en acte, bien qu'elle soit en puissance relativement aux accidents qui peuvent lui échoir à l'occasion de changements accidentels (altération, accroissement, déplacement, etc.). Socrate est absolument en acte, bien qu'il soit relativement en puissance d'être noir. Si l'essence était distincte de l'être, il faudrait donc qu'elle soit ou bien absolument en puissance de l'être, ou bien absolument en acte et relativement en puissance d'un être dès lors ramené au statut d'acte accidentel. Or l'essence de toute réalité matérielle comprend sa forme propre et sa matière propre. Dans la première alternative du dilemme, la matière et la forme seraient de fait comme la matière

1. *Quodl. III, q. 1,* éd. M. de Wulf, A. Pelzer, p. 166. Voir aussi *Ibid.,* p. 171.

2. Pour la première partie : *Quodl. III, q. 1,* éd. M. de Wulf, A. Pelzer, p. 167-169. Pour la seconde partie : *Quodl. III, q. 1,* éd. M. de Wulf, A. Pelzer, p. 169-172.

première; dans la seconde, l'essence serait en acte avant d'avoir l'être comme la substance précède ses accidents, au moins d'une antériorité de nature. Les deux voies sont sans issue, et la thèse de la non-distinction de l'essence et de l'être prouvée par l'absurde.

> Il faut donc supposer que l'être, autant d'essence que d'existence, et la forme ou l'acte, sont tout à fait identiques en la chose [1].

L'essence et l'être ne composent pas la substance, mais la signifient diversement. Demeure la question du statut, réel ou sémantique, de la distinction de l'acte et de la puissance. Ne vient-elle pas se substituer à la distinction de l'essence et de l'être combattue à l'instant? La preuve de Godefroid se contenterait-elle de jouer sur les mots, mettant la puissance à la place de l'essence et l'acte à la place de l'être? La tentation de le croire est d'autant plus grande que la distinction semble répéter sur un plan plus universel la distinction de la matière et de la forme. La forme substantielle est l'acte de la matière première, et la forme accidentelle est un acte second de ce premier composé substantiel. Or la forme et la matière, la substance et l'accident, sont des réalités différentes; de fait, l'extension de cette distinction réelle au cas de l'acte et de la puissance semble autorisée par l'usage parallèle de ce couple de notions, au cœur même du discours de Godefroid. Cependant la puissance et l'acte ne constituent pas des parties de la réalité et ne signifient donc pas de composition dans la substance. Distincts par la notion, ils ne sont que des modes de signifier: ils servent à décrire tantôt le rapport de la matière à la forme, tantôt un rapport de nature toute différente, celui de l'être possible et de l'être réel. Le traitement de la substance angélique sous l'angle de la théologie de la création le manifeste *a contrario*.

La seconde partie de la réponse de Godefroid rejoint en effet Henri et Gilles au lieu problématique qui motivaient leurs propres élaborations théoriques, la contingence du créé. Le cas des substances angéliques est le thème privilégié des défenseurs de la distinction réelle ou de sa solution de substitution, l'hylémorphisme universel. En effet, la composition de la matière organisée en corps et de la forme substantielle ne suffit pas à démarquer la créature de la simplicité et de la nécessité du créateur, car la créature angélique, purement spirituelle, s'y soustrait. Une distinction plus universelle semble donc devoir englober tout le créé. A la suite d'Avicebron, nombreux se crurent autorisés à transporter le couple matière/forme au niveau de la substance angélique, composée dès lors d'une matière dite « spirituelle » ou « céleste » et d'une forme spirituelle [2]. A l'opposé, Thomas d'Aquin ou Gilles de Rome ont refusé – dans des cadres très différents –

1. *[...] propter quod supponitur quod esse tam essentiae quam existentiae et forma sive actus omnino sunt idem aut secundum rem. Quodl. III, q. 1,* éd. M. de Wulf, A. Pelzer, p. 169.

2. Etayée par le *Fons vitae* du penseur juif Salomon ibn Gabirol (Avicebron en latin), cette attitude est typique de la mouvance franciscaine de la seconde moitié du XIIIe siècle; elle est diversement adoptée par Roger Bacon, Richard de Mediavilla, ou encore Roger Marston. Dans son *Quodl. III,* Godefroid de Fontaines consacre la troisième question à l'invalidation de la thèse de la composition de matière et de forme dans les substances angéliques. A propos de Roger Bacon, on peut consulter Sheridan (1938) et Bettoni (1969b), à propos de Richard de Mediavilla, Zavalloni (1951), à propos de Roger Marston, Hissette (1972), et en général, Mazzarella (1978).

la composition hylémorphique des anges, et ont affirmé en retour la distinction de l'essence et de l'existence, en eux comme en tout créé [1]. La contingence était ainsi garantie par son inscription dans la constitution même de la créature.

L'approche de Godefroid apparaît très différente. Elle semble distinguer les regards du philosophe et du théologien. Sur la plan de notre appréhension des réalités du monde et de leur restitution dans le discours philosophique, *les choses sont*. Elles sont connues dans leur nécessité de fait et dans leur actualité ; elles ne se laissent donc pas saisir comme intrinsèquement contingentes. Godefroid le précise en effet, nulle chose ou substance ne peut être conçue sous la non-existence. Bien que la substance puisse être signifiée sous la forme abstraite de l'essence (« homme »), sans ses réalisations concrètes dans l'existence (Socrate, Paul, etc.), elle ne peut être conçue sous le non-être : je ne peux concevoir « homme » ou « Socrate » n'être rien dans l'existence. Hissé au niveau du discours théologique sur le monde, le constat philosophique sera cependant modalisé : *les choses sont en tant qu'elles sont possibles*. La possibilité ou potentialité n'est pourtant pas une réalité constitutive de la chose, mais un mode de signifier la substance en tant que créature : la chose n'est pas différente en philosophie et en théologie, mais le regard de l'homme sur le monde a changé, secondé par la foi. Sur le plan philosophique, la distinction acte/puissance permet d'inclure les choses connues dans leur pleine actualité à l'intérieur d'une théorie plus vaste, qui décrit le monde sous le principe du mouvement. Au niveau théologique, la distinction puissance/acte rend compte de la dimension créée du monde.

Le monde existe actuellement parce qu'il est virtuellement dans la puissance active de sa cause. Le cas de l'ange ne diffère pas de celui des autres créatures : aucune essence n'est une puissance passive ou subjective qui reçoit l'être. Indistinctement, la substance est créée existante à l'image de la forme qui est virtuellement dans la puissance active de l'agent divin [2]. De fait, Godefroid adopte la distinction henricienne du possible subjectif et du possible objectif ou terminatif [3]. Il stigmatise la position adverse sous les traits de la doctrine de Gilles de Rome, qui décrivait l'essence comme le réceptacle ou le sujet de l'être, et attribue à la créature pensée par Dieu le statut de possible terminatif, sans distinction d'essence ou d'existence en elle. Le regard du théologien se détourne de la substance-là du monde, pour penser sa relation au divin ; la substance, qui est *en soi* au niveau de la description de la nature, est *en soi par un autre* dans le discours théologique. La contingence elle-même devient un mode de signifier la substance en tant que créature. Le théologien fait l'hypothèse de la non-existence de la créature, qui ne serait dès lors ni essence ni existence ; cette extrapolation lui permet de supposer une idée de la créature en Dieu, sans affecter la simplicité indistincte de la substance divine. Les idées divines sont le mode intellectuel de la création ; possibles « objectifs » ou terminatifs, elles ne sont cependant pas des

1. Dans son *De ente et essentia, c. 4*, Thomas d'Aquin arguait déjà de la composition d'essence et d'être dans les anges pour justifier la contingence de leur nature. Le même argument scande les démonstrations de Gilles de Rome dans ses *Questions sur l'être et l'essence*.

2. *Quodl. III, q. 1*, éd. M. de Wulf, A. Pelzer, p. 169-170.

3. Voir *supra*, p. 82 *sq*.

propositions qui se tiendraient face à la volonté divine, à titre d'objets. Dieu se pense imitable, il ne regarde pas des modèles à produire. L'idée divine et l'essence de Dieu sont une seule réalité en acte ; par contre, il dépend de la puissance du créateur que la substance soit créée à son image :

> Or, lorsqu'elle n'existe pas, l'essence de la créature signifie un possible être en ce sens qu'elle signifie un « quid » ou qu'elle est conçue comme une notion idéelle en Dieu, assimilable à l'essence divine en acte, et semblable à elle en puissance [1].

En théologie, la distinction de l'acte et de la puissance permet de penser la contingence des substances actuellement existantes ; outil noétique, elle ne perpétue ou ne redouble pas quelque distinction réelle de l'être et de l'essence. Comme Siger de Brabant, Godefroid conclut au statut sémantique de la dichotomie acte/puissance : notions distinguées en raison, elles sont des modes de signifier une unique réalité sous divers points de vue.

En 1984, J. F. Wippel exposait les résultats d'une enquête sur les sources qui influencèrent la doctrine de l'acte et de la puissance chez Godefroid de Fontaines : comme le *Quodl. VII, q. 7*, le *Quodl. III, q. 1* emprunte à des *Questions* anonymes sur les *Analytiques postérieurs* contenues dans un manuscrit parisien décrit par R. Wielockx [2]. Le livre appartenait à la bibliothèque de Godefroid, dont la collection de textes témoigne d'un goût prononcé pour les productions de la Faculté des arts dans les années soixante-dix, parmi lesquelles ces *Questions sur les Analytiques postérieurs*. Regardant le problème de l'être et de l'essence, les indices matériels et textuels confirment donc une lecture du *Quodl. III, q. 1* de Godefroid sous l'angle de sa fidélité à la mouvance artiste du temps de Siger. En 1286, le maître belge proteste tacitement contre les effets secondaires de la condamnation de 1277, avant de dire ouvertement ses réticences, près de dix ans plus tard [3].

*

Dans la seconde moitié du XIIIe siècle, un ensemble de facteurs hétérogènes donna naissance à un débat sur l'être et l'essence. Des textes nouveaux apparurent sur la scène intellectuelle parisienne : les enseignements de la *Métaphysique* d'Aristote se diffusèrent dans l'Université, précédés et accompagnés de l'exégèse d'Avicenne et des commentaires d'Averroès. Formulée dans l'univers musulman, une discorde exégétique relative à l'éventuel statut accidentel de l'étant remporta un succès retentissant dans le monde latin, car le climat intellectuel qui y régnait offrait un terreau adéquat à cette problématique : un souci nouveau occupait la théologie parisienne, celui de la contingence. La fin du siècle s'engageait

1. *Ipsa igitur essentia creaturae cum non existit dicitur possibile ad esse, in quantum dicit quid sive in quantum intelligitur secundum rationem idealem in Deo ut quid assimilabile divinae essentiae in actu et ut quid simile in potentia. Quodl. III, q. 1*, éd. M. de Wulf, A. Pelzer, p. 170.

2. Le manuscrit Paris, Bibliothèque Nationale, Lat. 16096 est décrit dans Wielockx (1981), et l'influence des *Questions* anonymes sur Godefroid dans Wippel (1984), en particulier p. 231-244.

3. Voir le *Quodl. XII, q. 5* composé aux alentours de 1296.

en effet dans la voie de la relativisation des puissances intellectuelles humaines; une tendance théologique de plus en plus importante s'ingéniait à dire la contingence du monde et la subséquente révocabilité des savoirs qui portent sur le monde. Le souci de la contingence et la reconnaissance théorique de l'individualité des créatures concurrençaient la promotion scientifique de la nécessité et de l'universalité des raisons. Les diverses prohibitions qui scandent l'histoire de ce siècle témoignent de la difficulté à accorder les deux tendances. Bien sûr, il n'y eut pas de bataille rangée entre deux camps bien distincts – les « philosophes » d'un côté, les maîtres de théologie de l'autre; il y eut encore moins d'opposition radicale entre raison et foi, mais deux conceptions de l'existence et deux visions du monde se dessinaient progressivement, dans le jeu même de leur opposition. Les nouveautés philosophiques véhiculées par les traductions aristotéliciennes forçaient les intellectuels chrétiens à repenser la spécificité de leur culture, à formuler quelques-uns de ses présupposés encore implicites [1]. Enfin, la situation sociale et politique offrait un terreau fertile à ces controverses intellectuelles : du XIIe au XIIIe siècle, l'urbanisation croissante, un essor économique rapide et la latente crise de la féodalité fécondaient de nouvelles orientations spirituelles. L'Église devait fournir une réponse aux inquiétudes engendrées par une atomisation croissante de la société, dans un milieu économique où la notion de risque devenait toujours plus prégnante [2].

Dans ce contexte, le débat sur l'être et l'essence qui opposa Gilles de Rome et Henri de Gand revêt une valeur exemplaire. Considéré comme événement de *l'histoire de l'exégèse textuelle*, il est le fruit des lectures successives d'Aristote; les questions engendrées par le commentaire d'Averroès à la dite « *Métaphysique* » d'Aristote donnèrent lieu à une nouvelle réflexion sur l'analogie et les propriétés des termes convertibles, dont l'« étant ». Le commentaire d'Averroès signale surtout une lecture divergente, celle d'Avicenne, qui infléchit l'aristotélisme dans la voie de la contingence. Dans l'interprétation d'Avicenne, l'étant, conçu comme existence concrète, ne résume et n'assume pas toute l'essentialité d'une chose : il advient, alors que l'essence demeure indifférente au devenir, à l'existence concrète, comme elle est indifférente à l'universalité qui la caractérise dans la pensée.

Postérieure à la *Physique* d'Aristote dans la table des matières établie par Andronicos de Rhodes, l'œuvre nommée *Métaphysique* et le questionnement sur l'étant qu'elle livrait obligèrent aussi les intellectuels parisiens à penser l'articulation entre physique et explication théologique du monde. Les histoires jusqu'alors disjointes de la théologie chrétienne et de la philosophie aristotéli-

1. Au sujet de cette opposition de cultures philosophiques, voir le tableau proposé dans Flasch (1992), p. 153-156, en particulier p. 154 : « Cette philosophie aristotélicienne était peut-être fière de sa rationalité, mais c'était une rationalité qui reposait sur l'exclusion d'innombrables expériences réelles. Elle fournissait un schéma fondé sur la distinction entre "ce qui appartient à l'essence" et "ce qui n'appartient pas à l'essence"; ce schéma permettait de nier toute signification théorique à la vie individuelle. Une telle vision du monde reposait sur l'exclusion de la multiplicité et de la contingence [...] ».

2. Voir, par exemple, J. Le Goff, *La civilisation de l'Occident médiéval*, Paris, Arthaud, 1984, p. 101-126.

cienne se rencontraient pour donner lieu à un questionnement *épistémologique* sur l'ordonnance des divers types de discours. Les problèmes soulevés par Aristote menèrent Avicenne à sa métaphysique du possible, qui imposa une nouvelle tournure à la théologie de la création en Occident latin, en partie grâce à la promotion que lui valut la critique d'Averroès. Si la question de l'être venait de la *Métaphysique*, elle flottait pourtant dans le *no man's land* qui séparait le discours physique de la théologie : à peine transmise à l'Occident, la science métaphysique des péripatéticiens grecs et arabes est exilée et transposée par morceaux, tantôt dans la philosophie du langage et de la nature pratiquée à la Faculté des arts, tantôt au cœur des débats théologiques.

Dans le cadre de *l'histoire de la philosophie*, le débat sur l'être et l'essence représente de fait un seuil de transition : la naturalité du monde décrite par la science physique d'Aristote devait être comprise dans l'univers contingent dont discourt le théologien. Le débat est transfrontalier : Gilles de Rome et Henri de Gand sont d'accord pour jeter l'anathème sur un naturalisme ou un physicalisme fictif, qu'ils associent au « nécessitarisme des philosophes », alors que Godefroid tente de maîtriser la question de l'être et de l'essence dans la discipline qui, croit-il, l'a vu naître, la sémantique des termes convertibles. La grande question métaphysique de l'être en tant qu'être devra attendre le XIVe siècle et Jean Duns Scot pour acquérir le statut d'objet fondateur d'une science autonome. Etablie comme science, la métaphysique scotiste prendra cependant une autre direction que la philosophie aristotélicienne, d'où venait son objet. O. Boulnois a montré comment le rejet de l'analogie aristotélicienne et la conception univoque de l'être furent à l'origine de la métaphysique scotiste, qui organisa en système la sémantique, la logique et la théologie rationnelle [1].

En philosophie, le débat parisien sur l'être et l'essence est emblématique de l'importance accordée à la question du possible en cette fin de XIIIe siècle. Si la créature est contingente, son essence doit demeurer possible en-deçà de son existence actuelle. La possibilité ne concerne plus seulement le futur et les potentialités inscrites dans les natures des choses, comme chez Aristote. Elle englobe tout le réel créé, en signifiant sa dépendance radicale envers la toute-puissance d'un Dieu volontaire. Un grand écart démarque l'éternité et la nécessité des créatures dans l'intelligence divine de leur existence au monde, adventice et tempo-

1. Boulnois (1999). Par exemple, p. 508 : « La grande mutation de la métaphysique à la fin du XIIIe siècle est son dédoublement en *scientia transcendens* et *scientia specialis* (due à Siger de Brabant et surtout Henri de Gand pour la structure, Bernard de Trilia et Scot pour la terminologie). Elle provient d'un dédoublement entre l'universel et le premier, permet de clore la métaphysique sur son sujet en mettant fin à la béance théologique qui menaçait son existence, et suppose une distinction radicale entre les concepts universels, transcendantaux – à commencer par l'étant en général, premier objet de notre intellect –, et l'étant par excellence, atteint au sein de ce concept préalable. Ce virage repose sur la distinction entre deux sens de la primauté : primauté dans l'ordre de conception (l'étant selon Avicenne), ou primauté dans l'ordre de perfection (Dieu). Celle-ci est déjà admise par Henri, mais fondue dans la confusion du concept analogue. C'est Duns Scot qui tranchera en distinguant deux concepts, en insistant sur la nécessité d'une détermination pour atteindre le concept propre de Dieu ». Et, p. 514 : « Je propose d'appeler cette mutation, qui remplace la *katholou-protologie* aristotélicienne, *katholou-tinologie*, tout simplement » (sic).

relle. Dans son présent même, la créature demeure donc possible. Henri de Gand et Gilles de Rome forgèrent leurs théories de la distinction – intentionnelle ou réelle – pour démarquer la possibilité intrinsèque de l'essence de sa réalité concrète, advenue un jour par la grâce de la libre volonté divine.

Attachée à l'étude de cette possibilité nouvellement conçue, la troisième partie de cette étude élargira l'angle de vue adopté jusqu'ici. Il ne s'agira plus d'un débat circonscrit en un lieu précis, sur quelque dix ans, mais d'un ensemble de controverses relatives à la toute-puissance divine et à la possibilité des choses. De Paris à Oxford, de 1260 à 1320, la philosophie aristotélicienne fut mise à l'enquête de la pensée universitaire chrétienne. De lointaine origine avicennienne, l'indifférence de l'essence, sa possibilité intrinsèque et autonome, permit de garantir la toute-puissance divine de toute limitation. Nombre de problèmes inhérents à la philosophie aristotélicienne furent en effet maîtrisés grâce à cette conception de l'essence. Dans les discours de la plupart des théologiens de la seconde moitié du XIIIe siècle, la matière devint un possible en soi ; elle était ainsi susceptible d'être créée et d'exister dénuée de toute forme, alors qu'Aristote l'avait conçue comme intrinsèquement relative à la forme. Les accidents furent dotés de la même possibilité. Définis par leur appartenance à la substance chez Aristote, ils reçurent une consistance essentielle, sinon substantielle, qui était suffisante à garantir leur subsistance en l'absence de leur substance (lors de la transsubstantiation eucharistique). Les couples paradigmatiques matière/forme, substance/accidents furent ainsi déracinés de leur contexte d'énonciation aristotélicien – de la physique et de la dite « métaphysique » ; au service de causes nouvelles, ils imposèrent, par effet de rétroaction, un remodelage de tout l'appareil philosophique aristotélicien.

CHAPITRE III

ÉTUDES DE CAS. LA FORME ET LA MATIÈRE

Le questionnement sur l'être et l'essence ne constitue qu'une pièce du vaste champ de doctrines problématiques transmis par le péripatétisme arabe à l'Occident latin [1]. Or l'ensemble des questions posées par les textes d'Aristote, la variété des objets et la difficulté des doctrines, ne se prêtèrent pas à une élucidation systématique. La pratique institutionnelle de la dispute, le genre littéraire de la question et le débordement dans la Faculté de théologie de la philosophie naturelle, métaphysique et physique, firent éclater le corpus aristotélicien en cas particuliers, le disséminèrent sous forme d'adages, et contribuèrent à le transformer en premier réservoir de problèmes philosophiques. Ainsi l'Aristote convoqué dans une réponse faisait-il souvent autorité contre l'Aristote invoqué par un objecteur. Du côté des plus éminents détenteurs latins du savoir, les maîtres de théologie, Henri de Gand est par ailleurs apparu comme le représentant d'une tendance épistémologique induite par une fascination nouvelle pour la contingence : il promeut une casuistique méthodologique en lieu du système.

Pour se conformer à la spécificité de son objet et tenter de comprendre les textes sans les neutraliser, la troisième partie de cette étude portera donc sur des cas particuliers, des questions de détail souvent transdisciplinaires, toujours étranges dans leurs formulations, qui auront infléchi cependant la marche de la science médiévale. Or, en parallèle du problème métaphysique de l'être, la philosophie aristotélicienne transmettait un enseignement dit « physique », au cœur duquel une notion nouvelle de matière [2]. Sous la plume de Gilles de Rome, le couple matière/forme est déjà apparu comme le pendant physique du tandem métaphysique essence/être. Le théologien en usait en guise d'illustration : l'essence reçoit l'être comme la matière accueille la forme. La comparaison égidienne se révélera pourtant aussi féconde de difficultés du côté de ses deux extrêmes. Dans un champ plus largement défini qu'auparavant, de Thomas

1. Pour la pénétration d'Aristote en Occident et la considération conjointe de sa *Métaphysique* et de ses traités de physique, voir *infra*, p. 132 *sq*.

2. Voir *infra*, p. 130-132.

d'Aquin à Guillaume d'Ockham, la problématique de la matière se déploiera en théorie de la possibilité d'une part, en théologie du corps d'autre part. L'articulation de ces deux volets problématiques semble préfigurer le dilemme constaté par B. Russell entre la conception et la perception de la matière à l'époque classique : « L'événement capital du XVIIe siècle, à notre point de vue, fut le divorce qui éclata entre la perception et la conception de la matière. Cette question préoccupe tous les philosophes depuis Descartes jusqu'à Berkley, amenant ce dernier à nier la matière, tandis qu'elle amenait Leibniz à nier la perception »[1]. Aux XIIIe et XIVe siècles, les questions théologiques autour du corps et du cadavre tendront à effacer l'objet philosophique « matière » sous les coups de l'évidence sensible (de la « perception »), alors que les discussions sur la possible existence d'une matière dénuée de forme inviteront à élaborer, tant bien que mal, une théorie de la matière (une « conception »).

LA MATIÈRE SANS LA FORME

« Dieu pourrait-il faire que la matière soit sans forme ? ». Telle est la question que rencontre Thomas d'Aquin lors de sa troisième session quodlibétique parisienne, en 1270, et qui deviendra un lieu commun théologique à la fin du XIIIe siècle ; après 1300, elle apparaîtra encore dans le *Commentaire du deuxième livre des Sentences* de Jean Duns Scot[2]. Pour comprendre la nature de l'infinie toute-puissance divine, l'enquête théologique s'est saisie de la matière, objet étranger qu'elle emprunte à la physique. Sur la balance théologique, la matière semble pourtant ne pas faire le poids de la toute-puissance divine : pourquoi les modalités de la création se laisseraient-elles définir par une interrogation portée sur l'objet de la physique ? Et pourquoi la création de la matière dénuée de forme serait-elle problématique, alors que la *Genèse* déroule le récit d'une création successive de toutes choses ? Thomas d'Aquin refuse pourtant à la matière la possibilité d'être sans forme, même sous l'hypothèse *de potentia absoluta Dei*, et, paradoxalement, sa réponse vise à garantir la toute-puissance infinie de Dieu. Que sont donc cette matière et cette forme qui jouent le rôle de cas-limites en théologie ?

La « matière » autour de laquelle s'installent les débats théologiques sur la création du monde est un concept hérité de la philosophie naturelle d'Aristote. La question posée à Thomas en 1270 prend en effet sens dans un contexte historique précis, la récente entrée en Occident des « livres naturels » de l'aristotélisme gréco-latin et arabo-latin. La matière que Bernard Silvestre empruntait au *Timée* vers 1147[3], et la matière mise en jeu par le questionneur de Thomas appartiennent à deux mondes différents. La cosmogonie platonicienne a cédé le pas devant la

1. B. Russell, *L'analyse de la matière*, Paris, Payot, 1965, p. 128.

2. Thomas d'Aquin, *Quodl. III, q. 1*, Ed. Léonine, t. 25, p. 241-243 ; Jean Duns Scot, *Ordinatio II, dist. 12, q. 1-2*, éd. L. Wadding, Ed. Vivès, t. 12, p. 546-607 ; le texte est traduit dans Muralt (1969).

3. Bernard Silvestre, *Cosmographie*, (texte latin repris de l'édition établie par P. Dronke), introduction et trad. M. Lemoine, Paris, Cerf, 1998. Pour la datation de l'œuvre, voir p. 10.

compréhension du monde qu'Aristote propose par le biais de son enquête sur les causes. Jusqu'au lexique, la science du monde est devenue aristotélicienne au XIIIe siècle [1]. Or la matière est décrite par le Stagirite comme pure puissance et être relatif [2]. Sans existence ou actualité propre, elle n'est que relation à la forme et n'est conçue que par rapport à elle [3]. Concept distingué de la forme *a posteriori*, à partir d'une réalité singulière appréhendée comme un tout, elle joue le rôle de cause, à savoir de principe d'intelligibilité. En ce sens, elle est principe du changement naturel; elle est ce à partir de quoi et dans quoi devient une nouvelle forme. La combustion transforme la bûche de bois en cendre ou charbon au cours d'un *processus continu*, le devenir supporté par la matière qui persiste sous le changement, mais qui diffère dans chacun de ses états formés. Considérée comme objet d'étude, la matière couvre le champ de la physique sans posséder de lieu circonscrit (elle n'est nulle part à l'état isolé, sans forme); prise comme principe d'explication physique et métaphysique, elle joue le rôle de mode d'interrogation corrélatif au principe formel (« en quoi » et « à partir de quoi » telle chose formée est-elle ?). De fait, la matière première ne se rencontre pas dans le monde, mais sa quiddité se déduit de l'observation du monde. Il semble donc problématique, sinon incongru, que la matière puisse être réalisée sans forme, car elle apparaît tributaire de la forme dont elle reçoit l'être en toute substance matérielle.

De plus, la matière aristotélicienne n'est pas même un non-être dans lequel se refléterait l'être, une négation de l'ordre, un chaos ou un principe mauvais, selon les enseignements tirés de la tradition platonicienne et de ses médiations latines [4]. Dans le composé, elle n'est pas, à côté de la forme, l'encombrante alliée symptomatique d'un statut déchu; elle ne précède pas la forme dans l'ordre chronologique de la création du monde; mais elle est connue à l'intérieur du jugement impliqué par l'acte de perception du monde. Elle dépend alors, encore et toujours, de la forme que distingue l'intellect : si, par exemple, le regard se porte sur telle tablette et la considère comme un parallélépipède-rectangle en bois, on dira que la matière de la tablette est le bois; mais si le regard pénètre un degré plus infime de

1. L. Minio-Paluello, éminent philologue et spécialiste de l'*Aristoteles latinus*, constatait que notre vocabulaire actuel, notre classification des disciplines et nos outils conceptuels constituent autant de traces de l'aristotélisme; voir Minio-Paluello (1960).

2. A côté des livres Z et H de la *Métaphysique*, la matière aristotélicienne apparaît dans la *Physique* I, 6-10, et II, 1-2. Elle est habituellement définie comme pure puissance, par exemple en *Métaphysique* H, 1, 1042a27, et Aristote lui accorde le statut de relation en *Physique* II, 2, 194b8 : « La matière est un relatif, car, autre forme, autre matière ». S'il se souvient des discussions sur la relation engagées par Gilles et Henri, le lecteur pourra comparer la matière aristotélicienne à la réalité relative qui tire tout son être de son fondement (« *B2 in fundamentis* » selon les distinctions établies *supra*, p. 96), à cette différence que la matière ne reçoit pas l'être actuel d'un fondement en lequel elle serait reçue, mais de la forme qu'elle reçoit. Concernant la matière chez Aristote, voir la monumentale étude Happ (1971), et, sur le livre Z de la *Métaphysique*, Frede, Patzig (1988).

3. Voir, par exemple, *Physique* I, 8, 191a7, *Métaphysique* I, 8, 1058a23, et Z, 3, 1029a32.

4. A titre d'exemple le magma chaotique mis en vers par Ovide : *Ante mare et terras et quod tegit omnia caelum / unus erat toto naturae vultus in orbe / quem dixere chaos : rudis indigestaque moles / nec quicquam nisi pondus iners congestaque eodem / non bene iunctarum discordia semina rerum* (*Metamorphoseon* I, 5-9). Dans la tradition théologique latine, le thème sera perpétué par le douzième livre des *Confessions* de saint Augustin.

la réalité et procède à un découpage plus précis, le bois peut être considéré comme forme organisatrice du matériau carbonique. Cependant, en aucun cas envisageable, la matière ne sera atteinte dans son éventuelle et improbable nudité, – la molécule est encore une forme (une formule). Confiant en l'expérience humaine, Aristote jugeait inutile d'imaginer une matière « théologique » en-deçà de notre monde formé, qui demeurerait inaccessible en son statut d'infra-intelligibilité. Selon l'enseignement de la *Métaphysique*, la matière n'est pas « séparable », elle ne peut exister seule [1], mais elle accompagne tout regard porté sur le sensible et constitue ainsi l'ultime limite de l'observation du monde [2] : pour appréhender quelque chose de manière sensible, le sujet connaissant doit l'apercevoir comme matière informée.

Ainsi le couple matière/forme mobilisé par Gilles de Rome pour élucider le rapport de l'essence et de l'être se révèle au moins aussi riche de problématiques que le thème qu'il était censé expliquer. Au XIIIe siècle, il permet non seulement de renouveler la compréhension du monde naturel, mais engage aussi de violentes polémiques anthropologiques et théologiques. Aristote fut si important pour la fin du moyen âge occidental qu'un bref rappel historique de son avènement latin s'impose donc, en guise de préambule.

La physique aristotélicienne à l'Université de Paris

Aux alentours de 1270, la « philosophie naturelle » aristotélicienne ne se résume ni à la *Physique* d'Aristote, ni même aux œuvres non-logiques du Philosophe. Elle englobe toutes les œuvres du Stagirite qui n'appartiennent pas aux champs éthique et logique, la *Métaphysique* comprise, et elle s'étend aussi aux commentaires arabes de ces œuvres et à quelques traités pseudo-aristotéliciens, parfois métaphysiques, comme le *Livre des causes* [3]. Cette extension du domaine de la physique aristotélicienne à la métaphysique et son identification à un corpus de textes disséminés dans l'histoire sont fonctions de données épistémologiques, culturelles et institutionnelles : l'histoire des traductions et des institutions universitaires, et l'organisation du savoir qui en découle, ont dessiné les contours de la philosophie naturelle d'Aristote ; or le moment de l'avènement de cette figure historiographique en Occident latin est la première moitié du XIIIe siècle. De fait, pour mieux cerner quelle notion de matière supposent les discussions de Thomas d'Aquin, d'Henri de Gand ou de Duns Scot, il faut savoir quels textes faisaient alors autorité en physique et quel regard l'intellectuel universitaire portait sur les doctrines qu'ils véhiculaient. Du côté matériel, ce bref rappel historique abordera donc la question des traductions, du côté formel, celle de l'acculturation, par assimilation programmée ou, au contraire, par effet rétroactif des prohibitions. Ces deux phases ne furent d'ailleurs pas simultanées : entre la

1. Voir la démonstration par l'absurde de *Métaphysique* Z, 3, 1029a19-28.

2. *Ibid.*, 1029a10-16.

3. Via Augustin (*De civitate Dei* VIII, 4), l'université médiévale a adopté la division stoïcienne de la philosophie en « physique », « éthique » et « logique ». Voir Imbach (1996c), p. 30. La physique ou philosophie naturelle comprend de fait la science dite aujourd'hui « métaphysique ».

traduction et l'appropriation intellectuelle d'une œuvre, il faut compter au moins une génération. Pour prendre l'exemple de la *Métaphysique*, l'ampleur du texte et la difficulté des doctrines excèdent de loin le contenu des traités de l'*Organon*; entre la circulation de la traduction et l'enseignement de son contenu par un maître, s'intercale donc un temps pour l'exégèse.

Suite aux travaux de J. Jolivet [1], il est d'usage de considérer deux âges de la philosophie médiévale, le premier dominé par Boèce et ses traductions de l'œuvre logique d'Aristote, le second initié par les traductions gréco-latines et arabo-latines des œuvres d'éthique, de philosophie naturelle et de métaphysique aristotéliciennes, dès le XIIe siècle [2]. Toute histoire est faite de contingences, et le formidable enrichissement de la culture latine dans son second âge n'obéit pas à la logique habituelle du commentaire. La *Métaphysique* et la *Physique* d'Aristote sont en effet précédées dans le monde latin par de nombreuses exégèses arabes, à l'exception de l'œuvre d'Averroès. Ainsi, l'interprétation avicennienne de la *Métaphysique* d'Aristote est-elle livrée au monde latin avant l'ensemble des textes sur lesquels elle porte: le *Schifâ* est partiellement traduit à Tolède entre 1150 et 1180 [3], alors que la plus ancienne traduction de la *Métaphysique*, la « *vetustissima* » gréco-latine de Jacob de Venise, est peu diffuse à la fin du siècle et surtout très partielle (livres I à IV, c. 4). Une seconde traduction de la *Métaphysique*, gréco-latine et anonyme, paraît au XIIIe siècle, la « *media* », amputée du livre XI [4]; elle sera révisée par Guillaume de Moerbeke et augmentée du onzième livre vers 1271 [5]. Il existe enfin une quatrième version de la *Métaphysique*, la « *nova* », peut-être une traduction arabo-latine de Michel Scot dans la première moitié du XIIIe siècle.

Quant à la *Physique*, elle est traduite du grec et de l'arabe au XIIe siècle. Dans le même temps, Gérard de Crémone traduit de l'arabe le *Traité de la génération*, le *Du ciel*, les livres I à III du *Traité des météores* et les *Analytiques postérieurs*, grands absents de la *logica vetus*. Le *De l'âme* et les *Parva naturalia* existent alors en traduction gréco-latine. Au XIIIe siècle, deux traducteurs s'imposent par l'ampleur de leurs entreprises respectives, Michel Scot et Guillaume de Moerbeke.

1. Jolivet (1995), p. 11-77. Regardant Aristote, la culture européenne latine est réduite à l'étude des *Catégories* et du *De interpretatione* jusqu'au XIIe siècle. Seules ces deux traductions de Boèce se transmettent par-delà les âges, avec une immense ellipse pour les *Catégories*, auxquelles se substitue, jusqu'à Abélard, une paraphrase élaborée dans l'école de Thémistius, les *Categoriae decem*.

2. Pour l'histoire des traductions d'Aristote, voir notamment Minio-Paluello (1960); Dod, Lohr (1982); Brams (1986); Brams, Vuillemin-Diem (1986); Vuillemin-Diem (1986); Van Steenberghen (1991[2]), p. 75-81. Pour les traductions de la philosophie arabe, Daiber (1990), D'Alverny (1994), Jolivet (2002), p. 41-61.

3. Voir Jolivet (1995), p. 49-50, et, à propos de l'entrée de la philosophie arabe en Occident, Jolivet (2002). La « *Métaphysique* » latine d'Avicenne est aujourd'hui disponible en édition critique : *Avicenna latinus. Liber de philosophia prima sive scientia divina,* édition critique de la traduction latine médiévale par S. Van Riet, introduction doctrinale par M.G. Verbeke, Louvain-Leiden, E. Peeters-E. J. Brill, 1977 (t. 1)-1980 (t. 2).

4. Cette omission fournit un outil de datation des textes, étant donné que le livre XII fut désigné comme onzième jusqu'à la traduction du livre XI par Guillaume de Moerbeke en 1271.

5. De plus, Guillaume retraduit directement du grec les livres XIII et XIV. Pour le détail, voir Vuillemin-Diem (1986), p. 290 *sq*.

Avant 1240, le premier mène à terme son monumental projet : traduire les grands textes de l'aristotélisme gréco-arabe et une partie des commentaires d'Averroès [1]. Dès le milieu du siècle, Averroès dépossède alors Avicenne de son titre de « Commentateur » officiel d'Aristote ; mieux, R.-A. Gauthier a démontré que l'expansion de l'« averroïsme » parisien commence dès 1225 [2]. Dans le troisième quart du siècle enfin, Guillaume de Moerbeke traduit et révise tout l'Aristote gréco-latin, collaborant ainsi au projet d'exégèse de Thomas d'Aquin. Grâce à cette déferlante de traductions, Aristote accapare les rayons de la bibliothèque philosophique du maître dominicain, alors qu'il n'était que le modeste auteur de deux courts traités logiques à l'époque d'Abélard (les *Catégories* et le *De l'interprétation*). Peu après 1270, toutes les œuvres d'Aristote connues aujourd'hui sont en effet disponibles en latin [3].

Les questions relatives à la matière et à la forme qui impliquent Thomas vers 1270 ont cependant une préhistoire, la découverte progressive des thèses physiques et métaphysiques du Stagirite, consécutive aux traductions. Et le processus d'acculturation est double : utiliser Aristote, le citer et l'étudier, n'équivaut pas l'enseignement de ses textes (la « lecture » [4]) ; de nature privée, l'étude regarde l'activité intellectuelle du théologien comme du maître en arts, alors que la lecture est un acte professionnel, programmé par l'institution universitaire et confiné dans une faculté. Nul doute que, une fois traduits, les textes d'Aristote furent étudiés ; demeure la question de la transmission de leur contenu, plus ou moins facilitée au sein des centres de savoir.

Au début du XIIIe siècle déjà, le nouvel Aristote est étudié à Paris et surtout à Oxford, sous l'impulsion de Robert Grosseteste ; il apparaît à Padoue dès 1226 [5]. L'université est cependant une école, et la Faculté des arts, en charge de l'enseignement d'Aristote, une faculté propédeutique qui ne peut digérer d'un coup l'immense legs constitué par la *Métaphysique*, la *Politique*, les livres de philosophie naturelle et d'éthique aristotéliciens, et les divers commentaires arabes. Avant d'enseigner Aristote de manière régulière, il faut un temps pour l'étude et la réorganisation de la faculté. Ainsi, avant les années 1240, seuls Richard Rufus et Roger Bacon mettent au programme de leurs cours parisiens la lecture de la *Physique* et de la *Métaphysique* [6] ; ils importent ainsi une pratique sans doute plus

1. Aux efforts de Michel Scot se cumulent ceux de deux grands traducteurs, Hermann l'Allemand et Guillaume de Luna.

2. Gauthier (1982) et Gauthier (1982b). Van Steenberghen (1991²), p. 102-103, omet de signaler la découverte de R.-A. Gauthier ; il regarde toujours le *De universo* et le *De anima* de Guillaume d'Auvergne (entre 1231 et 1236) comme les premières traces de citations d'Averroès.

3. Il va sans dire qu'elles ne coïncident pas avec l'Aristote reconstitué au XIXe siècle par l'édition Bekker.

4. Voir Bianchi (1999), p. 93-94.

5. Ce résumé minimal des débuts d'Aristote à Paris est largement redevable d'un enseignement donné par le professeur L. Bianchi à l'Université de Lausanne en 2002.

6. Voir Wood (1994), qui prouve contre F. Van Steenberghen que les *libri naturales* étaient enseignés à Paris avant 1241. Van Steenberghen (1991²), édition revue d'un ouvrage de 1966, est cependant porteur d'une apparente contradiction qui semble l'exonérer de la critique de R. Wood. En effet, l'auteur affirme d'une part que, vers 1245, Roger Bacon est « le témoin le plus ancien de

répandue à Oxford, où Aristote ne suscitait pas la méfiance qu'il inspirait à Paris. Avant eux, un autre maître anglais, Jean Blund, aurait commenté Aristote à Paris; son traité *De l'âme*, qui daterait de 1204/5, témoigne d'une connaissance précise d'Aristote et d'Avicenne [1].

L'impulsion majeure dans le sens de l'aristotélisme en philosophie fut cependant le fait d'Albert le Grand. Lors de son enseignement parisien (avant 1248), le maître projette de paraphraser l'ensemble du corpus scientifique aristotélicien pour le rendre accessible aux latins. De retour à Cologne, le théologien commente Aristote une vingtaine d'années durant, toujours soucieux de ne pas confondre philosophie naturelle et discours théologique orienté vers les mystères divins. De 1248 à 1252, l'assistant d'Albert à Cologne est un étudiant rencontré à Paris, Thomas d'Aquin; ce dernier retrouve Paris dès 1252, où, bachelier sententiaire, il enseigne jusqu'en 1256, transportant en partie l'esprit d'Albert en France [2]. Dès 1255, le programme des cours de la Faculté des arts parisienne témoigne par ailleurs de l'inscription définitive d'Aristote au rang des autorités et de la promotion de ses écrits comme principal objet des études de philosophie [3]. Trois groupes de disciplines cohabitent: la «philosophie rationnelle» composée de la rhétorique, de la grammaire et de la logique, la «philosophie morale», qui comprend aussi la science politique, et la «philosophie naturelle» ou «spéculative», où la mathématique et la métaphysique voisinent la physique. L'enseignement métaphysique s'appuie sur la *Métaphysique* d'Aristote et le *Livre des causes*, alors que les cours de physique portent, entre autres, sur un vaste ensemble de traités aristotéliciens (*Physique*, *Du ciel*, *De la génération*, *Météores*, *De l'âme*, *Des animaux*, *Parva naturalia*).

De 1200 à 1255, l'enracinement de l'aristotélisme à Paris fut cependant entravé par des prohibitions [4]. En 1210, le synode de Paris interdit sous peine d'excommunication l'enseignement ou «lecture» des livres naturels d'Aristote et de leurs commentaires, en public comme en privé [5]; en 1215, un statut du cardinal Robert de Courçon rappelle la même interdiction:

l'enseignement de la *Physique* et de la *Métaphysique* à la Faculté des arts de Paris» (p. 131), et, d'autre part, qu'il «semble que Blund ait été un des tous premiers commentateurs des *libri naturales* à Paris, avant l'interdiction de 1210, et qu'il les ait introduits à Oxford» (p. 159).

1. *Tractatus de anima*, éd. D.A. Callus et R.W. Hunt, London, «Auctores Britannici Medii aevi, 2», 1970. Voir Callus (1955).

2. A côté de sa première grande œuvre théologique, le *Commentaire des Sentences*, Thomas rédige un traité *De principiis naturae*, et le *De ente et essentia*. A propos de la carrière de Thomas d'Aquin, voir Torrell (1993); à propos de l'entreprise d'Albert le Grand, Libera (1990) et Libera (2003).

3. Au sujet de la Faculté des arts, voir les études nombreuses et organisées avec cohérence dans O. Weijers, L. Holtz (éd.) (1997).

4. Pour l'histoire détaillée des entraves à la pénétration d'Aristote à Paris et une présentation récente des controverses historiographiques sur le sujet, voir Bianchi (1999), p. 89-127.

5. *Quaternuli magistri David de Dinant infra natale episcopo Parisiensi afferantur et comburantur, nec libri Aristotelis de naturali philosophia nec commenta legantur Parisius publice vel secreto, et hoc sub pena<e> [e]xcommunicationis inhibemus.* CUP, t. I, p. 70 (= *Chartularium Universitatis Parisiensis*, éd. H. Denifle, A. Chatelain, Bruxelles, 1964, 4 vol. [réimpr. de l'édition de Paris 1891-1899]).

> Que l'on ne lise pas les livres d'Aristote sur la métaphysique et la philosophie naturelle, ni des résumés de ceux-ci... [1].

Enfin, le 13 avril 1231, la bulle *Parens scientiarum* de Grégoire IX veut prévenir tout abus de philosophie en théologie, ainsi qu'une éventuelle prise de pouvoir d'Aristote sur la rationalité chrétienne. Elle interdit l'usage des textes condamnés autrefois, jusqu'à ce qu'une commission les ait examinés et expurgés de leurs erreurs [2]. L. Bianchi a montré que l'interdiction fut sans effet, que, sans le vouloir, elle profita même à l'aristotélisme dont elle ouvrait la voie: la bulle invitait en effet à abolir les sanctions prises en 1210 et 1215, elle n'en prévoyait pas de nouvelles, et conférait aux maîtres le privilège de choisir leurs livres de cours, dont ceux d'Aristote à condition qu'ils aient été expurgés. Or, à peine formée, la commission d'examen abandonna la tâche, soit que celle-ci fût impossible, soit que quelque circonstance extérieure n'empêchât la réunion des experts [3]. Malgré ces interdictions et leurs métastases – par exemple l'extension de la prohibition à Toulouse en 1245 –, les livres de philosophie furent de plus en plus enseignés, jusqu'aux statuts de la Faculté des arts de 1255 qui mirent l'ensemble des œuvres d'Aristote au programme des études.

En Faculté de théologie, Aristote fit une percée presque aussi rapide [4]. Les maîtres ne le commentaient bien sûr pas, mais ils l'utilisaient de plus en plus dans leurs œuvres théologiques; déjà dans le deuxième quart du siècle, un Guillaume d'Auvergne cite abondamment Aristote. Ainsi, la nouvelle rationalité aristotélicienne s'installe progressivement au cœur du savoir chrétien. Il faudra cependant attendre la condamnation de 1270 pour que des maîtres de théologie, tel Bonaventure ou Guillaume de Baglione, puissent porter un coup décisif contre l'usage intempestif de la philosophie. La figure du Stagirite ne sera d'ailleurs plus directement visée lors des condamnations universitaires des années soixante-dix : au bénéfice d'une méthode plus adaptée, les censeurs pointeront des thèses

1. *Nec legantur libri Aristotelis de methafisica et de naturali philosophia, nec summe de eisdem* [...]. CUP, t. I, p. 78-79. Parallèlement à cette interdiction, Robert de Courçon prescrit cependant l'*Ethique à Nicomaque* pour l'enseignement de la philosophie morale; peu conscient du potentiel « philosophique » de cette œuvre, il la préfère à Cicéron, Sénèque ou Virgile. Voir Bianchi (1999), p. 97.

2. [...] *et libris illis naturalibus, qui in Concilio provinciali ex certa causa prohibiti fuere, Parisius non utantur, quousque examinati fuerint et ab omni errorum suspitione purgati.* CUP, t. I, p. 138.

3. Bianchi (1999), p. 104-116. L'interprétation de l'historien italien s'oppose à celles de Grabmann (1941) et de Van Steenberghen (1991 [2]), selon lesquelles Grégoire IX conduisait une politique culturelle décidée et cohérente, pour préparer une entrée harmonieuse d'Aristote à l'université. Selon L. Bianchi, le pape fut le promoteur involontaire de l'aristotélisme; « ce qui intéressait vraiment le pontife, c'était le bon fonctionnement des enseignements "supérieurs", et surtout l'essor de la Faculté de théologie... » (p. 106).

4. Les réactions hostiles de nombreux théologiens témoignent de l'infiltration rapide d'Aristote en théologie. Bianchi (1999), p. 113-114, donne des exemples de réaction à la nouvelle philosophie, parmi lesquels un extrait d'Hugues de Saint Cher (entre 1230 et 1240) : « On aime mieux la philosophie que la théologie; bien plus, beaucoup de théologiens, quand ils lisent, disputent ou prêchent, s'appuient plus sur la philosophie que sur la théologie. De tels gens, loin d'éclaircir les paroles de notre Seigneur, les obscurcissent plutôt. », trad. L. Bianchi.

précises, treize en 1270, deux cent dix-neuf en 1277 [1], dont l'origine ne remonte pas à l'antiquité grecque, mais aux débats contemporains entre maîtres parisiens. De plus, dès 1277, les autorités religieuses ne se contenteront plus de proscrire des erreurs défendues par quelques maîtres trop bruyants de la Faculté des arts; elles attaqueront, à tour de rôle, les figures de Gilles de Rome, de Thomas d'Aquin, ou d'Henri de Gand qui fut pourtant membre de la commission de censure préalable à la grande condamnation du 7 mars 1277. Dans ses applications anthropologiques et théologiques, le couple indissociable de la physique aristotélicienne, la matière et la forme, mérita en effet l'attention des censeurs et força les théologiens à un travail d'adaptation ou à l'élaboration d'une alternative non-aristotélicienne. On ne saurait réclamer de signe plus probant de la reconnaissance de la philosophie par les théologiens eux-mêmes. Selon le constat de L.-J. Bataillon, à la fin du siècle les « nouveaux » théologiens regardent en effet la philosophie comme une discipline cohérente et incontournable [2].

Thomas d'Aquin

La matière aristotélicienne

« La crue de l'aristotélisme, épisode sensationnel de la découverte de l'Antiquité, commande *matériellement et spirituellement* l'œuvre de saint Thomas. » [3] Dans son *Introduction à l'étude de saint Thomas d'Aquin*, M.-D. Chenu soulignait en ces termes une double influence du nouvel Aristote sur Thomas d'Aquin. D'une part, le théologien dominicain consacra une grande partie de son activité intellectuelle à l'intelligence de la doctrine du Stagirite. Dans la lignée d'Albert le Grand et plus que tout autre de ses collègues théologiens à l'Université de Paris, il commenta en effet les principaux textes de philosophie naturelle et de métaphysique [4]. D'autre part, la philosophie aristotélicienne anime l'œuvre entière de Thomas. Elle ne fut pas confinée par lui dans le champ de l'étude de la nature; elle élucide au contraire les principes de la connaissance humaine en général. L'orgueil n'est pas dans la vie intellectuelle, comme

1. Voir *supra* la condamnation de la thèse de l'éternité du monde, p. 99 *sq.*

2. « Jean de la Rochelle ne semble donc pas reconnaître une autonomie à la philosophie et se contente d'en recommander l'étude. Il faut attendre la génération suivante pour que des maîtres en théologie admettent la valeur propre de la philosophie et construisent leurs systèmes théologiques en en tenant compte. Si différentes soient-elles, les synthèses d'Albert le Grand, de Thomas d'Aquin, de Gilles de Rome ou de Godefroid de Fontaines ne pouvaient qu'inquiéter les maîtres traditionalistes et leur paraître une sorte de trahison [...]. » Bataillon (1997), p. 452.

3. Chenu (1954), p. 28. Nous soulignons.

4. De 1267 à 1273, le théologien composa des commentaires pointus sur le *De anima*, le *De sensu et sensato*, la *Physique*, le *Traité des météores*, le *De interpretatione*, les *Analytiques postérieurs*, l'*Ethique*, la *Politique*, la *Métaphysique*, le *De caelo et mundo*, et le *De generatione et corruptione*. Cette liste omet le *Livre de causes*, dont Thomas fut le premier à contester l'attribution à Aristote et qu'il reconnut comme une compilation arabe de Proclus; à ce sujet, voir D'Ancona Costa (1995), p. 229-258. Dans Torrell (1993), p. 483-525, G. Emery donne un précieux catalogue des œuvres du dominicain, accompagnées de leurs datations et de la mention des éditions disponibles.

l'affirmeront les censeurs de 1277 [1], mais dans la prétention à y échapper. De fait, le message divin n'est pas refusé à l'intelligence. Dans la mesure de sa réception par l'homme ici-bas, il ne saurait d'ailleurs se soustraire à la raison dont Dieu nous a doté et qui constitue notre nature, à moins d'être une fable que l'infidèle tournerait aisément en dérision [2]. Ainsi l'esprit «philosophique» d'Aristote habite l'œuvre théologique de Thomas, du *Commentaire des Sentences* commencé en 1252 à la *Somme théologique*, interrompue en 1273, lorsque le maître cessa volontairement toute écriture.

Avant d'envisager la réponse de Thomas à la question « Dieu pourrait-il faire que la matière soit sans forme ?», il est donc indiqué de se laisser aller à deux détours, l'un dans la théologie de la création, l'autre par les commentaires de la *Métaphysique* et de la *Physique*. La solution thomasienne aura ainsi été appréhendée avec un regard sur la démarche qui l'a établie, d'une discipline à l'autre, d'un type de discours à l'autre.

La question de la matière est au cœur de la théologie de la création. La *Genèse* déroule en effet le récit d'une dotation progressive des formes à partir d'une terre sans vie, vacuité initiale que les médiévaux interprétèrent comme l'existence préalable de la matière première, dépourvue de toute forme [3]. Dans le monde latin, la lecture autorisée de la *Genèse* suit en effet Augustin, qui décrit ce premier état de vacuité sous les traits obscurs d'une matière informe, dénommée « informité » (*informitas*) [4]. Au XIIe siècle, le texte que devra bientôt commenter tout enseignant prétendant au titre de maître en théologie, les *Sentences* de Pierre Lombard, relaie l'interprétation augustinienne à la *Distinction 12* du *Livre II*. Comme il se doit, Thomas d'Aquin rencontre donc le problème de la *materia informis* lors de son

1. Le 7 mars 1277, Etienne Tempier condamne la doctrine de la vie philosophique comme discipline suffisante à l'ultime bonheur humain: *Quod homo ordinatus quantum ad intellectum et affectum, sicut potest sufficienter esse per virtutes intellectuales et alias morales de quibus loquitur Philosophus in Ethicis, est sufficienter dispositus ad felicitatem eternam* (157/171), (voir aussi les articles 144/170 et 154/2). Il est hors de question que Thomas ait adopté de telles thèses; dans le jeu des forces en présence, sa pensée se démarquait cependant de l'attitude nouvelle des théologiens franciscains qui, plus proches de l'esprit de 1277, voyaient en la vertu d'amour – la volonté droite –, et l'humilité qui en résulte, la seule voie vers le salut. Au sujet de cette mouvance franciscaine, voir Putallaz (1997), qui en démontre la spécificité contre l'étiquetage de « néo-augustinisme » réactionnaire que proposait F. Van Steenberghen. La dépréciation de la rationalité est consciente chez un Pierre de Jean Olivi ou un Roger Marston, et c'est « un mauvais procès qui consiste à reprocher à quelqu'un des faiblesses spéculatives là où précisément il a tout fait pour ne pas être entraîné, sur le plan de la pure philosophie » (p. 75).

2. Parmi tant d'autres, cette remarque méthodologique est exemplaire de l'attitude thomasienne : « Au sujet de ce second point, deux erreurs sont à éviter. Premièrement, que l'on ne dise pas qu'il faut concevoir des choses manifestement fausses à partir de l'Écriture [...]. En effet, ni l'Écriture divine transmise par l'Esprit saint, ni la foi qu'elle enseigne, ne peuvent être fondées sur du faux. » *Circa secundam disceptationem duo etiam sunt vitanda. Quorum primum est, ne aliquis id quod patet esse falsum, dicat in verbis Scripturae,* [...], *debere intelligi; Scripturae enim divinae a Spiritu sancto traditae non potest falsum subesse, sicut nec fidei, quae per eam docetur.* Thomas d'Aquin, *De potentia Dei, q. 4, art. 1, Respondeo,* Ed. Marietti, p. 117b. (La deuxième erreur contre laquelle Thomas met en garde l'exégète est celle de l'interprétation univoque du texte biblique).

3. *Terra autem erat inanis et vacua. Genèse*, I, 2.

4. *De Genesi ad litteram, I,* 17.35, PL 34, 259-260; *Confessiones*, XII, 1-8, éd. P. de Labriolle, p. 330-335.

premier enseignement parisien; bachelier « sententiaire » à la Faculté de théologie, il commente l'œuvre du Lombard entre 1252 et 1256 [1]. Or, s'opposant à l'interprétation traditionnelle, le futur maître en appelle à Aristote, Avicenne et Averroès, pour démontrer que nulle matière informe n'a précédé la dotation des formes dans l'ordre temporel de la création, et que les créatures ne résultent pas d'une information successive de la matière.

Thomas approche la matière première par le biais très aristotélicien du dépouillement conjectural de toute forme [2] :

> Selon l'ordre de nature, la matière première est ce à quoi s'arrête la dissection des corps naturels, et ceci doit être dénué de forme, car tout sujet qui a une forme est divisible en forme et sujet de la forme; de fait, puisque toute connaissance se fait par la forme, cette matière première n'est connaissable que par analogie, comme le dit le Philosophe [...]. Or, bien que la matière première ainsi conçue n'ait pas quelque forme qui fasse partie de son essence, elle n'est cependant jamais séparée de toute forme, comme le prouve Avicenne [...] [3].

Incapable de penser la matière nue et isolée, hors de son rapport à une forme, Thomas refuse donc toute préséance temporelle de la matière sur la forme : en bonne logique, la matière ne peut exister sans forme. La démarche et la doctrine sont conformes à Aristote; elles procèdent de la confiance en l'intelligence, qui appartient, chez le théologien chrétien, à l'ordre de nature voulu par Dieu. S'il est logiquement contradictoire que la matière existe sans forme, il faut nier la possibilité pour Dieu de la créer dans un tel état, *infra*-intelligible donc caractérisé en creux par une absurdité contre-nature. Dans l'hypothèse ridicule où la création pourrait s'installer dans la contradiction, la puissance de Dieu serait en effet minimisée, puisque au moins l'un de ses effets serait moins bon que ceux produits par la nature [4].

Cependant, dans l'ordre dit « de nature », la matière première peut être saisie comme un en-deçà conjectural, le sujet de toutes formes. Thomas distingue ainsi l'existence de la matière, indissociable de la forme, et son essence propre, dont la forme « ne fait pas partie ». Demeure donc la question de savoir ce qu'est la matière (*quid est*), ou plutôt ce qu'elle n'est pas; connue par analogie à un autre que soi (la forme), l'essence de la matière ne pourra être appréhendée que par

1. *Sent. II, d. 12, q. 1, a. 4*, éd. P. Mandonnet, t. 2, p. 312-315. En parallèle, on consultera un texte rédigé aux alentours de 1265, le *De potentia Dei, q. 4 (De creatione materiae informis)*.

2. Voir *Métaphysique* Z, 3, 1029a10-20.

3. *Secundum quod importat ordinem naturae, materia prima est illud in quo ultimo stat resolutio corporum naturalium, quod oportet esse absque omni forma : quia omne subjectum quod habet formam est divisibile in formam et subjectum formae; et ideo, quia omnis cognitio est per formam, haec materia prima est scibilis, ut dicit Philosophus in I Physic., text. 69, secundum analogiam tantum [...]. Et quamvis materia prima sic accepta non habeat aliquam formam partem essentiae suae, nunquam tamen dividitur ab omni forma, ut probat Avicenna [...]. Sent. II, d. 12, q. 1, a. 4, Solutio*, éd. P. Mandonnet, t. 2, p. 313.

4. *Ad tertium dicendum quod si Deus faceret ens in potentia tantum, minus faceret quam natura, quae facit ens in actu. De potentia Dei, q. 4, art. 1*, Ed. Marietti, p. 124a.

négation de certaines propriétés qui appartiennent à l'élément auquel elle est intrinsèquement liée dans l'existence, à savoir la forme de la chose concrète.

Le *Commentaire des Sentences* donne une description de l'essence de la matière à l'occasion de la réfutation de la seconde thèse traditionnelle, à savoir l'information successive de la matière première en direction de la substance achevée [1]. Thomas rapproche l'opinion de certains modernes (*moderni*) de celle des philosophes présocratiques (*antiqui*) invalidée par Aristote. Dans l'antiquité, certains philosophes imaginaient en effet que l'un des éléments, par exemple l'eau, jouait le rôle de matière première, préformée en sa structure élémentaire, et que tout procédait ensuite de lui, par raréfaction ou condensation. D'autres préféraient la thèse d'un chaos initial, où tout serait déjà pré-contenu, mais en l'espèce d'une masse confuse que Dieu doit encore organiser, par distinctions ou dissections successives des formes. Or, suivant la même structure, certains modernes tiennent que la matière première est d'abord créée tout entière sous une forme embryonnaire, qui recèle virtuellement toutes les substances du monde [2].

La réfutation de Thomas est lapidaire et mérite une reconstruction. Deux interprétations de la thèse traditionnelle sont en effet possibles. La première forme de la matière pourrait précéder les formes plus achevées dans l'ordre temporel seulement, et disparaître lors de la formation du monde. Elle signerait alors un premier état de la matière, provisoirement préformée dans l'attente des formes des substances existantes en acte. Cependant cette doctrine est illusoire [3] : en vain, elle chercherait à garantir la permanence de la matière première sous les phases successives d'une création envisagée comme changement. Elle serait même absurde, contrainte de considérer la création du monde comme une succession d'instants discrets juxtaposés. Il y aurait d'abord la matière première préformée, puis les substances formées, par-delà le saut ontologique que constituerait l'abandon de la première forme de la matière avant la dotation des formes des créatures particulières. Absurde, la première hypothèse impliquerait donc deux créations successives au lieu de rendre compte de la création; ou alors elle décrirait la création comme une génération (l'apparition des substances) qui suit une corruption (l'annihilation de la première forme de la matière). Dans la seconde hypothèse, la première forme pourrait précéder la forme substantielle de la créature par nature et coexister avec elle au sein de toute substance matérielle; qu'elle la précède temporellement ou non ne fait d'ailleurs plus de différence. Chaque étant naturel serait ainsi doté de deux formes substantielles superposées : un premier acte, infime et propre à la matière première, et un acte qui l'achèverait en sa spécificité propre de substance concrète. Or, remarque Thomas, cette thèse

1. *Sent. II, d. 12, q. 1, a. 4, Sed circa hoc,* éd. P. Mandonnet, t. 2, p. 314-315.

2. Thomas mentionne le *Fons Vitae* d'Avicebron. Par prudence, il se contente de pointer une autorité, qui plus est d'une autre culture, la pensée juive. Sous la forme des raisons séminales (*rationes seminales*), la thèse critiquée est cependant défendue par les plus grands théologiens de l'époque, dont Bonaventure. A propos de cette doctrine, voir Mazzarella (1978), p. 233-258 et 289-296.

3. Il est peut vraisemblable qu'un penseur ait défendu cette thèse en l'état. Elle n'est qu'un outil, une pièce de notre élucidation de l'argument thomasien. La finesse et la rapidité du raisonnement impose en effet quelque effort de reconstruction.

réduirait la génération à l'altération : dans le monde, tout changement serait une altération de la matière préformée, sans que n'apparaisse ni ne disparaisse jamais de nouvelle forme substantielle. Pour invalider toute information successive de la matière, le maître se contente en effet d'énoncer l'un des principes centraux de sa métaphysique, suffisant d'ailleurs à repousser les deux hypothèses envisagées :

> Or cette position est invalidée par Avicenne; en effet, toute forme substantielle donne l'être complet dans le genre de la substance. Tout ce qui advient postérieurement à l'existence actuelle de la chose, est un accident, car il est inhérent à un sujet qui est dit « étant complet en soi ». Ainsi, il faudrait que toutes les autres formes naturelles [que la première forme de la matière] soient des accidents, et réapparaîtrait une ancienne erreur : la génération serait identique à l'altération [1].

Comme alternative à cette négation de la création et de la génération, une deuxième conséquence pourrait toutefois être avancée : la substance ne serait pas une absolument, mais un agrégat de matière informée et de forme substantielle, créées et composées simultanément. Si absurde aux yeux de Thomas, cette conception sera pourtant largement adoptée en anthropologie et en divers lieux de la théologie des mystères [2]. *Mutatis mutandis* en fonction de leurs spécificités personnels, de nombreux auteurs franciscains théoriseront une telle vision des êtres naturels. Sur le plan métaphysique, elle s'oppose au départ radical qu'instaure Thomas entre l'essence et l'être, puisque toute essence, même la matière première, se voit dès lors dotée d'un être propre (bien que minimal en l'occurrence). Dans le cadre des élaborations thomasiennes, la matière aristotélicienne ne peut exister sans forme, bien que son essence soit distincte de celle de la forme. La matière des adversaires de Thomas pourra exister sans forme, puisque son essence est distincte de celle de la forme. Alors, la distinction entre essence et être cessera d'être au fondement de la métaphysique, qui s'ouvrira sur le champ des possibles [3].

Mais, pour revenir à la conclusion de Thomas dans ce précoce *Commentaire des Sentences*, force est de constater un accord parfait avec le Stagirite. Exactement comme Aristote en *Métaphysique* Z, 3, Thomas termine son enquête en signifiant que la matière n'est pas substance, sans quoi toute autre réalité serait un accident. Elle n'est pas non plus un accident, car les formes des choses matérielles ne peuvent exister sans matière. Voici donc ce que n'est pas la matière : un étant concret.

Cette première fidélité de Thomas d'Aquin à Aristote, délicate dans le contexte de la théologie de la création, invite à regarder vers les commentaires des

1. *Avicenna improbat, quia omnis forma substantialis dat esse completum in genere substantiae. Quidquid autem advenit postquam res est in actu, est accidens : est enim in subjecto quod dicitur ens in se completum. Unde oporteret omnes alias formas naturales esse accidentia ; et sic rediret antiquus error, quod generatio idem est quod alteratio. Sent. II, d. 12, q. 1, a. 4, Sed circa hoc,* éd. P. Mandonnet, t. 2, p. 314

2. L'obstination de Thomas à la nier lui vaudra d'ailleurs ses condamnations posthumes, et engendrera une des premières grandes luttes d'écoles entre disciples de l'Aquinate et partisans des ténors du mouvement franciscain. Ces points feront l'objet du chap. III, p. 188 *sq.*

3. Cette question sera largement traitée par la suite ; voir surtout *infra*, p. 202 *sq.*

libri naturales, lieu de la découverte des principes métaphysiques et épistémologiques. A l'époque du *Commentaire des Sentences*, le jeune bachelier en théologie rédige un bref traité sur les principes de la nature, le *De principiis naturae* [1]. Après une période d'intense production théologique et par-delà un premier enseignement parisien en tant que maître-régent, de 1256 à 1259, Thomas revient à l'Université de Paris, enseigner une seconde fois de 1268 à 1272. La répétition d'un tel exercice universitaire est exceptionnelle et ses motifs ne sont peut-être pas étrangers à la crise qui s'annonce; Bonaventure tonne contre les erreurs des «philosophes» et l'attitude intellectuelle dont témoignait le *Commentaire des Sentences* de Thomas, largement diffusé, n'exclut pas son auteur de la classe des sympathisants aristotéliciens. Or, loin de renoncer à la philosophie, le maître dominicain inaugure alors sa longue série de commentaires aristotéliciens, en parallèle de sa production théologique. A la dernière période de l'activité intellectuelle du maître, qui se prolongera à Naples jusqu'en 1273, appartiennent en outre les commentaires sur la *Physique* et la *Métaphysique* [2].

Dans la lumière proprement philosophique projetée par les textes d'Aristote, la matière pourra être envisagée soit dans son rapport à la forme, soit en soi, abstraite de la forme par le truchement d'un processus logique et hypothétique de séparation.

Comme relation à la forme, la matière est une donnée de l'appréhension des objets du monde sensible, substances ou choses plus diffuses – le tas de sable n'est sans doute pas une substance, car sa permanence dans la nature n'est pas nécessaire et ne dépend pas d'un principe vivant, d'une âme. Que l'objet sensible soit donc une substance individuée par un principe intrinsèque ou que ses contours, plus aléatoires, soient dessinés par le regard du sujet connaissant, il sera appréhendé comme matière informée. En effet, chez Aristote, la connaissance du monde sensible met en œuvre la distinction de deux principes co-relatifs, la matière et la forme. Par rapport à la forme, la matière est dite *pure puissance* [3]; elle n'existe que par la forme dont elle reçoit l'actualité. Dans une description générale du monde, l'ultime principe matériel, ou matière première, sera de fait conçu comme ce qui perdure sous le changement, en-deçà des divers états formés et actuels des choses. Sans aucune actualité propre, la matière première est un objet conceptuel, un principe qui permet de garantir la permanence du monde et des choses dans le changement. En philosophie aristotélicienne, le bloc de marbre *est devenu* une statue d'Hercule; les exigences de continuité que prescrit l'expérience du monde, et la «croyance» subséquente en sa stabilité, invitent à

1. Le texte date du premier enseignement parisien, lorsque Thomas n'a pas encore accédé à la maîtrise en théologie (1252-1256). Il est édité dans le tome 43 de l'édition Léonine, p. 39-47.

2. Au sujet de la datation, voir Torrell (1993), p. 337-340. Le commentaire *Sur la Physique* est édité dans le tome 2 de l'édition Léonine; à défaut d'édition critique définitive (Léonine) du commentaire *Sur la Métaphysique*, nous utiliserons l'édition dite «Marietti»: *In duodecim libros Metaphysicorum Aristotelis expositio*, éd. R.M. Spiazzi, Taurini-Romae, Marietti, 1964.

3. *In duodecim libros Metaphysicorum Aristotelis expositio, VIII, lect. 1,* 7, Ed. Marietti, t. 2, p. 403b.

reconnaître, au fondement du processus continu du mouvement, une matière qui soit pure puissance et totalement relative aux diverses formes.

Toujours comprise dans son rapport à la forme mais sous l'angle plus particulier du rapport à telle ou telle forme, la matière est aussi dite proprement *relative*. Thomas reprend l'adage du deuxième livre de la *Physique* : « La matière est un relatif, car autre forme, autre matière ».

> En effet, la matière est dite cause de la forme, en tant que la forme n'est pas, sinon dans la matière, et, de même, la forme est la cause de la matière, en tant que la matière n'a pas l'être en acte, sinon par la forme. Ainsi la matière et la forme sont dites relativement l'une à l'autre, comme il est affirmé dans le deuxième livre de la *Physique* [1].

Or la matière n'est pas dite relative à la forme comme une substance par rapport à une autre, le père et le fils au sein de la relation de paternité, ni même comme l'accident inhérent à la substance, le blanc de Socrate. En effet, la paternité appartient à la catégorie logique de la relation ; dans le contexte d'une prédication, elle signifie conjointement deux individus qui appartiennent à la catégorie de la substance. Logiquement compris sous l'une des neuf catégories qui accompagnent celle de la substance, l'accident est conçu comme une réalité inhérente à la substance dont il dépend dans l'existence. La matière n'appartient cependant pas à la catégorie de la relation : elle ne signifie pas un rapport de la forme à quelque autre réalité substantielle [2]. Elle n'est pas non plus un accident, car, si elle dépend de la forme pour exister, la réciproque est également vraie : dans le monde matériel, la forme n'existe que par donation de l'être à la matière. Ainsi, ni le modèle sémantique de la co-signification relative, ni le schéma ontologique du rapport des accidents à la substance/sujet, ne sont adéquats à la compréhension du rapport de la matière et de la forme. La matière et la forme ne sont ni signifiées ni appréhendées comme des éléments du monde, mais elles sont découvertes à l'occasion de la constitution de la science métaphysique aristotélicienne : modes noétiques d'appréhension du monde, elles sont causes ou principes d'explication. Ainsi, la matière et la forme sont-elles dites réciproquement et totalement *causes* l'une de l'autre :

1. *Materia enim dicitur causa formae, inquantum forma non est nisi in materia et similiter forma est causa materiae, inquantum materia non habet esse in actu nisi per formam. Materia enim et forma dicuntur relative ad invicem, ut dicitur in secundo Physicorum. De principiis naturae, cap. 4*, Ed. Léonine, t. 43, p. 44.

2. *Sed materia est de numero eorum quae sunt ad aliquid, quia dicitur ad formam. Quod non ideo dicitur quasi ipsa materia sit in genere relationis, sed quia cuilibet formae determinatur propria materia : et hoc est quod subdit, quod sub alia forma oportet esse aliam materiam. Commentarium in libros Physicorum Aristotelis, II, lect. 4*, 9, Ed. Léonine, t. 2, p. 66.

> La forme et la matière sont des causes réciproques quant à l'être. La forme est cause de la matière, en tant qu'elle lui donne d'être en acte; la matière est cause de la forme, en tant qu'elle la soutient [1].

De plus, le rapport de ces deux causalités est compris dans le modèle aristotélicien des quatre causes, dont la plus parfaite, la fin, est raison de la causalité des trois autres. Certes, l'efficient produit la fin; il est cause de sa réalisation dans l'être : la promenade engendre la santé. La fin est cependant cause de la causalité même de l'efficient : l'on se promène en vue de la santé. Commentant Aristote, Thomas distingue donc deux ordres à l'intérieur de la causalité : *quantum ad esse*, l'ordre de la réalisation effective dans l'être, et, *quantum ad rationem causalitatis*, l'ordonnance téléologique au bien, qui transcende le premier ordre, car tout ce qui est, est en vue d'une fin. Dans sa grande synthèse théologique, Thomas résumera ainsi la dynamique du système des causes :

> [...] la fin est dite cause des causes. Ainsi, selon la causalité, le bien est premier par rapport à l'être, comme la fin par rapport à la forme [2].

A suivre Thomas jusqu'au bout de son raisonnement, la forme et la matière seront donc causes symétriquement réciproques quant à l'être; comprise dans le schéma des quatre causes, leur relation sera cependant une participation hiérarchiquement ordonnée, car, en tant qu'acte, la forme est la fin de la matière [3]. Le rapport de la matière à la forme permet en effet de comprendre la tendance ou l'appétit de toute réalité encore marquée de potentialité pour sa plus grande détermination ou perfection actuelle possible; il manifeste la dynamique téléologique du monde.

En philosophie, il est finalement légitime de rechercher la quiddité propre de la matière, puisque les raisonnements précédents supposaient qu'elle soit différente de celles des formes qui s'impriment à la matière. A cet endroit, Thomas d'Aquin évite toute lecture « ontologisante » du Stagirite :

> Or la différence de la matière par rapport à toutes les formes, le Philosophe ne la prouve pas par la voie du mouvement, à savoir par une preuve qui appartient à la philosophie naturelle, mais par la voie de la prédication, qui est propre à la logique [...] [4].

1. *Forma autem et materia sibi invicem sunt causa quantum ad esse. Forma quidem materiae inquantum dat ei esse actu; materia vero formae inquantum sustentat ipsam. In duodecim libros Metaphysicorum Aristotelis expositio, V, lect. 2,* 13, Ed. Marietti, t. 2, p. 213b.

2. *[...] unde dicitur quod finis est causa causarum. Et sic, in causando, bonum est prius quam ens, sicut finis quam forma. ST Ia, q. 5, art. 2, ad 1*, Ed. Léonine, t. 4, p. 58. Voir aussi *De veritate, q. 28, art. 7*, Ed. Léonine, t. 22/3, p. 840; et *Contra Gentiles III, cap. 20*.

3. L'adage est récurent. Voir, par exemple, *Commentarium in libros Physicorum Aristotelis, I, lect. 15*, 10, Ed. Léonine, t. 2, p. 53.

4. *Attamen diversitatem materiae ab omnibus formis non probat Philosophus per viam motus, quae quidem probatio est per viam naturalis philosophiae, sed per viam praedicationis, quae est propria logicae [...]. In duodecim libros Metaphysicorum Aristotelis expositio, VII, lect. 2,* 18, Ed. Marietti, t. 2, p. 323a.

Qu'il soit substantiel (« homme ») ou accidentel (« blanc »), tout prédicat est une certaine détermination formelle. Par le procédé hypothétique d'exclusion de tout prédicat, le logicien peut donc s'attendre à atteindre le sujet ultime, la matière nue. L'expérience ne vaut pas pour la prédication univoque (*univoca praedicatio*), à savoir la définition, qui suppose la classification porphyrienne des formes essentielles : la forme « homme » est comprise sous la forme « animal », et la prédication « l'homme est un animal » est d'ordre purement *formel* et abstrait. L'expérience requiert au contraire d'être inscrite dans le cadre d'une prédication accidentelle (*denominativa praedicatio*), qui soit, sur le mode concret, une désignation ou un jugement (*concretiva praedicatio*) : « ceci est *x*, y, etc. ». Si, du jugement « ceci est un homme, blanc, etc. », toute détermination prédicative était ôtée, il ne demeurerait en effet que le « ceci », le sujet individuel (*hoc materiatum*). En pure logique, la matière semble donc coïncider avec le sujet ultime, l'individu dont Aristote disait qu'il n'y a pas de définition. Nonobstant cette identification, il faut éviter toute projection abusive : la matière *en soi* n'est pas une chose du monde ; elle n'est qu'un objet logique, situé hors de la sphère de la connaissance empirique du monde et de l'élucidation métaphysique de son ordre. Chez Aristote, l'expérience logique de la séparation ne visait d'ailleurs pas l'impossible saisie de la matière séparée ou isolée de la forme ; elle n'était que la pièce maîtresse d'une démonstration par l'absurde [1].

De sa lecture du corpus philosophique aristotélicien, Thomas devait tirer une conclusion assez décevante au sujet de la matière : elle n'est rien en soi, mais intervient comme principe co-relatif à la forme en métaphysique, après avoir été inférée *a posteriori* de l'expérience du monde sensible. Confronté à la question théologique de la création de la matière, le dominicain fera porter l'accent moins sur la toute-puissance de Dieu que sur l'extrême infirmité de la matière.

En effet, lorsqu'en 1270 Thomas d'Aquin doit répondre à la question « Dieu pourrait-il faire que la matière soit sans forme ? », il demeure fidèle à la fois aux solutions de son *Commentaire des Sentences* et à l'enseignement tiré des œuvres aristotéliciennes. Confiant dans les facultés intellectuelles humaines, Thomas procède en « métaphysicien » : son raisonnement est fondé sur l'élucidation philosophique qui aboutissait au constat de l'impossibilité pour la matière d'exister hors de sa participation à la forme [2]. Il commence cependant par définir le rayon d'action d'une « puissance » ou capacité productrice : les diverses puissances actives, créatrices ou productrices, peuvent s'étendre à tous les actes ou effets qui conviennent en propre à leurs natures respectives, du moment où ces dernières ne sont pas entravées ou limitées. La règle vaut même pour les puissances actives d'ordre purement physique : si elle existait à l'état séparé, sans limitation ou contraction, la chaleur échaufferait autant de réalités qui peuvent l'être – à savoir tous les corps –, au maximum de leurs capacités réceptrices. Dieu étant l'être

1. Il s'agissait d'exclure que l'*ousia* (la substance) soit le sujet logique de la prédication ou le substrat physique des formes : *Métaphysique* Z, 3. Voir Frede, Patzig (1988), t. 2, p. 46-49.

2. *Quodl. III, q. 1*, Ed. Léonine, t. 25, p. 242a.

même subsistant, sans limitation aucune, l'être convient de fait à sa nature sur le mode infini ; il peut ainsi causer tout ce qui peut l'être, et

> ne pourra donc être exclu de la puissance divine que ce qui répugne à la notion d'être. Non à cause d'un défaut de la puissance divine, mais parce que ceci ne peut être un étant, et ne peut donc être produit [1].

Pour le dire autrement, le principe de non-contradiction est une vérité incréée, d'ordre divin, qui exprime en termes humains la modalité de la création et l'ultime condition de l'être : pour être, il faut pouvoir être. Le contradictoire est donc impossible absolument. Or il est contradictoire que la matière soit sans forme, car, pure privation et négation de tout être, elle serait alors sans être.

Deux points délicats afférents à cette détermination audacieuse doivent pourtant être mentionnés : le problème de la transsubstantiation eucharistique et la question des idées divines. Ils sont d'ordre théologique et pèseront lourd dans les débats anthropologiques.

La rédaction de ce même *Quodlibet III, q. 1* relate une unique objection à la thèse défendue : la matière est dépendante de la forme comme l'accident dépend de la substance ; or Dieu peut faire en sorte que l'accident soit sans la substance, par exemple « dans le sacrement de l'autel » [2]. La réponse thomasienne est sans ambiguïté, fidèle encore à la conception philosophique de la matière qui interdisait de concevoir le rapport de la matière à la forme comme celui de l'accident à la substance. La matière est en effet bien plus débile que l'accident : elle n'a aucun être propre, alors que l'accident a un être propre, même s'il n'en jouit, dans l'ordre naturel, que par participation à l'être de la substance et par inhérence à elle. Conjointe à la forme, la matière n'en est pas pour autant dotée d'un statut ontologique ; elle demeure un concept déduit *a posteriori* de l'observation du monde. Par opposition, personne ne contesterait que le blanc, la figure, etc. affectent réellement la substance et lui adviennent en sus. Or Dieu peut se passer des causes secondes ou causes physiques du monde ; en lieu de la substance et soustrait à l'ordre de pure nature, il peut donc supporter l'accident dans l'être.

Un second lieu commun lié à la théologie de la création mérite quelque attention : le problème de l'idée de la matière en Dieu. Certes, nous ne concevons jamais la matière sans analogie à la forme ; est-il cependant légitime de transposer cette exigence sur le plan de l'intelligence divine ? Dans la *Prima pars* de sa *Somme théologique*, le maître a déjà tranché la question par l'affirmative [3]. La raison est à nouveau tirée de la description philosophique de la matière. Puisque la

1. *[...] illud ergo solum poterit excludi a divina potencia quod repugnat rationi entis, et hoc non propter defectum divine potencie, set quia ipsum non potest esse ens, unde non potest fieri. Quodl. III, q. 1*, Ed. Léonine, t. 25, p. 242a.

2. *Quodl. III, q. 1*, Ed. Léonine, t. 25, p. 241a, et la réponse thomasienne, p. 242a-b. Pour présenter de la manière la plus réductrice et rapide possible ce thème théologique, en voici une description simpliste : lors de l'eucharistie, Dieu opère une transsubstantiation, car le pain devient corps du Christ. La substance du pain n'est plus, et cependant les accidents (couleur, goût, figure, etc.) demeurent. Dieu maintient donc les accidents sans leur substance propre.

3. *ST Ia, q. 15, art. 3, ad 3*. La première partie de la *Somme* fut rédigée quelques années avant le *Quodlibet III*, entre 1265 et 1268.

matière n'est pas par soi et n'est pas connue en soi, Dieu ne la connaît que dans le composé de matière et de forme. Thomas se révèle ainsi fort éloigné de la théologie du possible et des hypothèses *de potentia absoluta Dei*; l'infinité divine est encore indissociable d'un ordre stable et ultime, conçu par l'intellect parfait de Dieu et voulu par sa volonté sans limite.

Traces de réactions et de condamnations

Philosophique et théologique à la fois, la solution de Thomas d'Aquin a rompu avec la lecture traditionnelle de la *Genèse*. Sans en faire un argument fort pour affirmer que les condamnations de la fin du XIIIe siècle ont moins joué le rôle de catalyseur dans l'instauration d'un nouveau paradigme épistémologique qu'elles ne furent un symptôme réactif contre un bouleversement dû en réalité à l'aristotélisme [1], il sera étonnant de constater l'acharnement de quelques maîtres contre Thomas, mort en 1274. Exemplaire est le cas du franciscain Jean Pecham, qui n'aura de cesse de combattre les thèses philosophiques et anthropologiques thomasiennes, jusqu'à sa mort en 1292 [2]. Regardant le problème précis de la matière et de la création, à l'exclusion de toutes conséquences théologiques et anthropologiques, les historiens ont découvert des traces éparses de réactions, voire de condamnations. Leur rassemblement schématique permettra de mesurer l'écart des mentalités entre l'époque de Thomas d'Aquin et celle de Duns Scot, au début du XIVe siècle.

Le premier épisode anti-thomasien est parisien; il regarde Etienne Tempier et les condamnations de 1277. Dans la grande condamnation du 7 mars, la thèse de l'impossible création de la matière sans forme est absente. Elle apparaît cependant dans la condamnation de Gilles de Rome, promulguée entre le 7 et le 28 mars, et pourrait avoir été évoquée lors d'une tentative de procès contre Thomas d'Aquin, la même année [3]. L'article 47 de l'*Apologie* de Gilles énonce en effet une variante de la solution thomasienne [4]. Pour son éditeur, nul doute que l'évêque, responsable de l'exil de Gilles, visait aussi Thomas à travers lui [5]. D'autre part, il est

1. A propos de ce conflit d'historiens, voir *supra*, p. 15 *sq*.

2. Boureau (1999) fait le récit de cette inimité personnelle et du combat doctrinal de Pecham.

3. A propos de la condamnation de Gilles, voir Wielockx (1985) et *supra*, p. 64; quant à l'examen des thèses thomasiennes par Tempier en 1277 et l'éventuelle implication de Thomas dans la condamnation du 7 mars, Wielockx (1988), Wippel (1995), Thijssen (1997), Hissette (1997), Hissette (1998), Wielockx (1999). L'absence de la thèse thomasienne sur la création de la matière dans le syllabus du 7 mars 1277, sa mention dans la condamnation de Gilles, et les velléités probables de la condamner chez Thomas semblent d'ailleurs confirmer l'interprétation de R. Hissette et de R. Wielockx. Contre J.F. Wippel et J.M.M.H. Thijssen, ces deux érudits prétendent en effet que la grande condamnation du 7 mars ne vise qu'indirectement Thomas d'Aquin; elle est portée contre les « philosophes » de la Faculté des arts parisienne.

4. *<Materia> nec etiam est distincta opere ut quod possit per se fieri sine forma, nec est distincta existentia, quia non potest per se existere sine forma*. Dans Wielockx (1985), p. 59.

5. « La position de Gilles ne pouvait manquer de rappeler celle de Thomas. Il est donc pratiquement certain que les censeurs ont visé celle-ci [...]. », Wielockx (1985), p. 213. Le lecteur moderne évitera cependant de se laisser prendre au piège des écoles. Il n'est ni légitime d'associer les doctrines de Gilles et de Thomas sous prétexte que les censeurs les ont condamnées sous le même chef, ni possible de considérer Godefroid de Fontaines comme thomiste parce qu'il s'évertuera à défendre la

aujourd'hui admis que la mémoire de Thomas fit l'objet d'un procès distinct, instruit par Etienne Tempier après la procédure contre Gilles et abandonné avant terme [1]. L'enjeu de la condamnation est anthropologique, mais la thèse physico-théologique de l'impossible création de la matière sans forme paraît avoir été formulée. Vers 1283, un certain Jean Quidort, maître à Paris, rédige une défense de Thomas contre les attaques du franciscain anglais Guillaume de la Mare. Dénommé *Correctorium Corruptorii « Circa »*, ce texte fait allusion à un blâme unanime porté récemment (*nuper*) à Paris contre l'impossibilité de la création de la matière sans forme; Jean Quidort cite la thèse dans les termes exacts de l'intitulé du *Quodl. III, q. 1* de Thomas [2].

Le deuxième acte se joue à Rome vers 1278; il met en scène le futur grand adversaire de l'anthropologie thomasienne, Jean Pecham, qui portera ses coups les plus décisifs en 1286, avec la condamnation de Londres. De 1269 à 1272, le maître franciscain a côtoyé Thomas à Paris, où il est maître-régent en théologie, donc collègue du dominicain. Après un séjour en Angleterre, de 1272 à 1276, Pecham est appelé au *studium pontificale* par le pape Jean XXI. En 1277 ou 1278, il soutient son quatrième *Quodlibet*. La première question demande «Dieu pourrait-il produire la matière sans forme?» [3]. La facture du texte impose de conclure au souvenir précis ou à une connaissance textuelle du *Quodlibet III, q. 1* de Thomas. L'argument *quod non*, en faveur d'une réponse négative, est précisément la thèse de l'Aquinate, alors que l'unique objection à cette prise de position convoque le thème de l'eucharistie. Outre cette correspondance structurelle et thématique, la détermination sommaire de Jean est remarquable sur le plan doctrinal: elle lie la question physico-théologique de la matière au débat sémantico-métaphysique sur l'être et l'essence.

> Ainsi, bien qu'elle soit en puissance de la forme, [la matière] est une certaine essence diminuée en acte; de même, elle est un principe. Et cet acte d'être, elle ne le reçoit pas de la forme, mais de celui qui la crée, de la même manière qu'elle a son essence du créateur : l'être est à l'essence comme luire à la lumière [4].

mémoire de Thomas. Nous avons déjà constaté de grandes différences entre Godefroid, Gilles, et Thomas. Sur certains problèmes relatifs à la matière, Gilles s'est d'ailleurs montré fort critique envers le maître dominicain; voir, par exemple, Donati (1988) qui présente la critique égidienne de la matière céleste chez Thomas d'Aquin.

1. Wielockx (1988) livre la reconstruction historique de cet épisode.

2. La datation du texte est très incertaine, voir Hissette (1998), p. 16. Jean Quidort rapporte le propos de certains accusateurs qui arguent d'une mise en cause récente de la même thèse, à Paris : *dicunt quod magistri concordaverunt nuper Parisius erroneum esse, quod Deus non potest facere materiam esse actu sine forma*, éd. J.-P. Müller, p. 137. Plus loin (p. 142), Jean doute cependant de la validité de cette allégation. Sur le sens à donner à cette mise en doute, voir Hissette (1998), p. 16-17.

3. *Utrum Deus possit facere materiam sine forma*? Dans Jean Pecham, *Quodlibeta quatuor*, éd. G.J. Etzkorn et F. Delorme, Grottaferrata, Quaracchi, « Bibliotheca franciscana scholastica medii aevi, 25 », 1989, p. 174-176. Des éléments biographiques peuvent être recueillis dans Boureau (1999), p. 138-167.

4. *Unde, quamvis sit in potentia ad formam, est tamen essentia quaedam diminuta in actu, sicut est etiam principium. Et illum actum essendi non habet a forma, sed a creante, sicut etiam habet*

Sous la tutelle d'Avicenne et du douzième livre des *Confessions*, Jean commence par requérir un être propre à tout principe. Il nie la distinction thomasienne de l'être et de l'essence, en affirmant que toute essence est, quoique de façon plus ou moins parfaite ou achevée. La portée ontologique du discours de Pecham ne l'empêche pas de mobiliser un argument d'origine sémantique, l'identité de référence du verbe à l'infinitif (« luire ») et du substantif (« la lumière »). Le discours de Pecham s'étend pourtant au-delà de la pure grammaire; il entend prouver que, dans la réalité, l'essence ne diffère pas plus de l'être que la lumière de l'action de luire. L'être et l'essence sont donc indistinctement un dans la réalité; corrélativement, toute essence sera riche de son propre être, bien différente en ceci de l'essence de la matière aristotélicienne, dont la caractérisation relevait la fondamentale indigence de forme ou d'actualité. Paradoxalement, Pecham, parmi les plus anti-philosophes de son temps, semble emprunter un adage à Siger de Brabant, et, à travers lui, à Averroès. L'ancrage sémantique originel de l'exemple a cependant été enfoui sous une strate ontologique : par-delà la consonance artiste, la position impliquée par la réponse du franciscain le rapprocherait plutôt d'un néoplatonisme de type égidien. (La sélection du couple « lumière/luire » plutôt que du couple « course/courir » n'est peut-être pas anodine.) En tout cas, le parallèle continu entre les couples matière/forme et essence/être mis en place par Gilles de Rome ne peut qu'apparaître préfiguré dans la détermination de Pecham.

Enfin, la mémoire de Thomas fut attaquée en Angleterre. Le troisième chapitre de cette récapitulation se situe à Oxford. Le 18 mars 1277, l'archevêque de Cantorbéry, le dominicain Robert Kilwardby, condamne trente thèses [1]; il touche au cœur la doctrine anthropologique de Thomas d'Aquin. La thèse relative à la matière n'apparaît cependant pas *expressis verbis* dans la liste de Robert Kilwardby. Elle sera ramenée dans le sillage de cette condamnation par le franciscain Guillaume de la Mare, qui compose un antidote aux erreurs divulguées par Thomas, le *Correctoire du frère Thomas* [2]. Outre les réponses en chaîne qu'il suscita [3], la grande postérité de ce texte peut être illustrée par un fait historique : en

essentiam, scilicet a creatore: essentiae autem est esse sicut lucis lucere. Quodl. IV, q. 1, éd. G.J. Etzkorn, F. Delorme, p. 176.

1. Le texte de la condamnation est édité dans CUP, t. I, p. 558-559. A propos de Kilwardby, voir Boureau (1999), p. 32-42 et, surtout, 63-70, qui note en cédant au raccourci : « L'archevêque, faussement modeste dans ses condamnations limitées et techniques, réussissait un coup de filet qu'avait raté le bien moins subtil Etienne Tempier : prendre ensemble les thomistes et les artiens paganisants (Boèce de Dacie était à la fois proche de Siger de Brabant et, en grammaire, un modiste) » (p. 67).

2. Pour cette liste d'erreurs découvertes à l'examen des écrits thomasiens, voir P. Glorieux, *Les premières polémiques thomistes. I – Le correctorium corruptorii « Quare »*, Kain, « Bibliothèque thomiste, 9 », 1927. La datation du texte est fort discutée : Wielockx (1985), p. 95, note 75, propose 1278; Torrell (1993), p. 442, donne 1279; Wippel (1995), p. 241, donne 1278; Hissette (1998), p. 13, et Hissette (1997), p. 6, note 21, situent le texte vers 1279; Boureau (1999), p. 86, 125-126, 134, 213, et 344, propose de rapprocher le texte de mars 1277; Hoenen (2001), p. 417, tranche pour une rédaction antérieure à août 1277. En 1966 déjà, L. Hödl situait l'écrit de Guillaume entre 1279 et 1277, et ajoutait « wahrscheinlich schon 1277 » : Hödl (1966), p. 539.

3. L'ordre dominicain produit quatre réponses au *Correctoire* de Guillaume de la Mare, les dits *Correctoires du Corrupteur.* Voir Anonymus, *Correctorium corruptorii 'Quaestione'. Texte*

1282, à Strasbourg, le chapitre général des franciscains prescrira de ne pas lire Thomas d'Aquin sans le *Correctoire*. Or Guillaume construit sa critique à partir d'une recension de cent dix-huit thèses erronées, dont celle-ci : « Dieu ne peut faire que la matière soit sans forme » [1]. Un disciple de Guillaume de la Mare rédige ensuite un manifeste anti-thomiste, les *Declarationes* [2]. L'auteur anonyme semble se référer aussi bien à la condamnation d'Oxford qu'à celle de Paris [3]. Par deux fois il invoque la thèse erronée de l'impossible création de la matière sans forme. Il prétend même qu'elle fut condamnée le 7 mars 1277 à Paris, en la liant à une autre thèse effectivement citée par Tempier sous l'article 63/69 : « [...] furent récemment condamnées les thèses selon lesquelles Dieu ne peut produire la matière sans forme et qu'il ne peut produire l'effet d'une cause seconde sans la cause seconde » [4]. Loin d'être indue, l'assimilation des deux erreurs est évidente pour un médiéval; elle était d'ailleurs reflétée dans le troisième *Quodlibet* de Thomas, qui s'efforçait précisément de la rejeter. La doctrine des causes secondes facultatives renvoie en effet au cas théologique de la transsubstantiation eucharistique : Dieu, cause première, peut maintenir les accidents du pain sans la substance du pain, cause seconde, à laquelle s'est substitué le corps du Christ.

En conclusion, la doctrine thomasienne de l'impossible création de la matière sans forme n'est condamnée ni le 7 mars 1277 à Paris, ni le 18 mars à Oxford; elle n'apparaîtra pas non plus dans la condamnation de Londres, en 1286. Elle est cependant au fondement des doctrines combattues à Oxford et à Londres. Regardant la condamnation de Gilles, une variante de la thèse thomasienne est certes mentionnée. La procédure contre le maître augustin devient pourtant vite caduque; rétabli dans ses fonctions de maître dès 1285, Gilles peut enseigner la proposition 47 dont l'innocuité a été reconnue par une commission de maîtres [5]. Demeure que les efforts de Jean Pecham, de Guillaume de la Mare, et de leurs disciples sont efficaces et significatifs d'un changement d'attitude scientifique [6]. La question « Dieu pourrait-il faire que la matière soit sans forme ? » devient un tabou philosophique, parce que des cas théologiques, qui plus est relevant du mystère, se sont greffés sur elle. Confronté à la même interrogation quodlibétique en 1285, Godefroid de Fontaines ne peut s'empêcher de défendre la mémoire de

anonyme du ms Merton 267, Roma, « Studia anselmiana, 35 », 1954; Jean Quidort, *Correctorium corruptorii 'Circa',* éd. J.-P. Müller, Roma, « Studia anselmiana, 12-13 », 1941; P. Glorieux, *Les premières polémiques thomistes. I – Le correctorium corruptorii « Quare »*, Kain, « Bibliothèque thomiste, 9 », 1927; P. Glorieux, *Les premières polémiques thomistes. II – Le Correctorium Corruptorii « Sciendum »*, Paris, « Bibliothèque thomiste, 31 », 1956.

1. *Art. VIII in quaestiones de quodlibet : Quod Deus non potest facere materiam esse sine forma.* Dans Glorieux (1927), p. 409.

2. *Declarationes de variis sententiis S. Thomae Aquinatis,* éd. F. Pelster, Münster, « Opuscula et textus. Series Scholastica, 21 », 1956.

3. Voir Hissette (1998), p. 13.

4. *[...] nuper dampnatum est Deum non posse facere materiam sine forma et quod Deus non potest in effectum causae secundae sine causa secundaria,* éd. F. Pelster, p. 19. La première mention est plus concise : *quod Deus non potest dare esse materiae nisi in composito*, éd. F. Pelster, p. 12.

5. Voir Wielockx (1985), p. 173-175.

6. Sur la méthodologie nouvelle préconisée par le *Correctoire* de Guillaume de la Mare, voir Hoenen (2001).

Thomas contre la « diffamation de sa personne » et « les injures à sa doctrine » [1]. Dans le camp des franciscains, la détermination de Pecham devient un lieu commun, par exemple sous la plume de Richard de Mediavilla, qui, après 1286, la reprend à la lettre [2].

En prescrivant l'orthodoxie, les censeurs ont imposé un nouveau corollaire à la lecture de la question de la matière. Nous verrons comment deux maîtres s'y conforment, fort différemment d'ailleurs : Henri de Gand en prend occasion pour discuter de l'ordonnance des divers savoirs et imposer une radicale distinction entre les ordres naturel et surnaturel, alors que Jean Duns Scot l'utilise pour manifester la justesse de son système métaphysique, auquel il est parfaitement adéquat.

Alternatives

Henri de Gand

Parmi les divers lieux où il est discuté de la matière et de la forme chez Henri de Gand [3], deux sont remarquables par leurs situations contextuelles : le *Quodl. I, q. 10* et le *Quodl. X, q. 8*. Répondant à la question « Est-ce que la matière pourrait exister par soi sans forme ? », le premier texte suit immédiatement la première prise de position d'Henri sur l'essence et l'être (*Quodl. I, q. 9*, avant Noël 1276). Le second suit la réplique d'Henri à Gilles, qui fut sollicitée par la renaissance de la même controverse après le retour de Gilles à Paris (*Quodl. X, q. 7* de 1286) ; bien que son propos concerne la transsubstantiation eucharistique, il affine la conception de la matière développée en 1276. Travaillés et organisés par le maître, leur version écrite révisée par lui [4], les *Quodlibets* d'Henri témoignent ainsi par leur organisation de la proximité théorique des deux questions abordées ici, l'une

1. *Dicendum quod aliqui doctrinam non modicum fructuosam cuiusdam doctoris famosi, cuius memoria cum laudibus esse debet, ut in pluribus impugnantes, vel deinde contra dicta sua procedentes, ad diffamationem personae pariter et doctrinae opprobria magis quam rationes inducere consueverunt.* Godefroid de Fontaines, *Quodl. I, q. 4*, éd. M. de Wulf, A. Pelzer, p. 7.

2. *[...] illud primum principium potentiale aliquam essentiam actualem dicit [...].* Richard de Mediavilla, *Quaestio fratris Richardi de gradu formarum*, textes et étude critique R. Zavalloni, Louvain, Ed. de l'institut supérieur de philosophie, « Philosophes médiévaux, 2 », 1951, p. 26. Le mouvement franciscain aura cependant ses dissidents. Un cas des plus probants est celui de Pierre d'Auriole, dans le premier quart du XIVe siècle ; maître en théologie à Paris, Pierre assumera l'enseignement aristotélicien sur la pure potentialité de la matière et refusera à cette dernière la possibilité d'être créée sans forme. Pour une description sommaire de cette doctrine, voir Gilson (1986[2]), p. 626-629.

3. Le traitement métaphysique du problème apparaît en *Quodl. I, q. 10 ; Quodl. IV, q. 13 ; Quodl. X, q. 8 ; Quodl. XI, q. 3*. Seul le premier de ces textes répond à la question précise de la possible création de la matière sans forme. Une *Lectura super Sanctam Scripturam*, attribuée sans certitude à Henri, aborde la même question dans le contexte de l'exégèse théologique de l'œuvre des six jours (éd. R. Macken, p. 53-72). La problématique réapparaît en anthropologie et en de nombreux autres lieux théologiques qui concernent notamment l'eucharistie et le statut du corps du Christ au tombeau (voir *infra*, p. 221 *sq.* et p. 217 *sq.* Macken (1979b), p. 135, note 17, donne une longue liste de ces questions quodlibétiques. La *Summa* développe aussi quelques réflexions sur la matière, particulièrement *art. 2, q. 6* (rédigé à la même époque que le premier *Quodlibet*) et *art. 27, q. 1*.

4. Sur les corrections d'Henri à la rédaction de ses *Quodlibets*, voir Macken (1973).

métaphysico-sémantique (l'être et l'essence), l'autre physico-théologique (la forme et la matière). Dans le cas de la matière comme dans celui de l'être et de l'essence, il est d'ailleurs probable que l'opposition soit incarnée par Gilles de Rome. Malgré les différences effectives entre Gilles et Thomas, les *Theoremata de corpore Christi*, particulièrement la trentième proposition, ont pu jouer le rôle de relais de la thèse thomasienne concernant la pure potentialité de la matière [1]. N'empêche que l'objection mentionnée par le docteur solennel renvoie, par-delà Gilles, à l'audacieuse solution de Thomas [2].

Dans le *Quodl. I, q. 10,* la querelle scénarisée par Henri de Gand fait s'affronter le camp des « théologiens » et le camp des « philosophes »; grâce à cette stratégie argumentative, le docteur solennel aboutira à la distinction de deux ordres, celui de la nature et celui de la surnature. Les « philosophes » ont en effet la vue trop courte; lorsqu'ils nient que la matière puisse exister sans forme *même si Dieu le voulait*, ils imposent une représentation fallacieuse (*falsa imaginatio*) [3] car partielle. Leur discours s'attache exclusivement à l'élucidation de la nature, sans avoir circonscrit au préalable ce domaine et l'avoir inscrit dans un référent plus large. Partial pour avoir réduit implicitement tout être possible à l'être actuel du monde, leur propos est philosophiquement insuffisant plutôt que théologiquement discordant; il relève d'une conception philosophique de l'être trop étroite :

> [...] pour que l'on comprenne bien que cette objection procède du défaut d'une philosophie qui ne détermine pas tous les modes d'être, et non d'une contradiction avec la vérité théologique, il faut savoir que [...] [4].

Henri reproche alors aux philosophes de ne pas reconnaître de différence entre l'être (*esse*) et sa détermination essentielle ou possibilité intrinsèque (*esse aliquid*) : selon leur enseignement, il est absolument identique pour toute chose d'être et d'être ce qu'elle est. Ainsi, le monde ne pourrait avoir été différent, le champ du possible coïncidant exactement avec celui de la réalité empirique. En vertu de la non-distinction de l'« être » et de l'« être quelque chose », les philosophes doivent considérer le monde actuel comme l'unique monde possible : ne peuvent exister que les réalités déterminées (*esse aliqua*) qui existent actuellement (*esse*). Par contre, les « théologiens » distinguent l'être de la détermination essentielle. Gilbert de Poitiers l'a montré, toute chose est ce qu'elle est en vertu de sa forme essentielle – l'homme est homme par sa propre humanité –, alors qu'elle existe par participation à l'être du premier principe – l'homme n'existe pas par l'humanité. Il faut donc admettre que le monde actuel n'est qu'une occurrence réalisée dans le champ des possibles, car, inversement, tout possible n'est pas forcément réalisé. Considéré par le croyant, l'ordre naturel est le plan voulu par Dieu pour sa création; il exprime une nécessité de fait et non de droit, au contraire

1. Pour l'identification de l'opposant d'Henri, voir Macken (1979b), p. 137-140.

2. *Quodl. I, q. 10,* éd. R. Macken, p. 62.

3. *Quodl. I, q. 10,* éd. R. Macken, p. 63.

4. *[...] ut argumentum istud intelligatur procedere ex defectu philosophiae non determinantis omnem modum essendi, non autem ex contrarietate eius ad theologicam veritatem, sciendum [...]. Quodl. I, q. 10,* éd. R. Macken, p. 67.

du monde des « philosophes » où tous les possibles émanent nécessairement des idées divines ou du premier principe, et où les réalités existantes résument donc l'ensemble des possibilités.

Comme il est apparu dans la deuxième partie de cette étude, Henri récuse toutefois la radicalisation égidienne de la distinction entre étant existentiel (l'être) et étant catégorial (l'essence) sous la forme d'une composition réelle des choses. La distinction intentionnelle a une portée épistémologique : elle sert en effet l'indispensable adaptation du regard en fonction des différentes perspectives discursives, selon leurs pertinences propres, tantôt physique, tantôt théologique par exemple. Pour le figurer de manière schématique, la casuistique méthodologique d'Henri s'associe d'un perspectivisme où les divers points de vue sont ordonnés à l'ordre théologique, qui répercute ses exigences jusque dans les sphères inférieures de la philosophie. Avant d'affirmer que Dieu ne peut créer la matière sans forme et de subsumer ainsi le créateur à l'ordre créé, il sied donc de distinguer les domaines de pertinence.

Ainsi, bien qu'il appartienne proprement à la description physique du monde, l'objet « matière » doit être considéré à trois niveaux [1]. Il est d'abord possible d'envisager l'être de la matière, sans considération de ses propriétés (*esse simpliciter*) ; de ce point de vue, la matière est une participation à l'être divin et ne se démarque pas des autres créatures. Deuxièmement, la matière a une nature propre, qui est l'aptitude à recevoir les formes (*formarum quaedam capacitas*) ; sur ce plan, la matière est différente de la forme. Enfin, considérée en son existence effective, elle est la partie sous-jacente du composé (*fulcimentum compositi*), nécessairement unie à la forme ; *secundum communem cursum institutionis naturae*, la matière ne peut en effet exister dénudée de forme [2]. Or, si l'on admet la validité du second niveau d'analyse, la matière a une nature propre, différente de la forme, exprimée sous la modalité d'« aptitude à » ; en cette intention ou mode, il faut donc supposer qu'elle n'est pas un pur fantasme de notre imagination, mais aussi une réalité possible et une idée en Dieu [3]. Ainsi, détournant son regard du monde naturel, le théologien doit affirmer que la matière pourrait subsister sans forme *actione divina supernaturali*, à savoir dans un autre ordre de réalité. Toutes les objections philosophiques tombent alors à côté : elles ne valent que sur le troisième plan, celui de la réalité actuellement existante, où Henri les concède aussi. Il serait certes absurde que la matière existe sans forme dans l'ordre actuel du monde, et Henri, comme Averroès, refuse de l'envisager.

Le véritable litige interprétatif regarde le statut du deuxième niveau, celui de la nature essentielle, abstraction faite de l'existence concrète. Une analyse de type thomasien le tient en la dépendance du troisième, car toute connaissance humaine est inductive – elle part du concret –, et rien n'autorise ni n'appelle d'extravagance au-delà de l'ordre naturel. A l'inverse, Henri de Gand fait le pari d'une connaissance humaine qui excède l'induction à partir du sensible pour atteindre

1. *Quodl. I, q. 10*, éd. R. Macken, p. 68-69.
2. *Quodl. I, q. 10*, éd. R. Macken, p. 66 et 69.
3. Sur la distinction entre *res a reor, reris* et *res a ratitudine*, voir *supra*, p. 56, note 2.

les essences des choses en leurs êtres mêmes d'essence, et qui reconnaisse par ce biais la contingence du monde, de fait le statut relatif de la philosophie. Un saut qualitatif s'opère entre le troisième plan, physique, et le deuxième niveau, lieu des natures essentielles et « certifiées » par leur origine divine et leur être pensé dans l'intelligence de Dieu. Considérées en leur lieu d'origine comme idées divines, celles-ci forcent en effet la reconnaissance du statut relatif de la philosophie naturelle, attachée à l'ordre factuel du monde pensé et actuellement voulu par Dieu ; comme pièces de la science humaine dont elles garantissent l'universalité et la nécessité, elles prémunissent cependant la rationalité humaine du relativisme. De fait, la question de la vérité humaine est aussi en jeu dans la critique qu'Henri adresse à la position thomasienne. Lorsqu'il décrit ses contradicteurs piégés par une représentation trompeuse, Henri semble combattre à la fois les prétentions à l'autonomie du savoir scientifique et la postulation d'une véritable connaissance portée sur un objet dont le statut serait purement *a posteriori*, sans nature propre *a priori*, donc sans possibilité d'exister par soi dans un autre ordre de réalité. Or la matière de Thomas d'Aquin était bien ainsi : un objet isolé par le logicien plutôt que par le philosophe de la nature, sans consistance propre, sans même d'idée distincte en Dieu. L'inconvénient est majeur pour Henri, qui demeure fidèle à l'enseignement d'Augustin et qui, partisan de la théorie de l'illumination, voit en l'idée divine l'ultime critère de la vérité [1].

Dans le dixième *Quodlibet,* la problématique de la matière rejoint la question de l'être et permet de mieux saisir quelques nuances, sous le sceau de la distinction intentionnelle. A dix années d'intervalle, Henri y précise sa doctrine. Explicitement, il répond à une question touchant la transsubstantiation eucharistique [2] ; cependant, il élucide le problème du rapport entre les objets du deuxième niveau d'analyse, les entités essentielles, et ceux du troisième niveau, les entités concrètes. Pour mémoire, la distinction intentionnelle entre l'être et l'essence supposait précisément que toute essence connue puisse être *conçue* ne pas exister, à l'état de pur possible (niveau 2), bien que, dans la réalité concrète (niveau 3), elle ne puisse être dissociée de son existence actuelle. La possibilité henricienne n'est pas inscrite dans la nature, marquée d'autant de nécessité de fait que d'actualité, mais elle est une modalité de l'être d'essence en Dieu. Dans la stricte sphère de l'appréhension philosophique de la nature, à l'exclusion de toute hypothèse *de potentia Dei absoluta,* le caractère purement intentionnel de la distinction duplique donc les entités du niveau 2 sur le niveau 3 : il faut poser autant d'êtres d'essence et d'êtres d'existence que *nous concevons* de réalités existantes [3].

1. Parmi les nombreuses études consacrées à l'illumination henricienne, nous nous contentons d'en signaler quelques unes, des plus récentes : Marrone (1985), J.V. Brown (1996), Fuhrer (1998) et Kann (2001).

2. *Quodl. X, q. 8 : Utrum accidentis existentis in subiecto sit aliud esse existentiae quam sit esse existentiae sui subiecti.* Quelques éléments d'analyse, dans Paulus (1938), p. 215-220, repris dans Macken (1979b), p. 154-156.

3. *Quotquot ergo sunt essentiae in eodem, sive de praedicamento substantiae sive accidentis, tot necessario sunt esse essentiae in eodem et tot esse existentiae […]. Quodl. X, q. 8,* éd. R. Macken, p. 204.

Comme l'accident, la matière aura une existence propre dans la substance individuelle. Chez Thomas d'Aquin, la distinction réelle de l'essence et de l'être permettait de distinguer plusieurs entités essentielles au sein d'un seul existant; le cas de la matière et de la forme faisait figure exemplaire : son essence distinguée *a posteriori* de celle de la forme, la matière n'avait aucun être propre sinon celui qu'elle recevait de la forme au sein du composé. Ainsi, même en Dieu, la matière n'était jamais conçue hors de son rapport à une forme. La théorie d'Henri suppose par contre que les entités essentielles distinguées en intention à partir du concret aient un correspondant *a priori* sous forme d'être d'essence ou d'idée en Dieu; sur le plan ontologique, elle implique une distribution analogique de l'être au sein de la substance, en fonction des réalités essentielles. Toute partie du composé conserve son unité et son existence propre, en vertu même de sa participation à l'unité et à l'existence du tout :

> [...] personne ne peut affirmer que, dans un composé, il n'y a pas d'autre unité que celle du composé entier; au contraire, la matière, la forme, et tout ce qui existe dans le composé et sous son unité, conservent leurs propres unités et causent l'unité du tout, en vertu de cette unité qui est formelle et principielle dans le composé. De même, personne ne peut affirmer que, dans un composé, il n'y a pas d'autre être que celui du tout; au contraire, la matière, la forme, et tout ce qui existe dans le composé, conservent leurs propres êtres sous l'être du tout et causent ce dernier, en vertu de l'être principiel et formel du tout [1].

Nonobstant cette duplication du niveau 2 sur le niveau 3, la substance n'est pas un conglomérat dont l'unité ne serait qu'une réunion de convenance, car il faut distinguer encore les diverses existences (de la matière, de la forme, de l'accident), et l'existant (*in masculino*) ou la subsistance totale et parfaite [2]. La distribution analogique de l'être aux divers constituants de la substance suppose en effet l'attribution à un premier, à l'être parfait de la substance, qui est l'unique principe de subsistance.

Cette description de notre appréhension du monde et du statut des entités connues paraît à l'extrémité de la complication [3]. Encore une fois, la doctrine

1. *[...] sicut nullus potest dicere quod in uno composito ex pluribus non sit alia unitas quam una quae est totius compositi ex pluribus, immo materia et forma et quaecumque sunt in illo sub unitate illius, retinent suas proprias unitates et per unitatem eius quod est formale et principale in illo, causant unitatem totius, sic nullus potest dicere quod in uno composito ex pluribus non sit aliud esse quam unum quod est totius, immo materia et forma et quaecumque sunt in illo, sub esse illius retinent sua propria esse, et per esse principalis et formalis in illo causant esse totius. Quodl. X, q. 8,* éd. R. Macken, p. 207-208. Voir aussi *Quodl. IV, q. 13*, éd. I. Badius, 113rD.

2. *Quodl. X, q. 8,* éd. R. Macken, p. 212-218. Egalement, *Summa, art. 27, q. 1,* éd. I. Badius, 163rT-V.

3. A la décharge du maître gantois, il faut ajouter un élément d'autocritique à ce constat de complexité. Quelques courts passages ont été extraits du vaste ensemble que constitue le *Quodlibet X, q. 8,* car cette question touche nombre de problèmes théologiques qu'il aurait été impossible de présenter ici, de la transsubstantiation eucharistique à la double nature du Christ. Or, si la doctrine du maître gantois peut être qualifiée de casuistique, il faut reconnaître la pertinence limitée de notre lecture de ce texte. Chez Henri plus que chez tout autre philosophe, la pensée ne peut être saisie hors de son contexte, si exotique fût-il.

d'Henri semble échapper à la schématisation; elle est plus circonstanciée – ou plus floue – que la rationalité promue par Thomas d'Aquin et que le système de Duns Scot. Sa finesse n'a d'égale que sa souplesse d'adaptation, justifiée par une vision du monde sous le sceau de la contingence et par le caractère dès lors relatif des activités humaines, les sciences comprises.

Jean Duns Scot

Sous la plume critique du franciscain Jean Duns Scot, la casuistique méthodologique henricienne aura favorisé par accident la naissance de la métaphysique comme « science *unifiée, autonome* et *transcendantale* », selon la thèse déjà souvent évoquée d'O. Boulnois [1]. En effet, pour n'avoir pas rencontré Henri de Gand, Duns Scot n'en a pas moins fréquenté assidûment ses doctrines, dont le rejet contribua à fonder une métaphysique englobante sur la conception univoque de l'être [2]. Avec Scot nous quittons le débat parisien des années 1270 et 1280 et les querelles concernant la dangerosité de l'aristotélisme. O. Boulnois le constate, « alors que les trois premiers quarts du XIIIe siècle étaient une période de découverte et d'assimilation de la physique, de la noétique et de la théologie naturelle d'Aristote, la fin du XIIIe et le début du XIVe siècle sont une période où l'on peut saisir l'aristotélisme comme un tout, en voir les tenants et les aboutissants, et donc le traverser pour aller au-delà, ou pour le reléguer dans sa particularité » [3]. En guise de symptôme de ce nouvel état de fait, la question de la matière aristotélicienne et de sa création sans forme ne sera plus un piège tendu au théologien, ni une occasion de fustiger le nécessitarisme des « philosophes ». Loin d'être un cas discriminant, elle ne sera qu'une pièce du vaste puzzle métaphysique de Scot.

Jean Duns Scot naît en Ecosse vers 1265/6. Il étudie la théologie à l'Université d'Oxford, et, vers 1298/9, il y dispense un enseignement dont le contenu est consigné dans la *Lectura*, première étape de l'exégèse des *Sentences* de Pierre Lombard qui sera continuée tout au long de la carrière du maître. En 1291, il est ordonné prêtre. Dès 1300, Scot engage une révision de son commentaire des *Sentences*, à fin de diffusion; elle aboutira à la vaste *Ordinatio*, dont la rédaction inachevée sera poursuivie à Paris après 1305. De l'enseignement du maître à Oxford datent aussi ses écrits logiques et philosophiques [4], à l'exception des *Questions sur la Métaphysique* qui portent la trace de révisions postérieures à l'*Ordinatio*. En 1302-1303, Scot donne à nouveau un cours sur les *Sentences*, à

1. Boulnois (1999), p. 10.

2. Henri de Gand meurt en 1293 et le premier séjour de Scot sur le continent, à Paris, date de 1302. Pour des éléments de biographie sur Scot et un état de la recherche scotiste, voir Boulnois (1998), p. 7-22, et Putallaz (2001), p. 9-37, qui donne une description des œuvres. Les rares indications disponibles sur la vie du docteur franciscain sont aussi rassemblées dans Sondag (1996), p. 7-17. Sur l'univocité de la notion d'être chez Scot, voir, parmi les études récentes, Honnefelder (1990), S.F. Brown (1996), Dumont (1999) et Boulnois (1999), p. 223-292.

3. Boulnois (1998), p. 9-10.

4. Nous sont parvenus un commentaire sur l'*Isagoge* de Porphyre, et, regardant Aristote, des questions sur les *Catégories*, deux cours sur le *De interpretatione*, et des questions sur les *Réfutations sophistiques*, le *De anima*, et la *Métaphysique*.

Paris cette fois; constituées de notes d'auditeurs, les *Reportata parisiensa* témoignent de cet enseignement. Après une éclipse motivée par une censure d'ordre politique [1], Scot revient à Paris, où il accède au grade de maître régent vers 1305/6. L'*Ordinatio* est toujours en chantier. Avant Noël 1306 ou Pâques 1307, le maître discute son unique *Quodlibet*, toujours à Paris. Il quitte ensuite le milieu universitaire pour enseigner au *studium generale* franciscain de Cologne, où il meurt en 1308 [2].

Bouleversante à bien des égards pour l'histoire intellectuelle de la fin du moyen âge, l'œuvre prématurément interrompue de Scot se penche à de nombreuses reprises sur la thématique de la matière. L'approche est toujours métaphysique et s'inscrit en faux contre la conception philosophique de la matière promue par Thomas d'Aquin d'une part, contre les exigences épistémologiques qu'Henri tirait de considérations théologiques sur la toute-puissance divine d'autre part. Scot ne sort en effet jamais du champ que la métaphysique établit comme domaine du savoir humain, théologique et philosophique. Le texte central pour la présente étude est le commentaire du lieu désormais classique des *Sentences* de Pierre Lombard, la douzième distinction du deuxième livre. Deux questions sont posées. La première demande « si, dans la substance qui peut être engendrée et corrompue, il y a quelque entité positive réellement distincte de la forme » ; elle regarde le statut de la matière et s'oppose à la solution thomasienne. Dirigée contre la théorie des possibles d'Henri de Gand quoique promise à la même solution, la seconde s'énonce ainsi : « Si, par quelque puissance, la matière pourrait être sans forme » [3]. En outre, plusieurs détours par d'autres textes seront nécessaires pour élucider les deux volets de la critique scotiste.

L'*Ordinatio II, dist. 12, q. 1* parcourt les autorités philosophiques, Aristote en tête. Contre la lecture de Thomas d'Aquin, Scot considère la matière comme une entité positive, actuelle par soi au sein de sa composition avec la forme. La première question déroule en effet une série de descriptions de la matière, pour en asseoir le statut entitatif autonome [4]. La matière est par soi cause et partie du composé; loin d'être le pur sujet potentiel de la forme, elle jouit d'une actualité propre; à ce titre, elle est terme de la création, objet plutôt que sujet, selon la distinction en potentialités objective et subjective inventée par Henri de Gand. Au mépris de tous les enseignements aristotéliciens, le premier point établi par Scot

1. En marge de son conflit avec le pape, Philippe le Bel fit exiler plusieurs dizaines de franciscains qui s'étaient prononcés contre les velléités du roi et ses prétentions à taxer les biens de l'Église.

2. L'année 1950 marque le début de l'édition critique des œuvres de Scot sous la direction de C. Balić (édition dite « Vaticane »). Encore très partielle, cette édition doit être suppléée par l'érudite compilation que constitua L. Wadding en 1639 (édition dite « Vivès »); intitulée *Opera omnia*, cette collection réimprimée à la fin du XIXe siècle chez Vivès accueille aussi des œuvres inauthentiques et ignore la *Lectura*, découverte au XXe siècle par C. Balić. Aujourd'hui, l'édition critique vaticane comprend l'*Ordinatio* jusqu'au livre II, dist. 3 (t. I-VII) et la *Lectura*, livres I et II (t. XVI-XIX).

3. Pour le texte latin, voir *Opera omnia*, éd. L. Wadding, éd. Vivès, t. 12, p. 513-607. Une traduction française est proposée par Muralt (1969), alors que Gilson (1952), p. 432-477, donnait une description de ce texte célèbre. Quelques éléments sur la matière scotiste et le rejet de la causalité aristotélicienne dans (König)-Pralong (1999), p. 497-502.

4. *Ordinatio II, dist. 12, q. 1*, éd. L. Wadding, Ed. Vivès, t. 12, p. 558.

est donc l'actualité par soi de la matière. Qu'il s'agisse de la matière particulière qui entre dans la composition de la substance, ou de la matière première qui apparaît dans le récit de la création du monde, elle est décrite comme un acte infime [1].

Ainsi, la distinction de l'acte et de la puissance ne duplique pas à un niveau supérieur celle de la forme et de la matière, car la matière est déjà actuelle en soi. Cette distinction ne se contente d'ailleurs pas d'asseoir la science du monde physique et de son mouvement congénital, mais elle introduit une distinction de statuts métaphysiques. La puissance dit la possibilité pour tel effet d'être produit par sa cause, et, conjointement, la capacité de la cause à le produire – la matière est dans la puissance de Dieu en tant qu'elle est une idée de l'intellect divin; à l'autre extrémité, l'actualité caractérise toute réalité en tant qu'elle est produite, qu'elle existe hors de sa cause (*extra causam suam*). Et Scot ne se contente pas d'accorder une actualité propre à la matière; les privations elles-mêmes sont en acte, car elles sont hors de leur cause: lorsqu'elle affecte réellement un sujet, la cécité est actuellement dans l'œil aveugle et non seulement dans quelque puissance de la causer [2]. Métaphysique, la distinction de l'acte et de la puissance se révèle donc parallèle à celle du réel et du possible : rien, sauf Dieu, n'est acte pur, à savoir être nécessaire; tout le reste est *conjointement* réel, en tant qu'il existe actuellement, et possible, en tant qu'il n'est pas nécessaire mais dépend d'une cause, dans laquelle il est en puissance avant d'être produit. Toute réalité créée est donc possible. Primordiale, la distinction de l'acte et de la puissance est sous-jacente au monde créé dans sa totalité; « divisant » tout étant créé, elle lui confère un statut de possible objectif, de *res* possible, en-deçà de son actualité effective et rémanent au sein-même de celle-ci [3]. En vertu de son statut créé, le monde a l'exacte envergure du domaine réel-possible. Par nature antérieur à l'existence actuelle et postérieur au possible logique qui regarde le statut non-contradictoire de tel ou tel état de faits – la simple compossibilité de plusieurs éléments susceptibles d'être créés

1. Voir *Ordinatio II, dist. 12, q. 1*, éd. L. Wadding, Ed. Vivès, t. 12, p. 561. L'expression « acte infime » apparaît cependant dans les *Quaestiones super libros Metaphysicorum, VII, q. 5 : [...] est infimus actus, et potentialis respectu omnium aliorum actuum [...]*; éd. L. Wadding, Ed. Vivès, t. 7, p. 369. Un peu plus loin, à la dixième question, la matière est dite *actus imperfectus*, (éd. L. Wadding, Ed. Vivès, t. 7, p. 382).

2. *Ordinatio II, dist. 12, q. 2*, éd. L. Wadding, Ed. Vivès, t. 12, p. 603. Voir aussi *Ordinatio II, dist. 12, q. 1*, éd. L. Wadding, Ed. Vivès, t. 12, p. 558

3. La puissance et l'acte « divisent tout l'être » : *[...] secundum quod actus et potentia dividunt totum ens, sic dico quod materia potest dici in actu [...]. Ordinatio II, dist. 12, q. 1*, éd. L. Wadding, Ed. Vivès, t. 12, p. 561a. Muralt (1995), p. 24-26, voit en l'antériorité scotiste du réel-possible sur le réel actuel l'origine de ce qu'il nomme « métaphysique du transcendantal *res* » et dont le représentant éminent sera Francisco Suárez : « [...] voulant éviter de réduire l'être à l'essence purement et simplement, mais ne pouvant retrouver, en raison de son scotisme natif, l'analogie véritablement aristotélicienne de ce qui est en tant que quiddité et de ce qui est en tant qu'exercice, il identifie *ens* et *res* et définit l'*ens* comme ce qui "a une essence réelle, c'est-à-dire ni feinte ni chimérique, mais véritable et apte à exister réellement" » (p. 25). Dans le cas de Scot, au moins, « l'analogie véritablement aristotélicienne » dont parle A. de Muralt n'a pourtant pas été perdue en chemin, mais combattue explicitement. Parmi les nombreuses études consacrées à la critique scotiste de l'analogie thomasienne et henricienne, voir par exemple Boulnois (1999), p. 223-292.

ensemble –, le réel-possible demeure enraciné au cœur de tout existant, dont il ne dit pas la capacité de changement mais la contingence intrinsèque [1].

En raison de ces distinguos, la matière aristotélicienne semble avoir été dotée d'une actualité propre par le biais de son transfert de la physique dans la métaphysique. Un tel déplacement de *skopos* est cependant légitime, car la métaphysique est la science transcendantale par excellence; son objet est l'étant en tant qu'étant, non l'étant infini – objet de notre théologie –, ou tel ou tel type d'étants que considère chacune des sciences particulières. Elle est par conséquent première dans la hiérarchie humaine des savoirs [2]; elle prescrit sa méthode aux autres sciences, impose ses principes universellement vrais, et garantit la consistance des objets intelligibles ou natures quidditatives. La consistance objective des possibles assure en effet l'antériorité de l'espèce intelligible ou quiddité par rapport à l'acte de connaissance concret et contingent; elle garantit donc l'universalité *a priori* de la connaissance intellectuelle [3]. Ainsi la description purement physique d'une réalité, fût-ce de la matière, n'est-elle pas adéquate. Contrevenante à la méthode et dépourvue d'objet préalablement constitué, elle n'est pas même possible. Par artifice, elle tente en effet d'isoler un aspect de la chose et croit pouvoir faire abstraction de sa consistance métaphysique; celle-ci n'en demeure pas moins déterminante, étant la condition même de notre appréhension du monde extérieur. Parce qu'aucune analyse ne se développe en marge de la métaphysique et que celle-ci confirme toute réalité dans son statut quidditatif autonome, la confusion et la fluctuation observées par le physicien ne sauraient constituer le lot d'une réalité, pas même de la plus infime d'entre elles. Scot se doit donc d'affirmer que

> [...] la matière est un *absolu* distinct et *antérieur* à toute forme, substantielle ou accidentelle [4] (trad. A. de Muralt, p. 136; nous soulignons).

1. Scot distingue le possible logique (*res communissime sumpta*) et le réel-possible (*res communiter sumpta*). Plus vaste en droit, le premier champ est une expression de la non-contradiction; il recouvre tout ce qui pourrait être (le *non nihil*). Jouissant d'une préséance ontologique de fait, le second domaine englobe l'ensemble des réalités créées sous le regard de la contingence; il signifie que tout ce qui est pourrait n'être pas. La doctrine du possible est énoncée dans de nombreux textes, par exemple aux endroits suivants : *Lectura I, dist. 39, q. 1-5*, éd. C. Koser, Ed. Vaticane, t. 17, p. 494-496; *Ordinatio I, dist. 36, q. unica*, éd. A. Sépinski, Ed. Vaticane, t. 6, p. 296-297; *Quaestiones quodlibetales*, *q. 3*, éd. L. Wadding, Ed. Vivès, t. 25, p. 113-115. Le traité *De primo principio* livre sans doute le dernier mot sur la notion de réel-possible; voir Putallaz (2001), p. 41-49.

2. Courtine (1990) fait l'histoire de la métaphysique occidentale et souligne le rôle fondateur du système scotiste. Sur l'essor de l'onto-théologie occidentale dû à Scot et la valeur transcendantale de sa métaphysique, voir aussi Boulnois (1999), p. 457-479, qui insiste sur la non-subordination de cette dernière science à la théologie humaine, dont elle institue la méthode et constitue l'objet théorique.

3. « [...] l'intellect peut disposer d'un objet universel en acte qui lui est présent par soi sous la raison d'objet, et précède par nature l'acte par lequel il est pensé. D'où découle mon propos : avant qu'il ne le pense, l'intellect dispose d'un objet présent dans une espèce intelligible et, par suite, il dispose d'une espèce intelligible antérieure à cet acte. » Jean Duns Scot, *Ordinatio I, dist. 3, pars 3, q. 1*, trad. G. Sondag, *L'image*, p. 120.

4. *[...] materia est ens absolutum distinctum et prius forma quacumque, substantiali scilicet et accidentali. Ordinatio II, dist. 12, q. 2*, éd. L. Wadding, Ed. Vivès, t. 12, p. 576a.

Le propos du docteur franciscain s'inscrit en faux contre la circonscription thomasienne de la matière au champ de la science physique : l'inférence *a posteriori* et la pure induction qui résulte de l'observation des changements naturels ne suffisent pas à cerner une réalité, ni ne répondent d'ailleurs aux légitimes revendications de la raison humaine. L'analyse de la matière ne doit donc pas s'arrêter au constat d'une pure relation, car la consistance quidditative de l'objet pensé n'est pas fonction d'un constat issu de l'expérience du monde sensible. Du moment où la matière n'est pas un simple mot sans correspondant réel mais une quiddité ou nature, elle est caractérisée par sa propre possibilité réelle. Fût-elle une nature très imparfaite, sa consistance logique est impliquée par le fait qu'elle puisse être conçue qui, lui, suppose l'actualité propre de son objet, distinct par soi de toute autre forme de réalité et réel en sa possibilité même [1]. Ainsi Scot en vient-il à assumer le paradoxe d'une matière quasi forme :

> [...] la matière relève véritablement de la quiddité, toute espèce de matière (puisqu'elle a une forme au plan de l'universel) possède immédiatement une quiddité et lui est immédiatement identique [2] (trad. G. Sondag).

Contre la lecture thomasienne d'Aristote, il ne faut donc pas craindre d'affirmer que la matière est un acte et une réalité connaissable par soi ; si nous ne la connaissons que par analogie à la forme, c'est que notre statut déchu entraîne une limitation de l'exercice de nos facultés cognitives. *Pro statu isto*, celles-ci demeurent en effet dépendantes des sens, au départ de toute connaissance philosophique du monde ; or, dans le contexte de l'appréhension sensible du monde, la matière nous apparaît toujours liée à des formes successives [3]. Exception faite des caractéristiques découvertes par la science physique, particulière et qui particularise son objet, la potentialité de la matière ne doit pourtant pas être supposée différente de celle des autres réalités du monde. En l'orbe de la métaphysique, la matière appartient de plein droit au domaine des entités formellement distinctes : elle est en puissance dans la stricte mesure où sa possibilité est inscrite dans son actualité même et accole à l'entité positive qu'elle constitue une modalité transcendantale.

Ce premier cheminement dans la critique adressée par Scot à Thomas par-delà Gilles de Rome et les réfutations d'Henri de Gand permet d'avancer une

1. Comme le précise F.-X. Putallaz, « la nature, dont le concept renvoie à la *natura communis* d'Avicenne, est une sorte d'intermédiaire, distinct de la réalité étudiée par la physique et de la généralité logique produite par la raison. Cette nature ou pure essence des choses constitue l'objet de notre intelligence qui, sans la produire, découvre l'universalité au cœur de la réalité. Même quand elles existent en acte, les choses restent possibles ; mieux encore : puisqu'elles existent en acte, elles sont forcément possibles et ne perdent jamais ce caractère essentiel ». Putallaz (2001), p. 42.

2. *Ordinatio II, dist. 3, pars 1, q. 6*, trad. G. Sondag, *Le principe d'individuation*, p. 185.

3. Selon Scot, Aristote ne prétendait pas que la matière ne peut absolument pas être connue hors de son rapport à la forme. Ces propos ne valent qu'en physique, où la matière est considérée comme sujet du changement. Or telle est notre appréhension actuelle de la matière, dépendante des procédures cognitives attachées à notre statut déchu et terrestre (*in via*), non le modèle cognitif et le standard épistémologique que constitue la connaissance *a priori causa*, en Dieu (*in patria*). *Ordinatio II, dist. 12, q. 1*, éd. L. Wadding, Ed. Vivès, t. 12, p. 565-566.

conclusion intermédiaire au sujet de la notion scotiste d'être possible. Dans la théologie rationnelle d'Henri, le possible signifiait le statut de l'essence créée relativement à l'intellect divin qui la pense et à la volonté divine qui la porte à l'être et l'y maintient; mode d'être de la chose, il était l'expression de la relativité totale de la créature au créateur. Dans la métaphysique de Scot, le possible est inscrit et ancré dans le réel. En forme de paradoxe, il témoigne de la consistance objective de toute quiddité réalisée, alors même qu'il signifie sa dépendance envers le créateur qui la cause dans l'être. La possibilité exprime en effet la contingence intrinsèque de tout objet de la volonté divine, partie d'un composé ou composé de parties, dont elle épouse les contours. Aux antipodes de la nécessaire émanation, où tout est un et flue de l'un, elle dit la relation des créatures à Dieu sur le modèle de la production artisanale : toute créature se manifeste comme un absolu différent de Dieu, précisément parce que le monde est fait d'autant de possibles actuellement distincts que Dieu a bien voulu produire. A ce titre, l'univers est une configuration possible d'éléments ou de briques conçues par l'intellect divin sous forme de possibles logiques sans être nécessairement voulues et créées, à l'état de réel-possible.

La critique opposée à la pure potentialité de la matière en *Ordinatio II, dist. 12, q. 1* rejoint enfin la question de la relation. Certes la matière n'est pas un être relationnel, mais un absolu. Reste que, dans notre monde, elle entre toujours en composition avec la forme et que, pour n'être pas nécessaire [1], cette union n'en est pas moins constitutive des substances. Le cas de l'homme est exemplaire : quelle que soit la manière de concevoir le rapport entre sa matière et sa/ses forme/s substantielle/s, jusqu'à l'âme, aucun médiéval n'en nie l'évidence de fait. Les différences de vision sont précisément dans la manière dont le rapport est appréhendé. La doctrine des relations sera donc un lieu discriminant; son étude permettra de mesurer les distances entre Scot, Henri, et Thomas. Pourtant, l'*Ordinatio II, dist. 12, q. 1* ne s'embarrasse pas beaucoup de la question. Lorsque l'on objecte à Scot qu'une matière et une forme actuelles par soi ne garantissent pas l'unité substantielle mais constituent un conglomérat d'actes, le docteur minimise la portée de l'argument en substituant l'unification à l'union; l'unité de la substance est le fait d'une relation, d'un lien factuel, qui joue le rôle de tiers entre deux absolus :

> Je dis que plus deux choses sont distinctes et formellement diverses, plus elles sont disposées à constituer un être un par soi, car dans cette constitution n'est pas requise une similitude selon la nature, mais une proportion convenable, qui peut exister *entre* deux êtres principiellement divers [2] (trad. A. de Muralt, p. 128; nous soulignons).

1. La contingence du lien qui unit matière et forme fera l'objet de la réponse à la seconde question; elle demandait « si, par quelque puissance, la matière pourrait être sans forme ».

2. *Dico quod quanto aliqua sunt magis distincta et diversa, formaliter, tanto sunt magis disposita ad faciendum per se unum, quia in illa constitutione non requiritur similitudo in natura, sed proportio conveniens, quae potest esse inter primo diversa. Ordinatio II, dist. 12, q. 1*, éd. L. Wadding, Ed. Vivès, t. 12, p. 563b.

Assez obscur en apparence, ce propos renvoie à la théorie des relations : entre la matière et la forme est exclue la relation dite « de comparaison » (« une similitude »), et installée une relation de connexion (« une proportion convenable »). La différence des deux termes relatifs invite en effet à reconnaître un lien plus fort que la ressemblance. Prise à la lettre et traduite dans la terminologie adoptée pour l'étude de la relation henricienne, cette solution semble rappeler les développements d'Henri de Gand [1]. Cependant la grille de lecture des relations a été modifiée par Scot, sur les critères de sa nouvelle épistémologie. En retour, l'élucidation de la vision scotiste du monde impose donc un détour par quelques questions dévolues aux relations. Le traitement scotiste de cet objet privilégié de la pensée médiévale « ist bisher vielfach unbemerkt geblieben », selon le constat de J. P. Beckmann, qui souligne pourtant le caractère fondateur de cette pièce porteuse de toute métaphysique [2].

L'*Ordinatio I, dist. 30, q. 1-2,* et l'*Ordinatio II, dist. 1, q. 4-5,* permettent d'établir une typologie de la relation chez Scot [3]. Une première partition établit les deux classes suivantes :

α. Les relations de comparaison (*relationes aequiparantiae*) ;

β. Les relations de connexion (*relationes disquiparantiae*).

Les relations de type α expriment une simple ressemblance entre deux éléments de même nature, alors que celle de type β instaurent un ordre entre les deux relatifs. Une seconde distinction démarque le cas particulier de la relation de « créaturalité » ; elle oppose :

i. Les relations réciproques (*relationes mutuae*) ;

ii. Les relations non-réciproques (*relationes non mutuae*) [4].

La seconde classe (*ii*) comprend les relations de la créature au créateur, qui ne connaissent nulle réciprocité. A titre d'axiome, la pensée médiévale admet en effet que Dieu n'est en rien relatif à sa créature, alors que celle-ci lui est ordonnée. Dans la schéma scotiste des relations, trois configurations sont donc possibles : αi et βi pour les objets du monde, et βii, pour la relation du monde créé à son créateur [5].

1. Voir *supra*, p. 94 *sq.*

2. « Ihre Fundamentalität ist darin begründet, dass Metaphysik, will sie einen sterilen Monismus vermeiden, den ontologischen Status der *Bezüglichkeit* von Wirklichkeit reflektieren muss. », Beckmann (1996), p. 367. Du même auteur, il faut mentionner aussi l'important ouvrage de 1967 : *Die Relationen der Identität und Gleichheit nach Duns Scotus*. L'omniprésence médiévale de la discussion sur les relations s'explique par la prégnance de la théologie trinitaire, qui traite des relations entre les trois personnes divines.

3. Comme pour la doctrine d'Henri de Gand, nous faisons le pari de rendre la théorie plus claire en usant de la schématisation. La richesse issue de l'éparpillement des données et des modulations contextuelles apparaîtra ponctuellement, lorsque nous aborderons la critique que Scot adresse à Henri.

4. *Ordinatio I, dist. 30, q. 1-2*, éd. A. Sépinski, Ed. Vaticane, t. 6, p. 181-182.

5. Scot qualifie les relations de la classe βii de relations « du troisième mode » (*tertii modi*). Il renvoie ainsi à Aristote, dont la troisième classe de relatifs était décrite grâce au modèle du rapport unilatéral du « mesuré à la mesure » ; ce troisième type était distingué par Aristote des « relatifs numériquement » (transposés dans la classe αi chez Scot) et des relatifs « selon la puissance »

Le cas *αi* semble le moins problématique [1] : deux termes sont en rapport sans inclination ou ordre de l'un à l'autre. Soit un individu *x* doté de la qualité blanche et un individu *y* doté de la même qualité. La relation de ressemblance entre *x* et *y* est fondée dans les deux blancheurs; cependant *x* sera aussi parfaitement blanc dans l'hypothèse où *y* existe et dans celle où il n'existe pas. A ce stade de l'explication, le type *αi* paraît coïncider avec la classe des relations de comparaison (*A1*) à qui Henri de Gand déniait toute réalité extra-mentale. Comme tiers relatif, la ressemblance n'était dotée d'aucune réalité propre dans la théorie d'Henri, car, purement mentale, elle était le produit de l'esprit qui compare les deux blancheurs [2]. Or, selon l'un des principes scotistes exposés tantôt, rien ne peut être conçu qui ne soit un être intelligible réellement consistant et par nature antérieur à l'acte de connaissance. Pour autant qu'elle soit vraie, la connaissance n'est pas constitutive de son objet. Ainsi, bien que la similitude ne soit pas le blanc ou dans le blanc et que ce dernier ne soit pas dépendant de sa similitude à un autre blanc, elle n'est pas rien, mais une formalité, un être possible distinct de son fondement en telle ou telle blancheur. Dans son *Quodlibet*, Scot énoncera cette thèse inouïe, qui fera les beaux jours de la critique ockhamienne : la relation est une réalité extra-mentale distincte des relatifs. Contre Henri, Scot démontre en effet que, pour avoir quelque pertinence, toute relation pensée est aussi réelle. Elle n'est pas une substance, mais jouit du même type de réalité que l'accident dont l'inhérence à la substance n'exclut pas la consistance ontologique :

> [...] j'admets pourtant que la relation, qui est un accident dans les créatures, a une accidentalité propre, car elle est par soi une chose et n'est pas la chose dans laquelle elle est fondée [...] par exemple, la ressemblance est fondée dans la blancheur, et cette ressemblance a quelque accidentalité propre et distincte de l'accidentalité du blanc [...] [3].

Sur la relation, l'accord entre Henri de Gand et Duns Scot n'est donc jamais que verbal. La classification même témoigne d'un changement radical de perspective : Scot établit la catégorie des relations non-réciproques (*ii*) dans l'unique but d'exclure une relation réelle de Dieu à la créature, une entité formellement distincte en Dieu qui dirait son absurde dépendance au monde créé. La distinction *i/ii* introduit donc une exception à l'intérieur de la classe *β*, pour démarquer les relations de connexion qui sont réelles dans un seul de leurs deux fondements

(équivalents des éléments de la classe *βi* chez Scot). Voir *Métaphysique* Δ, 15. Henninger (1989), p. 91-120, présente la théorie scotiste des relations.

1. *Ordinatio I, dist. 30, q. 1-2*, éd. A. Sépinski, Ed. Vaticane, t. 6, p. 198 ; *Ordinatio II, dist. 1, q. 4-5*, éd. C. Koser, Ed. Vaticane, t. 7, p. 103-104.

2. Pour mémoire, la typologie henricienne excluait la combinaison *A2* des possibilités offertes par la grille suivante : la relation est, d'une part, soit *A.* une réalité (*res*) hors de son fondement (elle est « extérieure » aux relatifs), soit *B.* un mode (*modus*) d'être du fondement dont elle tire toute sa réalité (elle est « intérieure » aux relatifs) ; d'autre part, elle est soit 1) idéelle (*in anima*), soit 2) réelle (*extra*).

3. *[...] concedo tamen quod relatio, quae est accidens in creaturis, propriam habet accidentalitatem, quia illa est per se res, et non est illa res in qua fundatur [...] verbi gratia, in albedine fundatur similitudo, ista similitudo habet aliquam accidentalitatem propriam ab accidentalitate albedinis distinctam [...]. Quaestiones quodlibetales*, *q. 3*, éd. L. Wadding, Ed. Vivès, t. 25, p. 138a.

(*βii*). Par conséquent, toute relation de la classe *i* est supposée réelle, y compris les éléments du sous-groupe *αi*. Lorsque le plus éminent spécialiste de la relation scotiste commente la troisième question quodlibétique, il met cependant en garde contre une lecture naïve du « réalisme » des relations et conclut à sa valeur heuristique. La théorie des relations déploie une explicitation conceptuelle de l'organisation du monde : « Was hier prima facie wie ein Rückgriff auf einen exzessiven Realismus aussieht, ist in Wirklichkeit die begriffliche Ausfaltung des Relationsgedankens als einer formalen Struktur des Seienden » [1].

Comprises dans la classe *βi*, les relations de connexion réciproque sont décrites au moyen de l'exemple classique de la paternité/filiation [2]. Le fils est relatif au père et le père au fils ; cependant la relation de paternité/filiation ne se confond pas avec ses deux fondements, le père d'un côté, le fils de l'autre. Elle est intermédiaire entre le père et le fils et distincte formellement de chacun d'eux. En effet, si le père était immédiatement relatif au fils, sans tiers relationnel, le fils serait antérieur au père selon la définition, car l'individu *x* serait qualifié de « père » en fonction de son rapport à l'individu *y*, son fils. Or l'inverse serait aussi vrai : le père serait antérieur au fils selon la définition, car l'individu *y* serait qualifié de « fils » en fonction de son rapport à l'individu *x*, son père. Un tel cercle (*circulus*) logique est absurde ; il constituerait un incongru démenti de toute stabilité noétique, laissant la définition des deux termes s'installer dans le mouvement constant et réciproque de leurs renvois mutuels de l'un à l'autre. Ainsi, l'individu *x* doit être relatif à la filiation pour être défini « père » ; inversement, l'individu *y* doit être relatif à la paternité pour être défini « fils » ; et la paternité/filiation doit être une réalité formellement distincte, un absolu antérieur par la définition aux deux termes dont il est le *definiens*.

Moins concrète que la distinction dite « réelle », mais plus réelle que la distinction intentionnelle d'Henri de Gand, la distinction formelle de Scot accorde en effet une consistance quidditative, une réalité possible, à tout intelligible distinct [3]. Pour concorder avec son exigence de fondation quidditative de la réalité, Scot refuse donc à la relation la possibilité de tirer toute sa réalité de son fondement [4]. Pouvant être conçue en soi, la relation de paternité/filiation est une formalité ; elle est distincte de ses termes, les relatifs, en vertu de sa propre consistance quidditative. Au niveau de la réalité concrète, elle joue ainsi le rôle de tiers relationnel entre le père et le fils [5]. Cette correspondance terme à terme entre

1. Beckmann (1996), p. 378.

2. *Ordinatio I, dist. 30, q. 1-2*, éd. A. Sépinski, Ed. Vaticane, t. 6, p. 184-185.

3. Au sujet de la distinction formelle *ex natura rei* de Scot, voir Muralt (1993[3]), p. 64-70, et Grajewski (1944). Kraml (1995) exhume les antécédents de cette doctrine scotiste dans les milieux franciscains du XIIIe siècle. Entre autres lieux, la théorie de la distinction formelle apparaît en *Ordinatio I, dist. 8, pars 1, q. 4; Ordinatio I, dist. 2, pars 2, q. 1-4; Reportata Parisiensa I, dist. 33, q. 2.*

4. Il exclut ainsi la classe henricienne *B2 in fundamentis*.

5. Le tiers relationnel, la paternité/filiation, est formellement distinct des deux individus en relation, mais existe réellement en chacun d'eux. Ce cas est peut-être la conséquence dernière de l'exigence de consistance quidditative dont la distinction formelle est l'instrument heuristique.

la réalité concrète, la réalité possible, et la réalité intelligible constitue le cœur de la métaphysique scotiste, articulée autour de la quiddité, cette jointure entre l'existant concret et la pensée abstraite.

On l'aura deviné, la relation *entre* la matière et la forme – non *de* la matière à la forme – appartient à ce deuxième groupe *βi* [1]. Comme le père engendre le fils, la matière reçoit la forme. Cependant, de même que l'individu *x* peut exister sans devenir père, la matière ne dépend pas de la forme pour exister. L'inverse est d'ailleurs vrai de la forme. Seul le composé résulte de la relation de connexion. Réellement distinctes, la matière et la forme sont « rapportées » à un intermédiaire relationnel pour former le composé. La dite « proportion convenable, qui peut exister entre deux êtres principiellement divers » sera donc le tiers relationnel distinct formellement de ces deux termes et équivalent à la réceptivité dans la matière, à la susceptibilité d'être reçue dans la forme. La description scotiste du lien entre matière et forme est d'évidence aux antipodes de la théorie thomasienne, qui considérait la matière comme un pur relatif. Elle est opposée aussi à la détermination henricienne, dont elle abolit les distinctions de niveaux : si la matière a une propre consistance formelle au niveau de son appréhension intellectuelle (niveau 2 chez Henri), elle doit posséder une propriété correspondante dans la réalité concrète (niveau 3 chez Henri) [2]. L'existence de la matière ne se réduit pas plus à celle de la forme que son concept n'est analogique à celui de la forme. En son idéal d'univocité et d'universalité, la métaphysique scotiste ne relègue aucune portion du réel, concret aussi bien qu'abstrait, en dehors d'elle : tout ce qui est a les caractéristiques d'une *forme* réelle et intelligible, y compris la matière. La composition de la matière et de la forme tient ensemble deux absolus ; elle les lie et s'exprime comme « proportion convenable ».

Reste le cas d'espèce des relations non-réciproques, *βii* [3]. Toute relation de Dieu à la créature exclue à titre de prémisse, Scot engage une lutte contre la description par Henri de Gand de la relation de la créature à Dieu. Chez Henri, cette relation n'était pas différente de son fondement, à savoir de l'essence existante, de la créature tout entière ; était ainsi manifestée la totale relativité de la créature à Dieu, en essence comme en existence. Cependant, même dans ce cas tangent, Scot réaffirme son principe de distinction :

A l'instar du tiers relationnel, le genre et l'espèce sont formellement distincts dans la chose concrète, dont l'être ultime assume les êtres partiels des composants. Voir Muralt (1993 [3]), p. 68-69.

1. En sus de l'*Ordinatio II, dist. 12, q. 1,* voir *Ordinatio II, dist. 1, q. 4-5,* éd. C. Koser, Ed. Vaticane, t. 7, p. 144-145

2. « [...] dans la mesure où il a une essence propre hors de tout intellect, l'homme a aussi une existence. La matière aura dès lors aussi une telle existence, dans la mesure où elle a aussi une essence. » *[...] sicut homo essentiam propriam habet extra omnem intellectum, sic et esse, et tunc etiam haberet illud esse, sicut et essentiam. Ordinatio II, dist. 12, q. 2*, éd. L. Wadding, Ed. Vivès, t. 12, p. 577b.

3. *Ordinatio II, dist. 1, q. 4-5*, éd. C. Koser, Ed. Vaticane, t. 7, p. 120-141.

> Le fondement de la relation est donc formellement une entité, qui n'inclut pas formellement la relation [...] [1].

Certes, la relation à Dieu est présente dans la créature et n'est pas réellement distincte de celle-ci, sans quoi rien ne pourrait être; cependant elle n'est pas formellement coïncidente avec l'essence de la créature. La relation de « créaturalité » n'est pas nécessairement inhérente à la quiddité de la pierre, car la pierre pourrait ne pas être créée. Il n'appartient pas à l'essence de la pierre d'être créée; ce don, elle le reçoit de l'extérieur [2]. Dans un même geste, Scot assure la volonté divine d'une parfaite liberté d'indifférence et introduit une distinction entre le domaine des quiddités conçues par l'intellect divin et le monde des quiddités effectuées par sa volonté. Pour nous, le conçu et le réel coïncide; il faut cependant distinguer formellement la quiddité de la pierre et sa relation à Dieu, pour laisser ouverte la possibilité théorique de la non-création de la pierre. Paradoxalement, l'existence même – pour la nommer en lieu de la barbare « créaturalité » – devient une formalité; elle compose en effet avec l'essence, comme la similitude avec le blanc et la paternité/filiation avec l'individu humain.

Dans l'*Ordinatio II, dist. 1, q. 4-5* [3], le propos de Duns Scot est bien de démonter la doctrine henricienne des relations dont l'être est tiré du fondement (*B2*) [4]. Pour conclure le chapitre de la relation, un bref rappel en forme de comparaison permettra donc d'esquisser l'arrière-plan métaphysique des controverses entre les deux docteurs. Chez Henri, ces relations (*B2 in fundamentis*) étaient définies comme des modes de la chose, dont celle-ci était distincte par la seule intention. Dévolues au cas particulier du rapport de la créature au créateur (comme les relations scotistes de type *βii*), elles excluaient une composition réelle de l'essence et de l'existence. La pierre pouvait être conçue abstraction faite de l'existence, bien qu'il fût impossible de la concevoir sans qu'elle existe ou ait existé. La doctrine de l'intention justifiait ainsi la connaissance abstractive, mais supposait aussi une distinction principielle de points de vues, entre l'être d'existence (précédemment « niveau 3 ») et l'être d'essence (précédemment « niveau 2 »). Ce qui était absolument un dans l'existence concrète, par exemple la créature et sa relation à Dieu, pouvait être distingué sur le second plan – l'essence de la chose créée pouvait être conçue abstraction faite de sa dépendance actuelle au créateur et de son inscription dans la réalité concrète ou « existence ». De fait, le niveau 2 était le lieu des intentions conçues. Il était à la fois ancré dans le domaine de l'existence concrète, où les intentions étaient virtuellement distinctes, et débordé par ce même champ existentiel. Différente des choses, l'existence ne se laissait en effet pas concevoir sur le mode abstrait, à moins de devenir elle-même une essence; elle était certes appréhendée concrètement au départ de toute

1. *Fundamentum igitur relationis est aliqua entitas formaliter, quae non includit ipsam relationem formaliter [...]. Ordinatio II, dist. 1, q. 4-5*, éd. C. Koser, Ed. Vaticane, t. 7, p. 121.

2. *Ordinatio II, dist. 1, q. 4-5*, éd. C. Koser, Ed. Vaticane, t. 7, p. 128-132.

3. En particulier, *Ordinatio II, dist. 1, q. 4-5*, éd. C. Koser, Ed. Vaticane, t. 7, p. 96-120.

4. Voir *supra*, p. 95 *sq.* Decorte (1995) propose une analyse technique et détaillée de la doctrine henricienne contestée par Scot.

connaissance, mais n'était pas formellement distincte à titre de concept. Or le projet métaphysique de Scot vise précisément le rapatriement de l'existence dans la sphère du formel : tout aspect du réel est possible, et le possible est intelligible. La métaphysique a pour objet l'être global, d'où rien ne déborde. Ainsi, la distinction de l'être d'essence et de l'être d'existence est-elle spécieuse, car, établie par la raison, elle stipule un en-dehors de la raison, une existence réfractaire à la formalisation. Chez Scot, la relation de la créature à Dieu, en d'autres termes le maintien de la créature dans l'être, sera donc une formalité distincte de la chose créée ; dans la chose créée, l'existence couronne les degrés formels inférieurs.

Concernant la nature de la matière, la détermination de Scot prolonge et radicalise cependant le discours d'Henri. Contrairement à la solution thomasienne, le propos du maître gantois ne comprenait pas le rapport de la matière à la forme dans les termes de celui de l'essence à l'existence. Henri distinguait la nature et la surnature pour signifier la contingence de l'existence : laissant à Dieu la liberté d'instituer un ordre différent de la réalité actuelle, il ne voyait pas de contradiction à ce que la matière fût créée sans forme, car, au même titre que la forme, la matière a un être d'essence et une idée en Dieu. Quant à l'enjeu du questionnement sur la création de la matière, il rejoignait la mise en exergue de la toute-puissance divine et de la conséquente relativité des savoirs humains, au rang desquels la physique. Confrontés aux enseignements des textes aristotéliciens de philosophie naturelle, Henri de Gand et Duns Scot collaborent de fait à un même projet, défaire la nécessité de la relation qui unit matière et forme. La solution de Scot apparaîtra pourtant plus radicale, car elle installe le possible au cœur du réel.

La deuxième question de l'*Ordinatio II, dist. 12,* invite en effet à une réflexion sur le thème de la possibilité. Elle mène deux attaques successives, la première contre une conception de type thomasien, la seconde tournée contre une opinion récente, celle d'Henri de Gand. Duns Scot commence par insister sur le caractère absolu de la matière, à savoir sa non-relativité essentielle [1]. Absolue en essence, la matière pourra exister sans forme. Est ainsi abolie la nécessité reconnue par Thomas d'Aquin à la relation de la matière à la forme. Scot le dit expressément, « la connexion de la matière à la forme n'est pas nécessaire » [2]; Dieu peut donc créer la matière sans forme. La détermination du docteur franciscain isole cependant la position thomasienne de son fond aristotélicien. Nominalement désigné dans le texte livré par l'édition de L. Wadding, Aristote paraît à Scot ne pas avoir conçu la matière comme un relatif. Son erreur procède d'une vision globale du monde comme nature nécessitante :

> Mais [Aristote] n'a admis une telle conclusion que parce qu'il a posé une connexion nécessaire des causes telle qu'il était impossible selon lui que les causes premières agissent sans les secondes, c'est-à-dire que la cause absolument première agisse sans la cause seconde. Mais s'il avait nié cette proposition, il

1. *Ordinatio II, dist. 12, q. 2*, éd. L. Wadding, Ed. Vivès, t. 12, p. 574-576.

2. *[...] sed non est talis necessitas connexionis materiae ad formam. Ordinatio II, dist. 12, q. 2*, éd. L. Wadding, Ed. Vivès, t. 12, p. 577a.

aurait pu admettre, étant donné sa doctrine de la matière, que Dieu pût produire la matière sans la forme [1] (trad. A. de Muralt, p. 142).

Avec cette dénégation, le maître déracine la matière thomasienne de son terreau aristotélicien – la matière aristotélicienne ne serait pas un relatif –, et renvoie du même coup la philosophie naturelle d'Aristote à sa différence fondamentale de philosophie païenne. Dans cette lecture, la matière aristotélicienne possède une actualité propre, et pourtant le Stagirite ne pensait pas qu'elle pût exister sans forme, car elle n'existe actuellement pas sans forme. Condamnée le 7 mars 1277, la philosophie naturelle des païens ignore en effet la liberté divine et considère l'ordre actuel de la nature comme le seul possible [2]. Le système des philosophes instaure de fait un ordre causal déterminé, où la nécessité équivaut à l'absence de gratuité : la nature procède nécessairement et ne fait rien en vain; en d'autres termes, toute cause est nécessaire, donc indispensable. Transposée dans cette philosophie, la figure exemplaire des questions sur la possibilité, l'eucharistie, devient un scandale [3] : comment les accidents du pain existeraient-ils sans le pain? Chez Aristote, la substance-sujet est bien la cause nécessaire et indispensable de la subsistance des accidents; l'inhérence des accidents n'est pas la simple expression d'une configuration possible du monde, mais la manifestation de son ordre ultime et définitif. Dans l'univers élargi de la théologie chrétienne, le champ des possibles se déploie toutefois aux frontières infinies de la liberté de Dieu, qui peut se substituer au pain, cause seconde, pour maintenir ses accidents dans l'être.

La lutte contre les « philosophes » n'entre cependant pas dans les préoccupations de Duns Scot; pour un temps, la théologie chrétienne a réglé ses comptes avec l'aristotélisme. Le plus pointu de la critique scotiste est son attaque contre la doctrine exposée par Henri de Gand dans la dixième question de son *Quodlibet I*. Scot conteste le hiatus ontologique qu'Henri intercalle entre la nature et la surnature. Dans l'optique du maître gantois, la matière existante semble tirer son être de la forme qui l'actualise (« niveau 3 » de la théorie henricienne); cependant, douée d'une consistance essentielle en vertu de son statut d'idée divine et d'intention distincte (« niveau 2 »), la matière pourrait exister sans forme par le truchement d'une intervention surnaturelle ou d'un miracle. Dans ce second cas de figure, déduit Scot, son être ne serait alors plus la forme, mais un être supplémentaire, qui plus est, négatif. La position d'Henri apparaît en effet

1. *Sed hoc fuit pro tanto, quia ipse posuit necessariam connexionem causarum, ita quod impossibile est secundum eum primas causas agere sine secundis, sive causam omnino primam sine secunda causa; sed si hoc negasset, habuisset ponere secundum ea quae posuit de materia, quod potuisset eam Deus fecisse sine forma. Ordinatio II, dist. 12, q. 2*, éd. L. Wadding, Ed. Vivès, t. 12, p. 578b.

2. La nécessité et le caractère indispensable des causes secondes sont expressément condamnés par l'article 63/69. Les articles 138/199, 139/198, 140/196 et 141/197 énoncent l'erreur de la non-subsistance de l'accident sans sujet; ils regardent la transsubstantiation eucharistique. Enfin, les articles 146/184 et 147/17 impliquent une circonscription indue du champ du possible à la nature actuellement existante; ils nient une possibilité théologique qui excède le possible *secundum philosophiam*.

3. L'expression est de R. Imbach; voir Imbach (1993) dans Imbach (1996), p. 317.

contradictoire : si la matière existait sans la forme qui, par principe, lui conférait son être et son actualité, elle devrait subsister d'une existence négative, qui ne soit ni formelle ni actuelle. De fait, la raison oblige à renoncer à cette théorie contradictoire, qui inscrit le champ de la philosophie dans la dépendance de la théologie, mais qui oblige à sacrifier tout vérité interne à la philosophie sous le coup des diktats de la théologie. Le saut même qui sépare la nature de la surnature semble exiger une adaptation sporadique des règles du raisonnement et son inclination de principe devant la toute-puissance divine, à moins d'exclure le théologique de la rationalité.

Corrigeant la théorie henricienne, Scot réaffirme le parfait parallélisme entre les essences et les existences grâce à l'interface noético-ontique que constitue la quiddité ou formalité. Dans l'ordre naturel comme dans le cas du miracle, la matière a un être propre, car elle a une quiddité propre. Pour le manifester, Scot mobilise l'exemple de l'eucharistie :

> De même que, après la transsubstantiation du pain, il n'est pas communiqué un autre être à l'accident que celui qu'il avait lorsqu'il informait en acte le pain, [...] de même, dans notre cas, à la matière ne serait pas communiqué un autre être que celui qu'elle a lorsqu'elle est sous la forme [1].

Pour abolir la casuistique méthodologique henricienne au profit du système, la possibilité est réinscrite au cœur du réel, qui n'en perd jamais l'empreinte : le surnaturel est pré-contenu dans le naturel. Placée en Dieu par Henri de Gand, la possibilité devient chez Scot une condition transcendantale du réel ; elle accompagne dès lors toute réalité, actuelle comme potentielle. Les questions du type « Dieu pourrait-il... » changent en effet de signification. L'impossibilité ou la possibilité ne sont pas le fait de Dieu, comme le croyait Henri de Gand lors de son premier *Quodlibet*, mais elles sont fonctions des choses, de leurs consistances logiques et de leur compossibilité réciproque dans une configuration donnée. La toute-puissance divine n'est pas antérieure à la possibilité, mais, selon le constat d'O. Boulnois, « il y a une irrévocable antériorité du possible et donc de l'impossible sur l'intellect divin » [2], *a fortiori* sur la toute-puissance de sa volonté. Selon Henri, la matière *ne peut pas* exister sans forme dans notre monde ; compte tenu de la toute-puissance divine, il ne faut cependant pas exclure qu'elle aurait pu exister ainsi dans un autre ordre de réalité voulu par Dieu, ou qu'elle puisse exister ainsi en vertu d'une intervention surnaturelle, quasi contre-nature. Chez Scot par contre, la matière même qui existe actuellement avec la forme est susceptible d'exister sans forme ; cette possibilité intrinsèque aux choses n'attend que le bon

1. *Item sicut accidenti postquam panis transubstantiatur, non communicatur aliud esse quam habuit, quando fuit actu informans panem [...], ergo similiter in proposito non communicaretur materiae aliud esse ab illo quod habet, dum est sub forma. Ordinatio II, dist. 12, q. 2*, éd. L. Wadding, Ed. Vivès, t. 12, p. 604b. Le soin consacré par Thomas d'Aquin à démarquer le cas de l'accident, inhérent à la substance mais doté de son propre être, de celui de la matière, unie à la forme dont elle reçoit l'être, semble promis à bien peu de succès.

2. Boulnois dans Boulnois (1994), p. 43. L'*Ordinatio I, dist. 43, q. unica,* demande « si la première raison pour laquelle une chose ne peut être produite est du côté de Dieu ou de la chose à produire ». Contre Henri de Gand, Scot défend la seconde solution.

vouloir de Dieu. Par contre, Dieu ne peut créer la chimère, car elle ne renferme pas cette possibilité. Pourquoi ne la contient-elle pas ? La réponse de Scot est évidente jusqu'à la tautologie : en vertu de ce qu'elle n'est pas en elle-même, à savoir possible [1].

Objet découvert par la métaphysique, le Dieu de notre théologie serait-il donc inscrit dans les frontières d'une rationalité métaphysique qui l'oblige ? La réponse est évidemment négative, mais son articulation fine et presque évanescente dans les textes de Scot [2] invite à un détour par la critique. La question peut être abordée par le biais d'un débat qui opposa S. Knuuttila à C. G. Normore dès les années quatre-vingt-dix du siècle passé [3]. Pour l'intelligence de la discussion, il faut distinguer trois notions : le possible logique, la possibilité et l'impossibilité logique, et le réel-possible.

En premier lieu, *le possible logique* caractérise l'objectivité de la chose en sa pure possibilité : au contraire de l'homme, la chimère n'est pas possible [4]. Comme simple quiddité possible, la chose est par nature antérieure à sa réalisation concrète et à sa conception par l'intellect humain. En Dieu, la chose est possible logiquement, c'est-à-dire objet de l'intellect, avant d'être librement voulue et portée à l'existence. Cette distinction de moments exclut cependant toute procession chronologique de la vie divine, qui est infinie et éternelle ; Scot distingue donc un premier instant dit « de nature », celui de l'intelligence divine des choses, d'un second « instant de nature », celui de leur volition par Dieu et de leur création [5]. La possibilité intrinsèque qualifie la chose comme candidate à l'existence ; encore faut-il que, en un second « instant de nature », Dieu la veuille et l'inclue dans le plan d'ensemble de sa création.

Interviennent alors *les relations de possibilité et d'impossibilité*, qui définissent le rapport du possible logique, quasi atomique, au réel concret et complexe : pour être créées ensemble et constituer un univers, les choses doivent être compossibles, exemptes de répugnance réciproque. Un individu ne peut être créé de couleur noire et blanche à la fois [6].

Enfin, *le réel-possible* qualifie la chose créée mais toujours marquée de sa possibilité intrinsèque de brique logique, et, à ce titre, susceptible encore d'appartenir à un tout autre ordre de réalité.

L'option interprétative de S. Knuuttila s'appuie sur une mise en exergue de l'*Ordinatio I, dist. 36, q. unica*, où Duns Scot traite du possible logique. Pour

1. *Ordinatio I, dist. 36, q. unica*, éd. A. Sépinski, Ed. Vaticane, t. 6, p. 296.

2. Voir principalement, *Lectura I, dist. 39, q. 1-5; Ordinatio I, dist. 36, q. unica; Ordinatio I, dist. 42, q. unica; Ordinatio I, dist. 43, q. unica; Ordinatio I, dist. 44, q. unica.*

3. Knuuttila (1995) attaque Normore (1986). Dans un même ouvrage collectif de 1996, les deux protagonistes précisent encore leurs positions : Knuuttila (1996) et Normore (1996).

4. *Ordinatio I, dist. 36, q. unica*, éd. A. Sépinski, Ed. Vaticane, t. 6, p. 296 *sq*. Voir aussi, *Lectura I, dist. 39, q. 1-5*, éd. C. Koser, Ed. Vaticane, t. 17, p. 494-495.

5. *Ordinatio I, dist. 43, q. unica*, éd. A. Sépinski, Ed. Vaticane, t. 6, p. 358-359 ; *Lectura I, dist. 39, q. 1-5*, éd. C. Koser, Ed. Vaticane, t. 17, p. 492-493.

6. *Ordinatio I, dist. 43, q. unica*, éd. A. Sépinski, Ed. Vaticane, t. 6, p. 353-355, p. 359-361.

asseoir l'antériorité du possible sur l'existant, le docteur franciscain en affirme l'antériorité sur la toute-puissance divine :

> [...] pourtant cette possibilité logique, prise absolument et en sa raison propre, pourrait demeurer, même si, par impossible, il n'y avait aucune toute-puissance pour la considérer [1].

S. Knuuttila le montre, Scot semble aller plus loin encore : le possible logique n'est pas même constitué par l'intellect divin qui le pense de toute éternité ; il est au contraire le milieu et la condition de toute pensée, y compris de l'intelligence divine [2]. Or les relations de possibilité et d'impossibilité procèdent immédiatement des possibles logiques dont elles manifestent les contenus quidditatifs par le jeu même de leurs compositions infinies, réseaux logiquement consistants que peut saisir l'intellect et structures possibles pour un monde à créer. Ainsi, ces relations seront-elles également indépendantes de l'intellect divin. S. Knuuttila le précise dans un article de 1996 : « When a proposition is formulated, it is immediatly logically possible or impossible; but this fact does not depend on the intellect formulating the proposition. [...] God cannot change this transcendantal precondition of thought and existence [...] » [3]. L'interprétation concorde avec le constat d'O. Boulnois : à l'origine de la compossibilité, la possibilité logique est antérieure à la toute-puissance divine, mieux, elle conditionne toute intelligence, divine comme humaine. Duns Scot serait ainsi le précurseur de la théorie logique des modalités : il aurait extrait la possibilité du récit historique de la création et de son origine divine, pour l'établir comme condition de tout ordre, antérieure à tout récit. Le possible ne s'articulerait dès lors plus sur son opposition au nécessaire. Dans la théologie traditionnelle de la création et dans le récit qu'elle déroulait, le possible était en effet aboli, transformé en nécessité, par la volonté divine ; dans le système métaphysique de Scot, le possible dessine les cadres de la rationalité et de l'être. Le schéma scotiste en viendrait donc à minimiser le rôle de la temporalité tant accentué par la mouvance d'après 1277 ; le monde n'est plus figé dans sa nécessité de fait parce qu'il est créé et actuellement voulu par Dieu ; le possible ne se contente plus d'accompagner les projections humaines vers le futur ; mais la possibilité traverse et dépasse la dimension temporelle du monde. Plus qu'autonome, elle devient la condition transcendantale de tout système réglé, théorie logique ou ordre physique.

La lecture de C. G. Normore assume les conclusions de S. Knuuttila, mais les replace dans leur contexte d'énonciation scotiste, arrondissant ainsi les angles

1. *[...] tamen illa possibilitas logica, absolute – ratione sui – posset stare, licet per impossibile nulla omnipotentia eam respiceret. Ordinatio I, dist. 36, q. unica,* éd. A. Sépinski, Ed. Vaticane, t. 6, p. 296.

2. Knuuttila (1995), p. 300-302 ; Knuuttila (1996), p. 135, p. 141. L'auteur invoque l'*Ordinatio I, dist. 43, q. unica,* éd. A. Sépinski, Ed. Vaticane, t. 6, p. 353-354, pour conclure : « This logical modal structure is theoretically primary, although it does not have any kind of existence. It could be characterized as an *a priori* structure of transcendantal preconditions of all thinking and being, including the thinking and existence of the divine entity » (p. 302).

3. Knuuttila (1996), p. 138.

d'une approche très « logicienne ». D'accord avec A. B. Wolter, C. G. Normore reconnaît aux possibles un statut non seulement logique, mais aussi « métaphysique » ou « ontologique » [1]. Le possible doit être quidditativement constitué pour être la pièce d'un système et instaurer des relations de compossibilité. La constitution de la chose possible par l'intellect divin est donc la donnée première de la métaphysique scotiste des possibles : « Thus I claim that, for Scotus, God gives to the constituents of natures the ontological status required of possibilities but does not make these constituents to be or not to be repugnant. That they have of themselves » [2]. Dans un premier instant de nature, l'intellect divin pense les termes compossibles, dès lors constitués en quiddités ou formalités. Dans un second instant de nature, Dieu sélectionne l'une des configurations possibles d'éléments, en nombre infini dans sa pensée, et actualise ainsi un monde possible. L'autonomie de la compossibilité ne détache toutefois pas le possible du divin, car la compossibilité n'est autre qu'une relation entre les termes possibles qu'elle manifeste à l'infini sous la forme de réseaux ou de configurations multiples. Fonction des possibles constitués par l'intellect divin, elle est rattachée à lui comme à un principe, même si sa consistance formelle découle immédiatement des éléments mis en relation :

> Tel est donc ce processus : par son intellect, Dieu produit le possible dans l'être possible ; ainsi, il produit formellement deux étants (chacun d'eux dans l'être possible), et ces deux éléments produits sont formellement incompossibles par eux-mêmes, de sorte qu'ils ne peuvent pas être en même temps la même réalité ou en constituer une troisième ; cette incompossibilité, ils l'ont formellement par eux-mêmes, et principiellement de celui qui les a produits [3].

L'analyse de C. G. Normore impose donc d'affiner la question sur le lieu de résidence de la possibilité : comme briques quidditatives, les étants sont possibles *en* eux-mêmes, mais ils sont installés dans leur possibilité, logique ou réalisée, *par* l'intellect de Dieu ou *par* sa volonté. La possibilité est bien transcendantale, mais elle est instituée par Dieu. Parallèlement, la matière renferme en elle-même la possibilité d'exister sans forme, mais elle n'existera d'aucune manière par elle-même.

A travers son analyse de la matière, Scot a combattu la noétique thomasienne et la théologie des possibles henricienne. Par-delà les questions disputées au cas par cas, il a inclus l'objet « matière » dans son système complet et global et l'a dépossédé de sa valeur argumentative et de son statut ontologique de cas-limite.

1. Dans ses *Quaestiones super libros Metaphysicorum, IX, q. 1-2*, Scot démarque le statut du possible de celui de la chimère : *propter hoc ergo ponitur ista potentia metaphysica in essentia possibili, aliqua entitas qualis non est in Chimera*, (éd. L. Wadding, Ed. Vivès, t. 7, p. 534).

2. Normore (1996), p. 162. Dans la même lignée, Wolter (1993).

3. *Est ergo ibi iste processus, quod sicut Deus suo intellectu producit possibile in esse possibili, ita producit duo entia formaliter (utrumque in esse possibili), et illa 'producta' se ipsis formaliter sunt incompossibilia, ut non possint simul esse unum, neque aliquid tertium ex eis ; hanc autem incompossibilitatem, quam habent, formaliter ex se habent, et principiative ab eo – aliquo modo – qui ea produxit. Ordinatio I, dist. 43, q. unica*, éd. A. Sépinski, Ed. Vaticane, t. 6, p. 359.

Guillaume d'Ockham

Situation

Au risque de disqualifier le *Venerabilis inceptor*, dont la pensée fut parfois considérée comme l'initiatrice d'une philosophie nouvellement débarrassée de son carcan scolastique, le cas de Guillaume d'Ockham tiendra lieu de fin à cette histoire fragmentée de l'appropriation de la philosophie naturelle aristotélicienne par les théologiens chrétiens. Notre propos fera l'économie du récit de la vie quasi romanesque du frère franciscain, qui, excommunié par Jean XXII, suivit l'empereur Louis de Bavière à Munich en 1330, où il mourut en adversaire résolu du pouvoir papal dix-sept ans plus tard [1]. Il suffit de signaler un profond dépaysement, qui transporte notre histoire en Angleterre, une génération après Jean Duns Scot. En effet, Ockham vécut aux alentours de Londres et d'Oxford de 1288, date approximative de sa naissance, à 1324 lorsque, sur convocation du pape, il se rendit à Avignon pour défendre ses doctrines. Entre autres griefs, l'ex-chancelier d'Oxford Jean Lutterell lui reprochait les conséquences de sa théorie de la relation, symptomatique d'une philosophie si détachée de la nécessité aristotélicienne qu'elle refuse au monde un ordre intrinsèquement déterminé [2]. L'époque de la condamnation du frère franciscain signifie aussi un tournant dans son œuvre; dès 1324/5, celui qui n'obtint jamais sa licence d'enseigner engageait toutes ses forces dans l'étude de la politique et dans la polémique. Les textes théologiques et philosophiques appartiennent de fait à la première partie de la vie d'Ockham, du *Commentaire des Sentences* commencé vers 1317/8 et dont le premier livre fut complété après coup, aux *Quodlibeta*, révisés à Avignon entre 1324 et 1325; les traités politiques s'inscrivent sous le second chapitre de la vie du franciscain.

Quel rapport postuler cependant entre ce contemporain de Henri de Harclay, Walter Chatton, Pierre d'Auriole ou encore François de Meyronnes, et Jean Duns Scot, mort à Cologne en 1308, plus de dix avant que Guillaume n'entame son cursus estudiantin à l'Université d'Oxford? Sans doute ce même Henri de Harclay, qui entraîna Ockham dans son entreprise critique envers Duns Scot. Henri étudia en effet à Paris, puis fut nommé chancelier de l'Université d'Oxford en 1312, où il importa les doctrines du docteur subtil. Quant à la distance temporelle, pour surprenante qu'elle soit, elle n'abolit pas le dialogue entre Ockham et Scot; Guillaume fut certes engagé dans des débats avec ses contemporains, il ne cessa pourtant de discuter avec ses ancêtres, même continentaux. Selon le constat de W. J. Courtenay, « Ockham was principally concerned with the leading minds

1. Entre autres ouvrages, le collectif Spade (1999) (éd.) fournit une introduction à l'étude d'Ockham et une présentation de sa vie et de ses œuvres. La première mise au point biographique moderne, toujours utile, est due à P. Vignaux: Vignaux (1931). Pour s'orienter dans l'abondante littérature secondaire du XXe siècle, Beckmann (1992).

2. L'article 50 du *Libellus contra doctrinam Guilelmi Occam* s'énonce ainsi: *Istud est periculosum, quia tollit omnes relationes a creaturis, omnes dependentias et connexiones rerum ad invicem et ordinem, quia sine relationibus esse non possunt*, éd. F. Hoffmann, p. 98. A ce propos, voir Beretta (1999), p. 1.

of the previous academic generation : Henry of Ghent, Giles of Rome, and John Duns Scotus » [1].

La figure d'Ockham peut enfin clore ce chapitre car elle signifie un tournant dans l'histoire des condamnations universitaires. Les noirceurs supposées des intentions philosophiques du franciscain blanchiront par ricochet les enseignements d'Aristote, dès lors dépouillés de leur nouveauté suspecte. Entre 1325 et 1335, la pensée ockhamienne est introduite à Paris [2]. Elle est condamnée par les autorités universitaires dans les statuts de la Faculté des arts de 1339 et de 1340 [3]. Or L. Bianchi a récemment préconisé de « réintroduire la crise anti-ockhamiste de 1339-1341 dans l'histoire de l'aristotélisme, dont elle marque une étape aussi fondamentale que méconnue » [4]. En effet, le scénario de la censure installa aux avant-poste du front supposé ockhamien une nouvelle méthode exégétique, qui invitait à ne pas prendre les propos d'Aristote à la lettre. Ockham n'avait cessé de pointer les usages métaphoriques nombreux dans la prose aristotélicienne et les déviances de ses lecteurs latins, selon qui la science du Stagirite avait pour sujets les choses du monde, non les termes de la proposition logique, et, pour objets, des relations réellement existantes dans le monde en lieu des contenus mentaux de ces mêmes propositions [5]. Or, à force de discussions, de remodelages et de translations, la rationalité aristotélicienne s'était imposée au XIVe siècle. L. Bianchi représente cet attachement progressif à l'aristotélisme comme le corollaire de son appropriation et de son inscription dans la tradition ; par opposition, admettre que les doctrines du Stagirite « n'étaient vraies qu'au sens figuré équivaudrait à réduire le plus puissant système théorique hérité des Anciens à un fatras d'amphibologies » [6].

Dans le tableau qui résulte de la reconstruction historique du médiéviste italien, Ockham apparaissait à ses contemporains parisiens comme un « novateur radical », alors que Jean Buridan, recteur de l'Université de Paris et adversaire intellectuel d'Ockham, se voit attribuer le rôle de gardien des traditions : « [...] malgré l'originalité de sa logique et de sa physique, [il] restait attaché à une conception de la philosophie comme travail critique à l'intérieur de la tradition du "péripatétisme parisien" » [7]. En bref, selon L. Bianchi, le nerf de la guerre était la

1. Courtenay (1999), p. 23.

2. Sur l'infiltration des doctrines ockhamiennes à Paris, voir Courtenay (1984b) et les perspectives critiques ouvertes par Bianchi (1999), p. 296, note 61.

3. L'étude des condamnations de l'ockhamisme fut à l'origine de l'important projet Paqué (1985) [1970]. Les divers témoignages de cet épisode, statuts de 1339 et de 1340 de la Faculté des arts de Paris et lettre de Clément VI aux étudiants en arts datée du 20 mai 1346, sont étudiés de façon plus historique par Bianchi (1999), p. 129-164. Nous envisagerons de suite la différence de ces positions historiographiques.

4. Bianchi (1999), p. 155.

5. Ockham expose sa conception de la science et sa méthode d'exégèse des textes aristotéliciens dans le *Prologue* de l'*Expositio in libros Physicorum* (éd. V. Richter, G. Leibold, OPh IV, p. 3-14). Le texte est traduit en français par R. Imbach et M.-H. Méléard, dans [Anthologie] : *Philosophes médiévaux des XIIIe et XIVe siècles*, p. 292-306.

6. Bianchi (1999), p. 144.

7. Bianchi (1999), p. 140.

nouveauté de la méthode ockhamienne; l'analyse des textes des statuts anti-ockhamistes semble le démontrer. Dans sa grande étude de 1970, R. Paqué présente cependant une image inversée des forces en présence. Lorsqu'il participe à la condamnation d'Ockham, Buridan n'est pas un conservateur; il attaque au contraire une position dépassée, qui suppose un lien immédiat entre le concept mental et la chose du monde dans l'intuition du singulier [1]. La lecture heideggerienne de R. Paqué met en exergue le contenu des doctrines plutôt que les questions méthodologiques; elle considère enfin Buridan comme un jalon de l'avènement de la « pensée technique » moderne, qui suppose l'abolition de toute liaison naturelle entre le mot et la chose : « Ainsi Buridan, précisément dans ce statut superficiellement anti-occamiste, répand lui-même le nouveau projet du monde, fondé sur la possibilité technique de la "sommation" (*Stellen*), de la *via moderna* occamienne et, du même coup, de la modernité naissante » [2]. Dans la précieuse étude de R. Paqué, le recteur Buridan paraît avoir signé le statut anti-ockhamiste non pour contraindre les sectateurs du maître anglais à un retour à la tradition, mais séduit par l'opportunité de mener à terme la révolution linguistique ockhamienne, par-delà Ockham.

Une opposition symétrique des études de L. Bianchi et de R. Paqué serait toutefois indue, car les perspectives des deux historiens sont radicalement différentes. R. Paqué reconstruit le passé pour découvrir la constitution de la pensée moderne et comprendre dans sa genèse la modernité oublieuse de l'être. Il est à la recherche d'une explication du monde. L. Bianchi refuse de plaquer une idéologie sur un passé de fiction fantasmé à partir d'une certaine image du présent, sans en avoir exhumé et étudié au préalable les diverses traces textuelles, qu'il s'agisse de documents à teneur philosophique ou d'actes institutionnels. Or, en perspective historienne, les conclusions de L. Bianchi sont marquées au sceau de l'évidence : l'idée même d'une censure portée contre une forme de conservatisme par des forces novatrices paraît ridicule. Si les positions des deux auteurs ne peuvent être comparées, mises bout à bout elles sont cependant les manifestations exemplaires de la dynamique interne à la pensée et de sa circularité herméneutique : à l'image de R. Paqué, tout historien de la philosophie aborde le passé lesté de ses propres convictions philosophiques; et, à la décharge d'un certain « historicisme », toute philosophie se constitue dans des circonstances factuelles et une tradition culturelle qui la déterminent. Ainsi le débat sur la « modernité » d'Ockham est-il aussi illégitime regardant Ockham que nécessaire à notre appropriation d'Ockham. Comme le rappelle par exemple W. Vossenkuhl, l'historiographie admet désormais que le *Venerabilis inceptor* n'est pas le promo-

1. Paqué (1985), p. 111 : « Tandis qu'Occam, grâce à ses *regulae generales*, prétend reconstituer les relations solides et univoques entre mot et chose, Buridan s'en rapporte expressément à l'arbitraire de l'usage linguistique, donc de la subjectivité ». Voir aussi p. 115 : « Ce qui est donc récusé dans ce texte [le statut], ce n'est justement pas le nouveau projet décisif du monde qui constitue le fond des querelles de "logique linguistique", y compris de la querelle des Universaux, c'est, inversement, une vieille liaison du mot et de la chose qui ne peut plus rendre compte de cette nouvelle réalité de la nature ».

2. Paqué (1985), p. 327.

teur de la physique moderne ; comparée au projet de mathématisation des calculateurs du *Merton College*, sa philosophie naturelle est « konservativ aristotelisch »[1]. Le procédé dialectique de différenciation par comparaison impose cependant de ne pas figer une image historiographique en vérité absolue, mais de préciser l'angle de vue adopté ; la dynamique propre aux œuvres de la raison sera ainsi respectée. Comparant Ockham à ses prédécesseurs et adoptant un angle de vue élargi, P. Alféri pouvait de fait présenter le penseur franciscain comme l'un des jalons importants vers la constitution de la science physique moderne[2].

Nonobstant ces remarques très générales sur l'« ockhamisme », le présent chapitre a pour objet une question plus modeste. Il s'agira de considérer la critique adressée par Ockham à Scot dans la lignée de la problématique de la matière. On ne peut cependant forcer le docteur anglais à traiter de la possible création de la matière sans forme ; le questionnement s'est déplacé au gré des discussions, et l'organisation par Ockham des divers types de discours, théologique et philosophique, évacue le problème[3]. Notre interrogation initiale sera donc dépourvue de sens, faute de s'accorder à l'ordre et aux termes du discours ockhamien. Obligé par l'évidente et banale primauté factuelle de la manifestation textuelle des doctrines, notre propos s'engagera donc sur un chemin à rebours des démarches précédentes, de la thématique de la possibilité à celle de la relation, en passant par l'étude de la matière en philosophie naturelle.

Vanité de la métaphysique scotiste

Le *Commentaire des Sentences* pose la question du possible en général, sans amorce par quelque cas particulier : « Revient-il à Dieu de ne pouvoir faire l'impossible avant qu'il ne revienne à l'impossible de ne pouvoir être fait par Dieu ? »[4] Pour le dire de manière moins alambiquée : la possibilité est-elle antérieure à la toute-puissance divine ? Telle était la position défendue par Jean Duns Scot, alors qu'Henri de Gand concevait la toute-puissance divine comme antérieure et constitutive de la possibilité. Ockham rejette les deux alternatives en faveur d'une stricte simultanéité, car la possibilité n'est rien en sus ou à l'intérieur des choses elles-mêmes, existantes et singulières. Guillaume conteste en effet la pertinence de la distinction intentionnelle d'Henri de Gand ; sans justification ni nécessité, elle distinguait dans le réel concret un mode d'être relatif qui exprimait

1. Vossenkuhl (1990), p. 78. Ockham a certes franchi un premier pas vers la physique moderne avec la détermination quantitative – non qualitative – de l'objet de la physique ; il n'a cependant jamais envisagé la mathématisation de ce même objet.

2. Alféri (1989), p. 97 : « De fait, un fil continu partant des premières formulations du primat de la singularité au début du XIIIe siècle passe par Ockham et conduit à la physique moderne, à la réduction des qualités aristotéliciennes à des quantités intensives, à la découverte du principe d'inertie et du mouvement de la terre, à l'idée d'un univers infini. »

3. Le *Quodl. V, q. 18* et l'*Expositio in libros Physicorum, I, cap. 18,* touchent la question, mais par allusion ; les deux textes la mobilisent d'ailleurs à titre d'illustration non problématique.

4. *Utrum prius conveniat Deo non posse facere impossibile quam impossibili non posse fieri a Deo. Sent. I, d. 43, q. 2,* éd. G.J. Etzkorn, F.E. Kelley, OTh IV, p. 640. La même question était discutée par Thomas d'Aquin, *ST Ia, q. 25, art. 3.* Sur la thématique du possible chez Ockham, voir Muralt (1993[3]), p. 256-272 ; Alféri (1989), p. 106-131 ; Damiata (1996), t. II, p. 91 *sq.*

la contingence et la dépendance du monde, en un mot, sa possibilité [1]. Mais les assauts d'Ockham visent surtout la possibilité objective scotiste; celle-ci double en effet l'étant d'un être fantomatique et, par l'artifice des instants de nature, s'impose à l'intellect divin comme son objet non-existant et réel cependant. Or la raison philosophique n'a aucune légitimité pour postuler une réalité formellement différente des singuliers existants – choses actuelles du monde, noms actuellement prononcés, ou concepts actuellement conçus –, qui seuls s'imposent à l'expérience, par leur évidence factuelle. Comme le rappelle la *Somme de logique*, l'erreur de Scot procède d'une tendance à postuler une forme de réalité objective qui corresponde à tout terme du discours mental.

> La seconde source de cette opinion opposée est la multiplication des êtres d'après la multiplicité des termes, l'idée qu'à n'importe quel terme correspond quelque chose de réel. C'est là quelque chose d'abusif, qui éloigne grandement de la vérité. En effet, il ne faut pas chercher pour tous les termes quelque chose de réel qui leur corresponde, mais beaucoup ont une signification nominale [...] [2] (trad. J. Biard, p. 177).

Dire la possibilité de tel état de faits ou de telle chose n'implique pas la reconnaissance d'un réel-possible qui double l'existant (Scot) ou d'un ordre instauré entre les étants sous la forme de leur relativité intrinsèque (Henri de Gand). La question du possible s'inscrit de fait dans le vaste projet de critique linguistique engagé par Ockham contre la métaphysique scotiste [3]. « Possible », « créature » ne sont pas des noms « absolus », qui réfèrent immédiatement à une chose du monde (le réel-possibe de Scot), mais des termes appelés « connotatifs »; ils supposent dans la proposition en faisant référence à deux absolus du monde : principalement à la substance créée, secondairement à Dieu. En effet, les noms connotatifs ne se prédiquent pas *in quid*, ils ne signifient pas la détermination essentielle d'une chose, mais ont une signification nominale : *extrinseca denominatione*, ils renvoient à une chose par le biais de la signification d'une autre [4]. (« Créature » signifie le statut contingent du monde par le truchement d'une signification seconde, celle de l'activité créatrice divine.) Or la célèbre « onto-

1. *Sent. I, d. 43, q. 2*, éd. G.J. Etzkorn, F.E. Kelley, OTh IV, p. 642 *sq*.

2. *Secunda radix est multiplicare entia secundum multitudinem terminorum, et quod quilibet terminus habet quid rei; quod tamen abusivum est et a veritate maxime abducens. Non enim quaerendum est in omnibus terminis quid rei sed tantum qui nominis in multis [...]. Summa logicae, I, cap. 51*, éd. Ph. Boehner, G. Gál, St. Brown, OPh I, p. 171.

3. Il n'est pas lieu de rappeler ici les principes de la sémantique ockhamienne, mais de la voir à l'œuvre. Nous n'entrerons pas non plus dans le débat sur le modèle noétique adopté par Ockham au terme de son évolution doctrinale; la critique hésite en effet entre un schéma causal-référentiel (J. Biard) et une théorie de la représentation, au moins pour la connaissance universelle, dite « confuse » et « abstractive », (C. Panaccio, représentant d'une tendance majoritaire aujourd'hui). Les introductions à la logique et à la sémantique d'Ockham sont nombreuses; dans la littérature récente, voir Adams (1987), Alféri (1989), Beckmann (1995), Biard (1997), Michon (1994), Panaccio (1991), Schulthess (1992).

4. Entre autres lieux, voir la *Summa logicae, I, cap. 10*, et le *Quodl. VI, q. 16*, éd. J.C. Wey, OTh IX, p. 642-643.

logie du singulier»[1] établie par Ockham ne reconnaît le statut de chose qu'aux substances et aux qualités singulières. Susceptibles d'être explicités au moyen de noms de substances et de qualités, les termes classés sous les huit autres catégories aristotéliciennes sont connotatifs et de «seconde intention»: ils ne supposent pas pour des choses dans la proposition, mais pour d'autres noms. (A la différence de «à la droite de Socrate», «homme» et «blancheur» prédiqués de Platon supposent pour des choses du monde, en l'occurrence une substance et une qualité.) Ainsi le nom d'action «intellect» est-il un terme connotatif: comme sa décomposition en termes de première intention le manifeste, il renvoie à deux choses du monde, à une substance, l'âme, et à une qualité de cette substance, le concept ou l'acte d'intellection qui est subjectivement dans l'âme comme un accident inhérent à une substance[2]. Le réel-possible ou «intelligible» de Scot devra donc être ramené à son statut de nom ou de concept doublement connotatif: il renvoie à une chose singulière, une substance ou une qualité du monde désignée comme «intelligible», et, par le truchement d'un second connotatif, «l'intellect», à une substance et à une qualité, à l'âme et au concept de cette chose du monde que l'âme est susceptible de posséder. L'«intelligible» n'est pas une composante du monde, mais un nom qui regroupe plusieurs singuliers sous une signification.

> Or la créature ne reçoit rien formellement du fait qu'elle est conçue par Dieu, mais elle est juste dénommée [«intelligible»] en vertu d'une certaine dénomination extrinsèque. De même, l'objet de l'intellect créé n'est pas produit [dans l'être] du fait qu'il est conçu, mais il est juste dénommé ainsi en vertu d'une certaine dénomination extrinsèque. La créature n'est donc pas produite dans ce prétendu être intelligible[3].

Par le truchement de la critique linguistique que supposent ces quelques lignes, Ockham évacue le «possible» ou l'«intelligible» scotiste de la réalité. La possibilité du monde et la toute-puissance divine ne sont pas différenciées par soi dans l'ordre ontologique des singuliers; aucune préséance de nature ne peut donc être instaurée entre ces deux concepts qui se révèlent exactement symétriques: la notion de possibilité signifie le monde en connotant sa dépendance envers le créateur, et, inversement, le concept de toute-puissance signifie Dieu en co-signifiant la créature. Le possible se contente d'être un nom doublement connotatif; il signifie la chose du monde comme effet contingent d'une cause absolument libre, et les notions de cause et d'effet relèvent elles-mêmes de la connotation, car elles réfèrent à deux absolus dont l'un est le produit de l'autre. Nul prétendu domaine du possible ne saurait donc cerner la toute-puissance divine. Les questions du type «Dieu pourrait-il faire que...» ne concernent plus quelque objet de la toute-

1. Cette étiquette devint usuelle avec Alféri (1989).

2. *Summa logicae, I, cap. 10*, éd. Ph. Boehner, G. Gál, St. Brown, OPh I, p. 38. Peu importe ici que l'intellection soit un pur acte de référence à la chose ou une similitude représentative de la chose.

3. *Sed creatura per hoc quod intelligitur a Deo, nihil formaliter recipit sed tantum denominatur quadam denominatione extrinseca. Sicut obiectum intellectus creati non producitur per hoc quod intelligitur, sed tantum denominatur quadam extrinseca denominatione. Igitur creatura in tali esse intelligibili non producitur. Sent. I, d. 43, q. 2*, éd. G.J. Etzkorn, F.E. Kelley, OTh IV, p. 646.

puissance divine, comme une matière sans forme, mais le faire divin appréhendé sous l'unique condition de la non-contradiction [1].

Quel motif découvrir à la critique logico-linguistique ockhamienne? Quelle fut la raison qui incita le franciscain à engager son vaste examen critique des discours métaphysiques antérieurs? [2] Les motivations premières d'Ockham semblent d'ordre théologique. Selon P. Alféri, « c'est précisément pour ne pas limiter la puissance divine qu'Ockham réduit la consistance ontologique du possible. Il n'y a, dans les relations entre les possibles singuliers, aucune règle, aucune nécessité qui pourrait s'imposer d'avance à la vision divine » [3]. Pieuse expression de la foi en l'Écriture, la théologie ockhamienne dicterait donc son ultime objectif à l'entreprise philosophique, quitte à la reconduire dans l'humble place qui lui revient. Sous la plume d'A. de Muralt, l'absolutisation ockhamienne de la toute-puissance apparaît au contraire comme la clé de voûte paradigmatique d'un nouveau « volontarisme » philosophique, éthique et politique qui étendra ses ramifications jusqu'à l'époque moderne [4]. Dans le contexte des analyses d'A. de Muralt, la piété affichée d'un auteur n'apparaît que peu pertinente pour l'élucidation de sa « structure de pensée ». Significative de l'attitude intellectuelle du maître, l'articulation par Ockham des discours théologique et philosophique devrait laisser entrevoir une issue à ce dilemme historiographique. En raison de l'indigence présente de nos analyses, il convient cependant de reporter la discussion de ce point à la dernière partie de cette section, qui tentera de comprendre le rapport entre théologie et philosophie chez Ockham et de préciser la fonction opératoire de cette articulation, après l'avoir appréhendée dans l'une de ses mises en œuvre textuelles les plus représentatives, le traitement de la question de la relation. Au préalable, il convient de faire un détour par la philosophie naturelle, unique lieu théorique de notre objet problématique, la matière aristotélicienne.

La matière

Constituée de commentaires aristotéliciens [5], la philosophie naturelle d'Ockham décrit la matière et la forme comme des composants du monde

1. La non-contradiction n'est cependant pas une limite imposée à la toute-puissance divine, mais la manière dont nous signifions l'activité de la puissance. Dans les termes de Muralt (1999³), p. 269-270, « la considération de la toute-puissance divine appartient à la foi; c'est la méthode humaine de connaissance qui met en œuvre le principe de non-contradiction, principe d'intelligibilité minimal, condition de vérité de toute affirmation intelligente, susceptible de s'exercer *a priori* antérieurement à toute pensée d'objet ».

2. Ockham n'est certes pas le premier à promouvoir l'étude de la logique. Au contraire, le moyen âge entier est formé à l'*Organon* d'Aristote et le franciscain n'est que le récent représentant d'une tradition séculaire. Comme le constate J. Biard, l'usage systématique et généralisé de l'examen logique est cependant une pratique nouvelle : « [...] Guillaume d'Ockham est sans doute le premier à concevoir et à pratiquer systématiquement la philosophie comme une entreprise d'élucidation logico-linguistique des discours tenus par la théologie, la métaphysique ou la physique », Biard (1997), p. 6.

3. Alféri (1989), p. 129.

4. Muralt (1993³), p. xv, p. 257, 262-265.

5. Durant les années 1320-1324, Ockham rédige quatre études de philosophie naturelle: l'*Expositio in librum Physicorum Aristotelis* [citée *Expositio*], la *Brevis summa libri Physicorum* [citée *Brevis summa*], la *Summula philosophiae naturalis* [citée *Summula*], et les *Quaestiones in*

physique. Compte tenu de l'ontologie ockhamienne, la matière ne pourra donc être qu'une substance ou une qualité. Puisqu'elle ne s'ajoute pas à une substance déjà formée à la manière d'un accident, elle n'est pas une qualité. Par conséquent, elle sera une « chose substantielle » ou une « partie essentielle » qui compose avec la forme au sein de tout singulier matériel [1]. Sous l'angle linguistique, « matière » est un nom absolu qui réfère immédiatement à la chose du monde dont il tient lieu dans la proposition. Dans le contexte de la sémiologie ockhamienne, ce terme suppose en effet « personnellement »; substitut discursif du monde, il renvoie immédiatement à une ou plusieurs choses, contrairement aux termes qui, en supposition dite « simple », renvoient à d'autres termes (par exemple les noms de classes logiques, tels « genre », « espèce » qui renvoient à « animal », « homme », etc.) [2].

En vertu de son interprétation comme chose ou absolu, la matière de la physique aristotélicienne se trouve dotée d'une actualité propre. Loin d'être un pur désir de la forme, elle est en acte par soi; secondaire, la potentialité de quelque matière actuellement existante ne résume pas son être, mais signifie l'union possible avec d'autres formes, dans un état de faits modifié.

> Il ne faut donc pas imaginer que la matière est de soi quelque chose en puissance seulement, comme la blancheur à venir est seulement en puissance; au contraire, elle est vraiment en acte par elle-même; ainsi, elle ne peut jamais être en puissance de l'être dans la nature, mais elle est toujours en acte dans la nature, bien qu'elle soit toujours en puissance de la forme dont elle est privée [...] [3].

La matière ne reçoit pas son être de la forme, mais demeure, liée à une certaine forme, capable d'en supporter d'autres. La métaphysique thomasienne de l'acte et de la puissance, de l'être et de l'essence, est abolie au profit d'une description du monde systématiquement passée au crible de la critique linguistique, avec pour ultime critère la connaissance intuitive et empirique du singulier, actuel et existant.

libros Physicorum Aristotelis [citées *Quaestiones*]. Au sujet de la théorie ockhamienne du monde physique, voir Goddu (1984), Goddu (1999), Adams (1987), t. II, p. 633-784. Doncœur (1921) s'était déjà proposé l'analyse du traitement de la matière et de la forme aristotéliciennes par Ockham.

1. Voir *Brevis Summa, I, cap. 1*, éd. St. Brown, OPh VI, p. 22-23; *Summula, I, cap. 2*, éd. St. Brown, OPh VI, p. 158-160.

2. Voir *Expositio, I, cap. 16*, § 7, éd. V. Richter, G. Leibold, OPh IV, p. 180, où les termes « matière » et « forme » sont caractérisés ainsi : [...] *supponentibus personaliter et significative pro aliquo a parte rei* [...]. La théorie de la supposition fait l'objet des chapitres 63 à 77 de la première partie de la *Summa logicae*.

3. *Et ideo non est imaginandum quod materia sit quid in potentia tantum de se ad modum quo albedo futura est tantum in potentia, sed est vere actu ex se ipsa, ita quod per nullam virtutem potest esse in potentia ad esse in rerum natura, sed semper est actu in rerum natura, quamvis semper sit in potentia ad formam qua privatur [...]. Summula, I, cap. 9*, éd. St. Brown, OPh VI, p. 179-180. Le constat vaut pour la matière particulière, partie essentielle et actuelle du composé, mais aussi pour la matière première. Toujours actuelle, cette dernière est divisée en autant de parties que le monde contient de matières particulières. Sa découpe en parties varie, instant après instant, en fonction des états de faits successifs qui constituent les diverses configurations du monde. Voir, par exemple, *Summula, I, cap. 11*, éd. St. Brown, OPh VI, p. 186-188. A ce propos, Adams (1987), t. II, p. 638-647.

Comment interpréter alors la potentialité attribuée par Aristote à la matière ? Fidèle à ses principes, la critique ockhamienne débarrasse cette question de toute difficulté métaphysique par l'analyse des conditions mêmes de sa formulation. Le discours aristotélicien manque de rigueur lorsqu'il appose les termes « matière » et « puissance », car le premier est absolu, alors que le second appartient à une classe particulière de termes connotatifs, les noms « relatifs ». Comme « double », « semblable » ou « cause », le terme « puissance » signifie principalement quelque substance ou qualité et connote quelque autre chose singulière [1]. En premier lieu, il réfère à la matière, et, en parallèle, il renvoie à quelque forme dont celle-ci serait encore privée. Or tout nom signifie lorsqu'il suppose en lieu d'une ou de plusieurs choses dans le contexte d'une proposition, et, au départ de la supposition, la connaissance intuitive des choses du monde et leur désignation dans la prédication instaurent la signification [2]. La matière n'est donc pas une puissance universelle qui, sans réalité concrète, flotterait dans quelque ciel métaphysique. Le discours physique est toujours concerné par les choses du monde, en l'occurrence les diverses matières offertes à l'expérience. Lorsqu'il précise de quelle façon le nom « puissance » suppose pour la chose matérielle, Ockham ne perd pas de vue le singulier, même s'il parle en général, abstraction faite de l'existence actuelle de son objet. Or voici ce qu'est la puissance :

> [...] la puissance n'est pas une relation fondée dans la matière, mais elle est la matière elle-même, sans être fondée en elle. Toutefois le nom « puissance » est un nom relatif, destiné à être vérifié de la matière et à supposer pour la matière. Et pour ce faire, il n'est pas requis que la matière ait quelque chose en soi, mais il suffit qu'elle puisse avoir quelque chose qu'elle n'a pas ; de cette manière, l'homme est en puissance de la blancheur, non parce qu'il a quelque chose en acte de la blancheur, mais parce qu'il peut avoir la blancheur qu'il n'a pas encore [3].

La désignation « puissance » ne permet pas d'inférer que la matière est pure relativité (Thomas d'Aquin) ou porteuse d'une forme de relativité (Jean Duns Scot) ; le caractère absolu de la matière n'est nullement entamé, car la puissance ne lui ajoute rien, surtout pas cette pseudo-réalité représentée par une relation scotiste qui hésite entre la concrétion du singulier existant et le statut mental du nom ou du concept. Répondant au souci de décrire les mutations de la nature, la signification instaurée par l'usage du terme « puissance » exclut de fait toute extrapolation d'un dynamisme interne au monde lui-même. Le désir de la forme, de l'actualité la plus parfaite possible, ne traverse plus la matière et le monde matériel. La puissance se contente de signifier le caractère provisoire de tel état de

1. Au sujet des noms relatifs, *Quodl. VI, q. 16*, éd. J.C. Wey, OTh IX, p. 643.

2. Voir Biard (1997), p. 52-53.

3. *[...] potentia non est relatio fundata in materia, sed ipsamet materia et non fundatur in ea. Tamen hoc nomen potentia est nomen relativum natum verificari de materia et natum supponere pro materia. Nec ad hoc requiritur quod materia habeat aliquid in se, sed sufficit quod possit habere aliquid quod non habet, sicut homo est in potentia ad albedinem, non quia habeat aliquid actu de albedine sed quia potest habere albedinem quam non habet. Summula, I, cap. 10*, éd. St. Brown, OPh VI, p. 183. Voir aussi *Expositio, I, cap. 16*, § 7, éd. V. Richter, G. Leibold, OPh IV, p. 180-181 ; *Expositio, I, cap. 18*, § 7, éd. V. Richter, G. Leibold, OPh IV, p. 206.

faits et ses mutations possibles en d'autres séries de singuliers. Au terme de cette réduction linguistique, rien ne démarque d'ailleurs la génération et la corruption des êtres vivants de la fabrication des artefacts; le monde toute entier n'est qu'une collection de singuliers, sans ordre ou tension interne pour prescrire des unions déjà suffisamment justifiées par la proximité spatiale [1].

Dans cette description du monde, le principe de contiguïté se substitue aux corrélations essentielles de Scot ou à la continuité que tentait de pénétrer la méthode analogique de Thomas d'Aquin. Loin de signifier un ordre qui installe les parties à leurs places respectives (Scot), le tout n'est en effet qu'un résultat d'ordre factuel, à savoir l'« agrégat des parties en acte » [2]. Contre Thomas d'Aquin, la *Question 69* de l'*Expositio* précise en revanche que, dans le continu, l'actualité des parties n'est pas assumée par l'actualité du tout qui les traverserait comme ordre dynamique, mais que chaque partie demeure actuelle par soi. Le tout ne manifeste pas plus de perfection qu'il n'en résulte des perfections additionnées des parties. Ainsi, dans une ligne subsiste une infinité de parties en acte [3]. Entorse supplémentaire au corps de doctrine aristotélicien, la postulation d'un infini en acte fait pendant à la dotation d'une actualité propre à la matière première. Alors que, dans le cas du continu, l'infinité actuelle des parties est simultanée, la matière première ne cesse de se partager en une pluralité de formes au gré des modifications continuelles et successives de l'état du monde.

La relation

Le lieu théorique de l'abolition de l'ordre interne du monde et des liaisons réelles postulées par Scot entre les singuliers existants est la critique de la théorie de la relation. Une fois la relation rapatriée de la sphère mondaine au domaine du langage, la vision ockhamienne du monde comme collection factuelle de singuliers sera définitivement assise, et Guillaume pourra conclure :

> [...] je dis que l'ordre et l'unité du monde n'est pas un certain rapport, une sorte de lien qui relierait des corps ordonnés les uns aux autres dans le monde [...] [4].

Jean Lutterell ne s'était pas trompé en fustigeant l'exclusion par Ockham de toute connexion ou dépendance entre les singuliers, donc de tout ordre symbolique interne au monde. Or, si la critique ockhamienne de la relation fit du bruit, c'est qu'elle occupe grand nombre de pages dans les œuvres du franciscain, aussi bien théologiques que philosophiques [5]. Sans exclure les regards transversaux sur

1. Comme le précise Alféri (1989), p. 91, « la génération est donc dépourvue de tout mystère dynamique, elle n'est pas réellement précédée par quelque puissance ou besoin déterminé. Elle n'est que la coexistence spatiale et temporelle d'une forme et d'une matière singulières ».

2. *Expositio, III, cap. 14*, § 5, éd. V. Richter, G. Leibold, OPh IV, p. 570.

3. Voir *Quaestiones, 70*, éd. St. Brown, OPh VI, p. 590-595.

4. *[...] dico quod ordo et unitas universi non est quidam respectus, quasi quoddam ligamen ligans corpora ordinata in universo ad invicem [...]. Quodl. VII, q. 8*, éd. J.C. Wey, OTh IX, p. 728-729.

5. Les textes théologiques les plus importants sont : *Sent. I, d. 30, q. 1-5; Quodl. VI, q. 8, q. 16, q. 27, q. 30*; *Quodl. VII, q. 8*. En philosophie, deux longs exposés sont consacrés à la critique de la catégorie de la relation : *Expositio in librum Praedicamentorum Aristotelis, cap. 12-13*, et *Summa*

d'autres textes, le présent propos portera sur l'exposé théologique de la trentième distinction du *Commentaire au premier livre des Sentences*, car ce discours est remarquable par sa méthode.

La première question demande « si Dieu est en relation à la créature réellement ou selon la raison seulement » [1]. Avant d'entamer une réponse, Ockham précise sa méthode et distingue deux champs d'investigation, la philosophie naturelle et la théologie. Le premier domaine s'étend aux frontières de la raison humaine, alors que le discours théologique excède ce territoire restreint. La théologie n'est en effet pas une science purement rationnelle, mais le lieu où il faut aussi croire et admettre des vérités plus grandes, qui dépassent les capacités humaines [2]. Cependant Ockham annonce d'emblée qu'il engagera son combat contre la doctrine scotiste sur le champ de la philosophie, car son prédécesseur franciscain

> pose que la relation est une chose différente de toute chose absolue et de tous les absolus, et il le dit non seulement en vertu de l'autorité des saints, mais aussi par le biais d'une démonstration rationnelle [3].

Avec cette démarcation de la foi et de la raison, Ockham rejette la rationalisation de la « théologie humaine » [4], que Scot opère par le biais d'une mise en système métaphysique de tous types de discours. Pour Ockham, la philosophie et la révélation peuvent être porteuses de conclusions opposées, tellement la vérité révélée surpasse la raison humaine. Sous sa plume, Scot semble avoir mis toutes ses forces dans une entreprise de globalisation aussi vaine qu'orgueilleuse. De fait, Ockham ne se lassera pas de combattre son adversaire sur le terrain qu'il a lui-même choisi, celui de la rationalité naturelle. Sous l'influence de Pierre de Jean Olivi [5], un contemporain et frère en religion, Ockham s'opposera en effet à toute attribution d'une existence réelle à la relation. Il devra cependant démarquer de sa solution philosophique un cas théologique ; et celui-ci ne viendra pourtant pas invalider la critique philosophique de la relation, mais se tiendra en surplomb du savoir humain, détaché des règles rationnelles comme la toute-puissance divine est absolue de tout ordre projeté dans le monde.

logicae, cap. 49-54. Bannach (2000) et Beretta (1999) font le point sur la question, avec un accent particulier porté sur l'*Expositio in librum Praedicamentorum* par B. Beretta. Par contre, Henninger (1989), p. 119-149, s'intéresse plutôt aux discussions théologiques de la question, alors que Schulthess (1992), p. 164-170, offre une présentation condensée des solutions ockhamiennes.

1. *Utrum Deus realiter vel secundum rationem referatur ad creaturam. Sent. I, dist. 30, q. 1,* éd. G.J. Etzkorn, F.E. Kelley, OTh IV, p. 281.

2. Biard (1999) fournit une bonne introduction sur la constitution du discours théologique ockhamien.

3. *[...] non tantum propter auctoritates sed etiam propter rationem ponit quod relatio est alia res ab omni re absoluta et ab omnibus absolutis. Sent. I, dist. 30, q. 1,* éd. G.J. Etzkorn, F.E. Kelley, OTh IV, p. 283. Ce souci de démarcation des domaines réapparaît plus loin, p. 306-307.

4. Scot distinguait en effet la théologie « pour nous », démonstration métaphysique de la nécessité d'un être infini, et la théologie « en Dieu », connaissance de Dieu par lui-même, en sa singularité inaccessible.

5. Sur cette influence, voir Henninger (1985) et Henninger (1989), p. 149. Sur la relation chez Pierre de Jean Olivi, voir Boureau (1999b).

En pure philosophie (*ex puris naturalibus*), toute relation n'est rien d'autre qu'un terme connotatif : comme « puissance », les noms ou les concepts de relation ne renvoient pas à une chose du monde, mais à deux choses, par la signification conjointe de deux termes absolus [1]. Dire la « similitude » de Platon et de Socrate suppose, par exemple, la prédication de « blancheur » à ces deux individus. De même pour la « paternité », qui renvoie premièrement à un individu considéré avec la qualité de géniteur, puis à un second reconnu comme l'engendré [2]. De fait, Ockham considère toute relation sur le modèle de la relation de comparaison, au détriment des connexions henriciennes et scotistes. De plus, toute relation sera réciproque ou mutuelle, étant une notion qui co-signifie deux choses et instaure ainsi un lien entre elles dans la stricte sphère du langage [3].

En réponse à la question initiale, Ockham se contente d'affirmer la « réalité » de la relation de Dieu à la créature [4]. Il feint d'ailleurs d'ignorer ce que serait une relation de raison, objet fort peu philosophique. En effet, la relation « réelle » est définie comme notion qui réfère conjointement à deux absolus réels, sans bien sûr supposer quelque intermédiaire réel entre eux. Elle englobe de fait toute espèce de noms relatifs. Le seul cas pour illustrer la relation de raison est découvert dans l'institution d'un lien conventionnel entre un mot et une chose : lorsque l'instituteur du langage décide des noms des choses, il instaure une relation de raison entre un vocable et un absolu du monde. Le signe de la non-réalité de cette relation est sa dépendance envers l'esprit humain : sans capacité linguistique pour l'exercer, l'effacement du nom exclut toute relation entre « chien » et les chiens réels. A l'opposé, Socrate ressemble réellement à Platon par la blancheur, car, sans esprit pour constater cette similitude, les deux blancheurs demeurent des qualités singulières réellement inhérentes aux deux philosophes grecs. Cependant la similitude n'est jamais une réalité, mais un nom connotatif qui vise deux étants extra-mentaux.

Au cœur de son combat contre Scot, précisément au lieu de la réfutation de toute distinction réelle entre la relation et la chose absolue, Ockham mentionne toutefois une exception à la règle philosophique :

> Au sujet de cette question, je tiens, en vertu des paroles des saints, que la paternité est vraiment et réellement en Dieu, et qu'elle n'est pas formellement l'essence divine [...] [5].

1. *Sent. I, dist. 30, q. 1-3,* éd. G.J. Etzkorn, F.E. Kelley, OTh IV, p. 309-316, p. 355. En sus des exposés philosophiques contenu dans la *Summa logicae* et l'*Expositio in librum Praedicamentorum*, voir aussi les précisions apportées par les *Quodlibeta : Quodl. VI, q. 8,* éd. J.C. Wey, OTh IX, p. 611-617 ; *Quodl. VI, q. 16,* éd. J.C. Wey, OTh IX, p. 642-643.

2. *Sent. I, dist. 30, q. 4,* éd. G.J. Etzkorn, F.E. Kelley, OTh IV, p. 367.

3. *Sent. I, dist. 30, q. 5,* éd. G.J. Etzkorn, F.E. Kelley, OTh IV, p. 388.

4. *Sent. I, dist. 30, q. 5,* éd. G.J. Etzkorn, F.E. Kelley, OTh IV, p. 385-387 ; mais aussi : *Quodl. VI, q. 8,* éd. J.C. Wey, OTh IX, p. 617, et *Quodl. VI, q. 30,* en entier.

5. *Ad istam quaestionem teneo, propter dicta Sanctorum, quod paternitas vere et realiter est in Deo, et quod paternitas non est formaliter divina essentia [...]. Sent. I, dist. 30, q. 4,* éd. G.J. Etzkorn, F.E. Kelley, OTh IV, p. 366.

Le mystère de la Trinité dépasse la raison philosophique. Alors que celle-ci décrit la relation comme un nom référant à deux choses absolues, la vérité enseigne la présence de plusieurs choses relatives dans un absolu : la paternité, la filiation et la spiration existent réellement en Dieu. La théologie révélée prend à rebours la science probable du philosophe, mais se tient à l'extérieur des frontières de cette dernière, demeurée intacte. En effet, l'immédiate suite du texte s'attaque à la choséité de la relation de paternité-filiation scotiste, dans l'ordre de la rationalité philosophique du monde naturel. Entre la nature et la surnature, le hiatus d'Henri de Gand s'est mué en abîme.

Nonobstant cette nette scission des domaines, quelques cas, apparentés entre eux, demeurent tangents et font hésiter Ockham entre les deux déterminations contradictoires ; ils concernent la relation unitive (*respectus unionis*), qui assure à la substance une cohésion plus forte que celle dévolue à un agrégat factuel de choses inanimées, un mur de briques par exemple [1]. Quatre problèmes sont mentionnés : du côté théologique, l'union de la nature humaine à la nature divine dans la personne du Christ ; dans le champ philosophique, l'union de la matière et de la forme, celle des parties dans le continu, et celle de la substance et de l'accident [2]. Guillaume d'Ockham signale là une « difficulté spéciale ». Son *Commentaire sur le premier livre des Sentences* demeure d'ailleurs dans l'embarras, au grand désespoir d'un M. G. Henninger convaincu de la disponibilité d'une solution adéquate aux principes ockhamiens. En effet, pourquoi cette union ne serait-elle pas un simple concept ou nom, grâce auquel le sujet pensant signifierait une concomitance particulièrement forte en raison de la proximité maximale constatée entre les deux parties unies ? [3] Or, dans son attachement à la lettre du *Commentaire sur le premier livre des Sentences* achevé peu après 1318, l'exégète américain précède les évolutions doctrinales d'Ockham. La solution préconisée par M. G. Henninger apparaît en effet *expressis verbis* dans la *Somme de logique*, postérieure de quelques cinq années, et dans les *Quodlibets* londoniens, rédigés à Avignon entre 1324 et 1325. Ockham s'y débarrasse de toute velléité à postuler l'existence de la relation unitive, d'une prétendue petite chose entre les choses ; la conclusion du philosophe est sans ambiguïté :

> Ce qui est ajouté à propos de la matière et de la forme, du sujet et de l'accident, du tout et des parties, et des esprits unis aux corps, ne conduit pas à la conclusion qu'il existe une chose relative, intermédiaire entre celles qui sont réunies [4] (trad. J. Biard, p. 175-176).

1. *Sent. I, dist. 30, q. 4*, éd. G.J. Etzkorn, F.E. Kelley, OTh IV, p. 369-370.

2. En outre, le problème posé par le statut de cette dernière union peut avoir des résonances théologiques et concerner le mystère eucharistique.

3. « The union or non-union of subject and accident (or of matter and form) would be explained as Ockham explains other real relations. The term 'union' is connotative : it only signifies the extremes, connoting the negation of an intervening space. No third relative thing need to be posited. Again, it is not clear to me why Ockham did not adopt this alternative. » Henninger (1989), p. 144. Le même étonnement est réitéré à la page 146.

4. *Nec illud quod subiungitur de materia et forma, subiecto et accidente, toto et partibus, et spiritibus unitis corporibus concludit rem relativam mediam inter illa unita. Summa logicae, I,*

Dans le monde, le principe de contiguïté s'est définitivement substitué aux correspondances analogiques, et la matière est devenue une chose. Hors du monde, la vie divine demeure libre de principe régulateur.

Après avoir cheminé dans les textes d'Ockham, il est temps de revenir aux questions d'interprétation générale de sa pensée. Regardant le problème classique de l'articulation et/ou de l'interpénétration de la foi et de la raison, les options historiographiques éparses peuvent être regroupées en trois classes : certains interprètes considèrent un rapport instrumental instauré entre les deux domaines ; d'autres en constatent le divorce définitif ; enfin, certains historiens préfèrent déceler des influences sporadiques.

Dans la première classe, nous avons rencontré P. Alféri, selon qui Ockham déréalise la possibilité pour libérer la toute-puissance divine [1] ; ainsi, l'entreprise critique du franciscain servirait une vision imposée par la vérité révélée et toujours consciente de la contingence et de la facticité du monde. Mentionnée à la même occasion, la lecture d'A. de Muralt participe du même type de considération, bien qu'elle prenne l'exact contre-pied de la thèse de P. Alféri ; la philosophie ne sert plus la théologie, mais la lecture proprement ockhamienne de l'Écriture participe d'une philosophie considérée comme structure de pensée et application générale de certains principes métaphysiques [2]. Au départ des analyses de P. Alféri et d'A. de Muralt, Ockham n'a pas deux visages, l'un de théologien, l'autre de philosophe, mais toute sa pensée est traversée d'un même souffle. La question de la relation, fort peu anecdotique au moyen âge, n'est cependant pas apparue dans son traitement ockhamien sous une lumière unique ; au contraire, le franciscain a conservé leurs caractères irréductibles et contradictoires aux solutions théologique et philosophique. Dans le cas d'Ockham, l'approche de la philosophie sous l'angle du système mérite donc d'être quelque peu nuancée.

E. A. Moody, spécialiste de la logique ockhamienne, peut figurer comme représentant de la seconde classe d'interprètes, les autonomistes. Avec Ockham, la philosophie se serait libérée du carcan de la foi, signant l'échec du projet syncrétiste mis en œuvre par la théologie rationnelle du XIIIe siècle. Faisant figure de véritable « scientifique », Guillaume d'Ockham n'aurait pas eu de compte à rendre à la théologie et ne se serait pas laissé influencer par elle [3]. Malgré

cap. 51, éd. Ph. Boehner, G. Gál, St. Brown, OPh I, p. 169. De plus, le *Quodl. VI, q. 27* assimile explicitement les rapports d'union aux relations de comparaison : *Praesupposita distinctione de relatione reali prius data, dico breviter quod identitas numeralis eodem modo est relatio realis sicut similitudo vel aequalitas. Quodl. VI, q. 27,* éd. J.C. Wey, OTh IX, p. 685.

1. Alféri (1989), p. 129. Dans le même esprit, Goddu (1984), p. 6-7 : « On the whole, it seems that Ockham's intention in studying logic was to prepare rules for theological discourse, but some logical issues were of such intrinsic interest that he pursued these topics [...] ».

2. Dans les élucidations d'A. de Muralt, le thème théologique de la toute-puissance divine est une pièce de la pensée ockhamienne ; interprétées par le franciscain, les vérités de foi ne sont pas exclues de son système rationnel, mais servent au contraire ses innovations doctrinales. Voir, par exemple, Muralt (1993[3]), p. 352-353, qui présente la doctrine ockhamienne de la causalité comme une « métaphysique de la toute-puissance divine ».

3. « The novelty of Ockham's position was its full separation of the sphere of natural knowledge from that of faith, and from the metaphysics that took God as its starting point and the relation of the

l'exagération des jugements d'E. A. Moody, force est de constater chez Ockahm un retour de la logique, au détriment d'une métaphysique trop inclinée vers la théologie par la tradition antérieure. De plus, le maître anglais est apparu juxtaposer deux vérités contradictoires, sans tenter de conciliation. Dans ses principes, l'ancienne interprétation d'E. A. Moody participe cependant d'une illusion positiviste aujourd'hui obsolète, selon laquelle le discours scientifique serait exempt de toute croyance et intact de déterminations historiques et culturelles. Elle est de fait inacceptable, ne serait-ce que sous ce point de vue.

La troisième option interprétative, celle des influences sporadiques, apparaîtra comme la plus probante et la plus congrue dans le cas d'Ockham. D'une part, une pensée intéressée à la valeur opératoire du thème de la toute-puissance absolue ne saurait être systématique; elle procède plutôt au cas par cas, sans prétendre proposer une nouvelle vision unifiée du monde. L'ordre du monde n'est en effet pas rationnel par essence, mais il demeure suspendu au vouloir divin. D'autre part, Ockham n'est pas l'incarnation d'un pur scientifique rationaliste débarqué dans la civilisation éminemment chrétienne du XIVe siècle latin. Par-delà Duns Scot et contre son entreprise systématique, Ockham pourrait au contraire avoir continué et durci une forme de casuistique déjà à l'œuvre chez Henri de Gand; les problèmes théologiques influent dès lors sur la philosophie et les options philosophiques sur la théologie. Ainsi P. Vignaux signalait-il les influences de la philosophie ockhamienne du langage sur sa théologie des noms divins [1]. En sens inverse, R. Imbach puis P. V. Spade ont suggéré une influence de la théologie de la transsubstantiation sur la logique : la justification du mystère de l'eucharistie pourrait avoir retenu Ockham de sacrifier la dernière catégorie aristotélicienne considérée comme réelle à côté de la substance, la qualité [2].

Au gré des élaborations doctrinales ockhamiennes, les influences croisées de la théologie et de la logique ont certes débouché sur un résultat global, plus ou moins cohérent d'ailleurs, mais celui-ci ne témoigne pas d'un projet systématique de la part de son auteur. Pour dernière preuve de cette hypothèse, l'innocuité paradoxale des relations trinitaires sur la doctrine philosophique des relations. De fait, la philosophie ockhamienne est à mille lieux du discours de la méthode cartésien, bien qu'il soit convenu de rappeler l'importance du thème de la tromperie divine chez ces deux auteurs. Les structures de pensée ne se transportent pas d'une époque à l'autre sans subir de modifications essentielles. Il suffit de considérer les divers traitements de la notion aristotélicienne de matière entre 1270 et 1320 pour constater combien les diverses manifestations historiques d'une question sont tributaires de circonstances culturelles et factuelles, et, par conséquent, combien

finite to the infinite as its problem. Ockham was a man of science, whose theology was neither incompatible with his philosophy and metaphysics, nor confused with it. » Moody (1935), p. 307.

1. Vignaux (1948b), p. 39-73.

2. « Ich vermute, dass Ockham an der Differenz zwischen Substanz und Qualität festgehalten hat, um den Anforderung der Transsubstantiation, die das Postulat selbständiger Akzidentien impliziert, zu entsprechen. » Imbach (1987) dans Imbach (1996), p. 305. « But there is reason to suspect that, for theological reasons, Ockham allowed a whole ontological category that might otherwise have been "reduced" and eliminated. » Spade (1999) dans SPADE (1999), p. 105.

les pensées sont différenciées de l'extérieur lors même de leurs élaborations comme ensembles intrinsèquement cohérents.

LIEUX THÉOLOGIQUES

Après avoir traversé la thématique de la matière aristotélicienne par la voie problématique de la possibilité, il est enfin temps d'aborder quelques lieux précis où s'exercent en théologie les distinctions épistémologiques et philosophiques élaborées par les lecteurs des textes aristotéliciens durant la deuxième moitié du XIIIe siècle. Ces problèmes se présentent sous la figure de questions conventionnelles, parfois étranges, à l'instar de l'interrogation sur l'œil du Christ au tombeau : « Après la mort, l'œil du Christ est-il dit "œil" de manière équivoque ou univoque ? ». Si les réponses apportées par les auteurs sont symptomatiques de leurs positions philosophiques, ces interrogations de nature théologique peuvent aussi avoir influencé et incliné les prises de position fondamentales de certains penseurs. En fonction de leurs conceptions de la vérité, certains maîtres seront amenés à sacrifier la philosophie héritée de l'antiquité païenne, alors que d'autres tenteront une explicitation des dogmes qui soit compatible avec la rationalité philosophique. Dans cette optique, Thomas d'Aquin avait exclu une création de la matière dénuée de toute forme. Aux antipodes, Jean Pecham apparaîtra bien disposé à se délester du legs de l'antiquité païenne, pour assumer les dogmes au plus près de leurs interprétations traditionnelles et se faire le porte-parole d'une mouvance idéologique et politique érigée contre l'attitude philosophique en théologie. Quant à la position autonomiste, elle n'évacue pas le problème, car elle est contrainte de penser une hiérarchie et une répartition territoriale des deux discours, l'un intéressé au langage et à la nature, l'autre tourné vers la surnature, à l'écoute du Verbe divin.

A couleur théologique, cette dernière partie ne s'intéressera toutefois pas au divin. Elle se contentera d'aller voir la pensée humaine s'exercer sur son terrain médiéval; au XIIIe siècle, les maîtres de l'Université s'occupaient en effet principalement de Dieu. L'angle de vue sera un peu resserré, plus précisément centré sur le détail de trois problèmes très discutés dans les années 1260-1290 : la constitution de la personne humaine, le statut du corps du Christ au tombeau, et le mystère de l'eucharistie. Bien que la thématique anthropologique paraisse hétérogène à cet ensemble aujourd'hui, elle appartenait de plein droit au discours théologique médiéval. L'homme échappait en effet à l'ordre purement naturel du monde : il était unanimement doté de spiritualité et promis à la résurrection. Ainsi la querelle théologique sur la dite « unicité de la forme substantielle en l'homme » fut une des plus violentes du treizième siècle. Elle ne prit fin qu'en 1312, au concile de Vienne, lorsque fut décrétée catholique et orthodoxe la doctrine de la forme substantielle unique. Après avoir été condamnée par deux fois, la position défendue autrefois par Thomas d'Aquin emportait en effet la palme de l'orthodoxie.

Anthropologie

Thomas d'Aquin

Après que R. Zavalloni eut présenté sa synthèse sur les anthropologies du XIIIe siècle et qualifié Thomas d'Aquin de « véritable initiateur de la doctrine de l'unité » [1], B. C. Bazán put décrire les prédécesseurs de Thomas comme des « dualistes » [2]. D'Augustin à Albert le Grand, la tradition latine considérait en effet l'homme comme la réunion de deux substances complètes, le corps et l'âme [3]. Certes, les rapports entre ces deux entités variaient selon les auteurs, mais sous les influences conjuguées ou exclusives de la tradition augustinienne, du néoplatonisme arabe et du *Fons vitae* d'Avicebron (le penseur juif Salomon Ibn Gabirol), les maîtres du début du XIIIe siècle s'accordaient à regarder le corps comme l'instrument de l'âme ; celle-ci le gouvernait *sicut nauta navi*. Loin d'être une unique substance, corps et âme indissolublement unis comme la matière et la forme aristotéliciennes, l'homme résultait de la composition de deux réalités qui auraient pu ou pourraient subsister séparément l'une de l'autre. L'ultime perfection de l'âme n'était donc pas dans son union au corps, mais dans son élévation au-dessus des puissances de celui-ci.

Fort grossier, le présent résumé gomme toute différence entre les doctrines et crée l'illusion d'un départ radical, comme si Thomas d'Aquin, seul, avait tracé une nouvelle voie ; son mérite est toutefois de souligner encore l'importance de la philosophie aristotélicienne, qui, nouvellement découverte, fonde l'anthropologie thomasienne. Par ailleurs, les prises de position de Thomas ne sont elles-mêmes pas monolithiques. Entre le *Commentaire du premier livre des Sentences* commencé en 1252 et la *Somme contre les Gentils* de 1264-1265, l'Aquinate a lui-même abandonné une position « dualiste », traditionnelle, pour élaborer sa doctrine personnelle [4]. Fort connue et discutée, l'anthropologie thomasienne ne

1. Zavalloni (1951), p. 261.

2. Bazán (1969), qui corrige la description faite par R. Zavalloni des anthropologies antérieures à la doctrine thomasienne. B. C. Bazán distingue ainsi la pensée « pré-thomiste », « dualiste », des réactions immédiates à la doctrine de Thomas d'Aquin, qui seront qualifiées de « pluralistes ». Celles-ci seront étudiées à de nouveaux frais par Mazzarella (1978). Michael (1992) fournit un complément à cette dernière étude : elle élucide les influences d'Averroès à la fin du XIIIe siècle et au début du XIVe siècle.

3. Les travaux de B. Nardi ont démarqué Thomas d'Aquin d'Albert le Grand : regardant les problématiques liées à la matière, en anthropologie et en physique, Suárez a eu tort de considérer le dominicain allemand comme le précurseur des doctrines thomasiennes. Voir Nardi (1979), p. 173, et surtout p. 72-101, où l'exégète italien décrit une tradition qui, partant du néoplatonisme, passe par Albert le Grand pour aboutir à Giordano Bruno.

4. Dans le *Commentaire des Sentences*, Thomas reconnaît une « forme de corporéité » qui actualise la matière comme substance corporelle, en-deçà de son union à l'âme, substance spirituelle. Voir *Sent. I, d. 8, q. 5, a. 2*, éd. P. Mandonnet, t. 1, p. 229. Dès 1265, la doctrine propre de Thomas est cependant fixée ; voir *Contra Gentiles IV, cap. 81,* Ed. Léonine, t. 15, p. 252-254. L'anthropologie thomasienne sera ensuite affinée, durant la dernière décennie de la carrière du maître. Dans l'ordre chronologique, voir *De anima, q. unica, art. 1* et *art. 11,* Ed. Marietti, t. 2, p. 366-371 et 415-420 ; *ST Ia, q. 75-76,* Ed. Léonine, t. 5, p. 194 *sq.* (surtout *q. 76, art. 3-4,* Ed. Léonine, t. 5, p. 220-224) ; *De spiritualibus creaturis, q. unica, art. 3,* Ed. Marietti, t. 2, p. 320-327 ; *Sentencia libri secundi de anima,*

saurait donner lieu ici à une présentation générale; l'histoire de la philosophie et l'exégèse thomiste abondent en effet d'intelligence et d'études approfondies à l'endroit de ce chapitre central de la pensée thomasienne [1]. Au fondement de la théorie thomasienne de l'homme, il s'agira plutôt de comprendre le rôle capital joué par l'assentiment philosophique aux mêmes principes philosophiques aristotéliciens qui gouvernaient la lecture de la *Genèse* et la doctrine de la création.

Abstraction faite de ses multiples variantes stylistiques, la question anthropologique s'énonçait ainsi, peu avant 1270: «En l'homme, existe-t-il une autre forme substantielle que l'âme intellective?». A la différence de la plupart de ses collègues théologiens, qui faisaient cohabiter le corps et diverses âmes ou degrés d'âme en acte – âme nutritive, sensitive et végétative –, Thomas défendra l'*unicité* de la forme substantielle, pour asseoir l'*unité* substantielle du corps et de l'âme. Dans les termes de l'analyse de B. C. Bazán, la position thomasienne sera «anti-pluraliste» en raison de son «anti-dualisme»: l'intellect est l'unique forme substantielle du corps humain, car celui-ci, telle une matière, reçoit son être propre et total de sa première forme. L'analyse des activités humaines pourra certes distinguer les puissances corporelles et intellectuelles; il demeure que, dans l'exercice concret de la vie humaine, le corps et l'âme seront «la même chose».

De fait, l'anthropologie thomasienne ne sera pas un cas particulier, hétérogène aux principes de la philosophie naturelle. Comme la forme donnait l'être à la matière sur le plan de la physique, l'intellect actualise le corps dans une union dont il tire aussi sa perfection propre; par conséquent, l'âme intellective, éminente en l'homme, est plus parfaite unie au corps que séparée de lui [2]. Thomas ne désire cependant pas entrer dans une polémique entre contemporains; la presque totalité de ses textes anthropologiques situe le débat dans le monde grec, mettant aux prises deux fictions historiographiques: les Platoniciens (*Platonici*) et la philosophie aristotélicienne dépositaire des principes vrais [3]. Par ce truchement, le problème est extrait des préoccupations théologiques contemporaines; mais le procédé permet surtout de faire relever l'antagonisme d'un désaccord de nature épistémologique. Chez les Platoniciens, la constitution du savoir procède en effet des notions intelligibles; comme Avicebron plus tard, les disciples de Platon accordent une existence discrète dans la nature à toute idée abstraite dans l'esprit.

cap. 1-3, Ed. Léonine, t. 45/1, p. 67-81; enfin, après 1270, *In duodecim libros Metaphysicorum Aristotelis expositio, VIII, lect. 5*, 13, Ed. Marietti, t. 2, p. 419-421.

1. Entre autres nombreuses études, voir Verbeke (1960); Vanni Rovighi (1965); Schneider (1973), p. 12-63; Luyten (éd.) (1974); Gilson (1989), p. 241-254; moins scolaires, Nardi (1979), p. 163-191, et Bazán (1997).

2. D'où l'importance accordée au dogme de la résurrection des corps et les bizarres discussions subséquentes, qui regardent la restauration des chairs cannibalisées dans leurs corps d'origine. Voir *Contra Gentiles IV, cap. 81*, Ed. Léonine, t. 15, p. 252-254.

3. *Sed haec positio* [*platonica*] *secundum vera Philosophiae principia, quae consideravit Aristoteles, est impossibilis. De spiritualibus creaturis, q. unica, art. 3*, Ed. Marietti, t. 2, p. 323b. Le même dispositif argumentatif apparaît en *De anima, q. unica, art. 11*, Ed. Marietti, t. 2, p. 417; *ST Ia, q. 76, art. 3*, Ed. Léonine, t. 5, p. 220b-221a; *In duodecim libros Metaphysicorum Aristotelis expositio, VIII, lect. 5*, 13, Ed. Marietti, t. 2, p. 420.

A la notion d'animal correspond l'âme sensitive, à celle d'homme l'âme intellective, et, à celle de vivant, l'âme nutritive [1]. La méthode inductive d'Aristote part au contraire de l'appréhension sensible des substances du monde, dont elle affirme l'unité de fait au départ du processus noétique ; en retour, la distinction des notions d'acte et de puissance, de forme et de matière, d'intellect et de corps, ne sert qu'à dire l'unité dynamique de la substance créée. L'homme est certes doué d'opérations végétatives et sensitives, mais, en lui, l'âme intellective assume les fonctions inférieures qu'elle contient en puissance ; de même, l'âme sensitive est l'unique forme substantielle de la bête, dont elle réalise pourtant les activités nutritives en sus des sensations [2].

Au principe de ces considérations, la règle déjà rencontrée lors du discours sur la création du monde est rappelée à chaque occasion anthropologique : considérée comme acte de la matière, seule la première forme est substantielle et rend compte de la génération ; accidentelles, les formes suivantes se contentent d'altérer la substance ; elles ne donnent pas l'être, car elles adviennent à une réalité formée, donc déjà actuelle et existante. Or, au sein de la substance humaine, l'âme intellective est la perfection maximale ; elle achève la constitution de l'homme ; elle ne saurait donc s'ajouter à lui comme un accident. De fait, l'anthropologie thomasienne reconduit encore le lecteur à une intuition philosophique fondatrice, ultime présupposé emprunté à Aristote, celle de l'unité inconditionnelle de la substance individuelle et de l'ordonnance téléologique du monde. Au service de cette hypothèse de départ, la distinction aristotélicienne de l'acte et de la puissance permet de justifier le changement en conservant à la substance son identité aux divers stades de ses évolutions. Elle exprime un dynamisme intrinsèque à chaque substance, par conséquent un ordre du monde. Ainsi, l'entreprise intellectuelle entière de Thomas d'Aquin signifie le refus d'une vision du monde comme agrégat factuel et toujours provisoire de parties en acte. Microcosme, l'homme ne peut non plus être considéré comme un conglomérat d'âme, ou d'âmes, et de corps en acte. Quant à l'intuition philosophique énoncée en maints lieux anthropologiques et théologiques [3], elle est découverte à la lecture des textes d'Aristote. L'un des derniers commentaires aristotéliciens de Thomas en fournit la formulation définitive :

1. *De spiritualibus creaturis, q. unica, art. 3,* Ed. Marietti, t. 2, p. 323 ; *ST Ia, q. 76, art. 3,* Ed. Léonine, t. 5, p. 221a.

2. *De anima, q. unica, art. 11,* Ed. Marietti, t. 2, p. 418b ; *ST Ia, q. 76, art. 3,* Ed. Léonine, t. 5, p. 221b ; *De spiritualibus creaturis, q. unica, art. 3,* Ed. Marietti, t. 2, p. 324a ; ou encore, à titre d'exemple, *ST Ia, q. 76, art. 4,* Ed. Léonine, t. 5, p. 224a : *Unde dicendum est quod nulla alia forma substantialis est in homine, nisi sola anima intellectiva ; et quod ipsa, sicut virtute continet animam sensitivam et nutritivam, ita virtute continet omnes inferiores formas, et facit ipsa sola quidquid imperfectiores formae in aliis faciunt.*

3. Par exemple, *De anima, q. unica, art. 11,* Ed. Marietti, t. 2, p. 418a ; *ST Ia, q. 76, art. 3,* Ed. Léonine, t. 5, p. 221a ; *ST Ia, q. 76, art. 4,* Ed. Léonine, t. 5, p. 223b ; *De spiritualibus creaturis, q. unica, art. 3,* Ed. Marietti, t. 2, p. 323b.

> [...] il y a un principe d'unité dans toutes les choses qui ont plusieurs parties et en lesquelles le tout n'est pas seulement un entassement de parties, mais quelque chose constitué des parties qui existe par-delà les parties. [1]

Ce principe d'unité n'est cependant pas un lien qui unirait deux réalités actuelles, âme intellective d'un côté, corps préformé par une âme inférieure de l'autre. L'erreur des pluralistes relève encore d'un désir de maîtrise sur une réalité conçue dans une clarté univoque : à tout concept correspondrait une entité actuelle, au vivant l'âme nutritive, à l'animal l'âme sensitive, et à l'homme l'âme intellective. Contre cette prétention, Thomas d'Aquin préfère postuler l'unité confuse du monde, quitte à condamner le sujet connaissant au tâtonnement par inductions et distinctions *a posteriori*. La matière ne diffère de la forme que dans notre explication du monde ; dans le monde, elle est identique à la forme :

> [...] mais, comme il a été dit, la matière ultime qui appartient en propre à la forme, et cette forme même sont identiques. [...]. De fait, il n'est pas nécessaire qu'elles soient unies par quelque lien, comme le sont les choses qui sont tout à fait différentes [2].

Par son exigence de convenance avec cette philosophie, l'anthropologie thomasienne apparaît étonnante en situation historique : elle tire ses principes fondamentaux d'un aristotélisme qui commence à ébranler les certitudes de la civilisation chrétienne occidentale à la fin de sa première grande période, l'âge gréco-latin. Or, dans notre perspective, il sera plus intéressant de considérer ce simple fait que d'opposer la théorie thomasienne du monde à un pseudo-atomisme ockhamien, nouveau paradigme dont le « thomisme », loin d'être désuet, constituerait plus qu'une alternative, un antidote. Seule garantie d'une enquête mesurée, le principe de charité imposera de penser que la vision thomasienne n'est pas demeurée incomprise, mais qu'elle a été combattue sciemment et pour des raisons valables en théologie ou en philosophie. En effet, cette forme aristotélicienne de rationalisme pourra incarner un double danger aux yeux de ses divers opposants. Postulant un ordre intrinsèque du monde, elle pouvait paraître enfermer Dieu dans son propre projet; tel que conçu par l'intellect divin lui-même, le plan de la création inclurait le créateur et inféoderait sa volonté à une logique et à un ordre déterminé [3]. Si ce reproche est vain d'un point de vue acquis à la doctrine de l'Aquinate, à l'intérieur de l'ordre franciscain furent déterminantes ses conséquences possibles sur les questions éthiques liées à la contingence radicale du créé, jusqu'à la pauvreté, l'humilité, et la supériorité absolue de la

1. *[...] omnia, quae habent plures partes, et totum in eis non est solum coacervatio partium sed aliquid ex partibus constitutum, quod est praeter ipsas partes, habent aliquid, quod facit in eis unitatem. In duodecim libros Metaphysicorum Aristotelis expositio, VIII, lect. 5,* 13, Ed. Marietti, t. 2, p. 419b.

2. *[...] sed sicut dictum est, ultima materia, quae scilicet est appropriata ad formam, et ipsa forma, sunt idem. [...]. Et sic non oportet ea uniri per aliquod vinculum, sicut ea quae sunt penitus diversa. In duodecim libros Metaphysicorum Aristotelis expositio, VIII, lect. 5,* 13, Ed. Marietti, t. 2, p. 421b.

3. L'esprit de la condamnation du 7 mars 1277 relève en partie de cette première attitude.

volonté sur l'intellect [1]. D'autre part et sous un tout autre point de vue, la noétique thomasienne ne garantissait pas à la raison humaine les moyens de ses prétentions à une connaissance univoque et transcendantale du réel [2].

Condamnations

Dès 1270, l'anthropologie thomasienne fut discutée à Paris et en Angleterre. Avant d'être reconnue orthodoxe en 1312 lors du concile de Vienne, elle fut condamnée par deux fois en Angleterre, le 18 mars 1277 à Oxford et le 30 avril 1286 à Londres. L'ampleur de la querelle anthropologique fut telle que le parti « thomiste » paraît en être né. En effet, la discussion sur l'unicité de la forme substantielle devint scolaire et politique. Elle opposa souvent des écoles plutôt que de grandes figures intellectuelles. Au cours des actes institutionnels de censure et de mise en garde d'une part, des réponses et panégyriques produits par les dominicains et quelques séculiers acquis à la cause de Thomas d'Aquin d'autre part, se formaient peu à peu des identités franciscaine et dominicaine. La correspondance de l'auteur de la condamnation de 1286, l'archevêque franciscain Jean Pecham, en témoigne [3].

Quant à l'historiographie moderne, elle s'intéressa à la controverse dès le début du XXe siècle, à la suite du renouveau des « études thomistes » préconisé par le pape Léon XIII [4]. L'influence de M. Grabmann en Allemagne et les travaux fondateurs de M. de Wulf et de P. Glorieux dans le monde francophone furent décisifs; ils contribuèrent en partie à placer la thématique anthropologique au cœur des histoires de la réception des doctrines de Thomas d'Aquin [5]. Parallèlement à l'immense entreprise d'édition critique des textes thomasiens, l'édition « Léonine » inaugurée en 1882 et toujours inachevée, on commença en effet à produire les réponses des partisans de Thomas à ses détracteurs d'après 1277, les textes des quatre *Correctoires du corrupteur* qui répondaient au

1. Voir Putallaz (1997), p. 79 ss, et, au sujet des débats sur la liberté absolue de la volonté, Putallaz (1995).

2. De manière schématique, l'entreprise de Duns Scot peut représenter cette seconde réaction.

3. Avec une énergie peut-être un peu coupable, du moins symptomatique, Jean doit se défendre de vouloir nuire à l'ordre dominicain. Pour exemple, ces quelques lignes tirées d'une lettre du 7 décembre 1284 : *[...] respondimus bona fide, quam fidem tenuimus et tenere intendimus, quantum possumus, sine prejudicio veritatis, quod nec Ordini eorum nec opinionibus ipsius Ordinis, pro eo quod sunt Ordinis, intendebamus quomodolibet adversari, sed factum predecessoris nostri circa errores ab eo inventos in liberalibus disciplinis, ac dampnatos de consilio magistrorum, et in parte suscitatos denuo in scandalum plurimorum, prosequi justitia mediante. Et subjunximus quod fratrum Predicatorum Ordinem diligebamus intime [...].* CUP, t. I, p. 624-625.

4. L'intitulé de l'Encyclique *Aeterni Patris* du 4 août 1879 énonce le programme de cette restauration thomiste : *De philosophia Christiana ad mentem sancti Thomae Aquinatis doctoris Angelici in scholis catholicis instauranda*.

5. Grabmann (1912), pour le *Correctoire du corrupteur 'Circa'* de Jean Quidort, précédé en 1901 par l'édition du traité de *De unitate formae* de Gilles de Lessines par M. de Wulf. Viennent ensuite les nombreux travaux et éditions de textes dus à P. Glorieux et qui concernent les polémiques thomistes du XIIIe siècle, notamment Glorieux (1927), (1947), (1956), (1974). En Allemagne, F. Pelster s'intéressait à la deuxième vague de condamnation de l'anthropologie thomasienne en Angleterre, celle de 1286 ; voir Pelster (1946).

Correctoire du frère Thomas écrit par le franciscain anglais Guillaume de la Mare. Les anthropologies franciscaines furent ensuite envisagées pour elles-mêmes, notamment par R. Zavalloni en Belgique, puis par P. Mazzarella en Italie, où les querelles sur l'unicité de la forme substantielle avaient déjà intéressé S. Vanni Rovighi [1]. En 1973, Th. Schneider consacrait son *Habilitationsschrift* à ces mêmes controverses ; centrée sur les *Correctoires*, l'étude couvre une période qui se prolonge de Thomas d'Aquin à Pierre de Jean Olivi. Dans la seconde partie du XXe siècle, la querelle anthropologique et les épisodes des condamnations anti-thomasiennes n'ont d'ailleurs cessé d'occuper les médiévistes et les historiens, de D.A. Callus au milieu du siècle à A. Boureau, qui, en 1999, consacrait une vaste étude à la condamnation de Londres 1286.

En outre, l'intérêt nouveau porté aux œuvres d'Henri de Gand dans les années 1960 permit de confirmer l'existence d'une velléité de censure parisienne à l'encontre des doctrines thomasiennes en 1277. L'étude des manuscrits des *Quodlibets* d'Henri de Gand livrait en effet un précieux témoignage sur cet épisode longtemps incertain de la querelle anthropologique. Comme l'ont montré R. Hissette et R. Wielockx à la suite de L. Hödl, les autorités ecclésiastiques condamnèrent Gilles de Rome après la grande condamnation du 7 mars 1277 ; elles rappelèrent ensuite Henri de Gand à une doctrine anthropologique orthodoxe, et se préparèrent enfin à condamner la position thomasienne [2].

Dans ce foisonnement de travaux historiographiques souvent aussi pointus que riches d'hypothèses nouvelles, qu'il nous soit permis de recueillir simplement quelques informations assez bien établies. Par ce truchement, l'histoire des condamnations de la doctrine anthropologique thomasienne pourra être brièvement récapitulée, avant que ne soit envisagé l'esprit qui animait les censeurs. Vers 1270, à l'époque du *Quodlibet III, q. 1* de Thomas d'Aquin et de sa deuxième régence parisienne, le franciscain Jean Pecham enseigne aussi à Paris, où il discute la question anthropologique. Il est ensuite appelé à Rome par Jean XXI pour enseigner au *studium pontificale* de 1276 à 1279, avant d'assumer la fonction d'archevêque de Cantorbéry de 1279 à 1292. Thomas d'Aquin et Bonaventure meurent en 1274. Après la grande condamnation du 7 mars 1277, l'évêque de Paris, Etienne Tempier, engage un procès particulier contre Gilles de Rome ; la procédure se déroule entre le 7 et le 28 mars 1277 et aboutit à l'exil de Gilles [3]. Sans viser *expressis verbis* une prétendue thèse de l'unicité de la forme substantielle, l'article 48 de la censure – « Dans tout composé, il n'y a qu'une

1. Zavalloni (1951) ; Mazzarella (1978) ; Vanni Rovighi (1952).

2. Voir Hödl (1964) et (1966) ; Hissette (1997) et (1998), consécutifs à tout un ensemble de recherches du même auteur qui furent décisives pour l'histoire des condamnations universitaires du XIIIe siècle ; Wielockx (1985), (1988) et (1999). De plus, les travaux sur Henri de Gand et sa propre position anthropologique permirent de mieux situer Gilles de Rome dans le débat et de distinguer le climat parisien, propice à la dispute idéologique, de l'orageuse situation anglaise, où la lutte devenait plus politique. Sur l'anthropologie d'Henri de Gand, voir Maurer (1948) ; Fioravanti (1975) ; Mazzarella (1978) ; Wilson (1978) et (1982) ; Macken (1979) ; Wielockx (1987).

3. Concernant cet épisode, voir la minutieuse étude Wielockx (1985).

seule forme » – touche de fait la racine de la position thomasienne [1]. Cependant, la doctrine anthropologique encore propre à Thomas d'Aquin a été discutée à Rome [2] et condamnée à Oxford. En effet, le 18 mars 1277, trente propositions sont déclarées erronées et sont interdites d'enseignement par l'archevêque de Cantorbéry, Robert Kilwardby, dont l'appartenance à la communauté dominicaine permettra plus tard à Jean Pecham de nier toute mauvaise intention dirigée contre un ordre désormais rival. La thèse de l'unicité de la forme substantielle humaine et ses corollaires biologiques sont visés par les articles *3, 7, 13, 14, 15 In Naturalibus*, et, plus explicitement encore, par le *12* et le *16* :

> 12. De même, que [l'âme] végétative, sensitive et intellective sont une unique forme simple.
> 16. De même, que l'âme intellective s'unit à la matière première, de sorte qu'est alors corrompu tout ce qui l'a précédée, jusqu'à la matière première [3].

En ce même printemps 1277, à Paris, Etienne Tempier prolonge ses entreprises de censure avec la préparation d'un procès spécial contre la mémoire de Thomas d'Aquin [4]. L'entreprise n'aboutira pas; les témoignages de Jean Pecham et d'Henri de Gand nous renseignent cependant sur l'objet du litige. Dans une lettre au chancelier et aux maîtres de l'Université d'Oxford datée du 7 décembre 1284, Jean Pecham mentionne l'instruction de ce procès parisien contre Thomas et précise qu'il s'agissait bien d'éradiquer la doctrine anthropologique de la forme substantielle unique [5]. Au temps de Noël 1286, Henri de Gand dispute son dixième *Quodlibet* à Paris; dans les marges de la rédaction finale de sa détermination, il laisse un témoignage sur les événements de 1277 [6]. Henri se rappelle avoir d'abord été convoqué à une entrevue privée par le légat du pape Simon de Brion; en présence d'Etienne Tempier, du prélat Ranulphe de la Houblonnière et du chancelier Jean des Alleux, Henri fut questionné sur sa position anthropologique encore hésitante, puis sommé d'adopter la thèse pluraliste. Les notes d'Henri signalent en outre que, sans doute quelques jours plus tard, tous les maîtres de l'Université furent convoqués en séance par Etienne Tempier et Simon de Brion pour se prononcer sur la doctrine de la forme substantielle unique; tous la déclarèrent fausse, sauf deux (vraisemblablement les deux maîtres dominicains alors en fonction). Entre 1277 et 1278, à Oxford,

1. *[48] In quolibet composito est una forma.* Dans Wielockx (1985), p. 59. Hissette (1998), p. 6-13, démontre que l'article 48 de la condamnation de Gilles ne vise pas immédiatement Thomas d'Aquin, contre qui sera engagée une procédure particulière.

2. Selon le témoignage déposé par Jean Pecham dans une lettre datée du 7 décembre 1284 (CUP, t. I, p. 624-626).

3. *12. Item quod vegetativa, sensitiva et intellectiva sint una forma simplex. […] 16. Item quod intellectiva unitur materie prime ita quod corrumpitur illud quod precessit usque ad materiam primam.* CUP, t. I, p. 559. Sur l'entreprise de Robert Kilwardby, Boureau (1999), p. 63-76.

4. Voir Hödl (1964) et (1966); Wielockx (1988) et (1999); Hissette (1997) et (1998).

5. CUP, t. I, p. 624-626.

6. *Quodl. X, q. 5*, éd. R. Macken, p. 128 (apparat critique), pour la convocation privée d'Henri, puis p. 127 (apparat critique), pour la réunion officielle de l'ensemble des maîtres de l'Université de Paris.

Guillaume de la Mare rédige le *Correctoire du frère Thomas*, qui explicite en partie la censure du 18 mars, sous la forme de cent dix-huit objections [1]. La réaction pro-thomasienne s'organise alors, dès 1278. Cette année-là voit paraître le *De unitate formae* de Gilles de Lessines et le *Contra gradus formarum* de Gilles de Rome, désormais fermement acquis à la thèse uniciste [2]. Vient aussi la vague des quatre *Correctoires du corrupteur* [3], inaugurée par Richard Knapwell cette même année 1278.

Largement diffusée par la polémique universitaire, la querelle se durcit sur le plan institutionnel aux alentours de 1284. Toujours selon le témoignage d'Henri de Gand, le pape Honorius IV aurait invité les maîtres parisiens à reprendre l'examen de la doctrine thomasienne vers 1285. La thèse uniciste n'est cependant pas censurée comme hétérodoxe; seule la dangerosité de ses conséquences théologiques est pointée [4]. D'autre part, la correspondance de Jean Pecham témoigne de la situation anglaise, où la censure va bon train. Dans une missive datée du 29 octobre 1284, l'archevêque de Cantorbéry confirme en effet la censure de son prédécesseur, Robert Kilwardby [5]. Accusé de discrimination par les dominicains, Jean Pecham s'en défend dans une lettre du 10 novembre 1284: la thèse de l'unicité de la forme substantielle humaine ne doit pas être attribuée à Thomas, mais à des hommes qui ont misérablement fini dans les régions transalpines [6]. Des lettres de 1284 et 1285 reconnaissent toutefois la paternité thomasienne de la doctrine [7]. Ainsi, A. Boureau conclut à l'acharnement de Pecham contre Thomas; la sentence d'excommunication prononcée le 30 avril 1286 à Londres constituerait l'aboutissement d'une longue campagne contre l'anthropologie de l'Aquinate, avec pour bouc-émissaire l'auteur du *Correctoire du corrupteur 'Quare'* et d'une *Quaestio disputata de unitate formae* un peu antérieure à Pâques 1286: «La reconstitution des sources nous permet d'établir que la fureur de

1. La datation du texte est fort discutée: Wielockx (1985), p. 95, note 75, propose 1278; Torrell (1993), p. 442, donne 1279; Wippel (1995), p. 241, donne 1278; Hissette (1998), p. 13, et Hissette (1997), p. 6, note 21, situent le texte vers 1279; Boureau (1999), p. 86, 125-126, 134, 213, et 344, propose de rapprocher le texte de mars 1277; Hoenen (2001), p. 417, tranche pour une rédaction antérieure à août 1277. En 1966 déjà, L. Hödl situait l'écrit de Guillaume entre 1279 et 1277, et ajoutait «wahrscheinlich schon 1277»: Hödl (1966), p. 539.

2. Concernant les revirements et les évolutions doctrinales de Gilles de Rome, l'étude de R. Zavalloni est toujours utile: Zavalloni (1951), p. 272-278.

3. P. Glorieux, *Les premières polémiques thomistes. I – Le correctorium corruptorii « Quare »*, Kain, «Bibliothèque thomiste, 9», 1927; P. Glorieux, *Les premières polémiques thomistes. II – Le Correctorium Corruptorii «Sciendum»*, Paris, «Bibliothèque thomiste, 31», 1956; Anonymus, *Correctorium corruptorii 'Quaestione'. Texte anonyme du ms Merton 267*, Roma, «Studia anselmiana, 35», 1954; Jean Quidort, *Correctorium corruptorii 'Circa'*, éd. J.-P. Müller, Roma, «Studia anselmiana, 12-13», 1941.

4. *Quodl. X, q. 5*, éd. R. Macken, p. 127 (apparat critique): *Iterum...*

5. Sur les entreprises de Pecham, voir Boureau (1999).

6. Gauthier (1984) l'a signalé p. 27-28, cette allusion à Siger de Brabant témoigne de la naissance d'une sombre légende autour de la mort du maître en arts.

7. Lettre du 7 décembre 1284 (CUP, t. I, p. 624-626), ou encore lettre du 1 juin 1285 qui attribue la thèse uniciste (*in homine existere tantummodo formam unam*) à Thomas d'Aquin (*Fuit revera illa opinio fratris Thome sancte memorie de Aquino...*) (CUP, t. I, p. 626).

Peckham ne s'exerce pas contre un disciple aventureux de Thomas, Richard Knapwell, mais bien contre Thomas d'Aquin lui-même »[1].

La condamnation de Londres énumère huit thèses hérétiques. D'ordre strictement théologique, les sept premières regardent le problème du corps du Christ au tombeau et, de manière plus générale, le statut du cadavre. La huitième énonce la prémisse de toutes ces hérésies :

> Art. 8 : que, dans l'homme, il n'y a qu'une forme, à savoir l'âme rationnelle, à l'exception de toute autre forme substantielle. De cette thèse semble découler l'ensemble des hérésies mentionnées auparavant[2].

Non seulement la thèse anthropologique n'est nullement distinguée des questions touchant les mystères de la foi, mais elle est la cause d'hérésies en ce domaine : si l'âme rationnelle est l'unique forme substantielle du composé humain, immédiatement unie à la matière première, il sera impossible de rendre compte de l'identité du corps du Christ mort et vivant, car, une fois l'âme immortelle séparée du corps, celui-ci sera soit rendu à son statut indifférencié de matière première, soit informé par une nouvelle forme substantielle. De plus, que penser du culte des reliques des saints, si celles-ci ont abandonné toute communauté substantielle avec les personnalités qui les animaient dans la vie ? Au terme de dix années de luttes doctrinales et de censures, la question anthropologique que Thomas traitait en philosophe apparaîtra comme l'épiphénomène révélateur d'une certaine attitude intellectuelle inadmissible, sous prétexte d'être l'instigatrice d'erreurs graves en théologie. Pour éviter un fâcheux amalgame, il faudra cependant considérer à part l'esprit de chaque condamnation, car il diffère en fonction de la situation géopolitique, du temps, et de la visée idéologique.

L'intelligence des épisodes de Londres 1286, Oxford 1277 et Paris 1277, appelle d'abord une remarque liminaire ; elle regarde les différences d'orientation des traditions philosophiques parisienne et anglaise. A Oxford, Robert Grosseteste et Roger Bacon ont en effet promu une forme de néoplatonisme inconnue à Paris ; leurs entreprises scientifiques invitent à considérer le problème de la matière et de la forme dans les termes d'une métaphysique de la lumière dont l'optique offre un modèle du côté des sciences mathématiques[3]. Diffusée de la forme pure et réfractée dans la matière, la forme de la substance matérielle n'est plus le principe noétique de la philosophie de Thomas d'Aquin, mais une réalité empirique, manifestation physique et visible de l'idée divine. Moins la forme sera lumineuse, plus elle sera matérielle, à savoir éloignée de son modèle et diminuée dans son intensité. De fait, l'acte et la puissance ne sont plus des principes épistémologiques irréductiblement opposés; instruments d'une description ontologique du monde, ils mesurent la distance du participant au participé dans

1. Boureau (1999), p. 136.

2. *Octavus est quod in homine est tantum una forma scilicet anima rationalis et nulla alia forma substantialis. Ex qua opinione sequi videntur omnes haereses supradicte. Registrum epistolarum fratris Ioannis Peckham,* éd. T. Martin, t. III, p. 923.

3. Voir Lindberg (1983). Sur la science expérimentale baconienne, voir Bottin (1990). Concernant la tradition anglaise des commentaires de la *Physique*, voir Donati (2002).

un schéma émanatiste de type proclien : les formes sont plus ou moins en acte – réciproquement plus ou moins en puissance ou « matérielles » – dans la mesure de leurs éloignements par rapport au premier principe [1]. Dans le même ordre de réalité, une entité peut donc être en acte et en puissance simultanément : en acte, l'âme sensitive est la forme substantielle du corps et, en puissance, elle est à la fois la matière de l'âme intellective [2]. Les distinctions acte/puissance et forme/matière étant devenues l'instrument d'une description quasi phénoménologique du créé, il n'est pas incongru de voir plusieurs formes substantielles cohabiter au sein de la même substance. (En sus d'un penchant marqué pour les sciences dites « expérimentales », telles l'optique ou la médecine, l'université anglaise est encore caractérisée par ses recherches et ses élaborations en grammaire. A partir de l'exégèse du *De signis* d'Augustin s'était développée une orientation originale en sémantique, une théorie « intentionnaliste » qui s'intéressait particulièrement à l'étude des conditions de l'énonciation [3].)

Ces différences d'orientation signalées, il est possible de revenir aux diverses censures de l'anthropologie thomasienne. Le cas de la condamnation londonienne de 1286 est le mieux documenté. Les intentions de son auteur se dévoilent dans sa correspondance prolixe et fleurie. Jean Pecham reproche en effet leur nouveauté philosophique aux doctrines réprouvées; il insiste sur un usage linguistique hétérogène au discours traditionnel de l'Église :

> Ce n'est pas l'étude des philosophes que nous réprouvons, tant qu'elle garde compagnie avec les mystères théologiques, mais bien la nouveauté profane des termes qui, à l'encontre de la vérité philosophique et pour offenser les saints, ont, depuis vingt ans été introduits dans les hauteurs de la théologie, en rejetant et méprisant les assertions évidentes des saints. Quelle est la doctrine la plus solide et la plus saine : celle des fils de saint François, comme celle du frère Alexandre de sainte mémoire, du frère Bonaventure et d'autres, qui, dans leurs traités, sans malveillance envers autrui, s'appuient sur les saints et les philosophes, ou bien est-ce cette doctrine nouvelle, pratiquement contraire à la première, qui détruit et érode, autant qu'elle le peut, tout ce qu'enseigne Augustin sur les règles éternelles,

1. Les notions d'acte et de puissance, de forme et de matière, se distribuent, se fractionnent en autant d'entités qui sont considérées comme des existants; elles cohabitent en chacune d'elles, selon qu'on la regarde du haut ou du bas d'un arbre porphyrien qui apparaît dès lors comme l'expression logique d'une hiérarchie ontique : « On a montré que, de même qu'une forme est matérielle et en puissance d'une autre [forme], de même une matière est formelle dans sa relation à une autre [matière]; et [on a montré que] la matière générique incomplète est en puissance de la matière spécifique, comme la forme générique est en puissance de la forme spécifique [...] ». *Nam ostensum est quod, sicut una forma est materialis et in potentia ad aliam, sic una materia est formalis respectu alterius, et quod materia generis incompleta est in potentia ad materiam specificam, sicut forma generis est in potentia ad formam specificam [...]* Roger Bacon, *Libri Communium Naturalium, I, pars 4, dist. 3, cap. 4*, éd. R. Steele, fasc. III, p. 294.

2. Sur l'anthropologie de Roger Bacon, voir Bettoni (1969) et (1969b).

3. Voir Rosier (1994).

> la lumière éternelle, les puissances de l'âme, les raisons séminales implantées dans la matière et d'innombrables autres enseignements [...] [1].

Datée du 1er janvier 1285, cette harangue mentionne d'abord des nouveautés lexicales introduites en théologie depuis une vingtaine d'années, bien avant que Richard Knapwell ne compose son *Correctoire du corrupteur*. Or personne n'ignore l'inscription par Thomas d'Aquin de la rationalité philosophique au départ de tout savoir, y compris théologique. Le dominicain a usé des principes et des distinctions aristotéliciennes aussi bien dans sa *Somme théologique* que dans ses commentaires philosophiques. Sous sa couleur anti-thomasienne, la condamnation de 1286 apparaîtra d'ailleurs significative d'un souci de hiérarchisation des savoirs qui sera fonction de la subordination des puissances de l'âme défendue par l'école franciscaine de cette deuxième moitié de siècle : l'intellect ne doit pas étendre son règne au-delà des savoirs inférieurs et terrestres, car la théologie est le lieu supérieur de la foi et de l'amour issus de la volonté. Ainsi le lexique profane ne doit-il pas être importé en Faculté de théologie, comme le font les sectateurs de Thomas d'Aquin. En outre, Pecham ne masque pas la visée politique de ses interventions; il entend maintenir l'enseignement d'Alexandre de Halès et de Bonaventure contre les extravagances de l'ordre dominicain, voire de certains théologiens séculiers [2] : les « fils de saint François » feront rempart à la doctrine nouvelle. Enfin, le censeur indique la teneur doctrinale de l'objet de sa détestation ; il pointe quelques doctrines augustiniennes menacées, dont la théorie des puissances de l'âme et celle des raisons séminales. La première mention s'explique par la virulence contemporaine du débat sur la supériorité de l'intellect ou de la volonté [3], alors que la seconde rejoint la question de la matière. Dans la tradition augustinienne, les raisons séminales constituent en effet l'actualité minimale propre à la matière première dénuée de toute forme [4]. Les propos de Pecham manifestent ainsi sa conscience aiguë d'un danger constitué par la rationalité aristotélicienne, systématique et universelle, qui, importée en théologie par Thomas d'Aquin, interdisait de comprendre la *Genèse* au sens littéral.

Rédigé avant Noël 1286, le *Quodlibet X* d'Henri de Gand témoigne non seulement des épisodes parisiens de 1277, il réfère aussi à la condamnation de Londres [5]. En rappelant la récente condamnation anglaise, le maître parisien

1. Trad. A. Boureau dans Boureau (1999), p. 30-31. *Preterea noverit ipse, quod philosophorum studia minime reprobamus, quatinus mysteriis theologicis famulantur; set profanas vocum novitates, que contra philosophicam veritatem sunt in sanctorum injuriam citra viginti annos in altitudines theologicas introducte, abjectis et vilipensis sanctorum assertionibus evidenter. Que sit ergo solidior et sanior doctrina, vel filiorum beati Francisci, sancte scilicet memorie fratris Alexandri ac fratris Bonaventure et consimilium, qui in suis tractatibus ab omni calumnia alienis sanctis et philosophis innituntur : vel illa novella quasi tota contraria, que quicquid docet Augustinus de regulis eternis, de luce incommutabili, de potentiis anime, de rationibus seminalibus inditis materie, et consimilibus innumeris, destruit pro viribus et enervat [...].* CUP, t. I, p. 634.

2. Dans son *Quodl. X, q. 5*, Henri de Gand fait référence à la condamnation de Londres, puis cite le *Quodl. II, q. 7* de Godefroid de Fontaines, (éd. R. Macken, p. 79 *sq.*).

3. Voir Putallaz (1995).

4. Voir Mazzarella (1978), p. 233-246.

5. *Quodl. X, q. 5,* éd. R. Macken, p. 79.

réitère le double geste de Pecham : d'une part, il considère la doctrine anthropologique uniciste comme la cause d'hérésies en matière christologique (identité du corps du Christ mort et vivant), d'autre part, il fait relever cette doctrine d'une attitude unilatéralement philosophique :

> Surtout, il est insensé d'affirmer que, sur la question de l'unité de la forme en l'homme, il ne faut se fier qu'à la raison, et en particulier à la raison livrée par la philosophie d'Aristote et des Péripatéticiens [1].

Significatif de l'esprit de la controverse, le propos d'Henri déplace la question anthropologique de la philosophie dans la théologie ; le cas de l'homme devient une sous-espèce du problème christologique [2]. En raison de cette liaison de l'anthropologie à la théologie, de l'irrémédiable réduction de la question humaine au problème du corps du Christ au tombeau, l'homme est extrait de l'ordre naturel considéré par la raison philosophique :

> Ainsi, on pourra tirer de la philosophie tous les arguments que l'on voudra contre la pluralité des formes en l'homme ; bien qu'ils soient vrais dans tous les autres cas que l'homme en raison de la matière, ils n'auront aucune vérité dans le cas de l'homme : en effet, ils ne sont pas *absolument et universellement vrais* [3].

L'étalon du savoir n'est dès lors plus une rationalité commune et universelle, mais, par-delà les critères-mêmes de la raison, le cas extrême et éminemment parfait que représente le Christ. Lorsqu'il assume la condamnation londonienne, Henri relaie ainsi le souci de Pecham : endiguer la raison et relativiser son rôle au sein de la vie spirituelle. Le maître gantois confirme aussi le succès de sa propre entreprise théorique et épistémologique : imposer une certaine casuistique en guise de méthodologie scientifique [4]. La vérité n'est pas absolue mais dépend d'un champ de pertinence délimité au cas par cas, et des critères prescrits par la finalité et la visée pragmatique propre à une question posée dans un contexte donné.

Par son contenu, la condamnation d'Oxford 1277 est très différente de celle promulguée par Jean Pecham. La théologie en semble absente. Les maîtres se voient par contre interdire l'enseignement de thèses grammaticales, logiques, et physiques. Les articles à portée anthropologique appartiennent à l'embryologie, à la biologie, et à la physique de la matière. Aucune conséquence théologique n'est

1. *Specialiter autem insanum est dicere quod in quaestione de unitate formae in homine non est credendum nisi rationi, et praecipue acceptae ex philosophia Aristotelis et Peripateticorum. Quodl. X, q. 5*, éd. R. Macken, p. 130.

2. *Nunc autem, quia per miraculum retenta est corporeitas Christi interminata absque inductione formae cadaveris, quod maxime necesse habent negare illi qui dicunt quod in homine nulla est forma substantialis secundum rem nisi anima rationalis [...]. Quodl. X, q. 5*, éd. R. Macken, p. 73.

3. *Unde quaecumque rationes ex philosophia inducuntur contra pluralitatem formarum in homine, etsi ratione materiae habent veritatem in aliis ab homine, in homine tamen nullo modo habent veritatem : non enim sunt simpliciter et universaliter verae. Quodl. X, q. 5*, éd. R. Macken, p. 130-131. Nous soulignons.

4. Voir *supra*, p. 76 *sq.*

signalée, même dans l'épineux cas du corps mort [1]. Bien que les articles visés renvoient sans conteste à la doctrine anthropologique thomasienne, il semble donc qu'il faille démarquer cet épisode de la condamnation de Londres et des événements parisiens de 1277 : Robert Kilwardby apparaît comme l'associé des travaux initiés par Robert Grosseteste en physique, par Roger Bacon en logique, et de cette tendance expérimentale propre à l'école anglaise où fleurissaient plus qu'ailleurs les études médicales [2]. En réponse aux protestations de l'archevêque de Corinthe, le dominicain Pierre de Conflans, Robert prétend d'ailleurs ne pas percevoir de rapport entre sa censure et une prétendue doctrine de l'unité des formes [3]. La condamnation d'Oxford manifeste plus la défense d'une école par l'un de ses chefs de file que l'acharnement contre une doctrine étrangère considérée comme dangereuse. En retour, l'approche biologique et physiologique caractérisera souvent les anthropologies franciscaines, particulièrement en Angleterre; propre à l'approche thomasienne, le traitement métaphysique de la question sera éclipsé peu à peu, au fil des controverses. En effet, Guillaume de la Mare, puis Jean Pecham identifieront la doctrine anthropologique thomasienne à certains des articles condamnés par Kilwardby et induiront ainsi un déplacement du débat sur le terrain plus empirique que métaphysique de l'embryologie et de son corollaire inversé, l'étude de la corruption.

Quant à la procédure avortée de Paris, elle apparaissait à L. Hödl comme la véritable prémisse d'une entreprise dont la condamnation de Pecham constitue l'épilogue [4]. La thèse est très probable, car, L.-J. Bataillon l'a montré, dès le début du XIIIe siècle naissait à Paris une réaction de certains théologiens contre les usages philosophiques introduits dans leur discipline [5]. Or, précisément lorsque la rivalité des deux ordres mendiants sera à son comble, Thomas d'Aquin jouera le rôle d'éminent représentant de cette tendance à reconnaître une extension universelle aux principes philosophiques. Il semble donc cohérent de placer sur une même ligne les événements de Paris 1277 et de Londres 1286, alors que la censure d'Oxford 1277, de nature différente, fut ramenée dans ce même sillage lors de la polémique anthropologique des années 1278-1286. Notre lecture du problème est toutefois partielle : les attaques parisiennes contre Thomas d'Aquin demeurent mal connues, et l'importance du témoignage syncrétiste d'Henri de Gand force peut-être à lier deux événements plus qu'ils ne le furent dans l'esprit des artisans de la seconde censure.

1. *Art. 13. Item quod corpus vivum et mortuum est equivoce corpus, et corpus mortuum secundum quod corpus mortuum sit corpus secundum quid.* CUP, I, p. 559.

2. Au sujet des réticences des médecins et des physiciens envers la doctrine de la forme substantielle unique, voir Boureau (1999), p. 45-48.

3. Voir Boureau (1999), p. 38. Sur la figure de Robert Kilwardby et l'inscription culturelle de sa condamnation, voir Boureau (1999), p. 63-70.

4. « Überschaut man die Nachrichten über die Pariser und Londoner Verurteilung, so kann kein Zweifel bestehen, dass Knapwells Disputatio lediglich der Anlass der Verurteilung war; die Gründe hierfür liegen in Paris, in der nun schon seit 1276 anhaltenden Kontroverse um die theologische Tragfestigkeit der philosophischen Formlehre. » Hödl (1964), p. 196.

5. Bataillon (1997).

Approches franciscaines : Matthieu d'Aquasparta et Richard de Mediavilla

Pour illustrer les divergences des méthodologies franciscaines par rapport à l'approche thomasienne de la question anthropologique, deux textes sont ici sélectionnés sur le critère de leurs situations temporelles. Les *Quaestiones de anima XIII* de Matthieu d'Aquasparta sont sans doute rédigées à Paris peu avant la condamnation du 7 mars 1277 ; elles représentent un état du débat juste antérieur à l'intervention de la censure. Par contre, le *De gradu formarum* de Richard de Mediavilla est composé aux alentours de 1286 ; la question est devenue délicate à aborder, et, du côté pro-thomasien lui-même, elle s'est expatriée dans les terres de la biologie ; forcés de répondre aux attaques, les défenseurs de l'anthropologie thomasienne auront en effet déplacé sa doctrine sur un terrain qui ne l'avait pas vu naître.

Dans ses *Quaestiones de anima XIII*, l'élève italien de Bonaventure et futur cardinal Matthieu d'Aquasparta discute la question de l'unicité de la forme substantielle à partir des textes de Thomas d'Aquin [1]. Pas encore influencé par les querelles des *Correctoires,* le problème n'est ni autoritairement tranché à l'aide d'arguments théologiques, ni ramené sur le terrain exclusif de la biologie et de l'embryologie. Matthieu conçoit bien les motivations de son adversaire ; lorsqu'il mentionne la thèse combattue, il insiste sur le souci thomasien d'une unité immédiate parce que substantielle [2]. Au cœur de sa restitution de la position adverse, Matthieu n'omet donc pas de citer le principal axiome induit par la distinction primordiale de la puissance et de l'acte : seule la première forme qui advient à la matière est substantielle, les formes suivantes seront accidentelles [3].

Or le franciscain récuse la doctrine de l'unicité en vertu de prémisses philosophiques qui autorisent l'unité par agrégation. De ces principes théoriques résulte une conception « discrète » du monde comme cohabitation de parties actuellement distinctes. La distinction acte/puissance n'est plus un principe premier de la métaphysique, qui serait découvert *a posteriori* pour rendre compte de la dynamique du monde, mais elle associe deux contraires qui, couplés, servent à mesurer l'intensité de toute réalité sur l'échelle des êtres en acte. Les étants particuliers sont en effet plus ou moins bien dotés d'actualité en fonction du statut hiérarchique de leurs espèces au sein de la création. Loin d'être principiellement différenciée de l'acte, la puissance est de fait réduite à l'acte ou, indifféremment, l'acte à la puissance : l'une joue vis-à-vis de l'autre le rôle de mesure graduée, et vice-versa. Or l'ordre du monde est reflété dans le microcosme humain : pourvus de leurs degrés d'actualité propres, le corps et ses parties, l'âme intellective et les

1. L'éditeur du texte, A.-J. Gondras, identifie Thomas d'Aquin comme source et adversaire des discussions de Matthieu : « [...] bien que l'œuvre de S. Thomas soit, semble-t-il, sa source littéraire principale, il [Matthieu d'Aquasparta] prend constamment position contre les théories originales de S. Thomas [...] », dans Matthieu d'Aquasparta, *Quaestiones de anima XIII*, éd. A.J. Gondras, Paris, Vrin « Études de philosophie médiévale, 50 », 1961, p. 11.

2. *Qu. de anima XIII, q. 4*, éd. A.J. Gondras, p. 52-53, 59-60.

3. *Qu. de anima XIII, q. 3*, éd. A.J. Gondras, p. 41. *Qu. de anima XIII, q. 4*, éd. A.J. Gondras, p. 52.

âmes inférieures, cohabitent dans l'homme comme les diverses créatures dans le monde. L'âme intellective ne saurait donc être forme du corps en totalité et assumer ainsi toute l'actualité de la substance, sinon elle absorberait les réalités que constituent manifestement le corps comme corps, la chair comme chair, ainsi que chacune des parties du corps [1]. L'âme intellective sera considérée comme forme partielle du composé humain, bien qu'elle en constitue l'actualité la plus parfaite [2]. A ses côtés cohabitent d'autres âmes dont le degré d'actualité va croissant – l'âme végétative et l'âme sensitive –, ainsi que les formes propres à chaque partie du corps, à l'organisation du corps, et à la matière corporelle.

Les preuves de Matthieu d'Aquasparta s'appuient sur des constats aux allures empiriques : puisque la main n'est pas le pied, puisque tel cadavre conserve les accidents singuliers et propres à tel homme autrefois vivant, chacune de ces réalités doit jouir de sa forme et de son actualité propre [3]. Ces descriptions du monde dépendent toutefois d'une certaine épistémologie et du fonds commun de doctrines biologiques, physiques et métaphysiques, qui était considéré comme la science dans le milieu de Matthieu d'Aquasparta. En raison de l'instrumentalisation phénoménologique d'une distinction acte/puissance ramenée de la métaphysique et de l'épistémologie dans le champ ontologique, la philosophie naturelle de Matthieu accorde une actualité propre et distincte aux âmes nutritive et sensitive humaines, qui ne sauraient être *contenues en puissance* ou virtuellement *dans* l'âme intellective [4]. Au lieu de traverser tout le réel confusément appréhendé et d'en exprimer la dynamique interne, la proportion inverse que constituent l'acte et la puissance établit une échelle ontologique sur laquelle toute réalité, considérée à part, reçoit une place déterminée. Dans le cas de l'homme, si l'âme intellective assumait toute l'actualité de la substance, il ne resterait rien pour les réalités que sont l'âme sensitive et l'âme nutritive ; le degré d'actualité des autres âmes réduit à zéro, la pertinence de leur considération dans le champ de la science serait anéantie : l'homme ne pourrait plus être considéré comme un animal [5]. En d'autres termes, l'individu humain n'est pas animal et homme dans son humanité même, mais animal par son animalité et homme par son humanité.

En manière de paradoxe, l'approche empirique du franciscain révèle son orientation intellectuelle platonicienne : à chaque idée correspond une forme. Or la théorie de Matthieu d'Aquasparta peut être considérée comme un exemple

1. « Ce ne peut donc être qu'une seule forme qui donne l'être aux parties du corps, dans la mesure où celles-ci sont distinctes les unes des autres. Ainsi, l'âme ne donne pas l'être à la chair en tant que chair, ni au cartilage en tant que cartilage, et ainsi de suite. » *Ergo non potest esse una forma quae det esse corporalibus partibus secundum quod partes ad invicem distinctae sunt. Ergo anima non dat esse carni, ut caro est, et cartilagini, ut cartilago est, et sic de ceteris. Qu. de anima XIII, q. 4*, éd. A.J. Gondras, p. 63-64.

2. *Qu. de anima XIII, q. 2*, éd. A.J. Gondras, p. 33-37.

3. *Qu. de anima XIII, q. 4*, éd. A.J. Gondras, p. 57-58.

4. En méréologie, cette conception revient à nier que le tout soit autre chose que la somme des parties qui le constituent.

5. *Si igitur in una sola specie est anima rationalis, cum per illam differat, in nullo igitur convenit homo cum aliis [animalibus], quod est falsum et contra Augustinum et Philosophum. Qu. de anima XIII, q. 4*, éd. A.J. Gondras, p. 66.

représentatif des élaborations franciscaines aux alentours de 1277. Elle se fonde sur l'autorité d'Augustin, mais aussi d'Avicenne et d'Avicebron; sans manifester d'attitude « anti-philosophique », elle propose un néoplatonisme arabisé en forme d'alternative aux déterminations aristotéliciennes de Thomas d'Aquin. A l'instar de son collègue anglais Roger Bacon, Matthieu perpétue en effet le geste néoplatonicien qui ontologise la structure dessinée en logique par l'arbre de Porphyre. La distinction logique en genre et espèce est reflétée par la structure ontique: « homme » étant une espèce du genre « animal », l'âme intellective et l'âme sensitive diffèrent actuellement en chaque homme.

> Le premier argument suit et respecte l'ordre de la prédication. L'ordre de la prédication n'est en effet ni vain ni fictif, mais vrai. Il faut donc qu'il soit fondé dans la réalité. Ainsi, puisque nous posons un ordre entre les genres, du genre généralissime à l'ultime espèce, le genre ne signifie pas seulement la matière, mais un composé de matière et de forme, comme le dit Boèce; il faut donc poser une forme en vertu de laquelle [l'homme] est compris dans le genre [de la substance], une forme en vertu de laquelle il est compris dans le genre de la substance corporelle, puis de la substance mixte, puis de la substance organique, puis de la substance vivante, etc. De fait, de même qu'un genre est d'une certaine manière matériel relativement à l'espèce, la différence formelle est une forme de genre relativement à la forme spécifique [1].

Pour l'intelligence de ce texte et de la doctrine en général, il faut penser les notions de « matière » et de « forme » convertibles avec celles de « puissance » et d'« acte »: elles servent à graduer l'échelle des êtres naturels selon le plus ou le moins de perfection dévolue à leurs essences respectives. De fait, la matière est située sur la même ligne que la forme. Dans l'ordre logique de la prédication comme dans le monde physique, elle est, en mesure inverse de la forme, sa compagne obligée [2]; elle n'est donc pas une notion *a posteriori*, découverte à partir de l'observation du changement, mais elle existe en acte dans toute chose qui se révèle matérielle. De même, la puissance et l'acte ne sont plus les principes d'une explicitation métaphysique et téléologique toujours arrêtée à l'unité concrète et confuse du monde. Ils participent d'une description phénoménologique fondée sur l'équiparence de l'ordre réel et de l'ordre logique, qui sont les réalisations parallèles d'un même paradigme constitué par les idées divines. Ils manifestent ainsi le lieu propre à toute réalité sur la verticalité ontique et logique de l'échelle des créatures et découpent le monde en autant de réalités actuellement

1. *Una est propter servandum et salvandum ordinem praedicabilem. Ordo enim praedicabilis non est vanus, non est fictus, sed verus. Ergo oportet quod fundetur super rem. Cum igitur ponamus ordinem generum a primo genere generalissimo usque ad ultimam speciem, genus [substantiae] autem non dicit tantum materiam sed compositum ex materia et forma, sicut dicit Boethius, ergo vere oportet ponere formam per quam reponitur in genere [substantiae], et in genere substantiae corporeae, et mixtae, et complexionatae, et viventis, et sic de ceteris; tamen sicut genus quodam modo est materiale respectu speciei, differentia autem formalis [est] aliqua forma generis respectu formae specificae. Qu. de anima XIII, q. 4*, éd. A.J. Gondras, p. 66.

2. Cette doctrine qualifiée d'« hylémorphisme universel » a pour principale source le *Fons Vitae* d'Ibn Gabirol (Avicebron).

distinctes. Un tel système onto-logique contribue de fait à garantir une saisie empirique ou abstractive discrète de toutes les réalités reflétées sur l'échelle logique des genres et des espèces.

Si le *De gradu formarum* de Richard de Mediavilla relève de la même structure théorique, il témoigne d'un changement de climat intellectuel. Vers 1286 la question anthropologique est devenue classique. Sur presque trente pages, le traité de Richard développe trente-deux objections à la doctrine pluraliste [1]. Gilles de Rome, Gilles de Lessines ou encore le dominicain anglais Thomas de Sutton sont les nouveaux représentants de la thèse uniciste. De plus, les *Correctoires du corrupteur* ont alimenté la controverse. Il n'est toutefois pas opportun d'entrer ici dans la discussion des divers arguments; R. Zavalloni y a consacré une longue et précieuse étude, qui accompagne l'édition critique du texte de Richard [2]. Le présent propos se contentera de pointer quelques détails révélateurs d'un déplacement de la question anthropologique depuis sa formulation par Thomas d'Aquin.

Lorsque, vingt ans avant Richard de Mediavilla, Thomas défendait l'unicité de la forme substantielle en l'homme, il obéissait à un souci global de cohérence philosophique. Les raisonnements de l'Aquinate était gouvernés par des principes métaphysiques à portée universelle. Avec Matthieu d'Aquasparta, le traitement de la question s'est quelque peu déplacé sur le terrain de l'expérience concrète, d'où l'on tire, en guise de preuves, des constats marqués au sceau de l'évidence factuelle; en parallèle, une saisie du monde sensible gouvernée par les subdivisions logiques de l'arbre de Porphyre s'est substituée à la noétique inductive de l'Aquinate. Chez Richard de Mediavilla, la tendance à argumenter aux moyens de faits d'expérience s'intensifie: contre les systèmes de type thomasien sont avancés à titre d'évidences factuelles des constats empiriques de nature biologique. Les domaines de prédilection sont l'embryologie, qui regarde la génération, et l'autopsie, qui vient après la corruption. La question du cadavre constitue en outre le lieu crucial de la discussion, car elle permet de tisser un lien avec la thématique théologique du corps du Christ. Or voici précisément ce que reproche Richard à la doctrine de l'unicité de la forme substantielle : contredire l'évidence sensible.

> [...] ainsi, puisque la vue constate dans le corps mort certains accidents qui étaient déjà présents auparavant, ou qui sont semblables à ceux-ci, il faut nécessairement que contredise implicitement l'évidence sensible la doctrine qui affirme que dans l'homme il n'y a d'autre forme que l'âme intellective [...] [3].

1. Richard de Mediavilla, *Quaestio fratris Richardi de gradu formarum*, textes et étude critique R. Zavalloni, Louvain, Ed. de l'institut supérieur de philosophie, « Philosophes médiévaux, 2 », 1951, p. 35-63.

2. Zavalloni (1951).

3. *[...] cum ergo visus in corpore mortuo aliqua accidentia videat, vel eadem quae prius erant, vel illis similia, oportet necessario, ut sequitur, quod illa opinio quae dicit quod in homine non est alia forma substantialis quam intellectiva, implicite sensui contradicat [...]. De gradu formarum, Responsio ad quaestionem : in homine,* éd. R. Zavalloni, p. 81.

La permanence des cicatrices et des marques distinctives manifeste l'identité personnelle du corps mort et du corps autrefois vivant. Il faut donc reconnaître une même actualité ou forme qui perdure par-delà la séparation de l'âme. Suivent plusieurs arguments biologiques en faveur d'une thèse parfois qualifiée de « gradualiste ». En l'homme ne cohabitent en effet que deux formes : une forme incomplète issue de la génération et une forme dite « complétive » reçue par création. La première organise divers degrés ou *gradus*, qui sont essentiellement distincts, donc proprement doués d'actualité ou d'existence [1] ; selon l'un d'eux, la forme incomplète confère l'être charnel, selon un autre, l'être vivant, selon un troisième, l'être sensitif. La forme complétive n'est autre que l'âme intellective : elle concourt avec la forme engendrée pour constituer l'homme [2]. Comme chez Matthieu d'Aquasparta, les notions de matière et de forme sont synonymes de puissance et d'acte et n'ont d'autres fonctions que de mesurer les degrés de perfection des divers constituants du monde ou de l'homme. Ainsi, la forme incomplète de l'homme se comporte-t-elle comme une matière vis-à-vis de la forme complétive [3].

Au cours des disputes, les grandes distinctions de la « métaphysique » aristotélicienne semblent bien avoir été neutralisées. A partir de ce constat, un jugement historiographique paradoxal d'E. Gilson pourra peut-être être dépassé. L'éminent médiéviste s'étonnait en effet de la double figure de Richard de Mediavilla : alors que celui-ci « semble [...] retenu par sa théologie dans les limites de l'ontologie augustinienne et bonaventurienne », [...] « rien, dans une doctrine aussi conciliante, n'annonce un innovateur en physique » [4]. E. Gilson de citer alors les hypothèses nouvelles de Richard sur la pluralité des mondes possibles et l'infinité actuelle de l'univers. Or les ontologies d'un Matthieu d'Aquasparta ou d'un Richard de Mediavilla empruntent peut-être autant au néoplatonisme arabe qu'à Augustin ; enrichies d'éléments nouveaux, elles ne sont donc pas purement conservatrices. De plus, de manière sans doute paradoxale, certaines préoccupations théologiques furent à l'origine d'hypothèses nouvelles en physique, bien qu'elles ne suffisent pas à expliquer les modifications radicales des standards de la science qui seront opérées jusqu'à Galilée. Les condamnations de 1277 ne sont certes pas à l'origine des évolutions scientifiques de l'époque classique, comme le prétendait P. Duhem ; favorisée par les censures à couleur théologique, la casuistique méthodologique saura par contre libérer la nature des lois universelles et nécessaires de la physique aristotélicienne et promouvoir une démarche hypothétique, où les critères de vérité diffèrent en fonction des points de vue adoptés et des objectifs recherchés.

1. Nulle différence réelle entre l'être et l'essence chez Richard de Mediavilla, comme il le précise dans ce même traité. Voir *De gradu formarum, Responsio ad quaestionem : in quolibet mixto*, éd. R. Zavalloni, p. 117-118.

2. *De gradu formarum, Responsio ad quaestionem : in quolibet mixto*, éd. R. Zavalloni, p. 129.

3. *[...] unde debes scire quod compositum ex materia et omnibus formis quae ad completivam disponunt, comparatur ad formam completivam quasi in ratione propriae materiae [...]. De gradu formarum, Responsio ad quaestionem : in quolibet mixto*, éd. R. Zavalloni, p. 131.

4. Gilson (1986[2]), p. 458-459 et 459.

Le corps du Christ au tombeau

Au terme d'une polémique de plus de vingt ans, la question anthropologique est devenue un corollaire de la christologie. Dans son *Quodlibet* de Noël 1286, Henri de Gand est apparu comme le champion des questions relatives au corps du Christ: il lie assez étroitement les deux thématiques pour subsumer le cas de l'homme à celui du Christ [1]; il relaie ainsi la différenciation hiérarchique de la philosophie et de la théologie imposée par la censure, et interdit de trancher la question anthropologique dans le cadre de la stricte philosophie naturelle. Pendant anthropologique de la notion de matière, le corps est au centre des préoccupations. En effet, l'enjeu de la polémique ne consiste pas dans le statut de l'âme; différent de la lutte « anti-averroïste » des années 1270, le débat n'est plus inscrit dans le champ de la science dénommée «psychologie» [2]. (De plus, la querelle n'oppose pas les autorités ecclésiastiques aux «philosophes» de la Faculté des arts, mais deux attitudes intellectuelles représentées par deux groupes de théologiens.) A la pointe d'une lutte doctrinale qui oppose les deux ordres mendiants, le débat anthropologique est kidnappé par la question du corps du Christ au tombeau. L'anthropologie tout entière devient l'otage d'une thématique relative au corps de Dieu fait homme, qui plus est, à son corps mort; dans le même temps, le cadavre apparaît comme un composant majeur de l'univers mental et de la vie sociale [3].

Jean Pecham et Roger Marston contre Thomas d'Aquin

L'enseignement d'Aristote nie l'identité spécifique et numérique de l'homme mort et de l'homme vivant. L'âme étant la forme et la spécification de l'homme, sa séparation du corps scelle aussi la totale corruption de la substance humaine. Quant à la négation de l'identité numérique ou individuelle, elle découle de la négation de l'identité spécifique. Aucun individu ne saurait persister dans son identité après avoir cessé d'appartenir à une même espèce: par absurde, il demeurerait soi-même en différant cependant de soi par l'espèce. Ainsi le cadavre n'est-il qualifié d'« homme » qu'en un sens fort équivoque [4]; de même les parties du corps mort, doigt, œil, etc. ne sont qualifiées ainsi que par homonymie [5]. Avec

1. Par ailleurs, Henri de Gand est l'un des premiers à avoir attaché la problématique anthropologique de l'unicité de la forme substantielle à la question du corps du Christ au tombeau. Rédigé avant Noël 1276, son *Quodl. I, q. 4*, opère déjà ce rapprochement (éd. R. Macken, p. 19). A ce sujet, Boureau (1999), p. 118-120.

2. Il ne s'agit plus de savoir si l'homme est conjoint à l'intellect séparé dans l'opération intellectuelle (thèse dite « averroïste »), ou s'il est personnellement uni à son propre intellect. Au sujet de cette controverse, voir l'« Introduction » d'A. de Libera à Thomas d'Aquin, *Contre Averroès*, trad. A. de Libera, Paris, GF, 1994, p. 9-73, ainsi que Libera (2004).

3. Regardant Henri de Gand, voir Wirth (1999). Boureau (1999), p. 87-136, traite la problématique du corps mort du Christ; p. 245-292, il aborde la question de la fonction sociale du cadavre, des reliques des saints et des prodiges constatés autour des corps défunts. Paravicini Bagliani (1997) étudie le cas particulier mais éminemment important des cadavres des papes.

4. Par exemple : Aristote, *Météorologiques* IV, 12, 389b31 ; *De l'interprétation*, 11, 21a21. Sur le sophisme de l'homme mort et son traitement en logique médiévale, Ebbesen (1979).

5. Par exemple : Aristote, *Métaphysique* Z, 10, 1035b24-25 ; *De anima* II, 4, 412b17-25.

la mort, l'œil cesse d'être œil, car il n'a plus de fonction propre : il n'est plus l'organe de la vue ; de même, la totalité organique que constituait le corps s'évanouit : la séparation de l'âme anéantit le corps en lui retirant son actualité propre, par conséquent son être et sa finalité.

Or le fonds dogmatique commun du catholicisme n'entrait pas dans le moule de l'aristotélisme. Il incluait par exemple le motif de la « double nature » du Christ, qui réunit la divinité et l'humanité en une seule personne. En termes aristotéliciens et contre toute logique philosophique, le Christ est un individu numériquement un, qui ne se laisse cependant pas comprendre sous l'unique espèce ou « nature » humaine. De plus, le corps du Christ au tombeau était considéré comme identique à son corps vivant. Le troisième jour, le Fils de Dieu avait disparu pour ressusciter, il fallait donc supposer l'identité numérique du Christ mort et du Christ vivant. Le corps mort du Christ est non seulement un corps au sens propre, mais le corps d'une certaine personne.

Du XIIe au XIIIe siècle, la doctrine commune devint matière à des questionnements de plus en plus singuliers [1]. En 1286, la thèse de l'unicité de la forme substantielle en l'homme est qualifiée d'hérétique, sous prétexte qu'elle nie l'identité du corps mort et du corps vivant du Christ. En effet, si l'âme intellective était l'unique forme du corps, il faudrait supposer l'apparition d'une nouvelle forme à l'instant de la mort; le corps ne disparaît pas immédiatement dans le néant, mais apparaît sous la forme du cadavre. Opposée à tout type d'âme par son genre même, la forme du cadavre interdit cependant de concevoir l'identité spécifique du corps vivant, informé par la seule âme, et du corps mort, dont le statut équivaut à celui d'une chose; ceux-ci ne sauraient dès lors être identiques individuellement ou par le nombre. Or, objecte la censure, la négation de l'identité du corps du Christ mort et vivant annulerait les consécrations eucharistiques opérées durant les trois jours au tombeau (le « *triduum* ») : à supposer qu'un prêtre ait prononcé la formule « ceci est mon corps » durant le *triduum*, la transsubstantiation se serait réalisée en un corps différent de celui du Christ « à l'ordinaire ». La cohérence du dogme suppose donc une prolongation de l'identité corporelle dans la mort [2]. En l'homme comme en le Fils de Dieu fait homme, il faut donc postuler une forme de corporéité distincte de l'âme, en-deçà de celle-ci, et qui lui survit.

Ainsi, l'anthropologie thomasienne sera attaquée sur ses implications théologiques regardant le statut du cadavre. Cette réduction drastique du champ de la philosophie est d'ailleurs symptomatique d'une attitude intellectuelle nou-

1. Pour un bilan théologique sur la question aux XIIe et XIIIe siècles, voir Landgraf (1953).

2. Anecdotique en apparence, ce problème fait l'objet du troisième article de la condamnation de Londres : « Si, pendant les trois jours de la mort, une consécration avait été opérée par les paroles sacramentelles "ceci est mon corps", la transsubstantiation du pain se serait réalisée dans cette nouvelle forme ou nature introduite lors de la mort ». *Tertius est quod in illam formam vel naturam de novo introductam per mortem facta fuisset transsubstantiatio panis virtute verborum sacramentalium, scilicet « hic est corpus meum », si in triduo mortis fuisset facta consecratio.* éd. T. Martin, t. III, p. 922. Henri de Gand commente cet article dans un passage biffé de son *Quodl. X, q. 5* (éd. R. Macken, p. 109, apparat critique : *Tertia*...).

velle dans le camp franciscain, où Pierre de Jean Olivi prêchait le mépris de la philosophie peu avant d'être lui-aussi la cible de ses propres coreligionnaires franciscains [1]. Le rejet de l'attitude rationaliste de Thomas d'Aquin suppose cependant vingt années de luttes doctrinales, dont voici quelques épisodes significatifs. En 1267-1268, Thomas d'Aquin commente le *De anima* d'Aristote ; la question du cadavre présente une confirmation *a contrario* de la thèse de l'unicité de la forme substantielle :

> Ainsi, lorsque l'âme se retire, le corps ne demeure pas identique par l'espèce ; en effet, l'œil et la chair ne sont prédiqués que de manière équivoque après la mort, comme le démontre le Philosophe en *Métaphysique* VII ; en effet, lorsque l'âme se retire, une autre forme substantielle lui succède, qui confère un autre être spécifique, car la corruption d'un être suppose la génération d'un autre [2].

Or les principes découverts chez Aristote sont importés et appliqués en théologie [3]. Avant Pâques 1270, Thomas est confronté à cette question : « Après la mort, est-ce que l'œil du Christ est dit "œil" de manière équivoque ou univoque ? » [4]. La réponse est tranchée : après la mort, non seulement l'œil, mais le corps tout entier diffère par l'espèce de ce qu'il était auparavant. De commun, il ne reste qu'un nom prédiqué de manière purement homonymique ou équivoque. Dans sa brève détermination, l'Aquinate traite le problème sur le plan anthropologique pour conclure à la non-identité du corps mort et du corps vivant du Christ. Le Fils de Dieu n'était pas seulement un homme (*purus homo*), mais il l'était vraiment (*verus homo*) ; ainsi tout ce qui est vrai de l'homme en tant qu'homme est vrai de lui [5]. Sans le dire expressément, Thomas rejette donc la permanence du corps du Christ par-delà la mort et durant les trois jours au tombeau. Cette solution demeure fidèle à la philosophie naturelle d'Aristote jusque dans ses racines épistémologiques et métaphysiques. De même que la matière n'a aucune actualité et aucune détermination sinon de la forme, le corps ne jouit pas d'une moindre actualité, de sorte à cohabiter avec l'âme et à lui survivre après la mort. L'être du corps ne se découvre nulle part ailleurs qu'en l'âme, et le cadavre est littéralement autre chose.

L'œuvre de l'Aquinate livre cependant une autre détermination, contemporaine et parallèle à cette prise de position philosophique ; plus souple, elle distingue le cas du Christ du cas purement humain et ouvre une voie vers

1. Voir Burr (1997), p. 68-84 pour l'attitude anti-philosophique d'Olivi, p. 100 *sq.*, pour les censures qu'il encourut. Voir aussi le collectif Boureau, Piron (éd.) (1999).

2. *Et inde est quod recedente anima, non remanet idem corpus specie ; nam oculus et caro in mortuo non dicuntur nisi equivoce, ut patet per Philosophum in VII Metaphysice ; recedente enim anima, succedit alia forma substantialis que dat aliud esse specificum, cum corruptio unius non sit sine generatione alterius.* Thomas d'Aquin, *Sentencia libri secundi de anima, cap. 1*, Ed. Léonine, t. 45/1, p. 71a-b.

3. Sur l'application thomasienne de la science aristotélicienne en théologie, voir Sylla (1975).

4. Wawrykow (2001), p. 302-305, présente les divers moments du traitement thomasien de la question du corps du Christ au tombeau. Son analyse de cette problématique aboutit au constat d'une importance remarquable accordée par Thomas à la première patristique.

5. Thomas d'Aquin, *Quodl. III, q. 2, art. 2*, Ed. Léonine, t. 25, p. 247a.

l'orthodoxie de l'époque. Cette solution plus théologique est développée dans trois textes au moins, situés entre 1269 et 1273 [1]. Elle distingue l'identité numérique « hypostatique » de l'identité numérique « dans la nature humaine ». Alors que l'âme et le corps unis dans la personne du Christ constituent une seule nature, la divinité est liée à ce corps et à cette âme sans se fondre dans une nature humaine qu'elle excède infiniment par sa perfection. Ainsi, lorsque l'âme est séparée du corps du Christ, l'humanité est dissolue, mais le corps et l'âme demeurent séparément unis à la divinité qui les maintient dans leurs personnalités et leurs identités hypostatiques respectives. Trop brièvement résumés ici, les développements de Thomas évitent de recourir à une intervention divine spéciale et nuancent, sur le plan philosophique, la valeur de cette identité corporelle. Encore dans la dernière partie de la *Somme de théologie*, le maître nie que le corps du Christ vivant et mort soit absolument identique d'un point de vue général, bien qu'il le soit sous la considération de la personnalité du Christ.

Le front adverse ne se laissera d'ailleurs pas prendre à l'argumentation de Thomas ; Jean Pecham la qualifie de « frivole » et de « vaine » dans son quatrième *Quodlibet* disputé à Rome vers 1278 [2]. Comme Thomas d'Aquin en 1270, le futur auteur de la condamnation de Londres discute du cadavre du Christ : la question 11 demande « si "œil" est dit de l'œil du Christ vivant et de l'œil du Christ mort de manière univoque ou équivoque ». Complexe et confuse, la détermination du maître joue sur la distinction et l'interpénétration sporadique de deux registres, la christologie et le problème logique de la prédication. La chair et l'œil du Christ mort ne sont pas synonymes de sa chair et de son œil vivants, car ces parties de l'être naturel ne remplissent plus leurs fonctions d'origine [3]. Un œil qui ne sert plus la vue, n'est dit « œil » que de manière équivoque. Le corps n'est cependant pas considéré comme un simple organe, dont la consistance se résumerait à une fonctionnalité déterminée et finalisée par l'âme : comme la matière étudiée en philosophie naturelle, le corps est actuel par soi [4] ; il jouit de sa propre unité [5]. Ainsi, bien que la mort signifie une modification radicale, elle n'induit pas de changement substantiel du côté du corps :

1. Le *Quodl. II, q. 1, art. 1*, Ed. Léonine, t. 25, p. 211-212, probablement avant Noël 1269. Le *Quodl. IV, q. 5*, Ed. Léonine, t. 25, p. 327-328, probablement avant Pâques 1271. La *ST IIIa, q. 50, art. 5*, Ed. Léonine, t. 11, p. 484, que les historiens situent peu avant le 6 décembre 1273, date à laquelle Thomas cessa de dicter.

2. *Quodl. IV, q. 11*, éd. F. Delorme, dans *Quodlibeta quatuor*, éd. G.J. Etzkorn et F. Delorme, Grottaferrata, Quaracchi, « Bibliotheca franciscana scholastica medii aevi, 25 », 1989, p. 198.

3. *Quodl. IV, q. 11*, éd. F. Delorme, p. 199, § 10.

4. Pour Pecham, il ne fait aucun doute que Dieu puisse créer la matière sans forme. Voir *Quodl. IV, q. 1*, éd. F. Delorme, p. 174-176.

5. *Quodl. IV, q. 11*, éd. F. Delorme, p. 198-199, § 9-10.

> Or le corps vivant des mourants ne se transforme pas en une chose qui appartient par soi à une autre espèce, mais en une privation de l'espèce humaine et de la vie ; absolument parlant, la substance demeure donc numériquement identique [1].

Au cours de son explication, Jean Pecham paraît disjoindre logique de la prédication et description anthropologique : bien que le corps mort et le corps vivant constituent deux genres logiques différents et que l'œil d'un cadavre ne soit dit « œil » que de manière impropre, l'évidence empirique et l'autorité de Saint Ambroise imposent de reconnaître la permanence d'un même corps après la mort [2]. Malgré cette contradiction apparente, les deux déterminations concordent cependant au sein d'une théorie fondée sur la reconnaissance d'un strict parallélisme logico-ontique ; en manière de prémisse, il faut admettre que toute réalité exprimée par un genre ou une espèce existe de sa propre actualité. Le rapport du genre à l'espèce ne ressemble donc pas à celui d'une pure puissance à son acte : dans l'homme, l'âme sensitive (l'animalité) jouit d'une actualité distincte de celle de l'âme rationnelle (l'humanité). De même, les premières formes corporelles, inférieures à la vie animale et plus potentielles que cette dernière dans la structure de l'être biologique, correspondent au genre logique qui contient les sous-genres du corps vivant et du corps mort ; dans le corps, elles n'en sont pas moins actuelles par elles-mêmes et peuvent demeurer inchangées après l'ablation de l'âme. L'abolition de l'identité spécifique et générique (« homme » et « animal ») ne signifie donc pas la dissolution de la substance individuelle entière, qui demeure identique à elle-même d'un point de vue *supra*-générique, dans sa corporéité au sens large.

Elaborée pour justifier la permanence du corps du Christ au tombeau, l'anthropologie de Pecham aboutit à une substantialisation du corps. Elle est conforme au canevas métaphysique néoplatonicien d'un Roger Bacon ou d'un Richard de Mediavilla. La théorie de la procession et de la diffusion des formes nie la distinction aristotélicienne de l'acte et de la puissance au profit d'un gradualisme ontologique où l'acte se répartit et se fractionne indéfiniment. De la matière première à l'acte pur divin, toute réalité jouit d'une actualité propre. Ainsi, la mort équivaut à la séparation quasi locale de deux réalités jusque-là unies, le corps et l'âme. Elle abolit l'humanité et l'animalité du corps, et la substance abandonne sa forme la plus noble ou son actualité la plus forte. Cependant le corps n'est pas anéanti soudainement et recréé sous une autre espèce : propres à la matière corporelle et appartenant à un degré plus générique que la forme du corps vivant, les formes inférieures demeurent inchangées, jouissant de la même actualité et de la même substantialité qu'auparavant, bien que désagrégées de l'âme.

Les thèses de Pecham seront relayées et étayées par son disciple Roger Marston, dont les prises de position témoignent de la décisive imbrication de l'anthropologie dans la théologie. L'un des plus éminents connaisseurs de la

1. *Sed in morientibus in quibus corpus vivens non mutatur in rem completam alterius speciei per se, sed in defectu speciei humanae et vitae, in talibus enim manet simpliciter eadem substantia numero. Quodl. IV, q. 11*, éd. F. Delorme, p. 201, § 15.

2. *Quodl. IV, q. 11*, éd. F. Delorme, p. 200, § 12-13.

pensée de ce maître anglais, G. J. Etzkorn, a montré la propension du franciscain à trancher les débats théologiques et philosophiques au moyen de vérités tirées des dogmes de l'Église [1].

La problématique de l'homme est une partie conséquente de la philosophie de Roger. Vers 1282 ou 1283, une longue question lui est consacrée, qui s'inscrit dans la lignée des anthropologies franciscaines [2]. Le maître combat la thèse de l'unicité de la forme substantielle et mentionne en passant ses implications problématiques en christologie [3]. Probablement au temps de Pâques 1284, il discute la question de l'identité numérique du corps du Christ au tombeau. En forme de chiasme par rapport à l'inscription de la christologie au cœur de l'anthropologie, cette discussion théologique choisit pour cible la doctrine anthropologique de Thomas d'Aquin. Fort brève, la détermination du maître conteste sans détour l'orthodoxie de la doctrine thomasienne. En début de question, le traditionnel énoncé des arguments oppose l'anthropologie thomasienne à la foi, sans mention de sa christologie :

> A l'opposé : la foi affirme que le Christ a reposé dans le tombeau en raison de son corps; or, s'il ne s'agissait pas du même corps, la foi serait fondée sur des fantaisies [4].

1. Par exemple Etzkorn (1962), p. 425 (point *C.*). Cet article présente le système métaphysique de Roger Marston, en lequel culminent les influences conjuguées de la tradition franciscaine, du *Fons Vitae* d'Ibn Gabirol et d'une certaine forme de néoplatonisme. En début d'analyse, l'auteur annonce : « As far as we know, this is the first version of the grades theory – as distinct from the plurality and unicity of forms theories – which has survived », (Etzkorn (1962), p. 418). Dans la foulée de ce genre de constats, est apparue une sous-espèce de pluralisme, le « gradualisme ». Influencée par la tournure de la question médiévale qui procède par énumération de thèses divergentes (*quidam dicunt... arguitur...*), l'historiographie a figé des types de solution et les a étiquetés (« pluralisme », « gradualisme »...), plutôt que de considérer les auteurs en particulier, (au XIIIe siècle, il était d'usage de laisser ses contemporains dans l'anonymat). Jusque dans les années quatre-vingt, cette tendance s'est accentuée; les étiquettes se sont multipliées pour signifier des attitudes intellectuelles (parmi les plus baroques, le « néo-augustinisme », à la pointe du mouvement réactionnaire, et l'« aristotélisme hétérodoxe », à l'extrême opposé; dans Van Steenberghen (1991[2]), p. 321 *sq.* et 434 *sq.*). Si ces catégories masquent tantôt la spécificité des textes en les moulant à un schéma théorique *a priori*, elles peuvent aussi donner l'illusion d'une originalité exagérée lorsqu'il s'agit de découvrir une première occurrence du modèle à promouvoir, par exemple le premier représentant d'une variante nuancée de « pluralisme » promise à devenir le « gradualisme ». Certes, cette catégorie a bien un sens pour l'élucidation de la doctrine de Roger Marston et reflète un usage linguistique, celui du terme « *gradus* ». A titre de notion explicative, elle sert la compréhension des textes et des réponses particulières du maître oxonien. Avec cette fonction, elle entrait toutefois déjà dans l'élucidation de la théorie de Pecham. De fait, le « gradualisme » est un objet philosophiquement intéressant, mais sans consistance historiographique. Qu'il nous soit donc permis de présenter Roger sous la figure d'un continuateur, dont la carrière et la motivation intellectuelle suivent de près celles de Pecham.

2. *Quodl. II, q. 22,* dans *Quodlibeta quatuor,* éd. G.J. Etzkorn, I.C. Brady, Grottaferrata, Quaracchi, « Bibliotheca Franciscana Scholastica Medii Aevi, 26 », 1994[2] [1968], p. 232-278. Pour la datation des textes, voir les « Prolegomena » à la précédente édition, p. 68*-69*.

3. *Et istis accidit difficultas de identitate corporis Christi vivi et mortui, cui nunquam satisfacere potuerunt. Quodl. II, q. 22,* éd. G.J. Etzkorn, I.C. Brady, p. 273.

4. *Contra : Fides tenet quod Christus iacuit in sepulcro propter corpus; ergo si non fuerit idem corpus, fides innititur fantasiae. Quodl. IV, q. 11,* éd. G.J. Etzkorn, I.C. Brady, p. 387.

Pour rejeter la doctrine uniciste, Roger n'use d'ailleurs pas seulement d'intelligence; il en appelle à la censure. Après avoir exprimé son désir de ne pas envenimer la querelle et énuméré quelques arguments désormais conventionnels, il rappelle la rétractation parisienne d'Henri de Gand [1].

Aux alentours de 1284, la Faculté de théologie d'Oxford apparaît comme le théâtre d'une polémique peu propice aux réflexions épistémologiques, cependant qu'à Paris, Godefroid de Fontaines développe une méthodologie aventureuse.

Godefroid de Fontaines et Henri de Gand

Daté du temps de Pâques 1286, le deuxième *Quodlibet* de Godefroid de Fontaines a déjà révélé la figure d'un maître qui refuse de trancher la question de la possible création éternelle du monde; sa solution estimait plutôt la probabilité des hypothèses en présence [2]. La septième question de ce même *Quodlibet,* qui retranscrit une longue discussion sur la question anthropologique, précisera cette image historiographique [3]. Fidèle à l'intuition philosophique thomasienne, Godefroid y défend la thèse uniciste : la substance est une unité confuse, concrète et dynamique qui n'autorise pas de fragmentation; l'âme constitue l'unique tout substantiel humain, dont l'actualité assume l'ensemble des virtualités ou puissances inférieures. Contrairement à Thomas autrefois, Godefroid se doit pourtant de situer le débat anthropologique dans l'univers intellectuel contemporain. Il ne peut ignorer vingt ans de querelles universitaires. Sous forme de panorama des opinions, sa réponse commence donc par examiner et réfuter dans le détail les doctrines pluralistes, y compris le dimorphisme d'Henri de Gand [4].

Comme dans son traitement de la question de l'être et de l'essence, Godefroid instaure alors un hiatus entre la philosophie, dont l'objet est le monde naturel, et la théologie tournée vers les vérités surnaturelles que révèlent les textes sacrés. Sa méthodologie scientifique sépare les vérités de foi de l'argumentation philosophique. Contre l'usage dominant dans les facultés de théologie, elle exclut l'érection du cas théologique en modèle exemplaire et en critère décisif de toute vérité; différente aussi du rationalisme thomasien, qui s'étendait à la théologie, elle maintient l'objet de foi hors de ses frontières et se refuse à en rendre raison. Thèmes théologiques et problèmes philosophiques relèvent de deux registres discursifs différents. Peu après avoir signifié que la double nature du Christ alliée à une subsistance unique est le fait d'un *pouvoir surnaturel* et l'objet de la pure croyance, Godefroid passe au problème de la corruption et précise que, *dans*

1. *Quodl. IV, q. 11,* éd. G.J. Etzkorn, I.C. Brady, p. 387 et 389.

2. *Quodl. II, q. 3.* Voir *supra*, p. 113 *sq.*

3. *Quodl. II, q. 7,* éd. M. de Wulf, A. Pelzer, p. 95-133.

4. *Quodl. II, q. 7,* éd. M. de Wulf, A. Pelzer, p. 107-111, pour la critique des pluralistes; *ibid.*, p. 112-120, pour la réfutation de la doctrine henricienne. Celle-ci fait cohabiter deux formes en acte, la forme de corporéité tirée de la matière par voie de génération naturelle, et l'âme rationnelle infusée par Dieu sur le mode de la création. Le problème de l'anthropologie henricienne sera dès lors celui du statut et de l'origine des puissances végétative et sensitive. Au sujet de l'anthropologie d'Henri de Gand, voir Maurer (1948); Mazzarella (1978); Wilson (1978) et (1982); Macken (1979); Wielockx (1987); et surtout Fioravanti (1975).

l'ordre naturel, l'ablation de la forme substantielle abolit toute la réalité de la chose [1]. Son cheminement discursif évite toute voie de conséquence tracée de la christologie à l'anthropologie.

Pris au jeu des débats anthropologiques, Godefroid ne s'arrête pourtant pas à la promotion de la thèse uniciste défendue par les partisans de Thomas d'Aquin ; il développe des principes méthodologiques si audacieux qu'ils lui interdisent, en fin de compte, toute certitude absolue tirée de la raison. La seconde partie de sa question, plus thétique que polémique, révèle un théologien quasi dissident, qui feint un souverain détachement par rapport à la querelle scolaire. Godefroid y développe une théorie probabiliste : il pèse les hypothèses en présence et conclut que la thèse uniciste est la plus probable (*probabilior*), car les objections qu'elle rencontre se résolvent plus aisément que celles qui contrecarrent la thèse pluraliste de la mouvance franciscaine [2]. Le véritable enjeu de la discussion rejoint alors l'épistémologie et vise l'abandon d'une pratique indue, l'usage et la lecture philosophiques des arguments d'autorité tirés de l'Écriture ou des dogmes. Loin de postuler la coexistence de deux vérités, l'une philosophique, l'autre révélée, Godefroid met en cause les capacités humaines à interpréter les textes sacrés. De manière implicite, il reconnaît ainsi que les standards de la rationalité humaine n'offrent pas de critères suffisants pour faire de la théologie une science :

> Au sujet de ce problème, l'on avance des arguments qui touchent les questions de foi, et, celles-ci ne nous sont pas des vérités en vertu de l'évidence des choses, mais en vertu de l'autorité de l'Écriture et de l'Église. C'est pourquoi, en matière de foi, personne ne doit juger ouvertement de concordance ou de discordance avec elle, et personne ne doit déterminer une question en affirmant trop sûrement : « ceci ou cela est opposé à la foi » ; il convient au contraire de dire : « ceci ne me semble pas être opposé à la foi, bien que je lui considère opposé tout ce que l'Église catholique juge communément l'être [...] » [3].

La vérité de foi ne donne lieu à aucune restriction ; elle est *absolument* vraie. Elle n'est pas découverte par la raison philosophique, mais révélée. Quant à la vérité philosophique, elle nous appartient en propre et dépend des règles nécessaires de la raison, qui circonscrivent son domaine de pertinence dans les

1. « En effet, qu'il y ait plusieurs êtres de nature ou plusieurs substances dans le Christ, et qu'il n'y ait pourtant qu'un seul être subsistant, ceci est le fait d'une puissance surnaturelle. » *Quod enim in Christo plura esse naturae sunt vel substantiae et tamen non est nisi unum esse subsistantiae, hoc est virtute supernaturali. Quodl. II, q. 7*, éd. M. de Wulf, A. Pelzer, p. 118. Et, plus loin : « En effet, lorsque les formes des choses naturelles sont détruites, les matières sont aussi abolies, et aucune réalité ne demeure, sinon de manière équivoque ». *Formae enim rerum naturalium cum fuerint ablatae, auferuntur et materiae, et nullum ens remanet nisi aequivoce. Quodl. II, q. 7*, éd. M. de Wulf, A. Pelzer, p. 119.

2. *Quodl. II, q. 7*, éd. M. de Wulf, A. Pelzer, p. 123-124.

3. *Ei quia circa hoc inducuntur rationes tangentes ea quae sunt fidei, quae non sunt nobis certa ex rei evidentia sed ex auctoritate Scripturae vel Ecclesiae, de his autem quae fidei sunt non omnino manifeste ad ipsam pertinentia vel ipsi repugnantia non est uniuscuiusque iudicare vel determinare dicendo multum assertive : « hoc est contra fidem vel hoc », sed licet dicere : « non videtur mihi quod hoc est contra fidem, contra quam tamen reputo omne illud quod Ecclesia catholica communiter iudicat esse contra ipsam » [...]. Quodl. II, q. 7*, éd. M. de Wulf, A. Pelzer, p. 125.

frontières de la nature. Elle est *simplement* vraie, du moment où elle est considérée dans son champ propre, en d'autres termes, *relativement* à son univers de référence. Cette description carrée de la subtile et mouvante épistémologie de Godefroid veut prévenir son éventuelle et fautive classification au rayon du relativisme sceptique [1]. En effet, le doute n'est au principe d'aucun des deux discours, philosophique ou théologique; la seule difficulté provient de la ligature des deux domaines: comment juger de la pertinence théologique d'une vérité philosophique, dès lors que l'objet de foi, surnaturel, déborde les frontières de la rationalité? Par exemple, comment évaluer le sens d'une thèse anthropologique en christologie? En matière de foi, la régularité de la raison philosophique est réduite à une opinion subjective que manifeste l'usage récurrent de la formule incise « comme il me semble » (*et ut mihi videtur*). La vérité de foi n'en est pas pour autant contraire à la vérité philosophique, ni plus « fantaisiste », selon les termes de l'invective marstonienne. Godefroid affiche une obéissance sans limites aux dogmes communs de l'Église; la limitation du champ de la philosophie et la relativisation subséquente du pouvoir de la raison s'accompagnent d'une forme de fidéisme qui préfigure celui de Guillaume d'Ockham. Ainsi la détermination anthropologique de Godefroid est-elle modélisée par la probabilité et relativisée là où elle pourrait toucher la foi :

> Il est donc possible d'affirmer qu'il n'y a qu'une seule forme en l'homme, du moins en guise d'opinion probable et, à ce qu'il me semble, dans la mesure où celle-ci ne répugne pas aux vérités qu'il faut affirmer d'une foi certaine. Toutefois, je ne rejette pas la position opposée et ne la considère ni comme impossible ni comme erronée [2].

Godefroid d'ajouter qu'il est prêt à changer d'opinion, en fonction de nouveaux décrets ecclésiastiques ou de contre-arguments philosophiques plus probants.

A cette interprétation épistémologique de la solution de Godefroid, il sera aisé d'opposer la considération d'une modestie de ton affectée et d'une rhétorique de la prudence presque obligatoire dans un contexte historique troublé [3]. Comme tout discours, celui de Godefroid ne peut en effet s'affranchir des conventions socioculturelles de son temps et de son milieu. De plus, il est adapté à son objet; en

1. La description de R. Zavavalloni pourrait encourager une telle classification : « L'attitude de Godefroid évoque celle du voyageur qui, parvenu à un carrefour et voyant des difficultés dans toutes les directions, hésite à choisir sa route. Son attitude est caractérisée par un certain scepticisme [...] », Zavalloni (1951), p. 297. Ce jugement est repris par Mazzarella (1978), p. 177 et 194.

2. *Ideo per modum saltem probabilis opinionis, et ut mihi videtur, eis quae fide certa teneri oportet non repugnantis, potest teneri quod in homine non sit nisi una forma, aliam tamen positionem non reprobando nec impossibilem vel erroneam reputando. Quodl. II, q. 7,* éd. M. de Wulf, A. Pelzer, p. 125. Malgré les coïncidences linguistiques, ce propos ne traduit pas l'attitude sceptique d'un Sextus Empiricus, mais il affirme la priorité et la fonction de discrimination de la vérité de foi.

3. J.F. Wippel semble abonder en ce sens lorsqu'il suggère une inhibition de nature psychologique : « While Godfrey's personal philosophical sympathies surely lie with the doctrine of unicity of form in man and in all else, his theological preoccupations clearly prevented him from giving unqualified assent to that position. On this point, then, real or imagined theological difficulties do seem to have exercice an inhibiting role on his philosophy [...]. », Wippel (1981), p. 347.

intertextualité, il reprend les usages linguistiques et rhétoriques courants qui furent induits par les divers actes de censure depuis 1277. Dans la visée de cette étude, le propos de Godefroid n'aurait toutefois aucun intérêt, s'il se contentait de refléter une coutume rhétorique ou de manifester la déférence d'un maître envers les autorités ecclésiastiques et universitaires. Devenue légendaire sous la plume de ses historiens, la prudence de Godefroid ne se résume pas à une forme discursive, mais elle est au principe d'une certaine manière d'envisager la science. Pour preuve, la dernière partie de la détermination, consacrée à l'identité du corps du Christ mort et vivant [1].

Influencé par la tournure de la querelle, l'ultime moment de la discussion anthropologique de Godefroid considère en effet l'humanité du Christ, dont le corps est la manifestation par excellence; le maître s'interdit toute hypothèse concernant d'autres aspects de la christologie. Or, dans la mesure où le Christ fut un homme, il est fort possible de nier la permanence de son corps dans le cadavre. En effet, si l'anthropologie aristotélicienne interprétée par Thomas d'Aquin est la plus probable, il faut aussi défendre l'unicité de la forme substantielle dans le Christ fait homme. Nulle raison ne se présente pour faire du Christ une exception qui invaliderait les principes communs de la biologie :

> Il semble qu'aucune nécessité ne conduise à supposer deux formes [substantielles] spécialement dans le cas du Christ, si on ne les suppose pas dans les autres cas [2].

En conséquence, la mort du Christ induit l'abolition de son corps, qui est dépourvu de son actualité propre (l'unique forme intellective) et revêtu d'une nouvelle forme (celle du cadavre). Loin d'afficher une prudence de circonstance, cet argument affronte et renverse la logique des censeurs : le cas théologique n'est pas insinué au cœur du discours anthropologique pour en prescrire les règles communes, mais, précisément pour neutraliser ce dernier procédé, Godefroid réduit le problème christologique à sa plus simple teneur anthropologique. Toujours dans cette optique, l'impertinent maître ne voit d'ailleurs pas la nécessité de supposer l'identité du corps mort et du corps vivant du Christ. Durant les trois jours au tombeau, une forme cadavérique a très bien pu se substituer à l'ancienne forme humaine, disparue avec la mort; le court laps de temps de l'ensevelissement et l'embaumement ont empêché le retour du cadavre du Christ à la poussière, avant la résurrection. L'objection tirée d'une hypothétique consécration eucharistique durant le *triduum* est balayé d'un revers de la main [3]; elle semble appartenir aux supputations théologiques et aux rationalisations des mystères dont l'unique but est de trancher abruptement en philosophie. De fait, le scepticisme ou l'extrême circonspection d'un Godefroid timoré appartiennent plus à la fiction

1. *Quodl. II, q. 7*, éd. M. de Wulf, A. Pelzer, p. 131-132.

2. *Nulla ergo videtur necessitas hoc ponendi specialiter in Christo, esto quod in eo sint duae formae, si in aliis hoc non ponatur. Quodl. II, q. 7*, éd. M. de Wulf, A. Pelzer, p. 131.

3. *Ad aliud de transsubstantiatione dicendum quod conversio fit in id quod vere potest dici corpus compositum ex materia et forma substantiali. Quodl. II, q. 7*, éd. M. de Wulf, A. Pelzer, p. 132.

biographique qu'ils ne résultent de la lecture de ses prises de position philosophiques.

Avant le Noël de la même année 1286, le *Quodlibet X, q. 5* d'Henri de Gand déroule sa longue présentation de la querelle anthropologique. Après la solution, vient un moment pour examiner les revendications méthodologiques de Godefroid de Fontaines [1]. Malheureusement, le raisonnement du docteur solennel devient presque amphigourique à force de prouesses syntaxiques, sans compter les lacunes, les ajouts et les corruptions qui grèvent les manuscrits du texte. L'argumentation peut toutefois être explicitée en trois temps sans subir de modification substantielle.

D'abord, le maître reconnaît la légitimité et la congruité des vérités découvertes en philosophie naturelle [2]. Il fustige cependant l'attitude de celui qui, à partir de ces mêmes vérités (*tamen de illis*), jugerait improbables les dogmes et les vérités de foi [3]. Il souligne enfin l'infirmité de la raison philosophique. Les domaines de pertinence ne sont pas distingués, et la vérité philosophique n'est pas assurée de stabilité et d'universalité relative par sa circonscription dans un domaine délimité et confiné à la nature. Le cas problématique a une fonction d'entonnoir, qui réunit les arguments de natures diverses dans un même récipient. Si les raisons philosophiques et théologiques se trouvent concorder, les premières sont assurées de leur véracité et de leur légitimité propres; dans l'alternative contraire, elles doivent être jugées illégitimes, non seulement en vertu de leur incompatibilité avec les vérités de foi, mais sur le critère même de leur consistance philosophique. Henri précise en effet :

> De la thèse de la forme substantielle unique en l'homme semblent résulter de nombreuses difficultés concernant les questions divines mentionnées auparavant; c'est pourquoi, aussi vraisemblable que soit l'objection que l'on aura tirée de la philosophie, même si je ne sais pas comment la résoudre, je croirais un plus expérimenté que moi capable de la solutionner [4].

Pour se dédouaner d'un éventuel opportunisme, Henri se dit prêt à abandonner sa propre doctrine anthropologique, si elle s'avérait dangereuse en théologie.

1. *Quodl. X, q. 5*, éd. R. Macken, p. 103-105.

2. *[…] non est inconveniens praeferre quae experimur per rationes naturales in naturis rerum secundum doctrinas philosophicas, illis factis. Quodl. X, q. 5*, éd. R. Macken, p. 103.

3. Immédiatement à la suite du texte précédent : *Si tamen de illis aliquis intellexit quod non est verisimile, quae in sacramentis et in aliis factis pertinentibus ad fidem certa tenemus a divina institutione, cum minimum inconveniens apparens in eis quae fide tenemus, maximum debemus reputare inconveniens, et dicere quod quaecumque ratio humana, quantumcumque efficax appareat, tamen verisimilitudine decipit […].* Le texte est manifestement corrompu. Nous supprimons les parenthèses que l'éditeur ajoute, vers le début de la phrase, pour isoler *quod non est verisimile*. Cette proposition ne signifie pas le caractère improbable de l'opinion mentionnée, mais la probabilité contestée des vérités de foi. (L'usage parallèle de la notion *verisimilitudo* en fin de passage confirme cette hypothèse de lecture). Plus loin, peut-être faut-il lire *apparet* au lien de *apparens*.

4. *Unde quia tanta sequi videntur inconvenentia circa praedicta facta divina ex positione unius formae substantialis in homine, quantumcumque verisimilis ratio mihi produceretur ex philosophia, etsi forte eam solvere nescirem, solubilem tamen a magis perito crederem. Quodl. X, q. 5*, éd. R. Macken, p. 104.

Sicut verba sonant, les thèses de Godefroid et d'Henri peuvent ainsi paraître redondantes, marquées au sceau d'une même prudence. La seconde entend pourtant réfuter la première. Or la considération du motif et de la structure épistémologique des deux arguments révèle une différence primordiale.

Chez Godefroid, la faillibilité de la raison humaine, exprimée par l'intrusion des marques de la subjectivité (*saltem ut mihi videtur*...), se manifestait en théologie; l'objet de ce discours excède en effet le domaine de la nature, où se meut la raison. Ainsi le maître était-il prêt à toutes sortes de concessions en théologie, et même au point de rencontre des deux domaines, là où la probabilité des théories philosophiques diminuait en fonction de leur proximité avec la foi. Cependant, Godefroid a semblé rejeter les analyses transdisciplinaires; sur les questions relatives à l'éternité du monde, à la distinction de l'être et de l'essence [1], et dans la problématique anthropologique, il a réclamé une séparation des deux discours et la délimitation de leurs objets respectifs en fonction du type de vérité recherchée. Chez Henri, la faillibilité de la raison, exprimée sous forme d'humilité intellectuelle (*etsi... nescirem*), est transférée en philosophie. La vérité théologique est absolue : elle ne saurait être incompréhensible dans un contexte précis, mais joue au contraire à tous les niveaux d'analyse. Le cas échéant, l'intrusion sporadique d'une vérité théologique dans le contexte d'une discussion philosophique force l'assentiment de la raison elle-même, qui se reconnaît faillible. Pour le dire de manière anachronique, Henri de Gand oppose une casuistique méthodologique au perspectivisme de son jeune collègue. Alors que Godefroid mettait la définition des pertinences au départ de la réflexion, Henri privilégie la particularité du cas problématique et de la question qui, dans sa formulation singulière, infléchit la tournure même du raisonnement. Cette méthode est plus « théologique », dans la mesure où elle assume la contingence radicale de la créature et la faillibilité de la raison comme principes; dès lors, l'acquis scientifique est toujours révocable. Les procédés de Godefroid sont plus « philosophiques »; partant d'une réflexion sur les divers types de discours, l'intellectuel se juge compétent pour déterminer leurs pertinences et leurs critères de vérité. La faillibilité de la raison humaine est extrapolée hors de la philosophie, dans l'insondable champ de la théologie où joue aussi la croyance.

Au terme de cette présentation, le débat sur le cadavre du Christ apparaît plus révélateur en philosophie médiévale que les commentaires sur les textes philosophiques, uniformisés par la cohérence interne de leur objet et caractérisés par l'« objectivité » qu'exige le genre didactique [2]. Or la thématique du corps ne s'épuise pas dans la considération du cadavre du Christ. Dans l'univers chrétien médiéval, la transsubstantiation eucharistique fut, avec la Trinité, un lieu théologique nodal; elle donna naissance à des discussions qui influèrent sur l'ensemble des savoirs. Ici, elle sera envisagée sous un angle de vue restreint à deux

1. Voir *supra*, p. 113 *sq*.

2. E. Sylla l'a montré, il faut souvent chercher la philosophie médiévale dans les œuvres théologiques : « So one might expect the most advanced philosophical work done in the thirteenth and fourteenth centuries to have been done in a theological context », Sylla (1975), p. 354.

problématiques, celle du corps du Christ sous les espèces du pain, et celle de la toute-puissance divine eu égard à l'éventuelle existence d'accidents sans leur substance. Ces deux questionnements rappelleront les deux objets théoriques de cette étude: le rapport matière/forme et la distinction essence/être. Ils seront l'occasion de faire un dernier point sur les figures désormais familières d'Henri de Gand et de Godefroid de Fontaines comme de Thomas d'Aquin.

« Ceci est mon corps »

Le pain mué en corps

> [...] d'une foi assurée, il faut soutenir que le véritable corps mort gisait au tombeau, absolument identique par le nombre à celui qui pendait sur la croix. Et il faut l'affirmer surtout en raison des paroles sacramentelles « Ceci est mon corps »; en vertu de celles-ci, le véritable corps mort du Christ aurait été consacré durant les trois jours au tombeau, comme, auparavant, le Christ avait lui-même consacré son véritable corps vivant [...] [1].

Ce propos est extrait du deuxième *Quodlibet* d'Henri de Gand et date du temps de Noël 1277. Il instaure un lien entre le thème de la consécration eucharistique et le problème du corps du Christ au tombeau, dans le seul but de désavouer la thèse anthropologique uniciste [2]. Alors que le cas du cadavre du Christ, encore discuté, pouvait ne pas suffire à trancher le débat anthropologique, le dogme de la transsubstantiation eucharistique était codifié depuis 1215 [3]. Lors du quatrième concile du Latran, il fut en effet reconnu que la substance du pain se change réellement en la substance du corps du Christ, lors de la prononciation de la formule «ceci est mon corps»; en conséquence, les accidents du pain, manifestement présents après la consécration, subsistent sans leur substance [4]. L'interprétation

1. *[...] oportet firma fide tenere quod verum corpus idem numero omnino, quod vivum pendebat in cruce, mortuum iacebat in sepulcro. Et hoc maxime propter verba sacramenti « Hoc est corpus meum », quibus consecratum fuisset in triduo mortis verum corpus Christi mortuum, sicut ipsemet prius consecravit verum corpus suum vivum [...].* Henri de Gand, *Quodl. II, q. 2,* dans *Opera omnia*, éd. coor. R. Macken, Leuven-Leiden, Leuven University Press-E.J. Brill, t. 6, éd. R. Wielockx, 1983, p. 17.

2. Dans ce deuxième *Quodlibet*, Henri se défend d'avoir jamais soutenu la thèse de la forme unique. Il prétend l'avoir seulement exposée dans son premier *Quodlibet* de 1276 (voir *Quodl. II, q. 2,* éd. R. Wielockx, p. 11). De plus, la rédaction initiale du deuxième *Quodlibet* fut corrigée par Henri, dans le but de prévenir les attaques parues entre temps dans le *Contra gradus formarum* de Gilles de Rome. (Cette interprétation historique et philologique est défendue par l'éditeur du texte; voir Wielockx (1987)). En 1286, l'alliance des mystères du cadavre du Christ et de l'eucharistie sera un lieu commun de la réfutation de l'anthropologie thomasienne; par exemple, Henri de Gand, *Quodl. IX, q. 8,* éd. R. Macken, p. 183-184, et, probablement rédigé en 1288, Godefroid de Fontaines, *Quodl. V, q. 1,* dans *Les quodlibets cinq, six et sept*, éd. M. de Wulf, J. Hoffmans, Louvain, « Les Philosophes Belges, 3 », 1914, p. 6.

3. Voir Sylla (1975), p. 361 ss, et Donati (2001), p. 577.

4. La permanence des accidents sera parfois expliquée par la décence qu'exige la religion. Thomas d'Aquin relaie cette justification: *Esset enim horrori sumentibus, et abominationi videntibus, si corpus Christi in sua specie a fidelibus sumeretur. Contra Gentiles IV, cap. 63,* Ed. Léonine, t. 15, p. 202b. « Ce serait en effet une horreur pour ceux qui le mangeraient et une abomination pour

métaphorique des paroles du Christ est du domaine de l'hérésie [1]; aucune des figures de notre récit ne l'aurait soutenue. Ainsi, l'argumentation bientôt classique de la lutte anti-thomasienne tisse un réseau de cas théologiques, qui enserre l'anthropologie [2] : si l'âme rationnelle était l'unique forme substantielle humaine, le corps vivant et le cadavre du Christ ne seraient pas identiques; dans cette éventualité, les consécrations eucharistiques opérées durant les trois jours du Christ au tombeau n'auraient pas changé le pain en corps du Christ, mais en un corps mort différent du corps du Christ vivant.

Si ces voies de conséquences instaurées de la théologie à la philosophie furent le fait des adversaires de la doctrine thomasienne, l'Aquinate en tissa d'autres en sens inverse, de l'anthropologie à la théologie, dans le cadre même de son explicitation du mystère eucharistique. Dans la troisième partie de la *Somme de théologie*, le maître énonce une objection promise à quelque succès dans le camp anti-thomasien [3]. Elle admet en effet la thèse anthropologique uniciste comme prémisse :

> En outre, la forme du corps du Christ est l'âme [...]. Or il est impossible d'affirmer que la forme substantielle du pain est changée en âme. Ainsi, il semble que cette forme demeure après la consécration [4].

La réponse ne désavoue ni ne nuance le principe philosophique de l'unicité de la forme substantielle et de l'immédiateté de son union à la matière. Thomas consent toutefois un compromis auquel il se refusait dans le cas du cadavre du Christ. La forme du pain ne se change pas en l'âme intégrale du Christ, mais devient cette forme dans la stricte mesure où elle confère l'être corporel. En effet, l'âme rationnelle assume toutes les perfections de l'individu, l'être, l'être corporel, l'être animé, l'être intelligent; et la transsubstantiation eucharistique s'achève en l'être corporel, qui, par extraordinaire, subsiste isolément de l'être intelligent. Dans le cas parallèle du cadavre du Christ, Thomas exclut cependant qu'une forme corporelle, restée attachée au corps mort, perdure dans l'être malgré la séparation de l'âme rationnelle. L'union hypostatique au Verbe suffit à justifier la rémanence du Christ dans le cadavre. Loin de reconnaître un lien entre les deux objets théologiques, Thomas n'a de cesse d'exacerber le caractère surnaturel et

ceux qui le verraient, si les fidèles mangeaient le corps du Christ sous son espèce propre. », trad. D. Moreau.

1. Selon la formule d'Henri de Gand, il faut recevoir ces paroles *sicut verba sonant* (*Quodl. IX, q. 9*, éd. R. Macken, p. 191).

2. Voir *supra*, p. 207 *sq.*

3. Jean Pecham l'inclura à la liste des erreurs thomasiennes. Le quatrième article de la condamnation de Londres reproduit en effet l'objection mentionnée par Thomas treize années auparavant : *Quartus articulus est quod modo scilicet post resureccionem Christi virtute verborum sacramentalium convertitur totus panis in totum corpus Christi vivum, ita quod materia panis convertitur in materiam corporis Christi et forma panis convertitur in formam corporis, scilicet in id quod est anima intellectiva, secundum quod forma corporis est et dat esse corporeum, et hoc virtute verborum sacramentalium*, éd. T. Martin, t. III, p. 922.

4. *Praeterea, forma corporis Christi est anima [...]. Sed non potest dici quod forma substantialis panis convertatur in animam. Ergo videtur quod remaneat, facta consecratione. ST IIIa, q. 75, art. 6*, Ed. Léonine, t. 12, p. 173a.

spécialement miraculeux du mystère eucharistique [1]. Bien que Gilles de Rome soit plutôt favorable aux doctrines thomasiennes, il lèvera le lièvre dans ses *Theoremata de corpore Christi*, probablement rédigé avant Noël 1276 [2].

Face aux dangers inhérents à ce genre d'acrobaties intellectuelles, Henri de Gand préférera bâtir une anthropologie à la mesure des dogmes théologiques. Avant Pâques 1286, un questionneur demande au maître de se prononcer sur les manières thomasienne et égidienne d'envisager la transsubstantiation eucharistique [3]. Après avoir résumé ces théories, Henri signale que l'eucharistie appartient précisément à ces problèmes que la raison est incapable de déterminer. Dans un schéma eschatologique typique du dernier Bonaventure ou de Pierre de Jean Olivi, le maître voit l'Antéchrist s'insinuer sous les traits du ratiocineur [4]. Le deuxième moment théorique de la réponse henricienne invite à considérer le dangereux potentiel d'une position très récente (*novissima*), qui discorde d'avec la tradition [5]. En résumé, il s'agit de la thèse thomasienne. Sur le mode de l'explication de texte, Henri souligne les dangers encourus par les tenants de cette position : si la substance du pain devait être transsubstantiée en l'âme du Christ – celle-ci étant l'unique forme substantielle du Christ selon la thèse de Thomas –, la conversion eucharistique ne s'achèverait pas dans le corps engendré par la vierge et la formule sacramentelle « ceci est mon corps » ne serait pas vraiment efficace : en effet, contrairement à son corps, l'âme rationnelle du Christ n'est pas engendrée par la vierge [6].

Nonobstant ce souci d'obéissance à la lettre de l'Écriture, la détermination d'Henri ne se contente pas de viser une hérésie ponctuelle : elle conteste les lignes directrices de l'épistémologie thomasienne. Thomas d'Aquin inscrivait sa théorie anthropologique dans le contexte général de la métaphysique et de la philosophie naturelle. L'homme était considéré comme un être naturel à part entière. Affrontée au cas particulier du Christ fait homme, la rationalité avançait jusqu'aux frontières du mystère, soucieuse de justifier tout ce qui pouvait encore l'être. Chez Thomas, garantir Dieu d'une apparente contradiction relevait du devoir de la raison humaine :

> Même si le pouvoir divin opère dans ce sacrement d'une manière trop sublime et trop secrète pour que l'homme puisse s'en enquérir, il faut pourtant s'efforcer de

1. Voir, par exemple, *Contra Gentiles IV, cap. 63,* Ed. Léonine, t. 15, p. 200-201 ; *ST IIIa, q. 75, art. 4,* Ed. Léonine, t. 12, p. 167b. A ce sujet, Imbach (1993) dans Imbach (1996), qui présente l'eucharistie et ses corollaires comme une « provocation pour la philosophie » (p. 312), même un « scandale » (p. 317), dans le cadre de l'épistémologie thomasienne.

2. Gilles refuse d'admettre le changement de la substance du pain en âme rationnelle, même si celle-ci se trouve résumée à l'une de ses fonctions. Concernant cette critique, voir Plotnik (1967), p. 1074-1077.

3. La huitième question du *Quodl. IX* demande : *Utrum dicendo « Hoc est corpus meum » tenet Ecclesia secundum usum et dicta sanctorum quod fiat conversio in substantiam animae rationalis secundum quod dat esse corporeum, vel in solam materiam et habet partes extensas, vel in aliquod compositum* (éd. R. Macken, p. 152).

4. *Quodl. IX, q. 8,* éd. R. Macken, p. 155-156.

5. *Quodl. IX, q. 8,* éd. R. Macken, p. 182.

6. *Quodl. IX, q. 8,* éd. R. Macken, p. 183.

montrer qu'il n'y a là aucune impossibilité, de manière à ce que la doctrine de l'Église à ce sujet ne paraisse pas impossible aux infidèles [1] (trad. D. Moreau).

Arrêtée par l'épuisement de ses propres forces, la raison ne relativisait pourtant pas ses acquis précédents. La doctrine anthropologique n'était pas touchée par les effets rétroactifs des mystères. Entamer la science au coup par coup serait revenu à dévaluer et à mépriser la nature humaine, définie et parfaite par l'intelligence. Or la casuistique méthodologique d'Henri paraît précisément suivre ce principe; là où la vérité théologique contredit la philosophie, il faut porter les conséquences de la première dans le champ de la seconde. De manière symétrique, la raison ne doit pas s'aventurer dans le domaine des mystères, où la vérité révélée brille d'une évidence telle que le tâtonnement discursif ne pourrait qu'en amoindrir la force.

Pour se conformer à la lettre de l'Écriture et aux coutumes ecclésiastiques, Henri fabrique donc une anthropologie sur mesure. Il extrait l'humain du règne animal, pour frayer un chemin à l'humanité du Christ. Alors que tous les autres êtres naturels sont actualisés par une unique forme substantielle, l'homme en reçoit deux, l'une tirée de la matière par voie de génération – la forme du corps –, et l'autre créée par Dieu – l'âme rationnelle qui comprend dans son actualité les âmes inférieures, distinctes par la seule intention [2]. Ainsi le corps humain est-il assuré d'une autonomie suffisante pour devenir l'objet adéquat des dogmes catholiques liés au corps – humain – du Christ. Loin d'adhérer aux principes pluralistes, Henri ne suppose ni diffusion des formes ni fragmentation de la substance en autant d'actualités que prescrit la procession onto-logique proclienne. Le maître s'attache précisément à invalider cette vision, dans sa lutte contre la distinction réelle de l'être et de l'essence chez Gilles de Rome. Son anthropologie paraît plutôt suivre le cap thomasien, puis bifurquer radicalement, au lieu des mystères théologiques. La genèse de cette doctrine pourrait d'ailleurs figurer de manière concrète sa structure théorique : Henri fut soupçonné d'accointance avec la thèse uniciste, avant rétractation et élaboration d'une théorie personnelle, le dimorphisme.

Ainsi, l'anthropologie d'Henri fut remarquée par la critique pour son originalité solitaire; elle fut interprétée parfois comme un compromis intenable [3].

1. *Licet autem divina virtus sublimius et secretius in hoc sacramento operetur quam ab homine perquiri possit, ne tamen doctrina Ecclesiae circa hoc sacramentum infidelibus impossibilis videatur, conandum est ad hoc omnis impossibilitas excludatur.* Thomas d'Aquin, *Contra Gentiles IV, cap. 63,* Ed. Léonine, t. 15, p. 200a. E. Sylla a commenté ce principe exégétique en ces termes : « When explained in the proper way, there should be nothing in sacred doctrine that would seem unreasonable – reason is from God as well as revelation and God would not be contrary to himself – but faith can be above reason, *supra rationem* ». Voir Sylla (1975), p. 367.

2. *Quodl. IX, q. 8,* éd. R. Macken, p. 171 *sq.*

3. Maurer (1948), p. 19, concluait à l'éclectisme de l'anthropologie henricienne. Il reprenait ainsi le jugement de J. Paulus, qui avait vu la métaphysique d'Henri comme un assemblage d'éléments hétérogènes, platoniciens et aristotéliciens. Fioravanti (1975) a corrigé cette description réductrice; il souligna l'originalité de l'anthropologie henricienne et sa position de fragile alternative à toutes les solutions existantes. G. Fioravanti remarqua aussi l'importance décisive de la théologie, négligée par A. Maurer qui abordait la question dans une lumière plus thomasienne. Wilson (1978) montre que la

La légitimité de ces jugements affinés au cours des années soulève la question de la cohérence interne à la pensée henricienne et invite à souligner à nouveau la prégnance de la casuistique méthodologique. En effet, la cohérence de la pensée henricienne ne se fige pas en système, mais procède d'une tendance à préciser et à modifier les acquis antérieurs au gré de l'apparition de nouveaux énoncés problématiques. La science d'Henri use de la falsification comme d'une impulsion de départ, plutôt que comme d'un instrument de réduction et de certification. Dépourvue de la consistance systématique propre aux « sommes », l'œuvre du docteur solennel gagnerait à être envisagée comme un « art poétique » de la philosophie, méthodologie et réalisation exemplaire confondues dans la linéarité et la temporalité discursives voulues par l'exercice du métier de professeur. Dans un souci de clarté, la *Somme de théologie* de Thomas d'Aquin adopte un ordre d'exposition systématique, souvent déductif; la clarté a cependant un prix : l'ordre du discours gomme l'ordre plus tâtonnant de la découverte, le procès cognitif lui-même, souvent inductif. Les questions disputées par Henri de Gand tout au long de sa carrière et rassemblées dans sa *Somme* et ses *Quodlibets* réalisent par contre le programme d'un art poétique : elles ne se contentent pas d'énoncer un projet, d'établir des principes et d'exposer des résultats, mais elles montrent la pensée en train de se faire et offrent une réalisation exemplaire de la théorie qu'elles défendent [1]. La pratique de la question devient un instrument heuristique qui, de manière ultime, manifeste la condition précaire de l'intelligence humaine et la contingence essentielle et existentielle de la créature.

L'accident dépourvu de substance

Dans sa grande compilation dogmatique, Pierre Lombard signalait, au XIIe siècle déjà, un second conflit entre philosophie naturelle et mystère de l'eucharistie [2]. La physique aristotélicienne définit en effet l'accident par l'appartenance à la substance et affirme sa non-séparabilité [3]. En opposition à ces principes, le dogme de l'eucharistie veut que les accidents du pain subsistent sans la substance du pain; dépourvus de sujet propre, ils sont maintenus dans l'existence par la toute-puissance du créateur. De fait, le problème des accidents du pain offre à nouveau l'occasion d'opposer une théologie de la toute-puissance à la rationalité réglée de la philosophie naturelle. Vers 1272, les *Erreurs des philosophes* de Gilles de Rome attribuent à Aristote cette thèse pernicieuse :

> Dieu ne pourrait pas produire un accident sans sujet [4].

doctrine henricienne s'est formée en réponse aux attaques de Gilles de Rome; contre R. Zavalloni, l'auteur refuse d'y voir un compromis (p. 81). Wilson (1982) étudie en outre les rapprochements possibles entre le dimorphisme d'Henri et l'anthropologie cartésienne.

1. D'Horace à Boileau, les Arts poétiques enseignent en vers comment composer des vers : ils font ce qu'ils disent de faire.

2. *Sentences IV, dist. 10.*

3. Par exemple, *Physique* I, 185a20-b5 et 188a5-13. A ce propos, Donati (2001), p. 577-580.

4. *Quod Deus non posset facere accidens sine subiecto. Errores philosophorum, c. 2*, éd. J. Koch, p. 12.

Au moins cinq articles de la grande condamnation du 7 mars 1277 visent la même erreur. La censure de l'article 63/69 rejette la dépendance de Dieu envers les causes secondes; en effet, lors de la transsubstantiation eucharistique, Dieu, cause première, se substitue à la substance absente pour maintenir les accidents dans l'être. Les articles 138/199 et 139/198 concernent la possible séparation des accidents, alors que les thèses condamnées sous les articles 140/196 et 141/197 insistent sur la non-contradiction propre aux activités divines et soulignent le caractère contradictoire de l'existence d'un accident sans substance. Tandis que la physique aristotélicienne élaborait la distinction substance/accident pour démarquer la génération et la corruption des autres types de changement, certains théologiens de la fin du XIIIe siècle en prirent occasion pour ériger la théorie de la toute-puissance en critère discriminant. Eu égard à la discussion sur l'éventuelle séparation des accidents, S. Donati constate « eine deutliche Zäsur in den Jahren um 1270 » [1]. L'opposition à l'aristotélisme se servit de questions théologiques sensibles pour rejeter une attitude intellectuelle nouvelle; elle fit de thématiques très spéciales les objets courants du débat intellectuel. Dès lors, les grands principes de la philosophie péripatéticienne – la matière et la forme, l'essence et l'être, la substance et l'accident – furent examinés et envisagés sous l'angle de leur éventuelle convenance avec les dogmes théologiques.

Confronté au problème d'une éventuelle création de la matière sans forme, Thomas d'Aquin définissait la possibilité dans les limites du non-contradictoire [2]. La non-contradiction s'étendait à tout l'être, possible ou réalisé, et ce principe constituait la condition d'exercice de la raison, humaine comme divine. Même s'il était appréhendé par l'homme au cours de son activité intellectuelle concrète, le champ du non-contradictoire n'en était pas moins universellement extensible à l'objet de toutes les puissances, y compris Dieu. Dans son troisième *Quodlibet* de 1270, Thomas niait ainsi que la matière puisse être créée sans forme. Il signalait toutefois que l'accident n'était pas dans la même situation : bien qu'il participe à la substance dans l'ordre de la causalité (car il est soutenu dans l'être par la substance), son être actuel et déterminé lui appartient en propre [3]. Tout au long de sa carrière universitaire, Thomas tiendra donc que Dieu peut se substituer à la causalité de la substance pour maintenir les accidents dans l'être [4].

Ainsi résumée, cette solution pourrait paraître simplement verbale. Elle manifeste l'allégeance du théologien aux décisions de l'Église. En raison des exigences intellectuelles affichées par Thomas, elle ne peut cependant signifier l'abdication de la raison. En amont, elle induit un important travail d'interprétation sur la notion aristotélicienne d'accident. Ces élaborations thomasiennes furent étudiées par R. Imbach, qui reprit la question où l'avait laissée E. Sylla en

1. Donati (2001), p. 617.

2. Voir *supra*, p. 145 *sq.*

3. Thomas d'Aquin, *Quodl. III, q. 1,* Ed. Léonine, t. 25, p. 242a-b.

4. La question de la permanence des accidents du pain sans leur substance est abordée à maintes occasions. Dans l'ordre chronologique croissant, voici les principaux lieux où elle est traitée : *Sent. IV, d. 12, q. 1* (peu après 1256); *Quodl. IX, q. 3* (peut-être entre 1256 et 1259, sans doute avant 1269); *Contra Gentiles IV, cap. 62-65* (1264/5); *ST IIIa, q. 77* (avant 1273).

1975 [1]. La précision de ces travaux rend inopportune et superficielle une nouvelle paraphrase des discours thomasiens; leurs conclusions sont convaincantes et constituent, pour l'instant, la grille de lecture la plus pertinente des traités thomasiens sur l'eucharistie. Un résumé des résultats obtenus par R. Imbach remplacera avantageusement le fastidieux rapport des divers témoignages textuels. En premier lieu, Thomas d'Aquin commence souvent par insister sur le caractère extraordinaire et miraculeux de la séparation des accidents; du point de vue thomasien, le mystère de l'eucharistie paraît constituer une sorte de « provocation pour la philosophie » [2]. Pour garantir la puissance divine de toute contradiction, le théologien doit en effet procéder à une redéfinition de l'accident aristotélicien. « Si l'inhérence en acte appartenait à la définition de l'accident, la contradiction existerait. En définissant l'accident par l'aptitude à l'inhérence Thomas d'Aquin évite cette contradiction : l'existence de l'accident sans le sujet est donc de l'ordre du possible, c'est-à-dire de l'ordre de ce qui n'est pas contradictoire et tombe par conséquent sous la puissance divine. » [3] Demeure la question de la disposition et de l'ordonnance des divers accidents. Or la « quantité dimensive », l'extension tridimensionnelle, est l'accident premier de la substance matérielle; alors que la qualité (la blancheur) et les autres accidents sont inhérents à la quantité dimensive (la surface), celle-ci informe immédiatement la substance, du moins dans l'ordre ordinaire des choses. Dans le cas du mystère eucharistique, après la transsubstantiation, la quantité dimensive jouera donc le rôle de sujet par rapport aux autres accidents du pain [4]. Elle sera l'accident du pain que Dieu maintient sans la substance du pain. Au final de sa reconstitution, R. Imbach remarque que la redéfinition de l'accident comme « aptitude à l'inhérence » plutôt que comme « inhérence » équivaut à une modification de l'ontologie sous le coup d'un débat théologique [5]. Le deuxième volet de l'étude du médiéviste concerne les maîtres en arts. Les *Questions sur le livre Des causes* de Siger de Brabant sont particulièrement significatives de l'anomalie philosophique impliquée par le dogme eucharistique. Partant de la même conception du possible que Thomas, Siger nie que l'accident puisse exister sans la substance. Dans cette œuvre où la critique constate une influence accrue de Thomas sur le maître en arts, Siger critique pourtant sans détour les sophismes thomasiens concernant la possible séparation de l'accident [6].

1. Sylla (1975); Imbach (1986) dans Imbach (1996), et surtout Imbach (1993) dans Imbach (1996), qui reprend les conclusions du précédent article et se concentre sur les figures de Thomas d'Aquin et des professeurs en arts des années soixante-dix.

2. Imbach (1993) dans Imbach (1996), p. 312-314.

3. Imbach (1993) dans Imbach (1996), p. 316. Voir Thomas d'Aquin, *Sent. IV, d. 12, q. 1, art. 1*, n. 26; *ST IIIa, q. 77, art. 1, obj. et resp. 2.*

4. *Contra Gentiles IV, cap. 63,* Ed. Léonine, t. 15, p. 201b. Imbach (1993) dans Imbach (1996), p. 317, y voit un « autre scandale philosophique ».

5. Imbach (1993) dans Imbach (1996), p. 319.

6. *Unde sophistice quidam arguunt credentes naturali ratione ostendere et demonstrare quod causa prima possit facere quod accidens existat sine subiecto illius accidentis [...].* Siger de Brabant, *Super librum De causis, q. 2,* éd. A. Marlasca, p. 41. Concernant la position de Siger, voir Imbach (1993) dans Imbach (1996), p. 324-330.

La comparaison du discours artiste et des élaborations thomasiennes est fort révélatrice, et l'étonnement de Siger de Brabant légitime. A l'occasion de l'eucharistie, Thomas d'Aquin semble bien assigner au possible une consistance réelle. Comme Henri de Gand définissait la matière par l'« aptitude à recevoir les formes » [1], l'accident thomasien est défini par l'« aptitude à inhérer dans la substance », par ce qu'il peut être, sans que cette possibilité ne s'épuise dans la réalité actuellement existante ou effectivement constatée par les sens et la raison. Sous le coup des exigences dogmatiques et sur le problème précis de l'eucharistie, la doctrine thomasienne semble fléchir pour prendre cette voie de la toute-puissance absolue dans laquelle un courant dominant de la pensée médiévale tentera d'incliner l'enseignement universitaire, aux alentours de 1277.

Dans les discours théologiques d'après 1277, la possible existence de l'accident sans son sujet s'est muée en donnée implicite. La formulation du problème eucharistique rencontrée en 1286 sous la plume d'Henri de Gand est significative de la tournure prise par la discussion. Il s'agit en effet de savoir « si l'accident existant dans un sujet est doué d'un autre être d'existence que celui de son sujet » [2]. La toute-puissance divine n'est pas matière à discussion, mais le statut de l'accident, qu'il faut conformer à la vérité théologique. La métaphysique henricienne se révélera très performante dans le traitement de cette question, car elle est tout entière déterminée par l'exigence théorique de frayer une place aux divers cas exceptionnels.

Le maître use du procédé mis en œuvre pour asseoir la possibilité d'une matière qui existerait sans forme [3]. Dans la réalité ordinaire, appréhendée par les sens et conçue par la raison, l'accident et la substance sont deux natures, réellement distinctes, qui partagent toutefois une même et unique subsistance (*esse subsistentiae*). Cependant, si le problème est envisagé en théologie, le discours doit extrapoler son objet au niveau de la toute-puissance et postuler au moins autant de subsistances possibles que de natures ou d'essences différentes. Ajoutant la subsistance (*esse subsistentiae*) à l'essence (*esse essentiae*) et à l'existence (*esse existentiae*), Henri n'introduit pas de redondance inutile; il circonscrit le champ de la philosophie naturelle, tournée vers l'existant actuel, pour déployer au-dessus de lui l'univers combinatoire des possibles théologiques. Alors que l'être d'essence, intentionnellement distinct de l'être d'existence, signifiait la contingence de toute substance créée, la notion de subsistance joue à un niveau inférieur. Elle permet de signifier à la fois l'évidence philosophique d'un état de faits, la subsistance de l'accident dans sa substance, et sa révocabilité théologique. Considérant les divisions internes à la substance, le théologien doit en effet postuler la possible séparation des réalités qui la composent. Henri précise donc que l'être de subsistance s'oppose à l'être d'essence et à l'être d'existence considérés ensemble sous la raison d'essence :

1. Voir *supra*, p. 153 *sq*.

2. *Utrum accidentis existentis in subiecto sit aliud esse existentiae quam sit esse existentiae sui subiecti*. Henri de Gand, *Quodl. X, q. 8*, éd. R. Macken, p. 197.

3. Voir *supra*, p. 153 *sq*.

> A côté de l'ultime mode de subsistance, comme contrepartie de ce qui constitue l'être de subsistance dans l'existence, tous les autres modes d'exister peuvent être compris sous l'être d'essence, conformément à l'usage que nous avons fait de la notion d'être d'essence dans d'autres questions ; nous avons en effet nommé « être d'essence » tout être qui revient à la chose excepté le fait qu'elle subsiste en soi et qu'elle possède en soi l'être parfait de subsistance actuelle extra-mentale [1].

L'essence « homme » était distinguée en intention de son être d'existence pour signifier la contingence du créé : on pouvait concevoir l'homme ne pas exister [2]. La subsistance est maintenant distinguée de l'être d'essence et de l'être d'existence confondus, pour signifier la contingence des relations et des liaisons de choses : alors que l'accident et la substance sont indissociables et partagent la même subsistance dans le cours habituel des choses, l'accident peut subsister sans la substance dans le cas spécial de l'eucharistie. Comme le révélait déjà le problème de la matière sans forme, la métaphysique du possible modalise la métaphysique du concret, qu'elle englobe dans sa compréhension. La définition thomasienne de l'accident comme « aptitude à l'inhérence » plutôt que comme « inhérence concrète » se plaçait, elle aussi, au niveau de la possibilité abstraite. Les cas-limites de la théologie infléchissent les tendances doctrinales et fissurent les systèmes – sur le détail de l'eucharistie, la position de Thomas semble préfigurer la métaphysique d'Henri –, jusqu'à remettre en question l'idée même de système.

En guise de conclusion, la position de Godefroid de Fontaines témoignera du grand embarras provoqué par la discussion des mystères dans les termes de la philosophie aristotélicienne. Elle semblera inclure l'épistémologie rationaliste thomasienne dans le contexte de la casuistique méthodologique henricienne. Avant Noël 1286, Godefroid aborde la question eucharistique, dans le même temps où son ancien maître, Henri de Gand, la détermine lors de sa dixième session quodlibétique. Godefroid replace la distinction substance/accident dans son contexte d'énonciation aristotélicien : en physique, elle démarque deux types de changement [3] ; en métaphysique, elle différencie ce qui existe par soi (la substance), de ce qui n'existe que dans un autre (l'accident) [4]. Ce couple de notions ne recoupe pas une improbable distinction réelle ou intentionnelle entre essence et existence, mais signifie deux modes de subsistance, l'auto-fondation et l'inhérence. Puisque la philosophie définit l'accident par l'inhérence concrète à la substance, elle doit refuser à l'accident une subsistance hors de son sujet. Dans les frontières très étroites de la rationalité humaine, il est impossible de concevoir les

1. *Praeter autem istum modum ultimum, scilicet subsistentiae, quoad alteram eius partem quae est esse subsistentiae in existentia, omnes alii modi existendi comprehendi possunt sub esse essentiae, secundum quod in aliis quaestionibus usi sumus ipso esse essentiae, appellando scilicet esse essentiae omne esse quod convenit rei absque eo quod in se subsistat, habendo in se esse perfectum subsistentiae actualis extra animam. Quodl. X, q. 8,* éd. R. Macken, p. 202-203.

2. Voir *supra*, p. 85 *sq.*

3. La génération et la corruption sont des changements substantiels, alors que l'altération, l'accroissement, la diminution, etc. sont des changements accidentels.

4. Godefroid de Fontaines, *Quodl. III, q. 4,* éd. M. de Wulf, A. Pelzer, p. 189.

accidents du pain, – couleur, aspect tactile, goût, etc. – sans le pain. Cependant, précise Godefroid, les accidents peuvent subsister sans sujet, en vertu d'un miracle [1].

Ponctuation des diverses étapes de cette étude [2], la question de la situation idéologique de Godefroid de Fontaines se pose à nouveau. La double détermination du maître rejoint-elle la position de Siger, qui reconnaissait le fait miraculeux, mais en niait toute intelligibilité [3]? Le saut qualitatif qui sépare le discours théologique de la rationalité philosophique signifie-t-il la fin d'un monde, celui de la raison, et sa clôture autonome et suffisante? Comme il est déjà apparu, la position de Godefroid est plus subtile; elle substitue à la séparation des domaines de la foi et de la raison, une relativisation des puissances de la raison humaine. Limitées, celles-ci s'épuisent non seulement dans la compréhension du monde naturel, mais elles sont aussi ébranlées sur leurs propres bases, de l'extérieur. En effet, les puissances de l'intelligence divine ne s'opposent pas à celles de la raison humaine; elles les dépassent infiniment et imposent une révision constante de la pertinence des discours humains. Vers 1288, Godefroid parle ainsi de la transsubstantiation eucharistique :

> Or cette conversion, que nous affirmons d'une foi assurée, est surnaturelle et incompréhensible par l'intellect créé; elle résulte en effet de la seule puissance divine, *en marge de l'ordre naturel*, comme le dit Ambroise. Ainsi, bien que nous ne puissions pas comprendre la manière dont elle se produit, il est cependant certain qu'elle ne se produit pas *contre l'ordre naturel*, c'est-à-dire qu'elle ne peut impliquer de contradiction, sans quoi elle ne saurait être l'objet d'aucune puissance [4].

La perspicacité de la raison humaine, adaptée à l'étude des causes naturelles, ne suffit pas à pénétrer la causalité surnaturelle divine. Comme chez Thomas, la non-contradiction coïncide cependant avec la possibilité, de manière absolue. La toute-puissance divine n'agit donc pas « contre-nature » ou de manière contradictoire. Notre impuissance à saisir les modes de l'action divine impose par contre de reconnaître le caractère probable des savoirs humains, dont la vérité dépend, pour chacun d'eux, de la circonscription progressive de son objet adéquat. Chez Godefroid, le compromis ne trahit pas une lâcheté d'ordre psychologique, il participe d'une entreprise critique et continue de révision.

Alors qu'Henri de Gand élaborait une anthropologie philosophique à la mesure de la christologie, Godefroid préfère suspendre la vérité philosophique à la certitude théologique. Il maintient en l'état les principes de la philosophie

1. *Quodl. III, q. 4,* éd. M. de Wulf, A. Pelzer, p. 193.

2. Cf. *supra*, p. 113 *sq.* et p. 213 *sq.*

3. Siger de Brabant, *Super librum De causis, q. 2,* éd. A. Marlasca, p. 40-41. Voir Imbach (1993) dans Imbach (1996), p. 324-330.

4. Nous soulignons. *Sed quia haec conversio, quam certa fide tenemus, est supernaturalis et ab intellectu creato incomprehensibilis, quia fit sola virtute divina, praeter ordinem naturae ut ibidem dicit Ambrosius, ideo, licet non possimus comprehendere modum quo fieri habent, tamen certum est ipsam non fieri contra naturae ordinem, id est modo qui contradictionem inclut, quia hoc nulli potentiae subici potest. Quodl. V, q. 1,* éd. M. de Wulf, J. Hoffmans, p. 4.

naturelle héritée du péripatétisme gréco-arabe, mais n'exclut pas d'entamer les contours de son objet. Dans les cas où la philosophie touche la théologie, il envisage d'en réduire le champ dans la proportion de notre incompréhension des mystères divins. A la suite de Thomas d'Aquin ou de Siger de Brabant, Godefroid considère la rationalité philosophique comme la perfection de la nature humaine. Différent de l'Aquinate, il refuse toutefois de justifier rationnellement le mystère ; il le laisse flotter hors de la sphère de l'intelligence humaine. Différent d'Henri de Gand aussi, il refuse d'infléchir les doctrines vraies en philosophie dans le sens d'une adaptation aux règles nouvelles prescrites par le mystère ; il consent juste à en reconnaître la probabilité et la pertinence relative à leurs objets respectifs.

CONCLUSION

Le processus d'adoption de la philosophie aristotélicienne par la chrétienté dura environ cent ans. En 1231, la bulle *Parens scientiarum* de Grégoire IX pointait les dangers induits par les nouveautés philosophiques héritées du monde arabe et insinuées jusque dans la théologie : entre autres écueils, l'aristotélisme menaçait de faire paraître fantaisiste le commentaire des textes sacrés. En 1339 et 1340, les statuts de la Faculté des arts parisienne défendaient par contre la cohérence de l'aristotélisme contre son démantèlement par la critique ockhamienne : la méthode inventée par Ockham paraissait réduire les questions de choses posées par Aristote à des équivoques linguistiques. Objet symptomatique de cette acculturation de la nouvelle philosophie, l'anthropologie fondée par Thomas d'Aquin sur les principes aristotéliciens fut combattue durant tout le dernier quart du XIIIe siècle, avant d'être déclarée orthodoxe en 1312, lors du concile de Vienne.

Cette étude a sélectionné deux objets comme emblèmes de la philosophie naturelle aristotélicienne : d'une part, la théorie métaphysique de l'étant, avec ses diverses variantes arabes, le substantialisme d'Averroès ou la doctrine avicennienne de l'essence indifférente et de l'être contingent ; d'autre part, la conception de la matière comme principe de la science physique, non plus comme chose du monde.

Une discussion arabe sur l'étant aristotélicien concourut à féconder un débat latin sur l'être ; celui-ci naquit avec Thomas d'Aquin, puis crût avec Henri de Gand, Gilles de Rome et Godefroid de Fontaines. Les enjeux de la discussion étaient théologiques ; il s'agissait en effet de penser le monde contingent, malgré un donné d'expérience en apparence indéniable : l'étant particulier, la chose du monde, se présente comme nécessité dans son évidente stature factuelle. Certes, il relève de la contradiction de penser qu'une chose est et n'est pas en même temps et sous le même rapport ; il fallait cependant penser que toute chose aurait pu ne pas être. Plus fort, en 1286 la tournure du débat imposa de rendre raison théoriquement d'une vérité impensable par l'intelligence humaine : toute chose qui est pourrait être annihilée par la toute-puissance divine, n'avoir jamais été. La reconnaissance de la toute-puissance divine imposait une hypothèse inaccessible à la raison humaine : qu'il n'y ait rien plutôt que quelque chose. La discussion n'était dès lors plus seulement philosophique, car son projet excédait les frontières de la stricte rationalité naturelle. L'intérêt qu'elle revêt aujourd'hui – sans préjuger des soucis bien réels mais aussitôt « passés » de ses protagonistes – est d'ordre épistémologique : les théologiens durent repenser le statut et l'articulation des divers savoirs. Pour ce faire, ils inventèrent de nouveaux outils. Par exemple, la distinction intentionnelle d'Henri de Gand permettait de concevoir les essences des choses n'être pas ; de plus, elle inaugura une critique théologique de la philosophie par le truchement d'une adaptation constante des discours au moyen de la variation des points de vue. La simple intentionnalité de la distinction conservait au regard du philosophe sa pertinence, circonscrite à l'appréhension des objets du monde actuel : celle-ci procède du concret, où l'essence n'est pas un à côté de l'être ; en effet, nulle essence ne peut *être* sous le non-être, bien que toute essence créée puisse *être conçue* sous le non-être. Avec cette dernière précision concessive, le constat philosophique henricien s'obligeait cependant à son propre dépassement : l'esprit était irrévocablement appelé à se hisser au niveau supérieur de la théologie et d'en reconnaître les droits éminents. Ainsi, la modalité théologique du possible – possibilité d'être créé ou de ne pas l'être – débordait et englobait la conception philosophique du monde actuel. La distinction des intentions permettait alors un regard transdisciplinaire sur une même réalité, dédoublée en objet de la philosophie et en objet de la théologie.

Quant aux interrogations sur la matière aristotélicienne, elles furent incluses sous le thème de la toute-puissance divine et imposèrent une redéfinition de la possibilité logique et métaphysique, au lieu nodal des idées divines. Aristote avait en effet décrit la matière comme pure relation à la forme : la matière aristotélicienne n'existait pas de son propre être, mais de l'être de la forme ; elle n'était de fait jamais conçue comme un objet absolu, mais, déduite *a posteriori* de l'expérience du monde, elle se révélait corrélative à telle ou telle forme distinguée dans l'intellection d'une réalité physique. Thomas d'Aquin s'approria la théorie aristotélicienne de la matière et la mit au principe de sa propre philosophie. Ainsi le Dieu de l'Aquinate ne possédait-il pas de concept propre de la matière : comme l'homme, Dieu ne pouvait concevoir la matière sans forme, *absolue*, alors que son être n'était que relatif. Privée du statut d'idée distincte en Dieu, la matière thomasienne n'était dès lors pas une chose du monde, mais un principe de la science. Elle n'aurait pas pu être créée sans forme, à l'état de chose. Pour le dire de façon anachronique, cette conception de la matière est tributaire d'une croyance fondamentale placée dans la nature et engendrée par une certaine conception du monde : la reconnaissance de la régularité et de l'uniformité de la nature et la croyance en sa finalité intrinsèque [1]. La matière dit en effet la continuité et l'unité

1. La reconnaissance de la régularité des phénomènes naturels et la croyance en l'ordonnance non-aléatoire de leur ensemble dès lors uniformisé fondent toujours les représentations du monde par le sens commun et sont un pré-requis élémentaire de la science classique. B. Russell en faisait une donnée instinctive (l'aristotélicien aurait dit « naturelle »), propre à l'homme comme à la bête, qui fonde l'action quotidienne et demeure supposée au départ de la démarche scientifique : « Every such uniformity of sequence or coexistence, after it has been experienced a certain number of times, is followed by an expectation that it will be repeated on future occasions [...]. This affords a psychological account of what may be called the animal belief in causation, because it is something

du monde physique en-deçà de ses divers états formés, au fondement du changement; l'attirance essentielle de la matière pour la forme signifie à la fois un ordre intrinsèque à toute substance et au monde dans son ensemble, de la puissance à l'acte, du désir de perfection à la plus grande perfection possible. Le discours thomasien sur la matière aristotélicienne se heurta pourtant à une immense résistance, car il manifestait une allégeance générale de la raison, humaine comme divine, à l'état actuel du monde : la perfection de l'homme était dans la connaissance des causes naturelles et la surnature divine ne venait pas contrecarrer la nature, mais la parfaire. En ce sens, les théories thomasiennes parurent incarner une forme de naturalisme, dont la portée systématique excluait que Dieu pût créer un ordre différent de l'ordre actuel. Pour écarter ce danger, Henri de Gand montra que le domaine du possible en Dieu s'étend beaucoup plus avant que les frontières de l'actuel et de l'existant : Dieu pense la matière à l'état isolé, car il aurait pu la créer ainsi, même si, dans l'ordre qu'il veut actuellement, la matière ne saurait exister hors de sa relation à la forme. Jean de Duns Scot transposa cette possibilité de Dieu sur le monde : même si, dans l'état actuel, la matière ne peut être sans forme, elle pourrait l'être en vertu d'une possibilité intrinsèque aux substances du monde composées d'autant de réalités possibles et formellement distinctes que Dieu possède d'idées qui leur correspondent. En l'occurrence, la matière est un possible composé avec la forme au sein des substances physiques, car Dieu possède des idées distinctes de la matière et de la forme. Avec Duns Scot, la métaphysique du possible remplaça la science aristotélicienne de l'être.

Enfin, les débats autour de la philosophie naturelle furent transportés au cœur de la théologie, particulièrement avec les questions relatives au corps : le corps de l'homme ordinaire, le corps du Christ et son cadavre durant les trois jours de la mort, mais aussi le corps mué en pain lors de la transsubstantiation eucharistique. Chez Thomas d'Aquin comme chez Guillaume d'Ockham, les mystères de la religion se révélèrent résister à l'intelligence philosophique. Le dominicain tenta de conserver une cohérence maximale et une portée universelle à la raison philosophique, parce que l'ordre naturel voulu par Dieu est intelligible (vrai) par essence et que la perfection de la nature humaine est dans l'intelligence des vérités. A l'opposé, Guillaume d'Ockham laissa cohabiter le mystère, parfaitement inintelligible, et des théories philosophiques au sein desquelles cette première vérité théologique eût été incongrue, voire contradictoire. Son traitement de la question relationnelle était symptomatique. Alors que la logique ockhamienne refusait à la relation toute consistance extra-mentale, son discours théologique n'occultait pas la Trinité. Il insistait au contraire sur l'extraordinaire,

which can be observed in horses and dogs, and is rather a habit of acting than a real belief. » B. Russell, *Our knowledge of the external world as a field for scientific method in philosophy*, London, Allen & Unwin, 1922 [1914], p. 220. L'aristotélisme n'exacerbe pas l'uniformité des phénomènes naturels plus que n'importe quelle autre description philosophique du monde; son concept de matière exprime par contre cette donnée primaire de l'expérience : il dit en effet la continuité et l'unité de la nature en-deçà des changements et postule une dynamique inscrite dans le monde, du moins parfait au plus parfait.

impensable et néanmoins véridique réalité extra-mentale des relations entre les trois personnes divines. La science humaine n'était dès lors pas un système du monde, qui s'étendît à tout l'être; elle revêtit les traits et la fonction d'une méthodologie critique, où chaque cas imposait la révision d'un *corpus* de doctrines toujours provisoires.

Dans la trame de ces discours sur l'essence et la matière, entre l'un et l'autre et de l'un à l'autre, un objet philosophique s'est peu à peu constitué : une discussion nouvelle s'instaurait autour de la possibilité. Chez Henri de Gand et dans la mouvance franciscaine, la possibilité fut le pendant philosophique d'un souci théologique : la reconnaissance de la contingence du monde invitait à exacerber le caractère possible de toute essence créée. L'ordre actuel du monde ne réalisait que l'une des variantes possibles en nombre infini dans l'intellect divin. Avec Jean Duns Scot, la possibilité fut établie comme fondation de la métaphysique : transcendantale, la possibilité restait inscrite à la racine de toutes choses créées; elle coïncidait avec sa consistance quidditative. Une chose était en effet possible en fonction de sa détermination formelle : au contraire du cheval, la chimère n'était pas un possible. Le possible et le réel étaient dès lors confondus : dans le contexte de la science humaine, la réalité possible avait l'envergure du domaine des étants existants; en vertu de l'affirmation de la toute-puissance infinie et insondable de Dieu, la réalité possible en Dieu devait pourtant déborder infiniment le domaine des créatures actuellement voulues par lui.

Les questions relatives à l'essence et à la matière se rejoignirent de fait autour de la thématique de la possibilité. Chez Jean Duns Scot, les essences créées étaient envisagées comme des réalités formellement distinctes de leurs êtres concrets, car chacune d'elles coïncidait avec un réel-possible et demeurait ainsi marquée par sa possibilité objective. Chez Henri de Gand, l'essence pouvait prétendre à un mode d'être propre : l'être d'essence ratifié par l'intellect divin, qui recelait une possibilité intrinsèque. Ainsi, l'essence se présentait comme « indifférente » lorsqu'elle était envisagée comme pure consistance quidditative; orientée dans la direction de l'être et considérée comme idée divine susceptible d'être créée, cette même essence était caractérisée par sa possibilité. En conséquence de ces théories de l'essence, la matière fut dotée d'une possibilité propre; celle-ci autorisait l'hypothèse d'une matière qui existât dépourvue de toute forme. Pour avoir posé une essence de la matière, il fallait lui accorder aussi une éventuelle forme de réalité absolue : dans un autre état du monde, la matière pourrait exister sans forme. Cette éventualité était d'ailleurs déjà réalisée dans le cas parallèle des accidents : ils subsistaient sans leur substance à l'occasion de l'eucharistie.

La métaphysique de Scot proposait une variante très aboutie de cette ontologie de l'essence possible : la théorie du réel-possible. Elle lui permit de neutraliser la question du statut existentiel de la relation. Un type de relation posait particulièrement problème : l'existence créée, qui exprimait le rapport liant la créature au créateur. Reconnaître la dépendance radicale des créatures imposait d'asseoir réellement cette relation en elles : l'existence créée devait constituer un don réel et toujours révocable. Alors qu'Henri de Gand avait tenté d'assurer à cette relation un statut particulier, celui de mode réel, distinct de l'essence en intention, Jean Duns Scot conférait aux relations de tous types le statut de réalité absolue. En effet, elles se concevaient toutes comme des possibilités objectives et des quiddités autonomes. Comme la matière, toute relation est une réalité en soi, circonscrite par ses propres déterminations formelles. Dans les termes de la critique formulée par Guillaume d'Ockham, les relations scotises étaient des « petites chose entre les choses ». Jean Duns Scot rapatriait en effet le relatif dans le royaume de l'absolu, comme il avait reconduit l'existence dans le champ des formalités ou des quiddités. A l'instar de la thématique du possible, la problématique relationnelle constitue de fait un point focal où se sont rencontrées les diverses controverses abordées dans cette étude.

Dans une dernière esquisse comparative, il est enfin possible d'établir une classification des attitudes intellectuelles représentées lors de la réception d'Aristote en terre chrétienne. Grevée de ses défauts consubstantiels, la simplification et l'appauvrissement qui s'ensuit, motivée par cette même simplification et la vue synthétique qui en découle, cette typologie distinguera trois tendances épistémologiques : premièrement, une exigence de cohérence rationnelle entre les différents types de discours, voire un certain goût pour le système; deuxièmement, un perspectivisme à fonction de discrimination; enfin, une casuistique méthodologique qui reconnaît la supériorité inconditionnée de la théologie. A cet ensemble s'ajoute un quatrième type d'attitude intellectuelle, l'autoritarisme et le volontarisme inhérents à l'acte de prohiber. Au XIIIe siècle, cette mentalité fut elle-même fondée sur une certaine vision du monde, de l'obéissance et de l'humilité [1]. Sous forme de résumé des résultats obtenus précédemment, cette ultime schématisation dessinera un tableau des forces en présence; en outre, elle permettra d'excuser par l'aveu l'une ou l'autre absence criante et de tracer quelques voies plus en aval de notre domaine de recherche.

Cohérence rationnelle et goût pour le système

Ce parcours dans la pensée occidentale de la fin du XIIIe siècle a révélé au moins trois options très différentes de solidarité ordonnée entre philosophie et théologie rationnelle : celles de Thomas d'Aquin, de Gilles de Rome et de Jean Duns Scot. Thomas d'Aquin appliquait les principes philosophiques hérités du péripatétisme à toutes les sciences, y compris la théologie, sans renoncer toutefois

1. Dans sa dimension sociale, la censure ecclésiastique participe en effet d'une certaine vision du monde : elle promeut un volontarisme politique, qui constate le défaut de la raison naturelle et veut suppléer son incapacité à gérer la vie, communautaire comme privée. Une dévaluation des capacités de la raison naturelle vient fonder la volonté de pouvoir affichée par les autorités ecclésiastiques. Au sujet de ces aspirations de l'Église au pouvoir et de leurs justifications, voir les conclusions énoncées dans Putallaz (1995), p. 304 : « [Les censeurs] manifestaient leur volonté de subordonner pleinement le monde profane au monde spirituel, la philosophie à la foi, le pouvoir politique à l'Église, l'université aux prélats. Si Etienne Tempier condamnait les thèses intellectualistes, ce n'est pas seulement parce qu'elles lui semblaient évacuer la foi, ni parce qu'on y retrouvait, disait-il, l'erreur de Pélage le philosophe, ou parce qu'on risquait de faire l'économie de la grâce : son acte révèle une volonté de pouvoir et une conception de l'Église ».

à la spécificité des objets propres à chacune d'elles. La raison philosophique était l'instrument adéquat de notre connaissance ici-bas; elle appartenait au plan de la création et à l'ordre du monde voulu par Dieu. Dès lors, le champ du savoir humain n'excédait pas les bornes de la causalité naturelle, non pas que l'intelligence de l'homme viateur défaillît ou souffrît de quelque entrave, mais sa condition d'exercice était le principe de non-contradiction et son seul objet disponible, les étants du monde. Arrêtée devant quelques mystères insondables (l'eucharistie ou la Trinité), la raison naturelle n'en devait pas moins rendre compte de tout ce qui pouvait encore l'être par ses moyens, comme de la permanence de la nature divine du Christ dans son cadavre.

Dès l'achèvement de la carrière de Thomas, en 1273, Gilles de Rome procéda à une nouvelle organisation des discours logique, ontologique et théologique, qui furent unifiés dans une vision du monde néoplatonicienne. La lecture ontologique mise en œuvre par Gilles assurait un parallélisme entre la réalité physique et sa conception humaine et divine, sous le paradigme logique de l'arbre de Porphyre. De même que le genre (« animal ») est spécifié par une différence (« rationnelle ») en espèce (« homme »), l'essence neutre, le « ce que la rose est », était différencié par l'être en telle ou telle rose existante. L'être était donc reçu dans l'essence comme une forme ou une différence déterminante, conformément aux enseignements de Boèce. Ainsi, l'identité de structure entre création surnaturelle et génération naturelle était-elle évidente : lors de la création, l'être est reçu dans l'essence, comme, lors de la génération, la forme est reçue dans la matière. La surnature ne venait pas démentir l'universalité de l'ordre naturel, mais la confirmait dans ses droits.

Au début du XIVe siècle, Jean Duns Scot proposa une alternative radicalement opposée aux tentatives thomasienne et égidienne. En un système, il unifia toutes sciences sous la notion d'être univoquement conçue : l'universalité de la science n'était plus seulement le fait de ses principes, mais elle découlait de l'unicité première de son sujet, le concept universel d'étant, qui rassemblait l'humain et le divin. La métaphysique de Scot s'affranchissait du réel concret et des existants singuliers du monde physique, pour procéder à partir de la représentation la plus universelle possible et initier ainsi une science « transcendantale » au sens moderne. « Appréhendée à partir du concept universel, la métaphysique se distingue radicalement de la physico-théologie d'origine aristotélicienne » [1]. En conséquence, la métaphysique scotiste embrassait à la fois le domaine de l'être réel, du monde actuel soumis à l'expérience sensible, et le champ de l'être possible, qui doublait le réel en le modalisant de contingence et qui le débordait infiniment en exprimant le statut des créatures dans l'intelligence de Dieu. A l'état

1. Boulnois (1999), p. 514. Voici comment O. Boulnois caractérise, par opposition, l'articulation thomasienne des divers savoirs : « La transcendance de Dieu interdit de l'inclure dans le sujet de la métaphysique ; il le transcende et ne s'y attache que par sa nature de cause. [...] Du point de vue de la constitution d'une science, l'inconvénient de cette théorie est de laisser la métaphysique béante, orientée vers un objet principal qui l'excède et qu'elle ne peut inclure. C'est précisément pourquoi il n'y a pas d'onto-théologie (au sens précis que Kant donne à ce terme) au sein de la métaphysique de Thomas [...] » (*ibid.*, p. 460, p. 462).

de purs objets de l'intellect divin, les quiddités objectives des choses avaient en effet la consistance de leurs possibilités constitutives, antérieures à leurs conceptions par l'intellect humain et à la création du monde par la volonté divine sous la forme d'une configuration donnée de possibles compatibles. Ces quiddités assuraient ainsi la connaissance humaine d'une assise *a priori* et inscrivaient la nature et la surnature dans le même référentiel : notre connaissance rationnelle et l'action créatrice divine se mouvaient dans le champ des possibles.

D'une tout autre manière, en forme d'exacerbation du projet de Thomas d'Aquin, l'exigence de rationalité systématique habita au cœur d'une mouvance philosophique ignorée dans cette étude, l'école dominicaine allemande. Deux figures suffiront à l'illustrer brièvement : Maître Eckhart, qui étudia à Paris jusqu'en 1294 puis y enseigna la théologie de 1302 à 1303, avant de rejoindre pour huit ans l'Allemagne, et Dietrich de Freiberg, penseur très critique envers Thomas, qui fut bachelier sententiaire à Paris de 1291 à 1293, puis maître en théologie de 1296 à 1297. Sous les influences conjuguées d'Albert le Grand et de Thomas d'Aquin, Maître Eckhart afficha son projet de compréhension rationnelle globale au fronton même de son commentaire sur l'Evangile selon Saint Jean. L'exégèse des écrits sacrés requérait en effet les plus hautes puissances de l'âme humaine, c'est-à-dire l'intelligence naturelle, enrichie au fil du temps par les œuvres des philosophes :

> Dans le commentaire de cet écrit et de ceux qui suivent, l'intention de l'auteur est d'expliquer au moyen des raisons naturelles des philosophes les choses sacrées enseignées par la foi chrétienne et les deux testaments, – ce projet est d'ailleurs commun à toutes nos œuvres [1].

A l'origine de cette revendication d'intelligence du sacré, le rôle éminent de la puissance intellectuelle fut exacerbé par un Eckhart qui se rangeait ainsi du côté de Thomas et s'opposait aux attaques franciscaines bien après les premiers feux des années 1277-1286 [2]. Le prêcheur dominicain s'attacha à combattre la hiérarchie des facultés de l'âme défendue dans le courant franciscain. Il nia le primat absolu de la volonté sur l'intellect, bien que la nature volontaire d'un acte fût l'expression concrète de l'amour et de la charité qui le finalise. En effet, l'union de l'humain au divin se réalise parfaitement par la contemplation intellectuelle, dans le fond incréé de l'âme. Inversement, Dieu rencontre l'homme en s'incarnant ; il assume ainsi l'ordre de nature, qu'il ne se contente pas de créer, mais qu'il reflète. La raison naturelle, incarnée par le Christ comme en l'homme, est donc l'instrument adéquat d'une compréhension globale de ce qui est :

> Il en résulte que l'Incarnation elle-même est vraiment à l'image de l'émanation éternelle et qu'elle est aussi le modèle exemplaire de toute la nature inférieure.

1. *In cuius verbi expositione et aliorum quae sequuntur, intentio est auctoris, sicut et in omnibus suis editionibus, ea quae sacra asserit fides christiana et utriusque testamenti scriptura, exponere per rationes naturales philosophorum. Expositio Sancti Evangelii secundum Iohannem, Prooemium*, éd. K. Christ, J. Roch, *Die lateinischen Werke*, t. 3, p. 4 (n. 2).

2. Voir Libera (1999b), p. 41-43.

> D'après cela on interprète donc la sainte Écriture avec une grande pertinence, de telle façon que ce que les philosophes ont écrit sur les natures des choses et sur leurs propriétés s'accorde avec elle, ce d'autant plus que tout ce qui est vrai dans l'ordre de l'être comme dans celui de la connaissance, dans l'Écriture comme dans la nature, procède d'une même et unique source, d'une même et unique racine [1].

Comme l'a montré K. Ruh, cet idéal d'hyper-systématicité fut si bien suivi que le maître allemand réinscrivit le mystère de la Trinité dans le champ de la raison naturelle, dépassant ainsi Thomas d'Aquin par l'audace intellectuelle [2].

Dietrich de Freiberg naquit une vingtaine d'années avant Maître Eckhart, dont il attaqua la distinction de l'être et de l'essence. Avant Eckhart, il promut une métaphysique de l'intellect de type néoplatonicien. Un point de détail suffira ici à souligner la grande exigence de systématicité affichée par Dietrich : la problématique eucharistique. R. Imbach a souligné la prise de position du dominicain allemand contre Gilles de Rome, mais aussi contre Thomas d'Aquin, à qui il reprocha une conception contradictoire de l'accident [3]. Thomas avait d'une part distingué les accidents de la substance et, à l'endroit de l'eucharistie, nié cette même distinction : alors que l'accident se définissait par l'inhérence, il devenait une quasi-substance, subsistante sans sujet, dans l'explication thomasienne de la transsubstantiation eucharistique. Contre ces compromis consentis par respect du dogme, Dietrich refusa absolument l'hypothèse de la subsistance d'un accident sans sa substance [4]. Comme Eckhart, il s'efforça de maintenir la cohérence rationnelle de l'ensemble des savoirs et refusa de conformer la philosophie naturelle à la lettre du dogme, malgré les timidités de l'illustre ancêtre italien.

Un perspectivisme à fonction de discrimination

A l'opposé du système eckhartien, gouverné par la raison philosophique bien que finalisé par l'union de l'homme au divin, le « perspectivisme séparatiste » veut démarquer les deux ordres de la foi religieuse et de la raison philosophique.

1. Trad. K. Ruh, dans Ruh (1997), p. 109-110. *[...] ita ut incarnatio ipsa sit exemplata quidem ab aeterna emanatione et exemplar totius naturae inferioris. Secundum hoc ergo convenienter valde scriptura sacra sic exponitur, ut in ipsa sint consona, quae philosophi de rerum naturis et ipsarum proprietatibus scripserunt, praesertim cum ex uno fonte et una radice procedat veritatis omne quod verum est, sive essendo sive cognoscendo, in scriptura et in natura. Expositio Sancti Evangelii secundum Iohannem, cap. 1, v. 17,* éd. K. Christ, J. Roch, *Die lateinischen Werke*, t. 3, p. 154-155 (n. 185).

2. Ruh (1997), p. 110. De son côté, A. de Libera souligne la systématicité du grand projet que devait réaliser l'*Opus tripartitum* (Libera (1999b), p. 72) et l'idéal eckhartien de cohésion entre vérités de l'Écriture et raisons naturelles des philosophes : « [...] la nature, "au plus intime d'elle-même", en son "centre", en son "fond", symbolise ineffablement avec la grâce » (*Ibid.*, p. 85).

3. Voir principalement les deux traités suivants : *De accidentibus*, éd. M.R. Pagnoni-Sturlese, dans *Opera omnia*, Hamburg, F. Meiner, 1977-1985, t. 3, p. 47-90; *De quiditatibus entium*, éd. R. Imbach, J.-D. Cavigioli, dans *Opera omnia*, Hamburg, F. Meiner, 1977-1985, t. 3, p. 91-118.

4. R. Imbach a montré Dietrich lutter contre l'arbitraire des arguments *de potentia absoluta Dei.* Voici la conclusion énoncée par ce médiéviste au sujet de Dietrich de Freiberg : « Er postuliert ein Recht auf philosophische Kritik an der Theologie; er macht die Rechte der Vernunft gegen die Ansprüche der Autorität geltend, wenn er mit philosophischen Argumenten eine lehramtlich verfügte dogmatische Entscheidung der Kirche angreift. », Imbach (1986) dans Imbach (1996), p. 281.

Au XIIIe siècle, les premiers défenseurs de la stricte séparation des disciplines, de leurs objets et des pertinences propres à leurs questionnements, furent des maîtres en arts. Par trois fois, Siger de Brabant nous apparut revendiquer l'autonomie de la recherche philosophique [1]. Son traitement de la question de l'être se proposait de reconduire cette problématique dans son milieu vital, la métaphysique aristotélicienne, pour la désentraver des considérations théologiques issues d'Avicenne. Ce rapatriement devait en effet s'accompagner de l'abandon de la distinction réelle entre être et essence : soustraite à l'expérience, la contingence du créé était dépourvue de pertinence dans le champ de la science humaine du monde, car les substances s'y manifestaient dans leur évidente nécessité factuelle. Ainsi l'être ne signait-il pas une réelle fêlure en elles; distinct de l'essence sur le plan de la seule grammaire, il référait sous la forme verbale à la même chose que l'essence sous la forme nominale. Le problème de la possible éternité du monde était tranché dans le même style : dans la perspective de la raison naturelle (*loquens ut naturalis*), la non-éternité du monde n'était pas démontrable. Enfin, Siger s'est montré fort critique envers le traitement thomasien de la question eucharistique : alors que la distinction de l'accident et de la substance était découverte par la raison naturelle pour fonder la métaphysique, Thomas la sacrifiait par souci de conformité à une vérité hétérogène et exceptionnelle, le mystère eucharistique.

La méthode séparatiste de Siger procède bien d'un perspectivisme : à chaque domaine de pertinence – philosophique, théologique, etc. – son objet et ses principes propres. L'homme parle différemment en tant que philosophe ou en tant que théologien, car il ne vise alors pas le même ordre de vérité : parfaitement congrue en philosophie naturelle, l'éternité du monde n'entre pas dans la Révélation divine. De fait, la question de la possible éternité du monde demeure étrangère au domaine de la vérité théologique, où son intérêt (sa pertinence) est nul. La rationalité ne contredit pourtant pas la foi, car ce type d'opposition suppose une communauté de principes logiques et épistémologiques. Or la théologie des mystères n'entretient pas de rapport avec la philosophie naturelle [2].

1. Respectivement, ci-dessus « L'être et l'essence » p. 44 *sq.*, « La possible éternité du monde » p. 102 *sq.* et « La non-séparabilité de l'accident » p. 225.

2. F.-X. Putallaz et R. Imbach conçoivent ce perspectivisme comme l'abandon d'une conception « adéquationniste » de la vérité. Voici leur conclusion au sujet de Boèce de Dacie : « Pour Boèce, une conclusion de la physique peut être nécessaire, que contredit une vérité de foi. La foi peut porter sur de l'impossible en physique. Mais cela n'est envisageable que dans une perspective *logique* pour laquelle le vrai est conçu non pas comme une *adaequatio intellectus et rei*, mais comme une conclusion impliquée logiquement à partir de certaines prémisses : le vrai, ce n'est pas d'abord ce qui est en adéquation avec ce-qui-est; c'est ce qui est conclu nécessairement. » (Putallaz, Imbach (1997), p. 101-102) Peut-être faudrait-il ajouter que, dans l'aristotélisme médiéval, « ce-qui-est » ne se donne pas de manière univoque mais conformément à la mesure du recevant. Aussi peut-on imaginer que l'expérience commune, l'expérience du philosophe et celle du théologien sont modelées par des exigences différentes et accueillent le « ce-qui-est » sous des modalités différentes. Pour évoquer un exemple trivial et post-classique, lorsque l'enfant voit le soleil se lever et se coucher, il le conçoit adéquatement tourner autour de la terre – cette description rend exactement compte de sa perception du phénomène –, même si le modèle copernicien s'est révélé plus pertinent dans le domaine de la science physique. Or, dans les deux cas, ce sera bien l'être réel du monde qui est visé, non seulement la conformité d'un énoncé avec les lois de la déduction logique.

Sur l'être et l'essence et la non-séparablité des accidents, le maître en théologie Godefroid de Fontaines parut adopter les solutions de Siger; relativement à la possible éternité du monde, il nuança la position défendue par le courant dominant en théologie. En effet, il envisagea la distinction de l'être et de l'essence sur le plan de la pure sémantique; il refusa d'adopter la thèse théologique d'une préséance durative du néant sur le monde créé; et il nia une possible intelligence du mystère eucharistique, en vertu des exigences de la raison naturelle [1]. Le perspectivisme de Godefroid s'accompagne toutefois d'une relativisation des pouvoirs de la raison humaine et de la vérité de ses conclusions, absente chez Siger. Plutôt que d'asseoir fermement la raison sur ses bases, l'opposition parfois patente des vérités philosophiques et des vérités théologiques rappelle la raison à son devoir d'humilité. Chez Godefroid, les domaines de référence de la philosophie et de la théologie sont bien distincts, mais ils se touchent et s'interpénètrent en quelques lieux, sur les questions traitées autrefois par les philosophes et incluses à part entière dans la foi. La thématique anthropologique représentait exemplairement ce type d'intersection où la raison philosophique devait concéder à la foi autant qu'elle le lui réclamait. Le perspectivisme de Godefroid énonçait donc une exigence de redéfinition constante des objets des diverses disciplines, par le jeu de la critique philosophique et théologique, et dans le but d'assurer à la philosophie naturelle une autonomie relative à son domaine nouvellement circonscrit. La vérité philosophique s'affermissait sur ses propres bases dans la mesure de la toujours plus fine délimitation de ses contours.

Cette exigence de « séparation méthodologique entre la philosophie et la théologie » eut des représentants jusqu'à la fin du moyen âge et l'entreprise de Dante Alighieri n'en fournit pas un moindre exemple [2]. Le potentiel politique et éthique d'une telle vision du savoir la promut d'ailleurs rapidement hors de l'université, dans la société laïque souvent désireuse d'autonomie, elle-aussi [3].

Des casuistiques méthodologiques

Au contraire des « philosophes » de la Faculté des arts, certains théologiens décidèrent de ne pas accueillir la philosophie aristotélicienne comme un système cohérent et complet de principes scientifiques. Au lieu de reconnaître cette *translatio* de la philosophie, monde de la science demeuré inviolé par-delà les âges, ces théologiens assignèrent la fonction de former la science et d'en réformer la méthode aux cas particuliers soumis à la discussion ou à l'expérience contemporaines.

Ces items problématiques pouvaient provenir de l'expérience sensible. Ainsi, pour contrer l'anthropologie « philosophique » de Thomas d'Aquin, les penseurs franciscains exhibèrent les formes distinctives qui marquent tout cadavre,

1. Respectivement *supra*, p. 118 *sq.*, p. 113 *sq.*, p. 227 *sq.*

2. Voir Imbach (1996c), en l'occurrence, p. 147-148.

3. Au sujet de Dante, Mensching (1992), p. 274-286; Putallaz (1995), p. 253-289; Imbach (1996c). La diffusion de la philosophie hors de l'institution universitaire, son refus de soumission aux autorités ecclésiastiques et son appropriation par les laïcs sont au cœur de Libera (1991).

jusqu'aux cicatrices, et soulignèrent leur évidente identité avec les signes distinctifs présents dans le corps autrefois vivant. Cette insistance sur le phénomène biologique ne procédait pas seulement de l'opportunité qu'il offrait dans le contexte de la joute dialectique, mais d'une inclination nouvelle vers la singularité de l'existant, née en Angleterre dès le début du XIIIe siècle [1]. Le cadavre n'était plus caractérisé, de manière universelle, comme une chose qui n'est dite « corps humain » que par homonymie. Il était regardé dans sa singularité individuelle, où se manifestait, de manière concrète et visible, l'identité réelle du corps de Pierre autrefois vivant et de son cadavre.

Le cas déterminant pouvait aussi se tirer du vaste réservoir des dogmes théologiques. Henri de Gand conforma sa philosophie aux exigences de la religion; les enseignements sacrés sur la création, la résurrection ou l'eucharistie façonnèrent sa pensée, sans renoncement à la raison naturelle. En effet, le projet d'Henri ne visait pas la relégation de la philosophie, encore moins l'abdication de la raison face aux questions de foi. Les principes philosophiques sont parfois transposables en théologie; parfois ils en manquent l'objet et doivent demeurer confinés dans le champ de la pure nature. Déterminée par les enseignements religieux sur le corps du Christ au tombeau, l'anthropologie d'Henri ne se contenta d'ailleurs pas de répéter la solution promue par la censure anti-thomasienne. Elle s'inventait au contraire dans un va-et-vient constant entre théologie et philosophie, pour se cristalliser sous une nouvelle forme de dimorphisme. Au départ de cette « casuistique » méthodologique, la distinction intentionnelle organisait la variation des points de vue sur un même objet, tantôt philosophique tantôt théologique, et instaurait une hiérarchie où la raison philosophique était éclairée par la raison théologique.

La critique logico-linguistique et la théologie de Guillaume d'Ockham illustrèrent différemment cette même tendance à laisser les domaines s'inter-pénétrer dans le jeu d'influences sporadiques et constitutives de la science. Alors qu'en logique le franciscain semblait conserver l'unique catégorie accidentelle de la qualité pour sauver la cohérence d'un dogme théologique – celui de la transsubstantiation eucharistique [2] –, la théologie des relations trinitaires demeurait sans effet sur sa description logique de la relation [3]. En philosophie, l'usage de l'argumentation *de potentia absoluta Dei* relativisait les droits de la raison à postuler un ordre immuable dans le monde et des règles valables au départ de toute activité

1. C. Bérubé a étudié la pensée médiévale sous l'angle de la « valorisation continue de l'individuel » au XIIIe siècle (Bérubé (1964), p. 278). Le médiéviste insiste sur la dite « méthode expérimentale » anglaise (p. 294). A cet égard, une précision terminologique s'impose : cette méthode demeure sans commune mesure avec la science expérimentale moderne. Pour un Guillaume d'Ockham, l'expérience s'achève dans l'intuition intellectuelle du singulier. Pour un moderne, la méthode « expérimentale » se propose au contraire d'abolir la singularité du cas, en démontrant la reproductibilité d'un processus dès lors considéré comme type.

2. Voir Imbach (1987) dans Imbach (1996), p. 305; Spade (1999) dans Spade (1999), p. 105.

3. Voir *supra*, p. 184 *sq*.

rationnelle : elle reconduisait invariablement l'activité scientifique au singulier existant [1].

De manière ultime, la valorisation du singulier, du cas concret et de l'exemple, se fit au détriment du système : l'individualité phénoménologiquement appréhendée effaçait les types abstraits, tellement plus pauvres et peu significatifs à force de généralité. L'esprit de la condamnation du 7 mars 1277 se résume peut-être dans le souci d'abolir le « système du monde » péripatéticien, qui créditait la raison humaine d'un trop grand pouvoir en inscrivant la création dans un ordre nécessaire, exprimable par des lois apodictiques. Issu de la mouvance franciscaine, un nouveau modèle allait tenter de se substituer à la description aristotélicienne du monde, le récit, qui rendait compte de la temporalité contingente propre au créé, faisait place à des figures individuelles – dont les moindres ne furent pas celles du Christ et de François d'Assise –, et déroulait une succession d'événements concrets, de la création jusqu'au jugement dernier. Certes, l'origine de cette théologie de l'histoire se découvre déjà chez Joachim de Flore, au XIIe siècle. Dès 1260, elle renaquit toutefois dans l'ordre franciscain, avec Bonaventure ; et son apogée pourrait être le fait d'un autre grand absent de cette étude, le franciscain Pierre de Jean Olivi, qui traversa la seconde moitié du XIIIe siècle. Ce théologien refusait toute prétention apodictique à la philosophie païenne, qui devait être tenue par le penseur chrétien dans sa place de servante. Les écrits d'Aristote furent réinscrits par Olivi dans la culture païenne qui les avait engendrés ; la « philosophie » introduite dans l'université médiévale véhiculait de fait les avatars arabes d'une croyance ancienne et opposée à la foi chrétienne. Parmi de nombreuses remarques similaires pointées par D. Burr, voici l'une des interventions du frère franciscain :

> Si l'on dit cependant qu'Averroès soutient une position inverse [...] et qu'il semble la tirer des termes même d'Aristote, on doit faire remarquer qu'Averroès pose également l'existence d'un seul intellect pour tous et qu'il était musulman, alors qu'Aristote était un païen et un idolâtre [2].

Cette forte relativisation de la philosophie s'autorisait d'une mise en perspective historique : incarnés dans l'histoire de l'humanité, Aristote ou Platon devenaient de simples acteurs, les initiateurs d'une longue lignée d'hommes caractérisés par leur attirance « charnelle », où se succédaient juifs, musulmans, cathares, séculiers et ennemis des franciscains, de l'ordre « spirituel » par excellence [3]. Avec cette narration, Olivi ne fustigeait pas la raison naturelle, mais il mettait l'aristotélisme, le judaïsme ou l'islam sur une même ligne, celle des

1. Parmi les nombreuses études consacrées à cet aspect de la philosophie d'Ockham, voir Alféri (1989) et Mensching (1992), p. 319-367.

2. Trad. D. Burr, dans Burr (1997), p. 75. *Si autem dicatur quod Averroes ponit primam, Super VIII Physicorum et alibi, et quod videtur eam trahere ex verbis Aristotelis : sciendum quod similiter ponit unum intellectum in omnibus nobis et fuit Saracenus, Aristoteles autem paganus et idolatra [...].* Pierre de Jean Olivi, *Sent. II, q. 57*, cité dans Burr (1997), p. 75.

3. Cette théologie de l'histoire est développée dans le *Commentaire de l'Apocalypse*, rédigé vers 1297 (*Lectura super Apocalypsim*, ms. Rome, Bibl. Ang. 382).

croyances idolâtres. L'erreur qu'il combattait n'était pas imputée d'abord à Aristote, mais elle s'incarnait dans la revendication de contemporains assez insensés pour croire que la rationalité philosophique avait été sûrement établie, au IVe siècle avant J.-C., par un natif de Stagire [1].

Toutefois, le souci du cas particulier, l'attention portée à la perspective discursive et le goût de l'ordre rationnellement établi ne représentent pas trois formes d'exigence épistémologique figées, absolument irréductibles et consciemment assumées par tous nos auteurs. Sans doute jouent-elles ensemble dans la constitution de toutes pensées, avec des accents différemment portés dans chacune d'elles. *Mutatis mutandis*, ces trois figures épistémologiques sont par ailleurs les analogues des trois genres du discours fictionnel grâce auquel l'homme se représente le monde : le récit, qui déroule une succession d'événements singuliers, le commentaire, où se manifeste l'origine et la perspective de l'énonciation, et la description, qui organise et structure un ensemble d'éléments en figeant le flux temporel du récit. Le récit permet à l'histoire de se dire, sur l'axe horizontal de la linéarité chronologique. Selon le principe de l'avant et de l'après, il égrène les faits singuliers et contingents de l'existence. Le commentaire signale l'attitude du narrateur, ses orientations intellectuelles et ses motivations. La description donne à voir; en arrêtant le récit, elle organise un espace et offre un monde à la contemplation : figé en objet de la raison, ce monde pourra être parcouru en divers sens, au gré des relations logiques qui le composent.

1. Sur tout ceci, Burr (1997), en particulier, p. 42-53. Voir aussi Bérubé (1983); Putallaz (1995), p. 127-162 ; et les actes du colloque Boureau, Piron (éd.) (1999).

BIBLIOGRAPHIE

Sources

[Anthologie] : *Philosophes médiévaux des* XIIIe *et* XIVe *siècles*, éd. R. Imbach et M.H. Méléard, Paris, 10/18, 1986.

[Anthologie] : *Théologiens et mystiques au Moyen Âge. La poétique de Dieu*, éd. et trad. A. Michel, Paris, Gallimard, 1997.

AAVV, *Annales Prioratus de Dunstaplia,* éd. H. Luard dans *Annales monastici*, London, 1866, t. 3, p. 323-326.

AAVV, *Chartularium Universitatis Parisiensis,* éd. H. Denifle, A. Chatelain, Bruxelles, 1964, 4 vol. [réimpression de l'édition de Paris 1891-1899].

AAVV, *La condamnation parisienne de 1277,* nouvelle édition du texte latin, traduction, introduction et commentaire par D. Piché, Paris, Vrin, 1999.

ANONYMUS, *Correctorium corruptorii 'Quaestione'. Texte anonyme du ms Merton 267,* Roma, « Studia anselmiana, 35 », 1954.

ANONYMUS, *Declarationes de variis sententiis S. Thomae Aquinatis,* éd. F. Pelster, Münster, « Opuscula et textus. Series Scholastica, 21 », 1956.

ANONYMUS, *Le livre des XXIV philosophes*, éd. F. Hudry, Grenoble, Krisis, 1989.

ANONYMUS, *Liber de causis*, éd. et trad. P. Magnard, O. Boulnois, B. Pinchard, J.-L. Solère, dans *La Demeure de l'être*, Paris, Vrin, 1990.

ALBERT LE GRAND, *Opera omnia*, éd. A. Borgnet, Paris, Vivès, 1890-1899.

– *S. Doctoris Ecclesiae Alberti Magni opera omnia ad fidem codicum manuscriptorum*, éd. W. Kübel, Aschendorff, Monasterium Westfalorum, 1951→, [*De causis et processu universitatis a prima causa*, éd. W. Fauser, 1993, t. 16.2].

ALEXANDRE DE HALÈS, *Summa theologica*, ad Claras Aquas, Grottaferrata, Quaracchi, 1924 →.

ALGAZEL, *Logica,* éd. C. Lohr, *Traditio,* 21, 1965, p. 223-290.

ARISTOTE, *Aristoteles Werke in deutscher Uebersetzungen*, begründet von E. Grumach, hrsg. von H. Flasher, Darmstadt-Berlin, 1958.

– *Aristotle in twenty-three volumes*, London-Cambridge, Loeb, 1926-1991.

– *La métaphysique*, introduction, notes et index, par J. Tricot, Paris, Vrin, 1986.

ARISTOTELES LATINUS, *Codices*, éd. G. Lacombe, A. Birkenmajer, M. Dulong, E. Franceschini, Roma, Libr. dello Stato, 1939-1955, 2 vol.

– *Aristotelis opera cum Averrois commentariis*, Venetiis, 1562-1574 [réimpression Frankfurt, Minerva, 1962].

AUGUSTIN (saint), *Contra Academicos libri II,* PL 32, p. 905-959.

– *De vera Religione liber unus,* PL 34, p. 121-173.

– *De Genesi ad litteram libri XII*, PL 34, p. 245-485.
– *De Trinitate libri XV*, PL 42, p. 819-1101.
– *De Trinitate*, Paris, Desclée de Brouwer, 1955.
– *Confessions*, éd. et trad. P. de Labriolle, Paris, Belles Lettres, 1989 [1926].

AVERROÈS, *Aristotelis opera cum Averrois commentariis*, Venetiis apud iunctas 1562-1574, Frankfurt/Main, Minerva, 1962 [t. 5 : *De Caelo, De generatione...* ; t. 8 : *Metaphysicorum libri*].
– *In Aristotelis librum II (a) Metaphysicorum commentarius*, ed. G. Darms, Fribourg, 1966.
– *In librum V metaphysicorum Aristotelis commentarius*, éd. R. Ponzalli, Berna, Francke, 1971.
– *Discours décisif*, trad. M. Geoffroy, Paris, GF-Flammarion, 1996.
– *L'intelligence et la pensée. Grand commentaire du « De anima ». Livre III*, trad. et introd. A. de Libera, Paris, GF-Flammarion, 1998.

AVICENNE, *Metaphysica*, réimpression de l'édition de Venise (1495), Frankfurt/Main, Minerva, 1966.
– *Avicenna latinus. Liber de philosophia prima sive scientia divina,* édition critique de la traduction latine médiévale par S. Van Riet, introduction doctrinale par M.G. Verbeke, Louvain-Leiden, E. Peeters-E. J. Brill, 1977 (t. 1)-1980 (t. 2).
– *Metafisica. La scienza delle cose divine*, Testo arabo a fronte, testo latino in nota, traduzione dall'arabo, introduzioni, note e apparati di O. Lizzini, prefazione, revisione del testo latino e cura editoriale di P. Porro, Milano, Bompiani, 2002.

BERNARD SILVESTRE, *Cosmographie*, trad. M. Lemoine, Paris, Cerf, 1998.

BOÈCE, *Opera omnia,* éd. J.-P. Migne, PL 64, Parisiis, 1891.
– *The Theological Tractates,* éd. et trad. H.F. Stewart, E.K. Rand, S.J. Tester, London-Cambridge, Loeb Classical Library, 1973 [1968].
– *De consolatione philosophiae. Opuscula theologica,* éd. C. Moreschini, München-Leipzig, Teubner, 2000.
– *Traités théologiques,* trad. et présentation A. Tisserand, Paris, GF-Flammarion, 2000.

BOÈCE DE DACIE, *Opuscula : De aeternitate mundi, De summo bono, De somniis*, éd. N.G. Green-Pedersen, Hauniae, G.E.C. Gad, « Corpus Philosophorum Danicorum Medii Aevi, VI. ii », 1976.

BONAVENTURE (Saint), *Doctoris Seraphici Sancti Bonaventurae Opera Omnia*, Ed. PP. Collegii S. Bonaventurae, Ad Claras Aquas, Grottaferrata, 1882-1902.

CALCIDIUS, *Timaeus a Calcidio translatus commentarioque instructus,* éd. J.H. Waszink, London-Leiden, « Plato latinus, 4 », 1962.

CICERON, *De republica*, Paris, Classiques Garnier, 1954.

DANTE, *La divine comédie*, trad. J. Risset, Paris, GF-Flammarion, 3 vol., 1992.

DIETRICH DE FREIBERG, *De ente et essentia*, dans *Opera omnia*, t. II : *Schriften zur Metaphysik und Theologie*, éd. R. Imbach, Hamburg, Felix Meiner, « Corpus Philosophorum Teutonicorum Medii Aevi, II », 1980.
– *Deux traités « De ente et essentia » de Thomas d'Aquin et Dietrich de Freiberg*, présentation et trad. A. de Libera et C. Michon, Paris, Seuil, 1996.

GILBERT DE POITIERS, *Commentaria super Boethium*, dans *Manlii Severini Boetii opera omnia*, éd. J.-P. Migne, PL 64, Parisiis, 1891.
– *The Commentaries on Boethius,* éd. N.M. Häring, Toronto, Pontifical Institute of Mediaeval Studies, 1966.

GILLES DE LESSINES, *De unitate formae,* éd. M. de Wulf, Louvain, « Les Philosophes Belges, 1 », 1901.

GILLES DE ROME (Aegidius Romanus), *Expositio super Libros de anima, de intellectu possibili, de gradibus formarum*, Venetiis, 1500.

– *De materia Celi*, Venetiis, 1502.

– *Quaestiones disputatae de esse et essentia*, Venetiis, 1503 [réimpression Frankfurt, Minerva, 1968].

– *In Primum librum Sententiarum,* Venetiis, 1521 [réimpression Frankfurt, Minerva, 1968].

– *Theoremata de corpore Christi,* dans *Opera exegetica, Opuscula I,* Romae, 1554/5 [réimpression Frankfurt, Minerva, 1968].

– *In Secundum librum Sententiarum Quaestiones, Pars prima,* éd. R.P.F. Angelus Rocchensis, Venetiis, 1581 [réimpression Frankfurt, Minerva, 1968].

– *Quodlibeta,* éd. M.Fr. Petrus Damasus de Coninck, Lovanii, 1646 [réimpression Frankfurt, Minerva, 1966].

– *Theoremata de esse et essentia*, Texte précédé d'une introduction historique et critique, éd. E. Hocedez, Louvain, « Museum Lessianum. Section Philosophique, 12 », 1930.

– « Quaestiones I-XX a fratre Aegidio Romano Paduae disputatae in capitulo generis O.E.S.A. 1281 », éd. G. Bruni, *Analecta Augustiniana*, 17, 1939-1940, p. 125-150.

– *Errores philosophorum*, éd. J. Koch, trad. J.O. Riedl, Milwaukee, Marquette, 1944.

– *Opera omnia,* a cura di F. Del Punta e G. Fioravanti, Firenze, L.S. Olschki, « Corpus philosophorum medii aevi. Testi e studi », 1985 →.

– *Giles of Rome. Theorems on Existence and essence (Theoremata de esse et essentia),* translated from the latin with an Introduction by M.V. Murray, Milwaukee, Wisconsin, Marquette University Press, 1973 [2] [1952].

– *Apologia,* éd. R. Wielockx, *Aegidii Romani Opera Omnia, III. 1.,* Firenze, Olschki, « Corpus philosophorum medii aevi. Testi e studi, 4 », 1985.

– *Reportatio Lecturae super Libros I-IV Sententiarum. Reportatio Monacensis. Excerpta Godefridi de Fontibus*, éd. C. Luna, *Aegidii Romani Opera Omnia, III. 2.,* Firenze, Ed. del Galluzzo, « Corpus philosophorum medii aevi. Testi e studi, 17 », 2003.

GODEFROID DE FONTAINES, *Les quatre premiers quodlibets,* éd. M. de Wulf, A. Pelzer, Louvain, « Les Philosophes Belges, 2 », 1904.

– *Les quodlibets cinq, six et sept*, éd. M. de Wulf, J. Hoffmans, Louvain, « Les Philosophes Belges, 3 », 1914.

– *Le huitième quodlibet, Le neuvième quodlibet, Le dixième quodlibet,* éd. J. Hoffmans, Louvain, « Les Philosophes Belges, 4.1 », 1924.

– *Les quodlibet onze et douze,* éd. J. Hoffmans, Louvain, « Les Philosophes Belges, 5.1-2 », 1932.

– *Les quodlibets treize et quatorze,* éd. J. Hoffmans, Louvain, « Les Philosophes Belges, 5.3-4 », 1935.

– *Le quodlibet quinze et trois Questions ordinaires de Godefroid de Fontaines,* éd. O. Lottin, *Étude sur les manuscrits des Quodlibets,* J. Hoffmans, A. Pelzer, Louvain, « Les Philosophes Belges, 14 », 1937.

GUILLAUME D'AUVERGNE, *Opera Omnia*, Orléans, 1674.

– *De l'âme* (VII, 1-9), Intr., trad. et notes par J.-B. Brenet, Paris, Vrin, 1998.

GUILLAUME DE BAGLIONE, « The Questions of master William of Baglione, O.F.M., *De aeternitate mundi* (Paris, 1266-1267) », éd. I. Brady, *Antonianum,* 47, 1972, p. 362-371, 576-616.

GUILLAUME DE CONCHES, *Glosae super Platonem*, éd. E. Jeauneau, Paris, Vrin, 1965.
GUILLAUME DE LA MARE, *Correctorium*, éd. P. Glorieux dans *Le Correctorium Corruptorii 'Quare'*, Kain, « Bibliothèque thomiste, 9 », 1927.
GUILLAUME D'OCKHAM, *Opera philosophica et theologica ad fidem codicum manuscriptorum edita*, cura Instituti Franciscani Universitatis S. Bonaventurae N. Y., 10 vol., 1967-1986 [= OPh ; OTh].
– *Commentaire sur le livre des prédicables de Porphyre*, Université de Sherbrooke, 1978.
– *Somme de logique. Première partie*, trad. par J. Biard, Mauvezin, Trans-Europ-Repress, 1988.
– *Somme de logique. Deuxième partie,* trad. J. Biard, Mauvezin, Trans-Europ-Repress, 1996.
HENRI DE GAND, *Opera omnia*, éd. coor. R. Macken, Leuven-Leiden, Leuven University Press-E.J. Brill, 1978 –.
– t. 1-2 : *Bibliotheca manuscripta Henrici de Gandavo,* éd. R. Macken, 1979.
– t. 5 : *Quodlibet I,* éd. R. Macken, 1979.
– t. 6 : *Quodlibet II,* éd. R. Wielockx, 1983.
– t. 10 : *Quodlibet VI,* éd. G.A. Wilson, 1987.
– t. 11 : *Quodlibet VII,* éd. G.A. Wilson, 1991.
– t. 13 : *Quodlibet IX,* éd. R. Macken, 1983.
– t. 14 : *Quodlibet X,* éd. R. Macken, 1981.
– t. 16 : *Quodlibet XII, q. 1-30,* éd. J. Decorte, 1987.
– t. 17 : *Quodlibet XII, q. 31 (Tractatus super facto praelatorum et fratrum)*, éd. L. Hödl, M. Haverals, 1989.
– t. 18 : *Quodlibet XIII,* éd. J. Decorte, 1985.
– t. 27 : *Summa (Quaestiones ordinariae), art. 31-34,* éd. L. Hödl, 1991.
– t. 28 : *Summa (Quaestiones ordinariae), art. 35-40,* éd. G.A. Wilson, 1994.
– t. 29 : *Summa (Quaestiones ordinariae), art. 41-46,* éd. L. Hödl, 1998.
– t. 36 : *Lectura ordinaria super S. Scripturam,* éd. R. Macken, 1980.
– *Quodlibeta*, vaenumdantur ab Iodoco Badio Ascensio, Parisiis, 1518 [2 vol., réimpression Leuven, Bibliothèque S.J., 1961].
– *Summae quaestionum ordinariarum*, in aedibus I. Badii Ascensii, Parisiis, 1520 [2 vol., réimpression : éd. E.M. Buytaert, The Franciscan Institute, New York-Leuven-Paderborn, St. Bonaventure-Nauwelaerts-Schöningh, 1953].
– *Les Quaestiones in Librum de Causis attribuées à Henri de Gand,* éd. J.P. Zwaenepoel, Louvain-Paris, « Philosophes médiévaux, 15 », 1974.

Traductions

– « *Quodlibet XIII, q. 3*. Noção, medição e possibilidade do vácuo segundo Henrique de Gand », *Revista Filosófica de Coimbra,* 2, 1992, p. 359-385.
– « *Quodlibet I, q. 9* », dans M.A.S. de Carvalho, « Sentido e alcance do pensamento de Henrique de Gand », *Mediaevalia*, 3, 1993, p. 161-205.
– *Quodlibetal Questions on Free Will,* translated from the latin with an Introduction and Notes by R.J.T. Teske, Milwaukee, Wisconsin, Marquette University Press, 1993.
– « *Quodlibet I, q. 9, solutio* », dans A. de Libera, C. Michon, *L'Etre et l'Essence. Le vocabulaire médiéval de l'ontologie. Deux traités « De ente et essentia » de Thomas d'Aquin et Dietrich de Freiberg*, Paris, Seuil, 1996, p. 211-218.
IBN GABIROL, *Fons Vitae, ex arabico in latinum translatus ab Iohanne Hispano et Dominico Gundissalino,* éd. C. Baeumker, Münster, Aschendorff, 1995 [1895].

– *Livre de la source de vie,* trad., intr. et notes par J. Schlanger, Paris, Aubier Montaigne, 1970 ; *La source de la vie* : Livre III, trad., intro., notes et index par F. Brunner, Paris Vrin, 1950.

JACQUES DE VITERBE, *Disputatio Prima de Quodlibet,* éd. E. Ypma, Augustinus Verlag, 1967.

JEAN BLUND, *Tractatus de anima,* éd. D.A. Callus et R.W. Hunt, London, « Auctores Britannici Medii aevi, 2 », 1970.

JEAN BURIDAN, *Tractatus de consequentiis,* éd. H. Hubien, Louvain-Paris, « Philosophes médiévaux, 16 », 1976.

JEAN DAMASCÈNE, *Die Schriften des Johannes von Damaskos,* éd. Bonifatius Kotter, Berlin, W. de Gruyter, 1969 –.

JEAN DE LA ROCHELLE, *Summa de Anima,* éd. T. Domenichelli, Prato, 1882 ; texte critique avec introduction, notes et tables J.-G. Bougerol, Paris, Vrin, 1995 ; *Somme de l'âme,* avant-propos de L.J. Bataillon O.P., intr., trad. et notes par J.-M. Vernier, Paris, Vrin, 2001.

JEAN DUNS SCOT, *Opera omnia,* éd. L. Wadding [Lyon, 1639], Paris, Vivès, 1891-1895.

– *Opera omnia,* Studio et cura commissionis Scotisticae ad fidem codicum edita præsidium C. Balic, Civitas Vaticana, Typis polyglottis Vaticanis, 1950 ([=Ed. Vaticane].

– *Opera philosophica,* t. III-IV : *Quaestiones super libros Metaphysicorum Aristotelis,* éd. R. Andrews, G.J. Etzkorn, G. Gál, R. Green, F. Kelley, G. Marcil, T. Noone, R. Wood, St Bonaventure New York, Franciscan Institute Publ. St Bonaventure University, 1997, 2 vol.

– « Signification et portée de la pensée de Jean Duns Scot. Introduction, traduction et commentaire à la distinction 12 de l'*Opus Oxoniense* II », par A. de Muralt, *Studia Philosophica,* 1974, p. 113-149.

– *Traité du premier principe,* trad. sous la direction de R. Imbach, Genève, « Cahiers de la Revue de Théologie et de Philosophie, 10 », 1983 ; 2ᵉ éd. Paris, Vrin, 2001.

– *Sur la connaissance de Dieu et l'univocité de l'étant* (*Ordinatio* I, dist. 3, pars 1 et dist. 8, pars 1), trad. par O. Boulnois, Paris, PUF, 1988.

– *Le principe d'individuation* (*Ordinatio* II, dist. 3, pars 1), trad. par G. Sondag, Paris, Vrin, 1992 ; 2ᵉ éd. bilingue, Paris, Vrin, 2005.

– *L'image* (*Ordinatio* I, dist. 3, pars 3, quaest. 1-4), trad. par G. Sondag, Paris, Vrin, 1993.

– *John Duns Scotus. Contingency and Freedom. Lectura I, 39,* Intr., Translation and Commentary by A. Vos Jaczn, H. Veldhuis, A.H. Looman-Graaskamp, E. Dekker, N.W. Den Bok, Dordrecht-Boston-London, Kluwer Academic Publishers, 1994.

– *La théologie comme science pratique* (Prologue de la *Lectura*), trad. par G. Sondag, Paris, Vrin, 1996.

– *Questions on the Metaphysics of Aristotle,* transl. by G.J. Etzkorn, A.B. Wolter, St Bonaventure New York, Franciscan Institute Publ. St Bonaventure University, 1997-1998.

– *Prologue de l'*Ordinatio, trad. par G. Sondag, Paris, PUF, 1999.

JEAN LUTTERELL, *Die Schriften des Oxforder Kanzlers Iohannes Lutterell,* éd. F. Hoffmann, Leipzig, St. Benno, « Erfurter Theologische Studien, 6 », 1959.

JEAN QUIDORT (de Paris), *Correctorium corruptorii 'Circa',* éd. J.-P. Müller, Roma, « Studia anselmiana, 12-13 », 1941.

JEAN PECHAM, *Registrum epistolarum fratris Ioannis Peckham,* éd. T. Martin, London, 1882-1885, 3 vol.

– *Quaestio disputata de aeternitate mundi*, éd. O. Argerami, « Patristica et Mediaevalia, 1 », 1975.

– *Quodlibeta quatuor*, éd. G.J. Etzkorn et F. Delorme, Grottaferrata, Quaracchi, « Bibliotheca franciscana scholastica medii aevi, 25 », 1989.

LUCRÈCE, *De rerum natura*, éd. C. Bailey, Oxford classical Texts, 1990 [1922 [2]].

MAÏMONIDE, *Le Guide des Egarés, traité de Théologie et de Philosophie,* trad. S. Munk, Paris, Maisonneuve et Larose, 1981.

MAÎTRE ECKHART, *Die deutschen und lateinischen Werke*, Ed. Deutsche Forschungsgemeinschaft, Stuttgart-Berlin, 1936 [*Expositio Sancti Evangelii secundum Iohannem*, éd. K. Christ, J. Roch : *Die lateinischen Werke*, t. 3].

MATTHIEU D'AQUASPARTA, « Quaestiones disputatae de aeternitate mundi. Nono quaeritur... », éd. E. Longpré, *Archives d'histoire doctrinale et littéraire du Moyen Age*, 1, 1926.

– *Quaestiones disputatae de gratia,* éd. V. Doucet, Grottaferrata, Quaracchi, « Bibliotheca Franciscana Scholastica Medii Aevi, 11 », 1935.

– *Quaestiones de anima XIII*, éd. A.J. Gondras, Paris, Vrin, « Études de philosophie médiévale, 50 », 1961.

OVIDE, *Metamorphoseon*, Harvard University Press, The Loeb classical Library, 1984 (1997 [3]).

PARMÉNIDE, *Sur la nature ou sur l'étant*, texte grec, trad. et commentaire B. Cassin, Paris, Seuil, 1998.

PIERRE ABÉLARD, *Sic et Non*, éd. B. Boyer, R. McKeon, Chicago-London, The University of Chicago Press, 1976-1977.

– *Des intellections*, éd. et trad. P. Morin, Paris, Vrin, 1994.

PIERRE D'AURIOLE, *Scriptum super primum Sententiarum*, éd. E.M. Buytaert, New York, Franciscan Institute, 1953.

PIERRE DE JEAN OLIEU, *Quaestiones in Secundum librum Sententiarum*, éd. B. Jansen, Grottaferrata, Quaracchi, 1922-1926.

PIERRE D'ESPAGNE, *Tractatus Syncategorematum*, trad. par J.P. Mullally, Milwaukee, Marquette University Press, 1964.

PIERRE LOMBARD, *Sententiae in IV libris distinctae*, éd. I. Brady, Ad Claras Aquas, 1971(t. 1)-1981(t. 2).

PLATON, *Œuvres complètes*, trad. L. Robin et M.-J. Moreau, Paris, Gallimard, 1950.

PLOTIN, *Deuxième Ennéade*, Paris, Belles Lettres, 1998.

PORPHYRE, *Isagoge*, Paris, Vrin, 1947 ; Texte grec, *Translatio Boethii*, trad. par A. de Libera et A.-Ph. Segonds, intr. et notes par A. de Libera, Paris, Vrin, 1998.

PRÉSOCRATIQUES, *Die Fragmente der Vorsokratiker*, éd. H. Diels, W. Kranz, Berlin, 1934-1937.

– *Les présocratiques*, éd. J.-P. Dumont, Paris, Gallimard, 1988.

PSEUDO-DENYS l'Aréopagite, *Œuvres complètes*, trad. M. de Gandillac, Paris, Aubier, 1943.

RICHARD DE MEDIAVILLA, *Quaestio fratris Richardi de gradu formarum*, textes et étude critique par R. Zavalloni, Louvain, Éditions de l'institut supérieur de philosophie, « Philosophes médiévaux, 2 », 1951.

RICHARD KNAPWELL, « Correctorium corruptorii "Quare" », éd. P. Glorieux, dans *Les premières polémiques thomistes,* t. I, Paris, Vrin, 1927.

– *Quaestio disputata de unitate formae,* éd. F.E. Kelley, Paris, « Bibliothèque thomiste, 44 », 1982.

ROBERT D'ORFORD, « Correctorium corruptorii "Sciendum" », éd. P. Glorieux, dans *Les premières polémiques thomistes,* t. II, Paris, Vrin, 1956.
– *Reprobationes dictorum a fratre Egidio in Primum Sententiarum,* Paris, « Bibliothèque thomiste, 38 », 1968.
ROGER BACON, *Opera quaedam hactenus inedita*, éd. J.S. Brewer, London, 1859 [Kraus Reprint, 1965].
– *Opus maius*, éd. J.H. Bridges, Oxford University Press, 1897-1900 [Reprint Minerva, 1964].
– *Opera hactenus inedita Rogeri Baconi*, éd. R. Steele, Oxford, 1905-1940 [fasc. II-III : *Libri Communium Naturalium*, éd. R. Steele ; fasc. VIII : *Quaestiones super libros quatuor Physicorum Aristotelis,* éd. F.M. Delorme].
– *De multiplicatione specierum*, dans *Roger Bacon's Philosophy of Nature*, a Critical Edition, with English Translation and notes, by D.C. Lindberg, Oxford, Clarendon Press, 1983.
– *La Scienza Sperimentale. Lettera a Clemente IV, La Scienza Sperimentale, I Segretti dell'arte e della Natura*, a cura di F. Bottin, Rusconi, Milano, 1990.
ROGER MARSTON, *quaestiones disputatae*, Firenze, « Bibliotheca Franciscana Scholastica Medii Aevi, 7 », 1932.
– *Quodlibeta quatuor,* éd. G.J. Etzkorn, I.C. Brady, Grottaferrata, Quaracchi, « Bibliotheca Franciscana Scholastica Medii Aevi, 26 », 1994[2] [1968].
SIGER DE BRABANT, *Questions sur la Métaphysique*, éd. C.A. Graiff, Louvain, « Philosophes médiévaux, 1 », 1948.
– *Quaestiones super librum De causis*, éd. A. Marlasca, Louvain-Paris, « Philosophes médiévaux, 12 », 1972.
– *Quaestiones in Tertium De anima, De anima intellectiva, De aeternitate mundi*, éd. B. Bazán, Louvain-Paris, « Philosophes médiévaux, 13 », 1972.
– *Ecrits de logique, de morale et de physique,* éd. B. Bazán, Louvain-Paris, « Philosophes médiévaux, 14 », 1974.
– *Quaestiones in Metaphysicam,* Edition revue de la reportation de Munich. Texte inédit de la reportation de Vienne, éd. W. Dunphy, Louvain-Paris, « Philosophes médiévaux, 24 », 1981.
– *Quaestiones in Metaphysicam,* Reportations de Cambridge et de Paris, éd. A. Maurer, Louvain-Paris, « Philosophes médiévaux, 25 », 1983.
SIMPLICIUS, *Commentaire sur les catégories d'Aristote. Traduction de Guillaume de Moerbeke,* éd. A. Pattin, Leiden, E.J. Brill, 1975, 2 vol.
THOMAS D'AQUIN, *Opera omnia*, Paris, Vivès, 1879-1880.
– *Opera omnia*, iussu Leonis XIII edita, Romae, Comissio leonina, Paris, Cerf, 1882 [= Éd. Léonine].
– *Opera omnia*, Stuttgart, Frommann-Holzboog, 1980.
– *Somme théologique*, Éditions de la « Revue des jeunes », Paris-Tournai-Rome, 1925 *sq*.
– *Scriptum super libros Sententiarum (primum et secundum),* éd. P. Mandonnet, Parisiis, P. Lethiellieux, 1929.
– *Scriptum super Sententiis (libro tertio et quarto)*, éd. M.F. Moos, Parisiis, P. Lethiellieux, 1933/1947.
– *De aeternitate mundi*, Éd. Léonine, t. 43, 1976, p. 83-89.
– *In Aristotelis librum de Anima commentarium*, Éd. Léonine, t. 45/1.
– *De potentia Dei*, dans *Quaestiones disputatae*, Taurini-Romae, Marietti, 1931, t. 1.

– *In duodecim libros Metaphysicorum Aristotelis expositio*, éd. R.M. Spiazzi, Taurini-Romae, Marietti, 1964.

– *Questions disputées sur la vérité. Question XI : Le Maître, Question IV : Le Verbe*, introd. et trad. B. Jollès, Paris, Vrin, 1983.

– *Somme théologique*, Paris, Cerf, 1984-1986.

– *Contre Averroès*, trad. A. de Libera, Paris, GF, 1994.

– *Deux traités « De ente et essentia » de Thomas d'Aquin et Dietrich de Freiberg*, présentation et trad. A. de Libera et C. Michon, Paris, Seuil, 1996.

– *Somme contre les Gentils*, trad., prés. et notes C. Michon, V. Aubin et D. Moreau, 4 vol., Paris, GF, 1999.

[THOMAS D'AQUIN], *De natura materiae*, attributed to St. Thomas Aquinas, intr. and text J.M. Wyss, Fribourg (Suisse), Société philosophique, « Textus philosophici Friburgenses, 3 », 1953.

THOMAS DE SUTTON, *Quaestiones ordinariae,* éd. J. Schneider, München, « Bayerische Akademie der Wissenschaften. Veröffentlichungen der Kommission für die Herausgabe ungedruckter Texte aus der mittelalterlichen Geisteswelt, 3 », 1977.

LITTÉRATURE SECONDAIRE

AAVV (1960), *L'homme et son destin d'après les penseurs du moyen âge. Actes du premier congrès international de philosophie médiévale,* Louvain-Paris, Ed. Nauwelaerts.

AAVV (1993), *Matteo d'Acquasparta. Francescano, filosofo, politico*, Atti del XXIX Convegno storico internazionale, Spoleto, Centro italiano di studi sull'alto medioevo.

AAVV (1999), « Duns Scot », *Philosophie*, 61.

ADAMS, M. MCCORD (1987), *William Ockham*, Indiana, Notre-Dame, University of Notre-Dame Press, 2 vol.

AERTSEN, J.A. (1996), « Transcendental Thought in Henry of Ghent », dans W. VANHAMEL (éd.), p. 1-19.

– (2002) « "Res" as transcendental : its introduction and significance », dans G. FEDERICI VESCOVINI (éd.), p. 139-156.

AERTSEN, J.A., EMERY, K., SPEER, A. (éd.) (2001), *Nach der Verurteilung von 1277. Philosophie und Theologie an der Universität von Paris im letzten Viertel des 13. Jahrhunderts,* Berlin-New York, W. de Gruyter, « Miscellanea Mediaevalia, 28 ».

AERTSEN, J.A., SPEER, A. (éd.) (1998), *Was ist Philosophie im Mittelalter? Akten des X. Internationalen Kongresses für mittelalterliche Philosophie der Société Internationale*, Berlin-New York, W. de Gruyter.

ALFÉRI, P. (1989), *Guillaume d'Ockham. Le singulier*, Paris, Minuit.

ALCOLOUMBRE, T. (1999), *Maïmonide et le problème de la personne,* Paris, Vrin.

ALLIEZ, E. (1999), *Les temps capitaux. 2/1 – L'état des choses*, Paris, Cerf.

AMBACHER, M. (1972), *La matière, dans les sciences et en philosophie*, Paris, Aubier.

ANSCOMBE, G.E.M. (1979), « The Principle of Individuation », dans *Articles on Aristotle*, vol. 3, London, Duckworth.

ARGERAMI, O. (1968), « El Problema de la Contingencia en Siger de Brabante », *Rivista di Filosofia*, 20, p. 44-56.

ARWAY, R.J. (1962), « A Half Century of Research on Godfrey of Fontaines », *The New Scholasticism,* 36, p. 192-218.

BAKKER, P.J.J.M. (1999), *La raison et le miracle. Les doctrines eucharistiques (c. 1250-c. 1400)*, Nijmegen, 2 vol.

BANNACH, K. (2000), « Relationen. Ihre Theorie in der spätmittelalterlichen Theologie und bei Luther », *Freiburger Zeitschrift für Philosophie und Theologie*, 47, p. 101-126.

BARONTINI, M. (1994), « La discussione sull'eternità del mondo alla facoltà teologica di Parigi nei primi trenta anni del XIII secolo. Aristotelismo e tradizione teologica », *Documenti e studi sulla tradizione filosofica medievale*, 5, p. 43-86.

BATAILLON, L.-J. (1981), « Bulletin d'histoire des doctrines médiévales. Le treizième siècle (fin) », *Revue des sciences philosophiques et théologiques*, 65, p. 101-122.

– (1994), « Sermoni e orazioni d'ambiente universitario parigino nel sec. XIII », *Documenti e studi sulla tradizione filosofica medievale*, 5, p. 297-330.

– (1997), « Problèmes philosophiques dans les œuvres théologiques », dans O. WEIJERS, L. HOLTZ (éd.), p. 445-453.

BAUDRY, L. (1958), *Lexique philosophique de Guillaume d'Ockham*, Paris, P. Lethielleux.

BAYERSCHMIDT, P. (1941), *Die Seins- und Formmetaphysik des Heinrich von Gent in ihrer Anwendung auf die Christologie. Eine philosophie- und dogmengeschichtliche Studie*, Münster, Aschendorff, « Beiträge zur Geschichte der Philosophie des Mittelalters, 36/3-4 ».

BAZÁN, B.C. (1969), « Pluralisme des formes ou dualisme de substances ? La pensée préthomiste touchant la nature de l'âme », *Revue philosophique de Louvain*, 67, p. 30-73.

– (1974), « Le dialogue philosophique entre Siger de Brabant et Thomas d'Aquin. A propos d'un ouvrage récent de E.H. Weber », *Revue philosophique de Louvain*, 72, p. 53-155.

– (1997), « The human Soul : form and substance ? Thomas Aquinas' Critique of eclectic Aristotelianism », *Archives d'histoire doctrinale et littéraire du Moyen Age*, 64, 1997, p. 95-126.

BAZÁN, B.C., WIPPEL, J., FRANSEN, G., JACQUART, D. (1985), *Les questions disputées et les questions quodlibétiques dans la Faculté de théologie, de droit et de médecine*, Turnhout, Brepols.

BECKMANN, J.-P. (1967), *Die Relationen der Identität und Gleichheit nach J. Duns Scotus*, Bonn, H. Bouvier.

– (1992), *Ockham – Bibliographie : 1900-1990*, Hamburg, Felix Meiner.

– (1995) *Wilhelm von Ockham*, München, C.H. Beck.

– (1996) « Entdecken oder setzen ? Die Besonderheit der Relationstheorie des Duns Scotus und ihre Bedeutung für die Metaphysik », dans L. HONNEFELDER, R. WOOD, M. DREYER (éd.), p. 367-384.

BENAKIS, L.G. (1997), *Néoplatonisme et philosophie médiévale. Actes du colloque international de Corfou, 6-8 octobre 1995*, Turnhout, Brepols, « Rencontres de Philosophie Médiévale, 6 ».

BENES, J. (1926-1927), « Valor possiblium apud S. Thomam, Henricum Gandavensem, B. Iacobum de Viterbio », *Divus Thomas*, 29-30, p. 612-634, p. 94-117, p. 335-355.

BENOIST, J., BOUVERESSE, J., CAVELL, S., DAVIDSON, D., DESCOMBES, V., GRANGER, G.-G., HACKING, I., SEARLE, J.R., VECA, S., VUILLEMIN, J. (2001), *Quelle philosophie pour le XXIe siècle ? L'Organon du nouveau siècle*, Paris, Gallimard.

BERETTA, B. (1999), *Ad aliquid. La relation chez Guillaume d'Occam*, Fribourg (Suisse), Éditions Universitaires, « Dokimion, 22 ».

BERTOLA, E. (1974), « Tommaso d'Aquino e il problema dell'eternità del mondo », *Rivista di Filosofia Neo-scolastica*, 66, p. 312-355.

BÉRUBÉ, C. (1964), *La connaissance de l'individuel au moyen-âge*, Paris, PUF.

– (1983), *De l'homme à Dieu selon Duns Scot, Henri de Gand et Olivi*, Roma, Edizioni Collegio S. Lorenzo, « Bibliotheca Seraphico-Capuccina, 27 ».

– (1997) *L'amour de Dieu selon Jean Duns Scot, Porète, Eckhart, Benoît de Canfield et les Capucins*, Roma, Istituto Storico dei Cappuccini, « Bibliotheca Seraphico-Capuccina, 53 ».

BETTONI, E. (1969), « Origine e struttura dell'anima umana secondo Bacone », *Rivista di Filosofia Neo-scolatica*, 61, p. 185-201.

– (1969b), « La teoria ilemorfica nell'interpretazione di Ruggero Bacone », *Rivisita di Filosofia Neo-scolastica*, 61, p. 666-692.

BIANCHI, L. (1984), *L'errore di Aristotele. La polemica contro l'eternità del mondo nel XIII secolo*, Firenze, La Nuova Italia.

– (1985), « *Velare philosophiam non est bonum.* A proposito della nuova edizione delle *Quaestiones in Metaphysicam* di Sigeri di Brabante », *Rivista critica di storia della filosofia*, 40, p. 255-270.

– (1998) « 1277 : A Turning Point in Medieval Philosophy ? », dans J.A. AERTSEN, A. SPEER (éd.), p. 90-110.

– (1999), *Censure et liberté intellectuelle à l'Université de Paris (XIIIe-XIVe siècles)*, Paris, Les Belles Lettres.

BIANCHI, L., RANDI, E. (1993), *Vérités dissonantes, Aristote à la fin du Moyen Age*, Fribourg, Editions universitaires, Paris, Cerf.

BIARD, J. (1997), *Guillaume d'Ockham. Logique et philosophie*, Paris, PUF.

– (1999), *Guillaume d'Ockham et la théologie*, Paris, Cerf.

BIARD, J., RASHED, R. (éd.) (1997), *Descartes et le Moyen Âge*, Paris, Vrin.

BIFFI, I. (1994), « La teologia in Sigeri di Brabante e Boezio di Dacia », dans R. MARTINEZ (éd.), *Unità e Autonomia del Sapere : il Dibatto del XIII Secolo*, Roma, Armando, p. 97-133.

BLACKWELL, R.J. (1978), *The Concept of matter in modern Philosophy*, London, University of Notre-Dame Press.

BLAISE, A. (1967), *Dictionnaire latin-français des auteurs chrétiens*, Turnhout, Brepols.

BOEHM, R. (1976), *La Métaphysique d'Aristote*, Paris, Gallimard.

BOEHNER, P. (1992), *Collected Articles on Ockham*, New York-Louvain-Paderborn, St Bonaventure, The Franciscan Institute [1958].

BOLAND, V. (1996), *Ideas in God according to Saint Thomas Aquinas*, Leiden, E. J. Brill, « Studies in the History of Christian Thought, 69 ».

BONAFEDE, G. (1968 ²), *Matteo d'Acquasparta*, Trapani.

BONINO, S.-T. (1994), « Historiographie de l'école thomiste : le cas Gilson », dans *Saint Thomas au XXe siècle*, Paris, Éditions Saint-Paul, p. 299-313.

BONITZ, H. (1870), *Index aristotelicus*, Berlin (= tome V de l'édition BEKKER).

BOS, E.P., KROP, H.A. (éd.) (1987), *Okham and Ockhamists*, Acts of the Symposium organized by the Dutch Society for Medieval Philosophy *Medium Aevum* on the occasion of its 10th anniversary (Leiden, 10-12 september 1986), Nijmegen, Ingenium Publishers.

BOSS, G. (éd.) (1994), *La philosophie et son histoire*, Zürich, Éditions du Grand Midi.

BOTTIN, F. (1990), *Ruggero Bacone. La scienza sperimentale*, Milano, Rusconi.

BOULNOIS, O. (éd.) (1994), *La puissance et son ombre. De Pierre Lombard à Luther*, Paris, Aubier.

– (1995), « Quand commence l'onto-théologie ? Aristote, Thomas d'Aquin et Duns Scot », dans *Saint Thomas et l'onto-théologie, Revue thomiste,* janv.-mars, p. 85-108.

– (1998), *Duns Scot. La rigueur de la charité,* Paris, Cerf.

– (1998b), « Le chiasme : La philosophie selon les théologiens et la théologie selon les artiens, de 1267 à 1300 », dans J.A. AERTSEN, A. SPEER (éd.), p. 595-607.

– (1999), *Etre et représentation. Une généalogie de la métaphysique moderne à l'époque de Duns Scot,* Paris, PUF.

– (2002), « Ce dont Dieu n'a pas idée. Problèmes de l'idéalisme médiéval (XIIIe-XIVe siècles) », dans O. BOULNOIS, J. SCHMUTZ, J.-L. SOLÈRE (éd.), *Le contemplateur et les idées. Modèles de la science divine, du néoplatonisme au XVIIIe siècle*, Paris, Vrin, p. 45-78.

BOUREAU, A. (1999), *Théologie, science et censure au XIIIe siècle. Le cas de Jean Peckham,* Paris, Les Belles Lettres.

– (1999b), « Le concept de relation chez Pierre de Jean Olivi », *in* A. BOUREAU, S. PIRON (éd.), p. 41-55.

BOUREAU, A., PIRON, S. (éd.) (1999), *Pierre de Jean Olivi. Pensée scolastique, dissidence spirituelle et société,* Actes du colloque de Narbonne (mars 1998), Paris, Vrin.

BOURGEOIS, R. (1936), « La théorie de la connaissance intellectuelle chez Henri de Gand », *Revue de Philosophie*, 36, p. 238-266.

BRADY, I. (1974), *St. Thomas Aquinas 1274-1974,* Toronto, Pontifical Institute of Mediaeval Studies.

BRAMS, J. (1986), « Das Verhältnis zwischen der Translatio Vaticana und der Translatio Vetus der Aristotelischen Physik », dans A. ZIMMERMANN (éd.), p. 190-214.

BRAMS, J., VUILLEMIN-DIEM, G., (1986), « Physica Nova und Recensio Matritensis – Wilhelm von Moerbekes doppelte Revision der Physica Vetus », dans A. ZIMMERMANN (éd.), p. 215-288.

BRASWELL, B. (1964), « Godfrey of Fontaines' Abridgement of Boetius of Dacia's *Quaestiones super librum Topicorum Aristotelis* », *Mediaeval Studies,* 26, p. 302-314.

BROWN, E.A.R. (1981), « Death and the Human Body in the Later Middle Ages : the Legislation of Boniface VIII on the Division of the Corpse », *Viator,* 12, p. 221-270.

BROWN, J.V. (1971), « Sensation in Henry of Ghent », *Archiv für Geschichte der Philosophie*, 53.

– (1996), « Henry's Theory of Knowledge : Henry of Ghent on Avicenna and Augustine », dans W. VANHAMEL (éd.), p. 19-43.

BROWN, S.F. (1995), « Godfrey of Fontaines and Henry of Ghent : Individuation and the Condemnations of 1277 », dans S. WLODEK (éd.), *Société et Église. Textes et discussions dans les Universités d'Europe Centrale pendant le Moyen Age tardif,* Turnhout, p. 193-207.

– (1996), « L'unité du concept d'être au début du quatorzième siècle », dans L. HONNEFELDER, R. WOOD, M. DREYER (éd.), p. 327-344.

– (2001), « *Duo Candelabra Parisiensa.* Prosper of Reggio in Emilia's Portrait of the Enduring Presence of Henry of Ghent and Godfrey of Fontaines regarding the Nature of Theological Study », dans J.A. AERTSEN, K. EMERY, A. SPEER (éd.), p. 320-356.

BROWN, ST. (1965), « Avicenna and the Unity of the Concept of Being. The Interpretations of Henry of Ghent, Duns Scotus, Gerard of Bologna and Peter Aureoli », *Franciscan Studies*, 25, p. 117-150.

BRUNI, G. (1934), « Egidio Romano e la sua polemica antitomista », *Rivista di Filosofia Neo-scolastica*, 26, p. 239-251.

– (1960), « Quomodo sciens potest mala facere secondo Egidio Romano », dans *L'homme et son destin d'après les penseurs du moyen âge. Actes du premier congrès international de philosophie médiévale,* Louvain-Paris, Ed. Nauwelaerts, p. 663-671.

BRUNNER, F. (1965), *Platonisme et Aristotélisme. La critique d'Ibn Gabirol par saint Thomas d'Aquin*, Louvain-Paris, Ed. Nauwelaerts.

BUKOVSKI, T.P. (1987), « Siger of Brabant vs. Thomas Aquinas on Theology », *The New Scholasticism,* 61, p. 25-32.

– (1990), « Siger of Brabant, Anti-Theologian », *Franciscan Studies*, 28, p. 57-82.

BURR, D. (1997), *L'Histoire de Pierre Olivi. Franciscain persécuté*, Fribourg, Editions Universitaires, Paris, Cerf [version anglaise : 1976].

BUTTERWORTH, C.E., KESSEL, B.A. (éd.) (1994), *The Introduction of arabic Philosophy into Europe*, Leiden-New York-Köln, E.J. Brill.

CALLUS, D.A. (1939), « Two early Oxford Masters on the Problem of Plurality of Forms », *Revue philosophique de Louvain,* 42, p. 411-445.

– (1955), « The Treatise of John Blund *On the Soul* », dans AAVV, *Autour d'Aristote*, Louvain, Publications universitaires, p. 471-495.

– (1959), « The Problem of the Unity of Form and Richard Knapwell, o.p. », dans *Mélanges offerts à Etienne Gilson,* Montréal-Paris, Pontifical Institute of mediaeval Studies-Vrin, p. 123-160.

– (1960), « The Problem of the Plurality of Forms in the Thirteenth Century. The Thomist Innovation », dans *L'homme et son destin d'après les penseurs du moyen âge. Actes du premier congrès international de philosophie médiévale,* Louvain-Paris, Ed. Nauwelaerts, p. 577-585.

– (1961), « The Origins of the Problem of the Unity of Form », dans J.A. WEISHEIPL (éd.), *The Dignity of Science,* The Thomist Press, U.S.A., p. 121-149.

CANIZZO, G. (1961), « The Origins of the Problem of the Unity of Form », *The Thomist,* 24, p. 121-149.

– (1962), « La dottrina del "verbum mentis" in Enrico di Gand », *Rivista di Filosofia Neo-scolastica,* 54, p. 243-266.

CAPARELLO, A. (1981), « La prima Apparizione dell'Anima "composita" in Sigieri de Brabante. Problemi Cronologici e Dottrinali », *Studi filosofici*, 4, p. 55-94.

– (1985), « Sigieri di Brabante : Maestro del Dubbio », *Angelicum*, 67, p. 565-608.

CAROL, A. (1991), *La Distinción entre « Esse » y « Essentia » en Siger de Brabant*, Pamplona, Universidad de Navarra.

CAROTI, S., SOUFFRIN, P. (éd.) (1997), *La nouvelle physique du XIV*[e] *siècle,* Florence, Olschki.

CARVALHO, M.A.S. DE (1996), « The Problem of the Possible Eternity of the World according to Henry of Ghent and his Historians », dans W. VANHAMEL (éd.), p. 43-70.

– (2000), « Le langage de la création et l'enjeu de la causalité dans quelques textes théologiques *De aeternitate mundi* », dans J. HAMESSE, C. STEEL (éd.), p. 293-321.

– (2001), *A Novidade do Mundo. Henrique de Gand e a Metafisica da Temporalidade no Século XIII,* Lisboa, Fundação Calouste Gulbenkian.

CELEYRETTE, J., SOLÈRE, J.-L. (2002), « Godefroid de Fontaines et la théorie de la succession dans l'intensification des formes », dans J.J.M. BAKKER (éd.), *Chemins de la pensée médiévale. Études offertes à Zénon Kaluza*, Turnhout, Brepols, p. 79-112.

CHÂTILLON, J. (1978), « L'exercice du pouvoir doctrinal dans la chrétienté du XIIIe siècle : le cas d'Etienne Tempier », dans *Le pouvoir,* Paris, « Philosophie. Institut Catholique de Paris. Faculté de Philosophie », p. 13-45.

CHIESA, C., FREULER, L. (éd.) (1999), *Métaphysiques médiévales. Études en l'honneur d'André de Muralt,* Lausanne, « Cahiers de la Revue de Théologie et de Philosophie, 20 ».

CHEN, C.-H. (1957), « Aristotle's Concept of Primary Substance in Books Z and H of the Metaphysics », *Phronesis*, 2, p. 46-59.

CHENU, M.-D. (1954), *Introduction à l'étude de Saint Thomas d'Aquin,* Paris, Vrin.

CHOSSAT, J.M. (1932), « L'averroïsme de S. Thomas », *Archives de philosophie,* 9, p. 129-177.

–(1939), « Dieu, sa nature selon les Scolastiques », dans A. VACANT, E. MANGENOT, *Dictionnaire de théologie catholique,* Paris, Libr. Letouzey et Ané, t. IV, col. 1180-1181, [1911].

COLEMAN, J. (1992), *Ancient and Medieval Memories*, Cambridge, Cambridge University Press.

COLISH, M.L. (1987), « Gilbert, the Early Porretans, and Peter Lombard : Semantics and Theology », dans J. JOLIVET, A. DE LIBERA (éd.), p. 229-250.

CONLON, W.J. (1974-1975), « The History of the Problem of Unicity and Plurality of substantial Form especially in the Writings of Giles of Rome », *Dissertation Abstracts International. A. The Humanities and Social Sciences*, 35, p. 5459-5460.

COPLESTON, F. C. (1972), *A History of Medieval Philosophy*, London, Methuen & CO.

COULOUBARITSIS, L. (1998), *Histoire de la philosophie ancienne et médiévale. Figures illustres*, Paris, Grasset.

COURTENAY, W.J. (1984), *Covenant and Causality in Medieval Thought*, London, Variorum Reprints.

–(1984b), « The Reception of Ockham's Thought at the University of Paris », dans Z. KALUZA, P. VIGNAUX (éd.), p. 43-64.

—(1990), *Capacity and Volition. A History of the Distinction of Absolute and Ordained Power,* Bergamo, P. Lubrina.

–(1997), « The Debate over Ockham's Physical Theories at Paris », dans S. CAROTI, P. SOUFFRIN, (éd.), p. 45-63.

–(1999) « The Academic and Intellectual Worlds of Ockham », dans P.V. SPADE (éd.), p. 17-30.

–(2001), « The Parisian Faculty of Theology in the Late Thirteenth and Early Fourteenth Centuries », dans J.A. AERTSEN, K. EMERY, A. SPEER (éd.), p. 233-247.

COURTÈS, P.-C. (1969), « Participation et contingence selon saint Thomas d'Aquin », *Revue thomiste*, 69, p. 201-235.

COURTINE, J.-F. (1990), *Suárez et le système de la métaphysique*, Paris, PUF, 1990.

CRAEMER-RUEGENBERG, I., SPEER, A. (éd.) (1994), *'Scientia' und 'ars' im Hoch- und Spätmittelalter,* Berlin, W. de Gruyter, « Miscellanea Mediaevalia, 22 ».

CROWLEY, T. (1950), *Roger Bacon : The Problem of the Soul in His philosophical Commentaries*, Louvain-Dublin, Éditions de l'Institut Supérieur de philosophie-J. Duffy.

CROSS, R. (1999), *Duns Scotus*, Oxford, Oxford University Press.

CUNNINGHAM, F.A. (1969), « Some presuppositions in Henry of Ghent », *Pensiamento*, 25, p. 103-143.

–(1970), « Richard of Middleton, on *esse* and *essence », Franciscan Studies*, 30, p. 49-76.

CURTIUS, E.R. (1956), *La littérature européenne et le Moyen Age latin*, trad. A. Michel, Paris, PUF.

DALES, R.C. (1990), *Medieval Discussions of the Eternity of the World*, Leiden-New York-Kobenhavn-Köln, E.J. Brill.

DALES, R.C., ARGERAMI, O. (1991), *Medieval Latin Texts on the eternity of the World*, Leiden, Brill.

D'ALVERNY, M.-T. (1994), *La transmission des textes philosophiques et scientifiques au Moyen Age*, Aldershot, Variorum.

D'ANCONA COSTA, C. (1995), *Recherches sur le Liber de causis*, Paris, Vrin, « Études de philosophie médiévale, 72 ».

DAIBER, H. (1990), « Lateinische Uebersetzungen arabischer Texte zur Philosophie und ihre Bedeutung für die Scholastik des Mittelalters. Stand und Aufgaben der Forschung », dans J. HAMESSE, J. FATTORI (éd.), *Rencontres de cultures dans la philosophie médiévale*, Louvain-la-Neuve-Cassino, p. 203-250.

DAMIATA, M. (1996), *I Problemi di G. d'Ockham*, Firenze, Ed. Studi francescani, 2 vol.

DAVIES, B. (1992), *The Thought of Thomas Aquinas*, Oxford, Clarendon Press.

DENIFLE, H., CHATELAIN, A. (éd.) (1964), *Chartularium Universitatis Parisiensis*, Bruxelles, 4 vol. [réimpression de l'édition de Paris 1891-1899].

DECORTE, J. (1993), « Thomas Aquinas and Henry of Ghent on God's Relation to the World », *Mediaevalia*, 3, p. 91-107.

– (1995), « Modus or Res : Scotus' Criticism of Henry of Ghent's Conception of the Reality of a Real Relation », dans L. SILEO (éd.), t. 1, p. 407-429.

– (1996), « Henry of Ghent on Analogy. Critical Reflexions on Jean Paulus' Interpretation », dans W. VANHAMEL (éd.), p. 71-106.

DEL PUNTA, F., DONATI, S., LUNA, C. (1996), « Egidio Romano », dans *Dizionario biografico degli Italiani*, Roma, Istituto della Enciclopedia italiana, t. 42, p. 319-341.

DESCOMBES, V. (2001), « La relation », dans J. BENOIST, J. BOUVERESSE, S. CAVELL, D. DAVIDSON, V. DESCOMBES, G.-G. GRANGER, I. HACKING, J.R. SEARLE, S. VECA, J. VUILLEMIN, p. 153-181.

DESTREZ, J. (1935), *La Pecia dans les manuscrits universitaires du XIIIe et du XIVe siècles*, Paris, J. Vautrain.

DOD, G.B. (1982), « Aristoteles latinus » et C.H. LOHR, « The medieval interpretation of Aristotle », dans N. KRETZMANN, A. KENNY, J. PINBORG (éd.), p. 45-98.

DODD, T. (1998), *The Life and Thought of Siger of Brabant, Thirteenth Century Parisian Philosopher. An Examination of His Views on the Relationship of Philosophy and Theology*, Lewiston-Queenston-Lempeter, The Edwin Mellen Press.

DONATI, S. (1988), « Aegidius von Roms Kritik an Thomas Aquinas Lehre der Hylemorphen Zusammensetzung der Himmelskörper », dans A. ZIMMERMANN (éd.), p. 377-396.

– (1988b), « La dottrina delle dimensioni indeterminate in Egidio Romano », *Medioevo. Rivista di storia della filosofia medievale*, 14, p. 149-233.

– (1991), « Studi per una cronologia delle opere di Egidio Romano », *Documenti e studi sulla tradizione filosofica medievale*, 1990, p. 1-111, 1991, p. 1-74.

– (1994), « Wissenschaft und Glaube bei der Frage nach dem Ursprung der Materie in einigen ungedruckten Physikkommentaren aus dem 13. bis zum Anfang des 14. Jahrhunderts », dans I. CRAEMER-RUEGENBERG, A. SPEER (éd.), I, p. 399-420.

– (2001), « *Utrum accidens possit existere sine subiecto.* Aristotelische Metaphysik und christliche Theologie in einigen ungedruckten Physikkomentaren des ausgehenden 13. Jahrhunderts », dans J.A. AERTSEN, K. EMERY, A. SPEER (éd.), p. 577-617.

– (2002), « La discussione sulla materia nella tradizione di commento della *Fisica :* commentatori inglesi degli anni 1240-1270 ca », dans G. FIORAVANTI, C. LEONARDI, S. PERFETTI (éd.), p. 185-232.

DONCŒUR, P. (1921), « La théorie de la matière et de la forme chez Guillaume d'Occam », *Revue des sciences philosophiques et théologiques,* p. 21-51.

DONDAINE, H.-D. (1951), « A propos d'Avicenne et de saint Thomas. De la causalité dispositive à la causalité instrumentale », *Revue thomiste*, 51, p. 441-453.

DONDAINE, A., BATAILLON, L.J. (1966), « Le manuscrit Vindob. lat. 2330 et Siger de Brabant », *Archivum Fratrum Praedicatorum,* 36, p. 153-261.

DUHEM, P. (1913-1959), *Le système du monde. Histoire des doctrines cosmologiques de Platon à Copernic*, Paris, A. Hermann, 10 vol.

DUMONT, D. (1999), « L'univocité selon Duns Scot et la tradition médiévale de la métaphysique », *Philosophie*, 61, p. 27-49.

DUMOULIN, B. (1986), *Analyse génétique de la Métaphysique d'Aristote*, Paris, Les Belles Lettres.

DUIN, J. (1959), « La bibliothèque philosophique de Godefroid de Fontaines », *Estudios Lulianos,* 3, 1959, p. 1-36, 137-160.

EBBESEN, S. (1979), « The Dead Man is Alive », *Synthese,* 40, p. 43-70.

ELAMRANI-JAMAL, A. (1994), « La réception de la philosophie arabe à l'Université de Paris au XIIIe siècle », dans C.E. BUTTERWORTH, B.A. KESSEL (éd.), 1994, p. 31-39.

ELDERS, L. (1987), *Autour de saint Thomas,* Paris-Bruges, Tabor.

– (1988), « Saint Thomas et Aristote », *Revue thomiste*, 88, p. 357-376.

ELDREDGE, L. (1979), « The Concept of God's Absolute Power at Oxford in the Later Fourteenth Century », dans D.L. JEFFREY (éd.), *By Things seen : Reference and Recognition in Medieval Thought*, Ottawa, The University of Ottawa Press, p. 211-226.

EMERY, K. (2001), « The Image of God Deep in the Mind : The Continuity of Cognition according to Henry of Ghent », dans A.J. AERTSEN, K. EMERY, A. SPEER (éd.), p. 59-124.

ETZKORN, G.J. (1962), « The Grades of the Form according to Roger Marston O. F. M. », *Franziskanische Studien,* 44, p. 418-454.

– (1963), « Roger Marston's grades' theory in the light of his philosophy of nature », dans P. WILPERT (éd.), *Die Metaphysik im Mittelalter*, Berlin, « Miscellanea Mediaevalia, 2 », 1963, p. 535-542.

FABRO, C. (1961), *Participation et causalité selon S. Thomas d'Aquin*, Louvain-Paris, Publications universitaires-Nauwelaerts.

FALQUE, E. (2000), *Saint Bonaventure et l'entrée de Dieu en théologie,* Paris, Vrin.

FAUCON, P. (1975), *Aspects néo-platoniciens de la doctrine de saint Thomas d'Aquin*, Lille-Paris, [thèse]-H. Champion.

FEDERICI VESCOVINI, G. (éd.) (2002), *Le problème des transcendantaux du XIVe au XVIIe siècle*, Paris, Vrin.

FIORAVANTI, G. (1975), « *Forma* ed *esse* in Enrico di Gande : preoccupazioni teologiche ed elaborazione filosofica », *Annali della Scuola Normale Superiore di Pisa*, Classe di lettere e filosofia, Serie 3, 5, p. 985-1031.

– (1984), « Il ms. 1386 Universitätsbibliothek Leipzig, Egidio Romano, Sigieri di Brabante e Boezio di Dacia », *Medioevo,* 10, p. 1-40.

FIORAVANTI, G., LEONARDI, C., PERFETTI, S. (éd.) (2002), *Il commento filosofico nell'Occidente latino (secoli XIII-XV). Atti del colloquio Firenze-Pisa, 19-22 ottobre 2000, organizzato dalla SISMEL*, Turnhout, Brepols.

FLASCH, K. (1983), « Einleitung », dans DIETRICH VON FREIBERG, *Opera omnia,* éd. coor. K. Flasch, Hamburg, F. Meiner, t. 3, p. XV-LXXXVI.

– (1989), *Aufklärung im Mittelalter. Die Verurteilung von 1277*, Mainz, Dieterich, « Excerpta classica, 6 ».

– (1992), *Introduction à la philosophie médiévale,* Fribourg, Éditions Universitaires, Paris, Cerf.

– (1993), *Was ist Zeit? Augustinus von Hippo. Das XI. Buch der Confessiones*, Frankfurt, Vittorio Klostermann.

FORTIN, E.L. (1981), *Dissidence et philosophie au moyen âge. Dante et ses antécédents*, Montréal, Bellarmin-Paris, Vrin.

FREDDOSO, A.J. (1999), « Ockham on Faith and Reason », dans P.V. SPADE (éd.), p. 326-349.

FREDE, M., PATZIG, G. (1988), *Aristoteles Metaphysik Z. Text, Übersetzung und Kommentar*, München, C.H. Beck, 2 vol.

FUHRER, M.L. (1998), « Henry of Ghent on divine Illumination », *Bochumer Philosophisches Jahrbuch für Antike und Mittelalter,* 3, p. 69-85.

GADAMER, H.-G. (1976), *Vérité et méthode. Les grandes lignes d'une herméneutique philosophique*, Paris, Seuil [1960[1], 1973[3]].

GANDILLAC, M. DE, FONTAINE, J., *et alii* (1966), *La pensée encyclopédique au Moyen Age*, Neuchâtel, La Baconnière.

GAUGHAN, N.F. (1967), « Godfrey of Fontaines. An Independant Thinker », *American Ecclesiastical Review,* 157, p. 43-54.

GAUTHIER, R.-A. (1947-1948), « Trois commentaires "averroïstes" sur l'Ethique à Nicomaque », *Archives d'histoire doctrinale et littéraire du Moyen Age,* 16, p. 187-336.

– (1982), « Le Traité *De anima et de potenciis eius* d'un maître ès arts anonyme vers 1225 », *Revue des sciences philosophiques et théologiques,* 66, p. 3-55.

– (1982b), « Notes sur les débuts (1225-1240) du premier averroïsme », *Revue des sciences philosophiques et théologiques*, 66, p. 321-373.

– (1983), « Notes sur Siger de Brabant, I. Siger en 1265 », *Revue des sciences philosophiques et théologiques,* 67, p. 201-232.

– (1984), « Notes sur Siger de Brabant, II. Siger en 1272-1275 ; Aubry de Reims et la scission des Normands », *Revue des sciences philosophiques et théologiques,* 68, p. 3-49.

GHISALBERTI, A. (1990), « Gott und seine Schöpfung bei Wilhelm von Ockham », dans W. VOSSENKUHL, R. SCHÖNBERGER (éd.), p. 63-76.

GILSON, E. (1940-1942), « Compte rendu », *Bulletin thomiste,* XVIIe-XIXe année, t. 6, p. 5-22.

– (1952), *Jean Duns Scot. Introduction à ses positions fondamentales*, Paris, Vrin.

– (1952b), « Les principes et les causes », *Revue thomiste*, 52, p. 39-63.

– (1978[2]), *L'esprit de la philosophie médiévale,* Paris, Vrin [1932].

– (1981), *L'être et l'essence,* Paris, Vrin [1962].

– (1983), « Notes pour l'histoire de la cause efficiente » [1962], dans E. GILSON, *Études médiévales*, Paris, Vrin, p. 167-191.
– (1986 [2]), *La philosophie au Moyen Âge*, Paris, Payot [1922].
– (1989 [6]), *Le thomisme*, Paris, Vrin.
GLORIEUX, P. (1925), *La littérature quodlibétique de 1260 à 1320, 1*, Kain, « Bibliothèque thomiste, 5 ».
– (1927), *Les premières polémiques thomistes. I – Le correctorium corruptorii « Quare »*, Kain, « Bibliothèque thomiste, 9 ».
– (1931), « Un recueil scolaire de Godefroid de Fontaines », *Recherches de théologie ancienne et médiévale*, 3, p. 37-53.
– (1933), « D'Alexandre de Halès à Pierre Auriol. La suite des maîtres franciscains de Paris au XIIIe siècle », *Archivum Franciscanum Historicum*, 26.
– (1947), « Les correctoires. Essai de mise au point », *Recherches de théologie ancienne et médiévale*, 14, p. 287-304.
– (1951), « Jean Quidort et la distinction réelle de l'essence et de l'existence », *Recherches de théologie ancienne et médiévale*, 18, p. 151-157.
– (1951b), « Maîtres franciscains régents à Paris. Mise au point », *Recherches de théologie ancienne et médiévale*, 18.
– (1956), *Les premières polémiques thomistes. II – Le Correctorium Corruptorii « Sciendum »*, Paris, « Bibliothèque thomiste, 31 ».
– (1966), *Aux origines de la Sorbonne, 1*, Paris, Vrin, « Études de Philosophie médiévale, 53 ».
– (1968), « L'enseignement au Moyen Âge. Techniques et méthodes en usage à la Faculté de Théologie de Paris au XIIIe siècle », *Archives d'histoire doctrinale et littéraire du Moyen Age*, 35, p. 65-186.
– (1974), « Pro et contra Thomam. Un survol de cinquante années », dans TH. W. KÖHLER (éd.), *Sapientiae procerum amore. Mélanges médiévistes offerts à dom J.P. Müller o.s.b. à l'occasion de son 70e anniversaire*, Roma, « Studia Anselmiana, 63 », p. 255-287.
GODDU, A. (1984), *The Physics of William of Ockham*, Leiden-Köln, E.J. Brill.
– (1999), « Ockham's Philosophy of Nature », dans P.V. SPADE (éd.), p. 143-167.
GOHEEN, J. (1940), *The problem of matter and form in the De ente et essentia of Thomas Aquinas*, Cambridge Mass., Harvard University Press.
GÓMEZ CAFFARENA, J. (1958), *Ser participado y ser subsistente en la metafisica di Enrique de Gante*, Roma, Ed. Pont. Università Gregoriana, « Analecta Gregoriana, 93 ».
– (1960), « Metafísica de la inquietud humana en Enrique de Gante », dans *L'homme et son destin d'après les penseurs du moyen âge. Actes du premier congrès international de philosophie médiévale*, Louvain-Paris, Ed. Nauwelaerts, p. 629-634.
GRABMANN, M. (1912), « Le *Correctorium corruptorii* du dominicain Johannes Quidort de Paris », *Revue néoscolastique de philosophie*, 19, p. 404-418.
– (1924), « Doctrina S. Thomae de distinctione reali inter essentiam et esse ex documentis ineditis saeculi XIII illustratur », dans *Acta Hebdomadae Thomisticae*, Roma, p. 131-190.
– (1941), *I divieti ecclesiastici di Aristotele sotto Innocenzo III e Gregorio IX*, Roma, S.A.L.E.R.
– (1979), *Gesammelte Akademieabhandlungen*, Paderborn-München, Schöningh, 2 vol.

GRACIA, J.J.E. (1984), *Introduction to the Problem of Individuation in the Early Middle Ages*, München, Philosophia Verlag.

GRAJEWSKI, M.J. (1944), *The Formal Distinction of Duns Scotus. A Study in Metaphysics*, Washington, D.C., Catholic University of America.

GRANT, E. (1979), « The Condemnation of 1277. God's Absolute Power and Physical Thought in the Late Middle Ages », *Viator*, 10, p. 211-244.

– (1994), *Planets, Stars and Orbs. The Medieval Cosmos, 1200-1687*, Cambridge, Cambridge University Press.

– (1995), *La physique au moyen âge*, Paris, PUF.

– (1996), *The Foundations of Modern Science in the Middle Ages. Their Religious, Institutional, and Intellectual Contexts*, Cambridge, Cambridge University Press.

– (2001), *God and Reason in the Middle Ages*, Cambridge, Cambridge University Press.

GREGORY, T. (1982), *La filosofia medievale. I secoli XIII e XIV*, Milano, F. Vallardi.

– « La tromperie divine », dans Z. KALUZA, P. VIGNAUX (éd.), p. 187-195.

HAMESSE, J. (1974) *Les* Auctoritates Aristotelis. *Un florilège médiéval. Étude historique et édition critique*, Louvain, « Philosophes Médiévaux, 17 ».

– (1997), « La technique de la reportation », dans O. WEIJERS, L. HOLTZ (éd.), p. 405-421.

HAMESSE, J., STEEL, C. (éd.) (2000), *L'élaboration du vocabulaire philosophique au Moyen Age*, Turnhout, Brepols.

HAPP, H. (1971), *Hyle. Studien zum aristotelischen Materie-Begriff*, Berlin-New York, de Gruyter.

HAURÉAU, J.-B. (1872-1880), *Histoire de la philosophie scolastique*, Paris.

HAYOUN, M.-R. (1991), *La philosophie médiévale juive*, Paris, PUF.

HENNINGER, M. (1985), « Aureoli and Ockham on Relations », *Franciscan Studies*, 45, p. 231-243.

– (1989), *Relations. Medieval Theories, 1250-1325*, Oxford, Clarendon Press.

HINTZE, H. (1998), *Nominalismus. Primat der ersten Substanz versus Ontologie der Prädikation*, Freiburg-München, Karl Alber.

HISSETTE, R. (1972), « Roger Marston a-t-il professé l'hylémorphisme universel ? », *Recherches de théologie ancienne et médiévale*, 39, p. 205-223.

– (1977), *Enquête sur les 219 articles condamnés à Paris le 7 mars 1277*, Louvain-Paris, « Philosophes médiévaux, 22 ».

– (1979), « Substance et création selon Siger de Brabant. A propos de l'interprétation d'Etienne Gilson », *Recherches de théologie ancienne et médiévale*, 46, p. 221-224.

– (1982), « Albert le Grand et Thomas d'Aquin dans la censure parisienne du 7 mars 1277 », dans A. ZIMMERMANN (éd.), *Studien zur Mittelalterlichen Geistesgeschichte und ihren Quellen*, Berlin-New York, W. de Gruyter, p. 226-246.

– (1983), « Compte-rendu de M.D. Jordan "The Controversy of the *Correctoria* and the Limits of Metaphysics" », *Bulletin de théologie ancienne et médiévale*, 13, p. 484-485.

– (1984), « Trois articles de la seconde rédaction du *Correctorium* de Guillaume de la Mare », *Recherches de théologie ancienne et médiévale*, 51, p. 230-241.

– (1997), « L'implication de Thomas d'Aquin dans les censures parisiennes de 1277 », *Recherches de théologie et philosophie médiévale*, 64, p. 3-31.

– (1998), « Thomas d'Aquin compromis avec Gilles de Rome en mars 1277 ? », *Revue d'histoire ecclésiastique*, 93, p. 5-26.

HOCEDEZ, E. (1927), « Gilles de Rome et Henri de Gand sur la distinction réelle (1276-1287) », *Gregorianum*, 8, p. 358-384.

– (1928), « Le premier Quodlibet d'Henri de Gand (1276) », *Gregorianum*, 9, p. 92-117.

– (1929), « Deux questions touchant la distinction réelle de l'essence et de l'existence », *Gregorianum*, 10, p. 365-386.

– (1930), *Aegidii Romani Theoremata de esse et essentia,* Louvain, Ed. du Museum Lessianum.

– (1932), « La condamnation de Gilles de Rome », *Recherches de théologie ancienne et médiévale*, 4, p. 34-58.

HÖDL L. (1963), « Neue Begriffe und neue Wege der Seinserkenntnis im Schul- und Einflussbereich des Heinrich von Gent », dans P. WILPERT (éd.), *Die Metaphysik im Mittelalter*, Berlin, « Miscellanea Mediaevalia, 2 », p. 607-615.

– (1964), « Neuer Nachrichten über die Pariser Verurteilungen der thomasischen Formlehre », *Scholastik,* 39, p. 178-196.

– (1966), « Anima forma corporis. Philosophisch- theologische Erhebungen zur Grundformel der scholastischen Anthropologie im Korrektorienstreit (1277-1287) », *Theologie und Philosophie*, 41, p. 536-556.

– (1985), « Literar- und Problemgeschichte zur neuen kritischen Edition der *Opera Omnia* des Heinrich von Gent », *Freiburger Zeitschrift für Philosophie und Theologie*, 32.1-2, p. 295-322.

– (1991), « Introduction à l'édition critique de la *Summa* d'Henri de Gand », dans *Opera omnia*, éd. R. Macken, Leuven University Press.

– (1992), « Die göttliche Wahrheit im Verständnis des Thomas von Aquin, des Heinrich von Gent und des Aegidius Romanus », *Medioevo,* 18, p. 203-229.

– (1994), « Der Begriff der göttlichen Unendlichkeit in der *Summa* des Heinrich von Gent », dans I. CRAEMER-RUEGENBERG, A. SPEER (éd.), p. 548-568.

HOENEN, J.F.M.M. (2001), « Being and Thinking in the "Correctorium fratris Thomae" and the "Correctorium corruptorii Quare". Schools of Thought and Philosophical Methodology », dans J.A. AERTSEN, K. EMERY, A. SPEER (éd.), p. 417-435.

HOERES, W. (1965), « Wesen und Dasein bei Heinrich von Gent und Duns Scotus », *Franziskanische Studien*, 47, p. 121-186.

HOFFMANN, T. (1999), « Ideen der Individuen und *intentio naturae :* Duns Scot im Dialog mit Thomas von Aquin und Heinrich von Gent », *Freiburger Zeitschrift für Philosophie und Theologie*, 46 (1-2), p. 138-152.

HONNEFELDER, L. (1990), *Scientia transcendens. Die formale Bestimmung der Seiendheit und Realität in der Metaphysik des Mittelalters und der Neuzeit (Duns Scotus – Suárez – Wolff – Kant – Peirce),* Hamburg, Felix Meiner Verlag.

HONNEFELDER, L., WOOD, R., DREYER, M. (éd.) (1996), *John Duns Scotus. Metaphysics and Ethics*, Leiden-New York-Köln, E.J. Brill.

HUBERT, M. (1949), « Quelques aspects du latin philosophique aux XIIe et XIIIe siècles », *Revue des études latines*.

HUISMAN, D. (éd.) (1993), *Dictionnaire des philosophes*, Paris, PUF.

IMBACH, R. (1979), « Gravis iactura verae doctrinae. Prolegomena zu einer Interpretation der Schrift *De ente et essentia* Dietrichs von Freiberg O.P. », *Freiburger Zeitschrift für Philosophie und Theologie*, 26, p. 369-425 ; dans R. IMBACH, 1996, p. 153-208.

– (1981), « Averroistische Stellungnahmen zur Diskussion über das Verhältnis von esse und essentia. Von Siger von Brabant zu Thaddäus von Parma », dans A. MAIERÙ, A. PARAVICINI BAGLIANI (éd.), *Studi sul XIV secolo in memoria di Anneliese Maier,* Roma, Ed. di Storia e Letteratura, p. 299-339 ; dans R. IMBACH (1996), p. 209-251.

– (1986), « Metaphysik, Theologie und Politik. Zur Diskussion zwischen Nikolaus von Strassburg und Dietrich von Freiberg über die Abtrennbarkeit der Akzidentien », *Theologie und Philosophie,* 61, p. 359-395 ; dans R. IMBACH, 1996, p. 251-296.

– (1987), « Philosophie und Eucharistie bei Wilhelm von Ockham. Ein vorläufiger Entwurf », dans E.P. BOS, H.A. KROP (éd.), p. 43-51 ; dans R. IMBACH, 1996, p. 297-308.

– (1988), « La philosophie médiévale », dans *Doctrines et concepts. Cinquante ans de philosophie de langue française*, Paris, Vrin, p. 109-125 ; dans R. IMBACH, 1996, p. 17-34.

– (1991), « L'averroïsme latin du XIIIe siècle », dans R. IMBACH, A. MAIERÙ (éd.), *Gli studi di filosofia medievale fra otto e novecento, contributo a un bilanco storiografico. Atti del convegno internazionale, Roma, 1989,* Roma, Ed. di Storia e Letteratura, p. 191-208 ; dans R. IMBACH, 1996, p. 45-62.

– (1993), « Le traité de l'eucharistie de Thomas d'Aquin et les averroïstes », *Revue des sciences théologiques et philosophiques*, 77, p. 173-228 ; dans R. IMBACH, 1996, p. 309-332.

– (1996), *Quodlibeta. Articles choisis*, Freiburg (Schweiz), Universitätsverlag.

– (1996b), « Notule sur le Commentaire du *Liber de causis* de Siger de Brabant et ses rapports avec Thomas d'Aquin », *Freiburger Zeitschrift für Philosophie und Theologie*, 43, p. 304-323.

– (1996c), *Dante, la philosophie et les laïcs*, Fribourg, Editions Universitaires, Paris, Cerf.

IMBACH, R., PUTALLAZ, F.-X (2001), Jean Duns Scot, *Traité du premier principe*, trad. et introduction R. Imbach, F.-X. Putallaz, Paris, Vrin.

INGLIS, J. (1998), *Spheres of philosophical Inquiry and the Historiography of medieval Philosophy*, Leiden-Boston-Köln, E.J. Brill.

ISAAC, J. (1953), *Le « Peri Hermeneias » en Occident. De Boèce à Saint Thomas*, Paris, Vrin.

JECK, U. (1994), *Aristoteles contra Augustinum. Zur Frage nach dem Verhältnis von Zeit und Seele bei den antiken Aristoteleskommentatoren, im arabischen Aristotelismus und im 13. Jahrhundert,* Amsterdam-Philadelphia, B.R. Grüner.

JOLIVET, J. (1987), *Aspects de la pensée médiévale : Abélard. Doctrines du langage*, Paris, Vrin.

– (1987b), « Rhétorique et théologie dans une page de Gilbert de Poitiers », dans J. JOLIVET, A. DE LIBERA (éd.), p. 183-198.

– (1995), *Philosophie médiévale arabe et latine*, Paris, Vrin.

– (1997), *La théologie d'Abélard*, Paris, Cerf.

– (2002), *La théologie et les Arabes*, Paris, Cerf.

JOLIVET, J., LIBERA, A. DE (éd.) (1987), *Gilbert de Poitiers et ses contemporains. Aux origines de la Logica Modernorum*, Napoli, Bibliopolis.

JORDAN, D. (1982), « L'exégèse de la causalité physique de Thomas d'Aquin », *Revue thomiste,* 82, p. 555-574.

KALUZA, Z., VIGNAUX, P. (éd.) (1984), *Preuves et raisons à l'Université de Paris. Logique, ontologie et théologie au XIVe siècle*, Paris, Vrin.

KANN, C. (2001), « Skepsis, Wahrheit, Illumination. Bemerkungen zur Erkenntnistheorie Henrichs von Gent », dans J.A. AERTSEN, K. EMERY, A. SPEER (éd.), p. 38-58.

KARGER, E. (1999), « Ockham's Misunderstood Theory of Intuitive and Abstractive Cognition », dans P.V. SPADE (éd.), p. 204-226.

KENNY, A. (1980), *Aquinas*, Oxford-Toronto, Oxford University Press.

KLOCKER, H.H. (1982), « Two Quodlibets on Essence/Existence », *The Thomist*, 46, p. 267-282.

KNOWLES, D. (1988), *The evolution of Medieval Thought*, London-New York, Longman [1962].

KNUUTTILA, S. (1995), « Interpreting Scotus' Theory of Modality », dans L. SILEO (éd.), t. 1, p. 295-305.

– (1996), « Duns Scotus and the Foundations of logical Modalities », dans L. HONNEFELDER, R. WOOD, M. DREYER (éd.), p. 127-143.

KOCH, J. (1973), *Kleine Schriften*, Roma, « Storia e Letteratura, 127-128 », 2 vol.

– (1973b), « Das Gutachten des Aegidius Romanus über die Lehren des Petrus Johannis Olivi », dans *Kleine Schriften*, t. 2, p. 226-258.

– (1973c), « Neue Aktenstücke zu dem gegen Wilhelm Ockham in Avignon geführten Prozess », dans *Kleine Schriften*, t. 2, p. 275-365.

KÖHLER, T.W. (2000), *Grundlagen des philosophischen anthropologischen Diskurses im Dreizehnten Jahrhundet. Die Erkenntnisbemühung um den Menschen im Zeitgenössischen Verständnis*, Leiden-Boston-Köln, E.J. Brill.

(KÖNIG)-PRALONG, C. (1999), « La causalité de la matière. Polémiques autour d'Aristote au XIIIe et XIVe siècle », *Revue philosophique de Louvain*, 97, p. 483-509.

KOYRÉ, A. (1973), « Les origines de la science moderne. Une interprétation nouvelle », dans A. KOYRÉ, *Études d'histoire de la pensée scientifique*, Paris, Gallimard, p. 61-87 [réimpression de *Diogène*, 16, 1956, p. 14-42].

KRAML, H. (1995), « Beobachtung zum Ursprung der *distinctio formalis* », dans L. SILEO (éd.), t. I, p. 305-318.

KREMPEL, A. (1952), *La doctrine de la relation chez Saint Thomas,* Paris, Vrin.

KRETZMANN, N., KENNY, A., PINBORG, J. (éd.) (1982), *The Cambridge History of Later Medieval Philosophy*, Cambridge-London, Cambridge University Press.

KRISTELLER, P. O. (1960), *Latin Manuscript Books before 1600*, New York, Fordham University Press.

KUKSEWICZ, Z. (1966), « Une question anonyme d'un averroïste du XIVe siècle sur la pluralité des formes », *Mediaevalia Philosophica Polonorum*, 12, p. 46-66.

LAARMANN, M. (1991), « Bibliographia auxiliaris de vita, operibus et doctrina Henrici de Gandavo », *Franziskanische Studien,* 73, p. 324-366.

– (1999), *Deus, primum cognitum. Die Lehre von Gott als dem Ersterkannten des menschlichen Intellekts bei Heinrich von Gent,* Münster, Aschendorff, « Beiträge zur Geschichte der Philosophie und Theologie des Mittelalters, NF, 52 ».

LACOMBE, G., BIRKENMAJER, A., DULONG, M., FRANCESCHINI, E. (1939-1955), *Aristoteles latinus. Codices,* Roma, Libr. dello Stato.

LAFLEUR, C. (1988), *Quatre introductions à la Philosophie au XIIIe siècle*, Montréal, Institut d'Études Médiévales, Paris, Vrin.

LANDGRAF, A.M. (1953), « Das Problem *Utrum Christus fuerit homo in triduo mortis* », dans *Dogmengeschichte der Frühscholastik,* partie II, vol. 1, p. 273-319.

LANG, H.S. (1992), *Aristotle's* Physics *and Its Medieval Varieties,* Albany, State University of New York Press.

LANGEVIN, P.E. (1960), « Nécessité ou liberté, chez Godefroid de Fontaines », *Sciences Ecclésiastiques,* 12, p. 175-203.

LAURENT, M.-H. (1930), « Godefroid de Fontaines et la condamnation de 1277 », *Revue thomiste,* 35, p. 273-281.

LEFÈVRE, CH. (1974), « Siger de Brabant a-t-il influencé saint Thomas ? », *Mélanges de science religieuse*, 31, p. 203-215.

LEFF, G. (1975), *William of Ockham. The Metamorphosis of Scholastic Discourse*, Manchester, Manchester University Press.

LEJBOWICZ, M. (1997), « Logique, mathématiques et contre-acculturation dans l'université médiévale », dans S. CAROTI, P. SOUFFRIN (éd.), p. 203-230.

LEMOINE, M. (1998), *Théologie et platonisme au XIIe siècle*, Paris, Cerf.

LERNER, M.-P. (1996-1997), *Le monde des sphères*, Paris, Les Belles Lettres, 2 vol.

LIBERA, A. DE (1981), « Roger Bacon et le problème de l'*appellatio univoca* », dans H.A.G. BRAAKHUIS, C.J. KNEEPKENS, L.M. DE RIJK (éd.), *English Logic and Semantics. Acts of the 4th European Symposium on Mediaeval Logic and Semantics*, Nijmegen, Ingenium.

– (1984), « Maître Eckhart et la controverse sur l'unité ou la pluralité des formes », dans K. FLASCH (éd.), *Von Meister Dietrich zu Meister Eckhart*, Hamburg, « Corpus Philosophorum Teutonicorum Medii Aevi, supplement 2), p. 147-162.

– (1990), *Albert le Grand et la philosophie,* Paris, Vrin.

– (1991), *Penser au Moyen Age,* Paris, Seuil.

– (1993), *La philosophie médiévale,* Paris, PUF.

– (1994), « D'Avicenne à Averroès, et retour. Sur les sources arabes de la théorie scolastique de l'un transcendantal », *Arabic Sciences and Philosophy*, 4, p. 141-179.

– (1996), *La querelle des universaux. De Platon à la fin du Moyen Age*, Paris, Seuil.

– (1996b), *Eckhart, Suso, Tauler et la divinisation de l'homme*, Paris, Bayard.

– (1997), « Faculté des arts ou Faculté de philosophie ? », dans O. WEIJERS, L. HOLTZ (éd.), p. 429-444.

– (1998), « Philosophie et censure. Remarques sur la crise universitaire parisienne de 1270-1277 », dans J.A. AERTSEN, A. SPEER (éd.), p. 71-89.

– (1999), *L'art des généralités. Théories de l'abstraction,* Paris, Aubier.

– (1999b), *Maître Eckhart et la mystique rhénane,* Paris, Cerf.

– (1999c), « Le relativisme historique : théorie des "complexes questions-réponses" et "traçabilité" », *Les Études philosophiques*, 4, p. 479-494.

– (2002), *La référence vide. Théories de la proposition*, Paris, PUF.

– (2003), *Raison et foi. Archéologie d'une crise, d'Albert le Grand à Jean-Paul II*, Paris, Seuil.

– (2004), *L'unité de l'intellect. Commentaire du* De unitate intellectus contra averroistas *de Thomas d'Aquin*, Paris, Vrin.

LIBERA, A. DE, MICHON, C. (1996), *L'Etre et l'Essence. Le vocabulaire médiéval de l'ontologie. Deux traités « De ente et essentia » de Thomas d'Aquin et Dietrich de Freiberg*, Paris, Seuil.

LINDBERG, D.C. (1983), *Roger Bacon's Philosophy of Nature*, Oxford, Clarendon Press.

LITTLE, A.G., PELSTER, F. (1934), *Oxford Theology and Theologians A.D. 1282-1302*, Oxford, « Oxford Historical Society, 96 ».

LOHR, C. (1965), « Logica Algazelis. Introduction and critical Text », *Traditio,* 21, p. 223-290.

– « Mittelalterliche Theologien », dans P. EICHER (éd.), *Neues Handbuch theologischer Grundbegriffe*, München, Kösel, 1985, t. III, p. 127-144.

– (1997), « The new Aristotle and 'science' in the Paris arts faculty (1255) », dans O. WEIJERS, L. HOLTZ (éd.), p. 251-270.

LONGPRÉ, E. (1924), *La philosophie du B. Duns Scot*, Paris, Société et librairie Saint-François d'Assise.

LOTTIN, O. (1934), « Une question quodlibétique inconnue de Godefroid de Fontaines », *Revue d'histoire ecclésiastique*, 30, p. 852-859.

– (1937), « Le libre arbitre chez Godefroid de Fontaines », *Revue néoscolastique de philosophie*, 40, p. 213-241.

– (1937b), « Le thomisme de Godefroid de Fontaines en matière de libre arbitre », *Revue néoscolastique de philosophie*, 40, p. 554-573.

LUNA, C. (1982), *Per un'edizione critica del commento di Egidio Romano In Librum Primum Sententiarum*, Pisa, 5 vol.

– (1994), « Theologie und menschliche Wissenschaften in den *principia* des Aegidius Romanus », dans I. CRAEMER-RUEGENBERG, A. SPEER (éd.), p. 528-547.

– (1995), « Bemerkungen über die Handschriften der Werke des Aegidius Romanus in der Amplonianischen Bibliothek zu Erfurt », dans *Die Bibliotheca Amploniana. Ihre Bedeutung im Spannungsfeld von Aristotelismus, Nominalismus und Humanismus*, Berlin, W. de Gruyter, « Miscellanea Mediaevalia, 23 », p. 257-300.

– (1998), « Nouveaux textes d'Henri de Gand, de Gilles de Rome et de Godefroid de Fontaines : les questions du ms. Bologne, Collegio di Spagna 133. Contribution à l'étude des questions diputées », *Archives d'histoire doctrinale et littéraire du Moyen Age*, 65, p. 151-272.

LUYTEN, N.A. (éd.) (1974), *L'anthroplogie de Saint Thomas*, Fribourg, Editions Universitaires.

MACKEN, R. (1970), « Les Quodlibets d'Henri de Gand et leur exemplar parisien », *Recherches de théologie ancienne et médiévale*, 37, p. 75-95.

– (1971), « La temporalité radicale de la créature selon Henri de Gand », *Recherches de théologie ancienne et médiévale*, 40, p. 211-272.

– (1973), « Les corrections d'Henri de Gand à ses Quodlibets », *Recherches de théologie ancienne et médiévale*, 40, p. 5-51.

– (1975), « La volonté humaine, faculté plus élevée que l'intelligence selon Henri de Gand », *Recherches de théologie ancienne et médiévale*, 42, p. 5-51.

– (1976), « La subsistance de la matière première selon Henri de Gand », dans *S. Bonaventure maestro di vita francescana e di sapienza cristiana*, Roma, Pontificia Facoltà Teologica San Bonaventura, t. II, p. 107-115.

– (1978), « Les premiers volumes des *Opera Omnia* d'Henri de Gand », *Bulletin de philosophie médiévale*, 20, p. 66-71.

– (1978b), « Les sources d'Henri de Gand », *Revue philosophique de Louvain*, 76, p. 5-28.

– (1979), « Unité et dimorphisme de l'homme selon Henri de Gand », dans B. D'AMORE, A. GIORDANO (éd.), *Teoria e prassi*, Napoli, Edizioni Domenicane Italiane, p. 177-182.

– (1979b), « Le statut de la matière première dans la philosophie d'Henri de Gand », *Recherches de théologie ancienne et médiévale*, 46, p. 130-182.

– (1981), « Les diverses applications de la distinction intentionelle chez Henri de Gand », dans *Sprache und Erkenntnis im Mittelalter*, Berlin, W. De Gruyter, « Miscellanea Mediaevalia, 13 », t. II, p. 769-767.

– (1987), « Avicennas Auffassung von der Schöpfung der Welt und ihre Umbildung in der Philosophie des Heinrich von Gent », dans J.P. BECKMANN, L. HONNEFELDER, G. SCHRIMPF, G. WIELAND, *Philosophie im Mittelalter...*, Hamburg, Felix Meiner Verlag, p. 245-257.

– (1988), « Henri de Gand et la pénétration d'Avicenne en Occident », dans V. CAUCHY (éd.), *Philosophie et culture*, Montreal, Montmorency, t. III, p. 845-850.

– (1989), « La personnalité, le caractère et les méthodes de travail d'Henri de Gand », *Theologische Zeitschrift,* 45, p. 192-206.

– (1992), « Henry of Ghent and Augustine », dans M.D. JORDAN, K. EMERY (éd.), *Ad litteram : Authoritative Texts and Their Medieval Readers,* London, University of Notre Dame Press, p. 251-274.

– (1994), *Bibliographie d'Henri de Gand,* Leuven, Ed. Medieval Philosophers of the Former Low Countries.

MAHONEY, E.-P. (1974), « Saint Thomas and Siger of Brabant Revisited », *The Review of Metaphysics,* 27, p. 531-553.

MAIER, A. (1946), « Nouvelles questions de Siger de Brabant sur la Physique d'Aristote », *Revue philosophique de Louvain,* 44, p. 497-513.

– (1963), « Das Problem der *Species sensibiles in medio* und die neue Naturphilosophie des 14. Jahrhunderts », *Freiburger Zeitschrift für Philosophie und Theologie*, 10, p. 3-32, [repris dans A. MAIER, *Ausgehendes Mittelalter : Gesammelte Aufsätze zur Geistesgeschichte des 14. Jahrhunderts,* Roma, 1967].

MALONEY, T.S. (1983), « The Semiotics of Roger Bacon », *Mediaeval Studies,* 45, p. 120-154.

– (1985), « The Extreme Realism of Roger Bacon », *Review of Metaphysics*, 38, p. 807-837.

MANDONNET, P. (1976), *Siger de Brabant et l'averroïsme latin au XIIIe siècle*, Genève, Slatkine Reprints [1899].

– (1910), « Les premières disputes sur la distinction de l'essence et de l'existence », *Revue thomiste,* 18, p. 741-765.

MANSION, S. (1979), « The Ontological Composition of Sensible Substances in Aristotle (*Metaphysics* 7, 7 – 9) », dans *Articles on Aristotle*, vol. 3, London, Duckworth.

MARENBON, J. (1988), « Gilbert of Poitiers », dans P. DRONKE (éd.), *A History of Twelfth-Century Western Philosophy,* Cambridge-New York, Cambridge University Press, p. 335-343.

– (1996) (éd.), *Aristotle in Britain during the Middle Ages*, Turnhout, Brepols.

MARRONE, ST. P. (1985), *Truth and Scientific Knowledge in the Thought of Henry of Ghent,* Cambridge (Mass.), The Medieval Academy of America, « Speculum Anniversary Monographs, 11 ».

– (1996), « Revisiting Duns Scotus and Henry of Ghent on Modality », dans L. HONNEFELDER, R. WOOD, M. DREYER (éd.), p. 175-189.

– (2001), *The Light of the Countenance. Science and Knowledge of God in the Thirteenth Century*, 2 vol., Leiden, E.J. Brill.

– (2001b), « Aristotle, Augustine and the Identity of Philosophy in Late Thirteenth-Century Paris : The Case of Some Theologians », dans A.J. AERTSEN, K. EMERY, A. SPEER (éd.), p. 276-298.

MAURER, A. (1946), « *Esse* and *essentia* in the Metaphysics of Siger of Brabant », *Mediaeval Studies*, 8, p. 68-86.

– (1948), « Henry of Ghent and the Unity of Man », *Mediaeval Studies,* 10, p. 1-20.

– (1949), « Another Redaction of the Metaphysics of Siger of Brabant ? », *Mediaeval Studies,* 11, p. 224-232.

– (1952), « Siger of Brabant's *De necessitate et contingentia causarum* and the MS Peterhouse 152 », *Mediaeval Studies*, 14, p. 48-60.

– (1988), « Siger of Brabant and Theology », *Mediaeval Studies*, 50, p. 257-278.

MAYAUD, P.-N. (éd.) (1991), *Le problème de l'individuation*, Paris, Vrin.

MAZZARELLA, P. (1978), *Controversie medievali. Unità e pluralità delle forme*, Napoli, Giannini, « I principii, 13 ».

MCALEER, G.-J. (1999), « Who were the Averroists of the Thirteenth Century ? A Study of Siger of Brabant and Neo-Augustinians in Respect of the Plurality Controversy », *The Modern Schoolman*, 76, p. 273-292.

MENSCHING, G. (1992), *Das Allgemeine und das Besondere. Der Ursprung des modernen Denkens im Mittelalter*, Stuttgart, J.B. Metzlersche Verlagsbuchhd.

MICHAEL, M. (1992), « Averroes and the Plurality of Forms », *Franciscan Studies*, 52, p. 155-182.

MICHALSKY, K. (1969), *La philosophie au 14e siècle. Six études*, K. FLASCH (éd.), Frankfurt/M., Minerva.

MICHAUD-QUANTIN, P. (1970), *Études sur le vocabulaire philosophique du Moyen Age*, Roma, Edizioni dell'Ateneo Roma.

MICHON, C. (1994), *Nominalisme. La théorie de la signification d'Occam*, Paris, Vrin.

MINIO-PALUELLO, L. (1960), « L'*Aristoteles Latinus* », *Studi Medievali, terza serie*, 1, p. 304-327.

MONTAGNES, B. (1963), *La doctrine de l'analogie de l'être d'après saint Thomas d'Aquin*, Louvain, « Philosophes Médiévaux, 6 ».

MOODY, E.A. (1935), *The Logic of William of Ockham*, London, Sheed & Ward.

– (1967), « Medieval Logic », dans *History of Logic*, New York, Macmillan (*The Encyclopedia of Philosophy*, vol. 4).

MOREWEDGE, P. (1982), *Philosophies of existence*, New York, Fordham University Press.

MURALT, A. DE (1966), *Die Einheit der heutigen Philosophie*, Einsiedeln, Johannes Verlag.

– (1969), « Signification et portée de la pensée de Jean Duns Scot. Introduction, traduction et commentaire à la distinction 12 de l'*Opus Oxoniense*, II », *Studia Philosophica*, 29, p. 113-149.

– (1985), *Comment dire l'être ?*, Paris, Vrin.

– (1993³), *L'Enjeu de la philosophie médiévale*, Leiden-New York-Köln, E.J. Brill [1991].

– (1995), *Néoplatonisme et aristotélisme dans la métaphysique médiévale*, Paris, Vrin.

– (1996), « Genèse et structure de la Métaphysique aristotélicienne », *Revue de Philosophie Ancienne*, 14, Bruxelles, p. 7-60.

MURDOCH, J.E. (1991), « Pierre Duhem and the History of the Late Medieval Science and Philosophy in the Latin West », dans R. IMBACH, A. MAIERÙ (éd.), *Gli Studi di filosofia medievale fra otto e novecento*, Roma, Ed. di Storia e Letteratura, p. 253-302.

– (1998), « 1277 and Late Medieval Natural Philosophy », dans J.A. AERTSEN, A. SPEER (éd.), p. 111-121.

NARDI, B. (1936), « Il preteso tomismo di Sigieri di Brabante », *Giornale critico della Filosofia Italiana*, 17, p. 26-35.

– (1979), *Studi di filosofia medievale*, Roma, Ed. di Storia e Letteratura.

NASH, P.W. (1950), « Giles of Rome on Boethius' *Diversum est esse et id quod est* », *Mediaeval Studies*, 12, p. 57-91.

– (1950-1951), « Giles of Rome, Auditor and Critic of St. Thomas », *The Modern Schoolman*, 28, p. 1-20.

– (1957), « The Accidentality of Esse according to Giles of Rome », *Gregorianum*, 38, p. 103-115.

– (1960), « Intention in knowledge according to Giles of Rome », dans *L'homme et son destin d'après les penseurs du moyen âge. Actes du premier congrès international de philosophie médiévale,* Louvain-Paris, Ed. Nauwelaerts, p. 653-661.

NEUMANN, B. (1958), *Der Mensch und die himmlische Seligkeit nach der Lehre Gottfrieds von Fontaines*, Limburg-Lahn.

NORMORE, C.G. (1986), « Meaning and Objective Being : Descartes and His Sources », dans A. RORTY (éd.), *Essays in Descartes' Meditations*, Berkley, University of California Press, p. 223-241.

– (1996), « Scotus, Modality, Instants of Nature and the Contingency of the Present », dans L. HONNEFELDER, R. WOOD, M. DREYER (éd.), p. 161-174.

O'BRIEN, A.J. (1964), « Duns Scotus' Teaching on the Distinction between Essence and Existence », *The New Scholasticism,* 38, p. 61-77.

OWENS, J. (1951), *The doctrine of Being in the Aristotelian Metaphysics*, Toronto, Pontifical Institute of Mediaeval Studies.

PANACCIO, C. (1991), *Les mots, les concepts et les choses. La sémantique de Guillaume d'Occam et le nominalisme d'aujourd'hui,* Paris-Montréal, Vrin-Bellarmin.

– (1999), *Le discours intérieur, de Platon à Guillaume d'Ockham,* Paris, Seuil.

PAQUÉ, R. (1985), *Le statut parisien des nominalistes*, trad. par E. Martineau, Paris [éd. allemande, 1970].

PARAVICINI BAGLIANI, A. (1997), *Le corps du pape*, Paris, Seuil.

PATTIN, A. (1953), « Gilles de Rome O.E.S.A. (ca. 1243-1316) et la distinction réelle de l'essence et de l'existence », *Revue de l'Université d'Ottawa, sect. Spéciale,* 23, p. 80*-116*.

– (1960), « Contribution à l'histoire de la relation transcendantale », dans *L'homme et son destin d'après les penseurs du moyen âge. Actes du premier congrès international de philosophie médiévale,* Louvain-Paris, Ed. Nauwelaerts, p. 183-191.

PAULUS, J. (1935-1936), « Henri de Gand et l'argument ontologique », *Archives d'histoire doctrinale et littéraire du Moyen Age,* 10, p. 265-323.

– (1938), *Henri de Gand. Essai sur les tendances de sa métaphysique*, Paris, Vrin.

– (1942), « Les disputes d'Henri de Gand et de Gilles de Rome sur la distinction de l'essence et de l'existence », *Archives d'histoire doctrinale et littéraire du Moyen Age,* 13, p. 323-358.

PEGIS, A. CH. (1971), « Henry of Ghent and the new way to God », *Mediaeval Studies*, 33, p. 158-179.

PELSTER, F. (1935), « Die Uebersetzungen der Aristotelischen Metaphysik in den Werken des hl. Thomas von Aquin », *Gregorianum,* 16, p. 325-348, 531-561 ; 17, 1936, 377-406.

– (1943), « Thomistische Streitschriften gegen Aegidius Romanus und ihre Verfasser : Thomas von Sutton und Robert von Orford O.P. », *Gregorianum,* 24, p. 135-170.

– (1946), « Die Sätze der Londoner Verurteilung von 1286 und die Schriften des Magister Richard Knapwell, O.P. », *Archivum Fratrum Praedicatorum,* 16.

– (1949), « Der Oxforder Theologie Richard Rufus O.F.M. über die Frage 'Utrum Christus in triduo mortis fuerit homo' », *Recherches de théologie ancienne et médiévale,* 16, p. 259-280.

PELZER, A. (1913), « Godefroid de Fontaines. Les manuscrits de ses Quodlibets conservés à la Vaticane et dans quelques autres bibliothèques », *Revue néoscolastique de philosophie,* 20, p. 365-388, 491-532.

– (1964), *Études d'histoire littéraire sur la scolastique médiévale,* Louvain-Paris, « Philosophes médiévaux, 8 ».

– (1964b), « Les 51 articles de Guillaume Occam censurés, en Avignon, en 1326 », dans *Études d'histoire littéraire sur la scolastique médiévale,* Louvain-Paris, « Philosophes médiévaux, 8 », p. 508-519.

PERLER, D., RUDOLPH, U. (2000), *Occasionalismus. Theorien der Kausalität im arabisch-islamischen und im europäischen Denken,* Göttingen, Vandenhoeck & Ruprecht.

PESCH, O.H. (1994), *Thomas d'Aquin : limites et grandeurs de la théologie médiévale,* Paris, Cerf [1988].

PICAVET, F. (1968), *Esquisse d'une histoire générale et comparée des philosophies médiévales,* Frankfurt, Minerva [1907].

PICHÉ, D. (1999), *La condamnation parisienne de 1277,* texte latin, traduction et commentaire, Paris, Vrin.

PINES, S. (1997), *La liberté de philosopher,* trad., intr. et notes R. Brague, Paris, Desclée de Brouwer.

PINI, G. (1992), « La dottrina della creazione e la ricezione delle opere di Tommaso d'Aquino nelle *Quaestiones de esse et essentia (qq. 1-7)* di Egidio Romano », *Documenti e studi sulla tradizione filosofica medievale,* 3, 3.1 p. 271-304, 3.2, p. 491-559.

– (2001), « Being and Creation in Giles of Rome », dans J.A. AERTSEN, K. EMERY, A. SPEER (éd.), p. 390-409.

PLANCK, M. (1933), *L'image du monde dans la physique moderne,* Stuttgart, Gonthier.

PLOTNIK, W. (1967), « Transsubstantiation in the Eucharistic Theology of Giles of Rome, Henry of Ghent, and Godfrey of Fontaines », dans L. SCHEFFCZYK, W. DETTLOFF, R. HEINZMANN (éd.), *Wahrheit und Verkündigung. Michael Schmaus zum 70. Geburtstag,* München-Paderborn-Wien, Schöningh Verlag, t. 2, p. 1073-1086.

PLUTA, O. (2002), « Persecution and the Art of Writing. The Parisian Statute of April 1, 1272, and Its Philosophical Consequences », dans J.J.M. BAKKER (éd.), *Chemins de la pensée médiévale. Études offertes à Zénon Kaluza,* Turnhout, Brepols, p. 563-586.

PORRO, P. (1988), « Ancora sulle polemiche tra Egidio Romano e Enrico di Gand : due questioni sul tempo angelico », *Medioevo,* 14, p. 107-148.

– (1988b), « Enrico di Gand sul problema della realtà del tempo in Agostino (*Quodlibet* III, q. 11) », dans M. FABRIS (éd.), *L'umanesimo di Sant'Agostino.* Atti del Congresso Internazionale, Bari 1986, Bari, Levante, p. 589-611.

– (1990), *Enrico di Gand. La via delle proposizioni universali,* Bari, Levante, « Vestigia, 2 ».

– (1992), « Possibile ex se, necessarium ab alio. Tommaso d'Aquino e Henrico di Gand », *Medioevo,* 18, p. 231-273.

– (1993), « Ponere statum. Idee divine, perfezioni creaturali e ordine del mondo in Enrico di Gand », *Mediaevalia,* 3, p. 109-159.

– (1996), « Possibilità ed *Esse essentiae* in Enrico di Gand », dans W. VANHAMEL (éd.), p. 211-254.

– (1996b), « An Historiographical Image of Henry of Ghent », dans W. VANHAMEL (éd.), p. 373-404.

– (1996c), « Bibliography », dans W. VANHAMEL (éd.), p. 405-434.

– (1998), « Lo statuto della philosophia in Enrico di Gand », dans J.A. AERTSEN, A. SPEER (éd.), p. 497-504.

PREZIOSO, F.A. (1961), *La critica di Duns Scoto all'ontologismo di Enrico di Gand*, Padova, Cedam.

PUTALLAZ, F.-X. (1991), *La connaissance de soi au XIIIe siècle*, Paris, Vrin.

– (1995), *Insolente liberté. Controverses et condamnations au XIIIe siècle*, Fribourg, Editions Universitaires, Paris, Cerf.

– (1997), *Figures franciscaines. De Bonaventure à Duns Scot*, Paris, Cerf.

– (1997b), « Thomas de Sutton ou la liberté controversée », *Revue thomiste*, 91/1, p. 31-46.

– (2001), « Introduction », dans JEAN DUNS SCOT, *Traité du premier principe*, trad. et introduction R. Imbach, F.-X. Putallaz, Paris, Vrin, p. 9-70.

PUTALLAZ, F.-X, IMBACH, R. (1997), *Profession : philosophe. Siger de Brabant*, Paris, Cerf.

RENAULT, L. (2001), « Guillaume d'Ockham et la distinction de la nature et de la surnature », *Revue thomiste*, 109, p. 204-216.

RICŒUR, P. (1982), *Etre, essence et substance chez Platon et Aristote*, Paris, Société d'édition d'enseignement supérieur.

RIJK, L.M. DE (1985), *La philosophie au moyen âge*, Leiden, E. J. Brill.

– (1987), « Gilbert de Poitiers. Ses vues sémantiques et métaphysiques », dans J. JOLIVET, A. DE LIBERA (éd.), p. 147-171.

– (1989), *Through Language to Reality*, Northampton, Variorum.

– (1989b), « Un tournant important dans l'usage du mot "idea" chez Henri de Gand », dans M. FATTORI, L. BIANCHI (éd.), *Idea. Colloquio Internazionale del Lessico Intellettuale Europeo*, Roma, Ed. dell'Ateneo, p. 89-98.

RIVAUD, A. (1905), *Le problème du devenir et la notion de la matière dans la philosophie grecque*, thèse, Paris.

ROBIN, L. (1967), « Sur la notion d'individu chez Aristote », dans L. ROBIN, *La pensée hellénique*, Paris, PUF.

ROLAND-GOSSELIN, M.D. (1948 2), *Le « De ente et essentia » de Saint Thomas d'Aquin, texte, introduction, notes et études historiques*, Paris, Vrin [1926].

ROSIER, I. (1995), « Henri de Gand, le *De dialectica* d'Augustin, et l'institution des noms divins », *Documenti e studi sulla tradizione filosofica medievale*, 6, p. 145-253.

– (1994), *La parole comme acte. Sur la grammaire et la sémantique au XIIIe siècle*, Paris, Vrin.

RUH, K. (1997), *Initiation à Maître Eckhart*, Fribourg, Editions Universitaires, Paris, Cerf.

RUSSELL, B. (1954), *The analysis of matter*, London, Allen & Unwin.

– (1965), *L'analyse de la matière*, Paris, Payot.

SANFILIPPO, R. (1992), *La composizione dell'Ente Finito in Sigieri di Brabante*, Pamplone, Universidad de Navarra.

SANTOGROSSI, A. (1993), « Duns Scotus on Potency opposed to Act in *Questions on the Metaphysics*, IX », *American Catholic Philosophical Quarterly*, 67, p. 55-76.

SCHABEL, C. (2000), *Theology at Paris, 1316-1345. Peter Auriol and the problem of divine foreknowledge and future contingents*, Aldershot, Ashgate.

SCHNEIDER, TH. (1973), *Die Einheit des Menschen. Die anthropologische Formel « anima forma corporis » im sogenannten Korrektorienstreit und bei Petrus Johannis Olivi*, Münster, Aschendorff, « Beiträge zur Geschichte der Philosophie des Mittelalters, Neue Folge, 8 ».

SCHÖNBERGER, R. (1986), *Die Transformation des klassischen Seinsverständnisses. Studien zur Vorgeschichte des neuzeitlichen Seinsbegriff im Mittelalter,* Berlin-New York, de Gruyter.

– (1991), *Was ist Scholastik ?,* Hildesheim, Bernward.

– (1994), « Zur Funktion der aristotelischen Ursachenlehre in der Scholastik », dans I. CRAEMER-RUEGENBERG, A. SPEER (éd.), t. I, p. 421-439.

– (1994b), *Relation als Vergleich. Die Relationstheorie des Johannes Buridan im Kontext seines Denkens und des Scholastik,* Leiden-New York, E.J. Brill.

SCHULTHESS, P. (1992), *Sein, Signifikation und Erkenntnis bei Wilhelm von Ockham,* Berlin, Akademie Verlag.

SHAPIRO, H. (1957), *Motion, Time and space according to William Ockham,* New York-Louvain-Paderborn, S. Bonaventure, The Franciscan Institute.

SHERIDAN, J.A. (1938), *Expositio plenior hylemorphismi Fr. Rogeri Baconis O.F.M. Doctoris Mirabilis,* Romae.

SIDELKO, P.L (1996), « The condemnation of Roger Bacon », *Journal of Medieval History,* 22, p. 69-81.

SIEMIATOWSKA, Z.K. (1960), « Avant l'exil de Gilles de Rome. Au sujet d'une dispute sur les *Theoremata de esse et essentia* de Gilles de Rome », *Mediaevalia Philosophica Polonorum,* 7, p. 3-67.

SILEO, L. (éd.) (1995), *Via Scoti. Atti del Congresso Scotistico Internazionale Roma 9-11 marzo 1993,* Roma, Ed. Antonianum, 2 vol.

SIRAT, C. (1988), *La philosophie juive médiévale en pays de Chrétienté,* Paris, Presses du CNRS.

SMALLEY, B. (1953), « A Commentary on the Hexaemeron by Henry of Ghent », *Recherches de théologie ancienne et médiévale,* 20, p. 60-101.

SONDAG, G. (1992), « Introduction », dans JEAN DUNS SCOT, *Le principe d'individuation* (*Ordinatio* II, dist. 3, pars 1), trad. par G. Sondag, Paris, Vrin, p. 7-84.

– (1993), « Introduction », dans JEAN DUNS SCOT, *L'image* (*Ordinatio* I, dist. 3, pars 3, quaest. 1-4), trad. par G. Sondag, Paris, Vrin, p. 7-108.

– (1996), « Commentaire continu », dans JEAN DUNS SCOT, *La théologie comme science pratique* (Prologue de la *Lectura*), trad. par G. Sondag, Paris, Vrin, p. 7-130.

SORGE, V. (1988), *Gnoseologia e teologia nel pensiero di Enrico di Gand,* Napoli, Loffredo.

SPADE, P.V. (éd.) (1999), *The Cambridge Companion to Ockham,* Cambridge, The Cambridge University Press.

– (1999b), « Ockham's Nominalist Metaphysics : Some Main Themes », dans P.V. SPADE (éd.), p. 100-117.

SPEER, A. (2001), « *Sapientia nostra.* Zum Verhältnis von philosophischer und theologischer Weisheit in den Pariser Debatten am Ende des 13. Jahrhunderts », dans J.A. AERTSEN, K. EMERY, A. SPEER (éd.), p. 248-275.

STEEL, C. (1994), « La philosophie médiévale comme expression de son époque », dans J. FOLLON, J. MCEVOY (éd.), *Actualité de la pensée médiévale,* Louvain-Paris, « Philosophes médiévaux, 31 », p. 79-93.

– (2001), « Siger of Brabant versus Thomas Aquinas on the Possibility of Knowing the Separate Substances », dans J.A. AERTSEN, K. EMERY, A. SPEER (éd.), p. 211-231.

STELLA, P. (1957), *Teologi e teologia nelle « Reprobationes » di Bernardo d'Auvergne ai Quodlibeti di Goffredo di Fontaines,* Torino.

STERN, S. M. (1983), *Medieval Arabic and Hebrew Thought,* London, Variorum.

STURLESE, L. (1993), *Die deutsche Philosophie im Mittelalter*, München, Beck.

SUAREZ, G. (1948), « El piensamento di Egidio Romano entorno a la distinción de esencia y existencia en las creaturas », *Ciencia tomista*, 75, p. 66-99, 230-272.

SYLLA, E. (1975), « Autonomous and Handmaiden Science : St. Thomas Aquinas and William of Ockham on the Physics of the Eucharist », dans J.E. MURDOCH, E.D. SYLLA (éd.), *The Cultural Context of Medieval Learning*, Dordrecht-Boston, D. Reidel, 1975, p. 349-391.

– (1981), « Godfrey of Fontaines on motion with respect to quantity of the Eucharist », dans A. MAIERÙ, A. PARAVICINI (éd.), *Studi sul XIV secolo in memoria di Anneliese Maier,* Roma, Ed. di Storia e Letteratura, p. 105-141.

SYLWANOWICZ, M. (1996), *Contingent Causality and the Foundations of Duns Scotus' Metaphysics*, Leiden-New York-Köln, E.J. Brill.

TACHAU, K.H. (1988), *Vision and Certitude in the age of Ockham*, Leiden-New York, E.J. Brill.

THIJSSEN, J.M.M.H. (1997), « 1277 Revisited : A new Interpretation of the Doctrinal Investigations of Thomas Aquinas and Giles of Rome », *Vivarium*, 35, p. 72-101.

– (1998), *Censure and Heresy at the University of Paris. 1200-1400*, Philadelphie, University of Pennsylvania Press.

TIHON, P. (1966), *Foi et théologie selon Godefroid de Fontaines,* Paris-Bruges, Desclée de Brouwer.

TORRELL, J.-P. (1993), *Initiation à saint Thomas d'Aquin,* Fribourg, Editions Universitaires, Paris, Cerf.

TRABOLD, C. (1958), « Das *esse actualis existentiae* nach Johannes Quidort von Paris », *Freiburger Zeitschrift für Philosophie und Theologie*, 5, p. 3-36.

TRAPÉ, G. (1964), « Il Platonismo di Egidio Romano », *Aquinas,* 7, p. 309-344.

– (1969), « L'*esse* partecipato e distinzione reale in Egidio Romano », *Aquinas*, 12, p. 443-468.

TRAPP, D. (1935), « Aegidii Romani de doctrina modorum », *Angelicum,* 12, p. 449-501.

TRIFOGLI, G. (2000), *Oxford Physics in the Thirteenth Century (ca. 1250-1270). Motion, infinity, place and time,* Leiden-Boston, E.J. Brill.

TROTTMANN, C. (1999), *Théologie et noétique au XIIIe siècle. A la recherche d'un statut,* Paris, Vrin.

TUGENDHAT, E. (1958), *TI KATA TINOS*, Freiburg-München, Karl Alber.

VANHAMEL, W. (éd.) (1996), *Henry of Ghent. Proceedings of the international Colloquium on the occasion of the 700th Anniversary of His Death (1293),* Leuven, Leuven University Press.

VANNI ROVIGHI, S. (1936), *L'immortalità dell'anima nei maestri francescani del secolo XIII,* Milano, Pubblicazioni della Università Cattolica del Sacro Cuore, « Seria prima, 23 ».

– (1952), « La controversia sulla pluralità delle forme nel secolo XIII », *Rivista di Filosofia Neo-scolastica,* 44, p. 246-253.

– (1965), *L'antropologia filosofica di San Tommaso d'Aquino*, Milano, Vita e Pensiero.

VAN STEENBERGHEN, F. (1931-1942), *Siger de Brabant d'après des œuvres inédites*, 2 vol., Louvain, « Philosophes médiévaux, 12-13 ».

– (1974), *Introduction à l'étude de la philosophie médiévale*, Louvain-Paris, « Philosophes médiévaux, 18 ».

– (1977), *Maître Siger de Brabant,* Louvain-Paris, « Philosophes médiévaux, 21 ».

– (1991 [2]), *La philosophie au XIIIe siècle*, Louvain-Paris, « Philosophes médiévaux, 28 » [1966].

VAN VELDHUIJSEN, P. (1987), « Hendrik van Gent (vóór 1240-1293) contra Thomas van Aquino (1224/5-1274). Over de mogelijkheid van een eeuwig geschapen wereld », *Stoicheia*, 2, p. 3-26.

VERBEKE, M.G. (1960), « L'unité de l'homme : Saint Thomas contre Averroès », *Revue philosophique de Louvain*, 58, p. 220-249.

– (1977), « Le statut de la métaphysique », dans *Avicenna latinus*, édition critique de la traduction latine médiévale par S. Van Riet, introduction doctrinale par M.G. Verbeke, Louvain, E. Peeters-Leiden, E.J. Brill, p. 1-122.

VERNIER, J.-M. (1991'), « Physique aristotélicienne et métaphysique thomiste », *Revue thomiste*, 91, p. 5-33.

VIGNAUX, P. (1931), « Occam », dans *Dictionnaire de théologie catholique*, t. 11, col. 864-889.

– (1931b), « Nicolas d'Autrecourt », dans *Dictionnaire de théologie catholique*, t. 11, col. 562-587.

– (1948), *La pensée au Moyen Âge*, Paris, A. Colin.

– (1948b), *Le nominalisme au XIVe siècle*, Paris-Montréal, Vrin.

VOSSENKUHL, W. (1990), « Ockhams Verständnis der Schöpfung », dans W. VOSSENKUHL, R. SCHÖNBERGER (éd.), p. 77-93.

VOSSENKUHL, W., SCHÖNBERGER, R. (éd.) (1990), *Die Gegenwart Ockhams*, Weinheim, VCH, Acta humaniora.

VUILLEMIN-DIEM, G. (1986), « Recensio Palatina und Recensio Vulgata – Wilhelm von Moerbekes doppelte Redaktion der Metaphysikübersetzung », dans A. ZIMMERMANN (éd.), p. 289-366.

WAWRYKOW, J.P. (2001), « Thomas Aquinas and Christology after 1277 », dans J.A. AERTSEN, K. EMERY, A. SPEER (éd.), p. 299-319.

WEBER, E.-H. (1970), *La Controverse de 1270 à l'Université de Paris et son retentissement sur la pensée de S. Thomas d'Aquin*, Paris, Vrin, « Bibliothèque thomiste, 40 ».

– (1991), *La personne humaine au XIIIe siècle. L'avènement chez les maîtres parisiens de l'acception moderne de l'homme*, Paris, Vrin.

WEIJERS, O. (1995), *La 'disputatio' à la Faculté des arts de Paris (1200-1350 environ)*, Turnhout, Brepols, « Studia Artistarum, 2 ».

– (1997), « Techniques et méthodes d'enseignement », dans O. WEIJERS, L. HOLTZ (éd.), p. 405-421.

WEIJERS, O., HOLTZ, L. (éd.) (1997), *L'enseignement des disciplines à la Faculté des arts (Paris et Oxford, XIIIe-XIVe siècles)*, Turnhout, Brepols, « Studia Artistarum, 4 ».

WEISHEIPL, J.A. (1971), *The Development of Physical Theory in the Middle Ages*, Ann Arbor, University of Michigan Press.

– (1993), *Frère Thomas : sa vie, sa pensée, ses œuvres*, Paris [1983 [2]].

WENIN, C. (éd.) (1986), *L'homme et son univers au moyen âge. Actes du septième Congrès international de philosophie médiévale*, Louvain, « Philosophes médiévaux, 26-27 ».

WIELOCKX, R. (1981), « Le ms. Paris Nat. lat. 16096 et la condamnation du 7 mars 1277 », *Recherches de théologie ancienne et médiévale*, 48, p. 227-237.

– (1985), « Commentaire », dans AEGIDII ROMANI *Opera Omnia, III. 1. Apologia*, Firenze, Oschki, p. 121-178.

– (1987), « Une réplique au *Contra Gradus* de Gilles de Rome », *Recherches de théologie ancienne et médiévale,* 54, p. 261-267.

– (1988), « Autour du procès de Thomas d'Aquin », dans A. ZIMMERMANN (éd.), p. 413-438.

– (1994), « Autour du commentaire (P) de Siger de Brabant à la Métaphysique », dans I. CRAEMER-RUEGENBERG, A. SPEER (éd.), p. 240-256.

– (1999), « Procédures contre Gilles de Rome et Thomas d'Aquin », *Revue des sciences philosophiques et théologiques,* 83, p. 293-313.

WILHELMSEN, F.D. (1979), « Creation as a Relation in Saint Thomas Aquinas », *The Modern Schoolman,* 56, p. 107-133.

WILSON, G.A. (1978), « Henry of Ghent's *Quodlibet* III. A Response to Giles of Rome's *Contra Gradus* », *Proceedings of the Patristic, Medieval and Renaissance Conference*, 3, p. 77-84.

– (1982), « Henry of Ghent and René Descartes on the Unity of Man », *Franziskanische Studien*, 64, p. 97-110.

– (1996), « The Presence of Henry of Ghent in Scotus's *Quaestiones super libros Metaphysicorum* », dans L. HONNEFELDER, R. WOOD, M. DREYER (éd.), p. 107-126.

– (1998), « The Critique of Thomas Aquinas's Unicity Theory of Forms on John Pecham's *Quodlibet IV (Romanum)* », *Franciscan Studies,* 56, p. 423-431.

– (1999), « Henry of Ghent's Quodlibet I. Initial Departures from Thomas Aquinas », *History of Philosophy Quarterly*, 16/2, p. 167-180.

WIPPEL, J.F. (1964), « Godfrey of Fontaines and the real distinction between essence and existence », *Traditio*, 20, p. 385-410.

– (1974), « Godfrey of Fontaines and Henry of Ghent's Theory of Intentional Distinction between Essence and Existence », dans TH. W. KÖHLER (éd.), *Sapientiae procerum amore. Mélanges médiévistes offerts à dom J.P. Müller o.s.b. à l'occasion de son 70*[e] *anniversaire*, Roma, « Studia Anselmiana, 63 », p. 289-321.

– (1981), *The Metaphysical Thought of Godfrey of Fontaines. A Study in Late Thirteenth-Century Philosophy,* Washington D.C., Catholic University of American Press.

– (1981b), « James of Viterbo on the essence-existence relationship (*Quodlibet* 1, q. 4), and Godfrey of Fontaines on the relationship between nature and supposit (*Quodlibet* 7, q. 5) », dans W. KLUXEN (éd.), *Sprache und Erkenntnis im Mittelalter*, Berlin, W. de Gruyter, « Miscellanea Mediaevalia, 28 », p. 777-787.

– (1982), « The Relationship between Essence and Existence in Late Thirteenth Century Thought : Giles of Rome, Henry of Ghent, Godfrey of Fontaines, James of Viterbo », dans P. MOREWEDGE, p. 131-164.

– (1982b), « Essence and Existence », dans N. KRETZMANN, A. KENNY, J. PINBORG (éd.), p. 385-410.

– (1984), « Possible Sources for Godfrey of Fontaines' Views on the Act-Potency Composition of Simple Creatures », *Mediaeval Studies,* 46, p. 222-244.

– (1986), « The Role of the Phantasm in Godfrey of Fontaines' Theory of Intellection », dans C. WENIN (éd.), p. 573-582.

– (1995), « Thomas Aquinas and the Condamnation of 1277 », *The Modern Schoolman,* 72, p. 233-272.

– (1998), « Siger of Brabant : What It Means to Proceed Philosophically », dans J.A. AERTSEN, A. SPEER (éd.), p. 490-496.

– (2001), « Godfrey of Fontaines at the University of Paris in the Last Quarter of the Thirteenth Century », dans J.A. AERTSEN, K. EMERY, A. SPEER (éd.), p. 357-389.

WIRTH, J. (1999), « Le cadavre et les vers selon Henri de Gand (*Quodlibet, X, 6*) », *Micrologus*, p. 243-255.

WÖHLER, H.-U. (1994), « Die Naturphilosophie als *scientia realis* bei Wilhelm von Ockham », dans I. CRAEMER-RUEGENBERG, A. SPEER (éd.), 1994, t. I, p. 440-448.

WOHLMAN, A. (1988), *Thomas d'Aquin et Maïmonide. Un dialogue exemplaire*, Paris, Patrimoines.

WOLTER, A.B. (1993), « Scotus on the Divine Origin of Possibility », *American Catholic Philosophical Quarterly*, 67, p. 95-107.

WOOD, R. (1994), « Richard Rufus : Physics at Paris before 1240 », *Documenti e studi sulla tradizione filosofica medievale*, 5, p. 87-127.

WULF, M. DE (1904), *Études sur la vie, les œuvres et l'influence de Godefroid de Fontaines*, Bruxelles.

– (1934-1936-1947), *Histoire de la philosophie médiévale*, Louvain, Institut de philosophie.

XIBERTA, B.M.F. (1939), « Una teoria dimenticata sulla causalità dei sacramenti di Enrico di Gand », *Divus Thomas*, 42, p. 513-528.

ZAVALLONI, R. (1951), *Richard de Mediavilla et la controverse sur la pluralité des formes. Quaestio fratris Richardi de gradu formarum*, textes inédits et étude critique, Louvain, « Philosophes Médiévaux, 2 ».

ZIMMERMANN, A. (éd.) (1986), *Aristotelisches Erbe im arabisch-lateinischen Mittelalter*, Berlin-New York, W. de Gruyter.

– (éd.) (1988), *Thomas von Aquin. Werk und Wirkung im Licht neuerer Forschungen*, Berlin-New York, W. de Gruyter.

– (éd.) (1994), Scientia *und* ars *im Hoch- und Spätmittelalter*, Berlin, W. de Gruyter, « Miscellanea medievalia, 3 ».

TABLEAU CHRONOLOGIQUE I

Evénements[1]

dates	*Evénements*	*Lieux*
1204/5 (?)	*Jean Blund est l'un des premiers à commenter la philosophie naturelle aristotélicienne à l'Université de Paris (*De anima*).	Paris
1210	Le synode de Paris interdit l'enseignement des livres naturels d'Aristote.	Paris
1215	Un statut du Cardinal Robert de Courçon rappelle l'interdiction de 1210 (Faculté des arts).	Paris
13 avril 1231	La bulle *Parens scientiarum* de Grégoire IX fustige les abus de philosophie en théologie.	Paris
Avant 1240	Roger Bacon et Richard Rufus enseignent la *Physique* et la *Métaphysique* à la Faculté des arts.	Paris
Avant 1248	Enseignement parisien d'Albert le Grand.	Paris
1248-1252	Thomas d'Aquin est assistant d'Albert le Grand.	Cologne
1252-1256	Bachelier sententiaire, Thomas d'Aquin enseigne pour la première fois à la Faculté de théologie de Paris.	Paris
1255	Les statuts de la Faculté des arts mettent au programme des études le *corpus* aristotélicien complet.	Paris
Printemps 1256	Thomas d'Aquin obtient sa maîtrise en théologie.	Paris
1256-1259	Premier enseignement parisien de Thomas en tant que maître en théologie.	Paris
1268-1272	Second enseignement parisien de Thomas en tant que maître en théologie.	Paris
1269-1272	Enseignement parisien de Jean Pecham en tant que maître en théologie.	Paris
10 décembre 1270	Etienne Tempier, évêque de Paris, condamne treize thèses aristotéliciennes.	Paris
1 avril 1272	Les statuts de la Faculté des arts interdisent de discuter les questions relatives à la foi.	Paris
7 mars 1274	Mort de Thomas d'Aquin.	Fossanova (sud de Rome)
1276	Henri de Gand obtient sa maîtrise de théologie.	Paris

1. Les datations réunies dans ce tableau sont tributaires de l'état actuel de la recherche ; elles ne sont que probables, plus ou moins selon les cas. Quant aux événements, ils sont plus ou moins conjecturaux ; les moins bien établis ou les plus discutés sont précédés du signe *.

1276-1292	Henri de Gand est maître à la Faculté de théologie.	Paris
1276-1279	Jean Pecham enseigne au *studium pontificale*.	Rome
7 mars 1277	Etienne Tempier, évêque de Paris, condamne deux cent dix-neuf thèses aristotéliciennes.	Paris
18 mars 1277	Robert Kilwardby, archevêque de Contorbéry, condamne trente thèses et atteint l'anthropologie thomasienne.	Oxford
Avant le 28 mars 1277	Sous la patronat d'Etienne Tempier, cinquante et une thèses de Gilles de Rome sont condamnées. Refusant de les rétracter, Gilles est contraint à quitter Paris, après s'être vu refuser la maîtrise de théologie.	Paris
1277	Sous la patronat d'Etienne Tempier, Henri de Gand est intimidé et sommé de réviser son anthropologie.	Paris
1277	*Sous la patronat d'Etienne Tempier, un procès est préparé contre l'anthropologie thomasienne.	Paris
1279-1292	Jean Pecham est archevêque de Cantorbéry.	Angleterre
Entre 1281 et 1284	Siger de Brabant est assassiné par son secrétaire.	Rome
1282	Le chapitre général des franciscains interdit la lecture de Thomas d'Aquin sans le *Correctoire* de Guillaume de la Mare.	Strasbourg
1285	Gilles de Rome est rappelé à Paris et obtient sa maîtrise de théologie.	Paris
1285	Godefroid de Fontaines obtient sa maîtrise de théologie. Il enseigne à de nombreuses reprises, jusqu'en 1304.	Paris
30 avril 1286	Jean Pecham condamne l'anthropologie de Richard Knapwell et, à travers elle, celle de Thomas d'Aquin.	Londres
1292	Mort de Jean Pecham	Angleterre
1293	Mort d'Henri de Gand	
1298/9	Premier enseignement de Jean Duns Scot sur les *Sentences*.	Oxford
1302/3	Deuxième enseignement de Jean Duns Scot sur les *Sentences*.	Paris
1305/6	Pour la deuxième fois, Jean Duns Scot est maître de théologie à Paris.	Paris
1306/9	Mort de Godefroid de Fontaines.	
1308	Mort de Jean Duns Scot.	Cologne
1312	L'anthropologie thomasienne est déclarée orthodoxe lors du Concile de Vienne.	Vienne
1324-1328	Guillaume d'Ockham, qui n'atteindra jamais la maîtrise en théologie, est appelé à la cour papale pour rendre compte de ses doctrines.	Avignon
1328	Accompagné de Michel de Césène (général de l'ordre franciscain), Ockham fuit la cour papale et rejoint l'empereur Louis de Bavière	Pise
1330	Ockham suit Louis de Bavière à Munich.	Munich
1339, 1340	Statuts anti-ockhamistes de la Faculté des arts parisienne.	Paris
20 mai 1346	Lettre de mise en garde de Clément VI adressée aux étudiants en arts parisiens et relative à la dangerosité de la méthode ockhamienne.	Paris
1347	Mort de Guillaume d'Ockham.	Bavière

TABLEAU CHRONOLOGIQUE II

Œuvres citées[1]

Dates	*Auteurs*	*Œuvres*
1252-1256	Thomas d'Aquin	*De ente et essentia ; De principiis naturae ; Scriptum super Sententiis*
1256-1259	Thomas d'Aquin	*Quodlibeta VII-XI*
1259-1265	Thomas d'Aquin	*Contra Gentiles*
Après 1263	Albert le Grand	*De causis et processu universitatis a prima causa*
1265-1268	Thomas d'Aquin	*Summa theologiae, Prima pars ; De potentia Dei ; Sentencia libri de anima*
1266	Guillaume de Baglione	*De aeternitate mundi*
1267/8	Bonaventure	*Collationes de decem praeceptis ; Collationes de donis spiritus sancti*
1267/8	Thomas d'Aquin	*De spiritualibus creaturis*
1268-1272	Thomas d'Aquin	*Summa theologiae, Secunda pars ; Quodlibeta I-VI et XII ;* divers commentaires aristotéliciens
Vers 1269	Siger de Brabant	*In tertium de anima*
1270	Thomas d'Aquin	*De unitate intellectus contra Averroistas*
Pâques 1270	Thomas d'Aquin	*Quodlibet III*
1271	Guillaume de Moerbeke	Traduction complète de la *Métaphysique*
Vers 1271	Thomas d'Aquin	*Expositio in duodecim libros Metaphysicorum*
Vers 1272	Thomas d'Aquin	*De aeternitate mundi*
Vers 1272	Siger de Brabant	*De aeternitate mundi*
Vers 1272	Boèce de Dacie	*De aeternitate mundi*
1272-1274	Siger de Brabant	*De anima intellectiva*
Vers 1272	(Pseudo) Gilles de Rome	*Errores philosophorum*
Vers 1273	Siger de Brabant	*Quaestiones in Metaphysicam*
1272-1273	Thomas d'Aquin	*Summa theologiae, Tertia pars (q. 1-90)*
Vers 1274	Gilles de Rome	*In primum Sententiarum ; Theoremata de corpore Christi*
Vers 1275/6	Siger de Brabant	*Quaestiones super librum de causis*
Noël 1276	Henri de Gand	*Quodlibet I*
Avant le 7 mars 1277	Matthieu d'Aquasparta	*Quaestiones de anima XIII*

1. Les datations réunies dans ce tableau sont tributaires de l'état actuel de la recherche ; elles ne sont que probables, plus ou moins selon les cas.

Après le 7 mars 1277	Gilles de Rome	*Apologie*
Noël 1277	Henri de Gand	*Quodlibet II*
Vers 1277/8	Guillaume de la Mare	*Correctorium fratris Thomae*
Vers 1277/8	Jean Pecham	*Quodlibet IV (Romanum)*
1278	Gilles de Lessines	*De unitate formae*
1278	Gilles de Rome	*Contra gradus formarum*
1278	Richard Knapwell	*Correctorium corruptorii « Quare »*
1278/9	Henri de Gand	*Quodlibet III*
Vers 1282/3	Roger Marston	*Quodlibet II*
Vers 1283	Jean Quidort	*Correctorium corruptorii « Circa »*
Pâques 1284 (?)	Roger Marston	*Quodlibet IV*
Avant 1285 (?)	Gilles de Rome	*Theoremata de esse et essentia*
Noël 1285	Godefroid de Fontaines	*Quodlibet I*
Vers 1286	Richard de Mediavilla	*De gradu formarum*
1286	Richard Knapwell	*De unitate formae*
Pâques 1286	Godefroid de Fontaines	*Quodlibet II*
Pâques 1286	Henri de Gand	*Quodlibet IX*
1286	Gilles de Rome	*De esse et essentia, q. 1-11*
Noël 1286	Godefroid de Fontaines	*Quodlibet III*
Noël 1286	Henri de Gand	*Quodlibet X*
1287	Gilles de Rome	*De esse et essentia, q. 12-13*
Pâques 1287	Gilles de Rome	*Quodlibet II*
Noël 1287	Henri de Gand	*Quodlibet XI*
Vers 1288	Godefroid de Fontaines	*Quodlibet V*
1291/3	Godefroid de Fontaines	*Quodlibet VIII*
1298/9	Jean Duns Scot	*Lectura (In libros Sententiarum)*
1302/3	Jean Duns Scot	*Reportata Parisiensa (In libros Sententiarum)*
Après 1305	Jean Duns Scot	*Ordinatio (In libros Sententiarum)*
Après 1305	Jean Duns Scot	*Quaestiones super libros Metaphysicorum*
1306/7	Jean Duns Scot	*Quodlibet* (unique)
A partir de 1317/8	Guillaume d'Ockham	*Quaestiones in librum secundum, tertium et quartum Sententiarum (Reportatio) ; In librum primum Sententiarum (= Ordinatio)*
1319-1324	Guillaume d'Ockham	*Expositio in librum Physicorum Aristotelis ; Brevis Summa libri Physicorum ; Summula philosophiae naturalis ; Quaestiones in libros Physicorum Aristotelis ; Expositio in librum Praedicamentorum*
1323	Guillaume d'Ockham	*Summa logicae*
1324-1325	Guillaume d'Ockham	*Quodlibeta* (révision finale)

INDEX DES NOMS PROPRES

AUTEURS ANCIENS ET MÉDIÉVAUX

AUTEURS MODERNES
ET CONTEMPORAINS

INDEX DES MATIÈRES

TABLE DES MATIÈRES

Achevé d'imprimer en France par Dupli-Print
à Domont (95) en février 2015
N° d'impression : 2015012126